VIDAS RARAS
DE MULHERES COMUNS

RAQUEL MARIA NAVAIS DE CARVALHO MATOS

*Professora da Faculdade de Educação e Psicologia
da Universidade Católica Portuguesa*

VIDAS RARAS DE MULHERES COMUNS

*Percursos de vida, significações do crime
e construção da identidade em jovens reclusas*

VIDAS RARAS DE MULHERES COMUNS

AUTORA

RAQUEL MARIA NAVAIS DE CARVALHO MATOS

EDITOR

EDIÇÕES ALMEDINA. SA
Av. Fernão Magalhães, n.º 584, 5.º Andar
3000-174 Coimbra
Tel.: 239 851 904
Fax: 239 851 901
www.almedina.net
editora@almedina.net

PRÉ-IMPRESSÃO | IMPRESSÃO | ACABAMENTO
G.C. – GRÁFICA DE COIMBRA, LDA.
Palheira – Assafarge
3001-453 Coimbra
producao@graficadecoimbra.pt

Junho, 2008

DEPÓSITO LEGAL
277132/08

Os dados e as opiniões inseridos na presente publicação
são da exclusiva responsabilidade do(s) seu(s) autor(es).

Toda a reprodução desta obra, por fotocópia ou outro qualquer
processo, sem prévia autorização escrita do Editor, é ilícita
e passível de procedimento judicial contra o infractor.

Biblioteca Nacional de Portugal - Catalogação na Publicação

MATOS, Raquel Maria Navais de Carvalho, 1973-

Vidas raras de mulheres comuns : percursos de vida, significações
do crime e construção da identidade em jovens reclusas. - (Psicologia)
ISBN 978-972-40-3392-1

CDU   159.9
      343

À Maria, à Luísa e ao Guilherme

Às mulheres que protagonizaram e partilharam
os percursos que dão sentido a este trabalho

AGRADECIMENTOS

À Fundação para a Ciência e a Tecnologia, o financiamento do projecto de investigação.

À Prof. Carla Machado, a inspiração e disponibilidade constantes ao longo deste percurso, num exemplo de orientação que entendo como um modelo a seguir. Obrigada.

À Prof. Pat Carlen, autora de uma obra notável na área da transgressão feminina, agradeço os momentos de reflexão teórica e metodológica que considero terem sido fundamentais para a elaboração desta dissertação. À Doutora Joanna Phoenix e ao Departamento de Ciências Sociais e Políticas da Universidade de Bath, em Inglaterra, o acolhimento e as excelentes condições de trabalho em duas estadias extremamente enriquecedoras do meu percurso.

À Direcção Geral dos Serviços Prisionais, a célere autorização para a recolha dos dados em diversos estabelecimentos prisionais do país. Aos Directores e ao *staff* dos Estabelecimentos Prisionais de Felgueiras, Porto, Coimbra, Tires, Odemira, Guarda e Castelo Branco, o acesso facilitado aos contextos e as condições para a realização das entrevistas. Um agradecimento particular à Dra. Dinorah, pelo apoio durante a minha permanência em Tires.

À Direcção da Faculdade de Educação e Psicologia da Universidade Católica Portuguesa, na figura do Prof. António Fonseca, agradeço a confiança demonstrada e as condições proporcionadas para a realização deste trabalho. Aos colegas da Universidade Católica, o apoio e o estímulo ao longo dos últimos dois anos.

À Luísa Campos, um obrigada muito especial pela amizade, partilha, apoio e presença constantes. E também pela ajuda na organização das referências bibliográficas.

Às colegas da Universidade do Minho, a partilha de ideias nas reuniões de orientação.

A todas as colaboradoras na difícil tarefa de transcrição das entrevistas do estudo qualitativo.

A toda a minha família, o apoio ao longo destes anos. Em especial às "avós das minhas filhas", a dedicação com que minimizaram a minha ausência.

Ao Guilherme, agradeço a paciência, os "mimos" e o modo exemplar como se dedicou à Maria, que nasceu no início deste projecto, e à Luísa, que nasceu na sua fase final. Agradeço-lhe ainda o apoio na difícil tarefa de construção do índice. Sem ele, teria sido seguramente mais difícil concretizar este trabalho. Obrigada.

O último agradecimento dirige-se às mulheres que protagonizaram e connosco partilharam os percursos que dão sentido a este trabalho. A todas muito obrigada.

PREFÁCIO

O que é um prefácio?

No sentido descritivo, costuma ser uma apresentação da obra e do autor, enunciando os seus méritos e permitindo ao leitor entrever o percurso que o livro lhe apresenta. Nos melhores casos, o prefácio permite ao leitor situar o texto que se segue no seu espaço literário ou científico, filiá-lo em determinada tradição, ou destacar as suas contribuições originais.

Mas, porque feito "a pedido" e sobre quem não nos é indiferente, mais do que propriamente uma análise crítica do texto, o prefácio é também um espaço afectivo, onde não há lugar para a neutralidade. Prefaciar alguém é, sem dúvida, recomendá-la e, nesse sentido, quem prefacia toma um pouco como sua a coisa que anuncia.

Como consequência dos pressupostos anteriores, o prefácio é também um acto de legitimação do texto: anunciando-lhe as qualidades e recomendando-o, o prefaciador assume-se como alguém com legitimidade para o fazer. E, buscando-se no prefaciador a "chancela de qualidade" da obra, o prefaciador afinal... chancela-se a si mesmo!

Ora, assumindo eu sem dificuldades a minha relação intelectual e emotiva com o trabalho da Doutora Raquel Matos, que tive o privilégio de orientar no seu doutoramento, nem me sinto confortável neste papel hierárquico, nem ele faz sentido no contexto específico deste trabalho. Porque o mesmo traduz um percurso investigativo pelos caminhos da criminalidade feminina que não havia ainda sido traçado no quadro da Psicologia da Justiça em Portugal (ainda que outras contribuições relevantes sobre o tema existissem já no campo da Antropologia e do Direito), porque o trabalho aqui apresentado releva, essencialmente, da autonomia e espírito crítico da autora, porque os próprios princípios epistemológicos nele incorporados recusam tal noção de autoridade hierárquica.

Apresento, pois, o trabalho da Doutora Raquel Matos, não como especialista que avaliza a sua qualidade, mas essencialmente como leitora e interlocutora seduzida e desafiada pelas suas propostas, pelos seus resultados e pelas questões que nos levanta. E é esse o convite que endereço ao leitor: que se deixe interrogar e incomodar pelo que vai ler de seguida. Porque, tal como este prefácio, o trabalho que aqui se apresenta, sendo rigoroso, não é também um objecto neutro, mais próprio do campo das ciências ditas *hard* do que do território móvel e ambíguo das relações humanas, do poder, do género, da transgressão e da violência.

Este é um percurso, simultaneamente teórico e empírico, pela criminalidade juvenil feminina, que recusa olhares estereotipados sobre a mulher criminosa como "vítima" ou como "perversa", procurando percebê-la e ao sentido que dá aos seus actos, na variedade de razões, motivos e trajectos que escapam a tais leituras lineares. Reconhecendo a sua variedade e, evitando a tentação "psi" da catalogação, dos tipos e dos perfis, explorando a multiplicidade das relações com o crime e dos papéis que este cumpre nas vidas destas jovens mulheres. Admitindo que o crime é, também para algumas mulheres (como a criminologia já vai reconhecendo ser para alguns homens), gozo, adrenalina, excitação. Mas também escape a relações abusivas ou, pelo contrário, mais uma expressão da dominação de género. Ou, simplesmente, sobrevivência, negócio, ou estilo de vida.

Ao explorar esta diversidade, este trabalho desafia, como disse, a tradição da psicologia positivista de encaixar as mulheres, especialmente as que desafiam os papéis sociais prescritos, em padrões estanques e de as rotular. Mas desafia também a tentação de alguns feminismos: a convocação de um imaginário de vitimização como denominador comum da condição feminina. As jovens mulheres que nos são aqui apresentadas decidem, fazem escolhas, arrependem-se e decidem de novo. Por vezes, é certo, no contexto de relações violentas e abusivas. Frequentemente no quadro de condições de vida adversas. Sempre, movendo-se em circunstâncias que não foram por si livremente escolhidas. Mas, no entanto, como diria Galileu, movendo-se...

Prefácio

Este relato emancipatório e simultaneamente compreensivo não nos oferece uma leitura simplista da criminalidade feminina, nem argumentos ideológicos "prontos a usar", quer sejam de desculpabilização, quer de demonização destas mulheres. Representa-as – contra a tradição dominante da psicologia e da criminologia – como "iguais a nós", "Vidas raras de mulheres comuns". Esse constitui, entre muitos outros que deixo ao leitor o privilégio de descobrir, o seu mérito maior.

CARLA MACHADO
Braga, Universidade do Minho
Dezembro de 2007

ÍNDICE

PREFÁCIO 9

INTRODUÇÃO 15

PARTE I
Dar sentido à criminalidade feminina: Significações externas 21

CAPÍTULO 1

**Discursos tradicionais sobre criminalidade feminina: As abordagens posi-
tivistas** 23

1.1. Discursos tradicionais (I): Da *biologização* à *masculinização* da desviância
feminina. 25
1.2. Discursos tradicionais (II): As abordagens sociológicas positivistas à desviân-
cia feminina 45
1.3. Discursos tradicionais: Considerações finais 64

CAPÍTULO 2

**Discursos de transição sobre criminalidade feminina: Da criminologia
positivista à criminologia crítica** 67

2.1. A consolidação da sociologia da desviância e a emergência da criminologia
crítica 69
2.2. A Mulher nos estudos da sociologia da desviância 71
2.3. "Tornar-se criminosa": Abordagens *de transição* à construção de *carreiras
criminais* femininas 73
2.4. Discursos de transição: Considerações finais 77

CAPÍTULO 3

**Discursos alternativos sobre criminalidade feminina: Criminalidade e
construção do género** 81

3.1. Feminismo e (re) conceptualização do género nos estudos científicos 81
3.2. Feminismo e (re) posicionamento da mulher nos discursos da criminologia:
de ausente a periférica 87

14   *Vidas raras de mulheres comuns*

3.3. Feminismo e discursos sobre a mulher ofensora 104
3.4. Discursos alternativos: Considerações finais 126

PARTE II
Dar sentido à criminalidade feminina: Significações vividas 129

Fundamentação do método 131

CAPÍTULO 4
Caracterização da população juvenil feminina nas prisões portuguesas 139
4.1. Objectivos 139
4.2. Metodologia 139
    4.2.1. Instrumentos 139
    4.2.2. Procedimentos e amostra 141
4.3. Resultados 143
    4.3.1. Estatística descritiva 143
    4.3.2. Análise multivariada 155
4.4. Discussão dos resultados 164

CAPÍTULO 5
Análise de narrativas: percursos de vida, significações do crime e construção da identidade em jovens reclusas 179
5.1. Metodologia 180
    5.1.1. Questões de Partida 180
    5.1.2. Processo de Amostragem 181
    5.1.3. Recolha dos dados 183
    5.1.4. Tratamento dos dados 189
    5.1.5. Estratégias de validação dos resultados 194
5.2. A Construção Narrativa de Episódios de Vida 196
    5.2.1. Descrição dos episódios 196
    5.2.2. Discussão 232
5.3. A Construção Narrativa de Percursos de Vida 243
    5.3.1. O grupo do "Crime – Estilo de vida" 243
    5.3.2. O grupo do "Crime – Negócio" 274
    5.3.3. O grupo do "Crime – Excepção" 296
    5.3.4. Contrastação de discursos e discussão geral da análise qualitativa 311
    5.3.5. Experiências comuns, existências únicas: A análise de um "caso negativo" 336

DISCUSSÃO FINAL E CONCLUSÕES 341

BIBLIOGRAFIA 357

INTRODUÇÃO

Neste livro apresenta-se uma abordagem aos percursos de vida de jovens mulheres que transgridem as normas legais e sociais, e são formal e informalmente penalizadas pelas suas transgressões. Nele, olhamos em particular para o modo como jovens reclusas dão significado ao crime e à reclusão nos seus percursos de vida e como estes significados contribuem para o processo de construção da sua identidade.

A opção pelo objecto de estudo é marcada por dois aspectos fundamentais. O primeiro prende-se com experiências anteriores de investigação, nomeadamente sobre a mulher vítima. As reflexões que daí resultaram sobre as questões de género inerentes à vitimação da mulher despertaram o nosso interesse sobre a eventual presença de questões semelhantes quando a mulher é a figura transgressora. Com base nesse pressuposto formulámos uma das principais questões de partida deste estudo, e que se refere à medida em que circunstâncias *genderizadas* (e.g., desigualdade de oportunidades em função do género, relações conjugais violentas) constituem constrangimentos relevantes nos percursos de vida destas mulheres, associados ou não à emergência e manutenção da sua actividade criminal.

O segundo aspecto que esteve na base da escolha do objecto de estudo é convergente com o primeiro, embora não diga respeito à experiência de investigação, mas sim à nossa preocupação social e política face às mulheres detidas. Esta preocupação resultou da constatação de que a população feminina detida nas prisões portuguesas tem representado nas últimas décadas uma das maiores proporções de reclusas face ao total da população prisional, comparativamente com outros países da Europa (Almeda, 2003a).

Paralelamente, preocupou-nos o modo como socialmente se têm construído os fenómenos de transgressão da mulher. Salientamos desde logo a ideia de que o controlo social informal, consensualmente descrito como a forma privilegiada de controlo do comportamento feminino (Dahl & Snare, 1978) tem sido, ao longo dos tempos, exercido sobre a mulher com maior intensidade do que é exercido sobre o homem (Larrauri, 1994). Em conformidade com o discurso social dominante, os mecanismos de controlo da mulher parecem actuar ainda hoje através da sua permanência na esfera doméstica, da imposição de limites à sua sexualidade ou através da ameaça de violência masculina, que formal e informalmente tende a ser legitimada.

Considerando o ideal de feminilidade subjacente ao discurso social que predomina, a mulher tende a ser representada e tratada de forma dicotomizada, o que se verifica genericamente nos discursos sociais (com reflexos, por exemplo, na opinião pública e nos *media*), e especificamente no âmbito da criação, interpretação e aplicação da lei. A dicotomização da figura feminina concretiza-se, nos discursos referidos, através de uma visão da mulher como *naturalmente* boa e da rápida passagem para uma representação da mulher como figura *maquiavélica* quando transgride as normas sociais e legais (Smart, 1994). Daqui resultam implicações na transgressão feminina e na resposta social a ela. Por um lado, determinados tipos de crime não parecem estar acessíveis à mulher pela desigualdade de oportunidades em diferentes quadrantes da vida social (Dahl & Snare, 1978). Por outro lado, a resposta à transgressão também não é neutra em relação ao género, pois face aos estereótipos sobre a mulher, quando ela transgride tende a ser punida, formal e informalmente, mais pela sua não conformidade aos papéis de género do que à lei (Hudson, 2002).

Especificamente em relação à resposta formal à transgressão feminina por parte do sistema de justiça, assistimos a uma discriminação da mulher quer através da exclusão das figuras femininas ou da sua representação estereotipada nas teorias e políticas penais (Hudson, 2002), quer em termos de actuação do sistema a diferentes níveis, desde a polícia aos tribunais ou mesmo ao sistema prisional, onde a mulher é estigmatizada e desprotegida comparativamente com o homem (Carlen, 2002a). O funcionamento do sistema de justiça com base em estereótipos de género deve-se em certa medida à representação da mulher desviante por parte dos meios de comunicação social. Ao veicular informação sobre o fenómeno da violência e a mulher, os *media* ten-

Introdução 17

dem a responsabilizá-la não apenas quando é agressora mas também quando é vítima, actuando em conformidade com os discursos dominantes sobre a feminilidade e a masculinidade. O poder dos *media* conduz deste modo a que a sua representação das figuras femininas reforce os estereótipos de género e facilite a sua apropriação pelo sistema de justiça (Carll, 2003). Ambos sistema de justiça e meios de comunicação social parecem contribuir para a manutenção e reforço dos estereótipos de género através do modo como representam e tratam as figuras femininas e as relacionam com o crime. Em larga medida, a motivação para a elaboração deste trabalho emergiu da nossa preocupação com a representação estereotipada do desvio feminino e com as implicações que daí resultam para a mulher.

A par da nossa opção em focar as «questões de género» na análise das trajectórias de vida de mulheres sinalizadas pelo seu comportamento criminal, dedicamos também atenção à variável idade enquanto marcador dos percursos de vida construídos, optando por considerar as trajectórias de mulheres até aos 21 anos de idade. Por um lado, pelas referências a "novas formas de transgressão" da população juvenil feminina (e.g., crescente participação em *gangs*), quer nos meios de comunicação social, quer na literatura científica (e.g., Miller, 2001). Por outro lado, pela necessidade de estabelecer critérios de amostragem face à impossibilidade de estudar todas as reclusas do país. Efectivamente, embora o nosso interesse tenha recaído desde o início sobretudo no género e não tanto na idade das figuras transgressoras estudadas, viemos a confirmar que, se por um lado se replicam neste grupo de jovens mulheres modelos de transgressão das mulheres adultas, por outro lado, na construção narrativa das suas trajectórias de vida e das significações sobre o crime emergem especificidades associadas à sua idade.

O trabalho divide-se em duas grandes componentes, ambas com o objectivo de "dar sentido à criminalidade feminina". A primeira, que designámos de "significações externas", foca os discursos científicos que ao longo dos tempos se têm construído sobre mulher e crime, incidindo sobretudo na figura da mulher transgressora. Iniciamos com os «discursos tradicionais» sobre a criminalidade feminina, que respeitam às abordagens positivistas, quer as bio-psicológicas, iniciadas com os estudos de Lombroso e Ferrero (1895/1996) e com seguidores até aos dias de hoje (e.g., Cario, 1997), quer as sociológicas, que embora introduzam alguma inovação metodológica, continuam a aproximar-se epistemologicamente das anteriores. Estas abordagens consistem sobretudo na associação do desvio feminino a variáveis familiares, contexto em que se procuram as *causas* da transgressão feminina (e.g., Datesman & Scarpitti, 1975, cit. Shoemaker, 2000).

Analisamos em seguida os discursos científicos que argumentamos serem de «transição», correspondentes à consolidação da sociologia da desviância e à emergência da criminologia crítica. No seu âmbito são propostas novas metodologias e abre-se caminho para a conceptualização do género no estudo do crime. Apesar de constituírem perspectivas da criminologia que não se dedicam particularmente à mulher ofensora, nem produzem conhecimento relevante sobre o fenómeno da transgressão feminina, a importância da sua inclusão neste trabalho resulta do papel que assumem enquanto transição de uma postura positivista para uma postura crítica no estudo do crime. Este tópico possibilita-nos compreender a mudança que ocorre na criminologia a partir da década de sessenta do século XX, que "representa uma verdadeira inversão paradigmática" na disciplina (Machado, 2000, p.122).

Finalmente, centramo-nos nos discursos que designámos de «alternativos», respeitantes às abordagens ao crime e à construção do género, nomeadamente as propostas feministas de desconstrução e reconstrução dos discursos sobre feminilidade e transgressão. A escolha da designação «alternativos» resulta do facto de termos definido como objectivos deste trabalho desafiar as concepções mais clássicas, ou tradicionais, da transgressão feminina, e propor uma alternativa de reconstrução dessas concepções. Na abordagem aos «discursos alternativos» iniciamos com a referência ao movimento feminista em sentido lato e à sua implicação nos estudos de diversas áreas científicas para além da criminologia, ao nível da (re)conceptualização da variável género (Rafter & Heidensohn, 1995). Olhamos depois para o feminismo especificamente na criminologia, em concreto para o (re)posicionamento da mulher, que em nosso entender passa de ausente a periférica nos discursos sobre o crime. Para tal, analisamos a emergência e consolidação das abordagens feministas na criminologia e discutimos o que nos parece ser a impossibilidade de uma "criminologia feminista", devido às posturas divergentes dentro daquelas que devem antes ser designadas de

Introdução 19

"perspectivas feministas" na disciplina. Estreitamos ainda mais o foco da nossa análise e debruçamo-nos sobre os discursos feministas acerca da mulher ofensora, em particular as críticas tecidas às abordagens tradicionais (e.g., dupla desviância, especificidades dos *crimes femininos*) e as propostas de reconstrução dos discursos sobre mulher e crime.

Ainda que com algum distanciamento crítico, é nas abordagens feministas que encontramos reflectidas as nossas próprias preocupações teóricas com o modo como a construção social do género está relacionada com as transgressões emergentes no percurso de vida das mulheres e com a forma como as questões de género estão reflectidas na resposta formal e informal a essas transgressões (Carlen, 1987, 1988). Uma vez que os discursos «alternativos» constituem a principal sustentação das nossas opções teóricas e metodológicas, é com as propostas feministas de reconstrução dos discursos sobre a mulher ofensora que finalizamos o enquadramento teórico e passamos para os estudos empíricos, através dos quais nos propomos contribuir para essa mesma reconstrução.

A segunda componente deste trabalho compreende um capítulo metodológico e dois capítulos empíricos, e é designada de "significações vividas" por se centrar na construção de narrativas pelas mulheres que protagonizam a transgressão. Iniciamos com um capítulo de fundamentação metodológica, onde justificamos a escolha das metodologias utilizadas, quer quantitativas quer qualitativas, em função dos objectivos definidos para os estudos empíricos (Machado, 2000). Para além de cumprirem objectivos diferentes, a opção pela diversificação metodológica é também justificada enquanto estratégia de validação do próprio estudo, pela possibilidade de triangulação dos dados. Apesar desta complementaridade, assumimos conferir um papel privilegiado às metodologias qualitativas para a recolha e análise de dados, com base no principal objectivo definido: a análise da construção narrativa dos percursos de vida e das significações do crime pelas jovens reclusas.

Finalmente, nos capítulos que se seguem são apresentados os estudos empíricos realizados. O primeiro, de natureza quantitativa, tem como objectivo geral a caracterização da população reclusa feminina portuguesa, com idade igual ou inferior a 21 anos. Como objectivos específicos, definimos a caracterização socio-demográfica e jurídico-penal das jovens reclusas e ainda a selecção, de entre a sua totalidade, daquelas que participariam no estudo qualitativo. Para cumprir os objectivos definidos, os dados são analisados recorrendo a procedimentos de estatística descritiva e multivariada. Este estudo, de carácter mais descritivo, revela-se importante não apenas enquanto processo de amostragem do estudo qualitativo, mas também pela ausência de informação disponível sobre as mulheres detidas em Portugal, particularmente sobre as mais jovens.

No segundo e principal estudo, planeado numa lógica de investigação indutiva, são utilizadas metodologias qualitativas de recolha e análise de dados, fundamentadas nos princípios da *grounded theory* (Strauss & Corbin, 1994). Através deste estudo procuramos responder a duas questões fundamentais: a primeira foca a significação do crime e das circunstâncias relacionadas com este e com o contacto com o sistema de justiça na construção narrativa das trajectórias de vida das mulheres desviantes; a segunda questão centra-se na contextualização sócio-cultural dos percursos de vida destas mulheres tal como elas os constroem discursivamente, procurando compreender especificamente de que forma, do ponto de vista das protagonistas do crime, circunstâncias relacionadas com o género constituem constrangimentos relevantes no seu percurso, associados ou não à emergência e manutenção da actividade criminal. A análise dos dados qualitativos organiza-se em duas fases, que configuram dois estudos qualitativos distintos. No primeiro estudo, mais descritivo, é analisado o material relativo à construção narrativa de episódios de vida específicos, solicitados pela entrevistadora (e.g., desafio, tomada de decisão, ponto de viragem). No segundo estudo qualitativo procedemos à categorização da construção narrativa da história de vida e à análise de dimensões do guião de entrevista que exigiam maior integração por parte das mulheres entrevistadas (e.g., mensagem de vida).

Finalizamos com uma discussão geral, onde integramos teoria e dados resultantes dos diversos estudos empíricos. Iniciando este tópico com uma reflexão sobre a metodologia e as limitações do estudo, organizamos a discussão posterior em torno das questões de partida e apresentamos, para concluir, as principais propostas de reconceptualização dos discursos sobre a mulher transgressora emergentes do trabalho desenvolvido.

PARTE I

DAR SENTIDO À CRIMINALIDADE FEMININA: SIGNIFICAÇÕES EXTERNAS

CAPÍTULO 1

Discursos tradicionais sobre criminalidade feminina: As abordagens positivistas

"[A]s primeiras teorias da criminalidade feminina parecem, no seu melhor, ligeiramente cómicas; e, no seu pior, deliberadamente sexistas."

(PAT CARLEN, 1985)

As primeiras teorias da desviância feminina surgem no contexto da criminologia do século XIX, marcadamente positivista e androcêntrica. Após um longo período em que a mulher não merece qualquer atenção nos estudos da criminologia, é neste contexto que surgem as primeiras abordagens teóricas centradas na determinação biológica e psicológica do comportamento (criminal) feminino. Os trabalhos realizados por Lombroso e Ferrero, na transição do século XIX para o século XX, constituem o ponto de partida para a realização de um conjunto de estudos sobre a mulher e o crime, levados a cabo ao longo de décadas por diversos autores (e.g., Thomas, 1923, Konnopka, 1966, cit. Heidensohn, 1985; Pollak, 1950). Apesar de desenvolvidos em momentos distintos e de se diferenciarem metodológica e, em menor grau, conceptualmente, entre esses estudos sobre criminalidade feminina são diversos os que denunciam, de forma mais ou menos explícita, ideias herdadas da escola positivista italiana[1].

---

[1] A escola positivista italiana, inaugurada por Cesare Lombroso no final do século XIX, é associada ao nascimento da criminologia *científica* (embora de forma não consensual) pela aplicação de novos métodos na investigação criminológica. A perspectiva desta escola insere-se na definição clássica de criminologia, como o estudo etiológico-explicativo do crime (c.f. Figueiredo Dias & Costa Andrade, 1984/1997).

Um outro olhar positivista sobre a transgressão feminina, que emerge igualmente em finais do século XIX, reside em perspectivas que dirigem o seu foco dos factores individuais das protagonistas do crime para os factores sociológicos relacionados com o acto criminal. Trata-se de abordagens que mantêm uma postura positivista, no sentido em que continuam a encarar o crime como um facto inquestionável, passível de ser apreendido e cuja compreensão passa pelo estudo etiológico de factores conceptualizados como *causas do crime*. Partindo dos conceitos de *patologia* e *desorganização social*, as abordagens sociológicas desenvolvem-se e diversificam-se nas primeiras décadas do século XX (Rock, 1997). Começa entretanto a ser desafiada a ideia de que o comportamento criminal humano é determinado por características inatas, de cariz biológico ou psicológico, do ofensor. O predomínio inicial das abordagens bio-psicológicas do crime, que é muito forte no início do século XX, gradualmente dá lugar à maior visibilidade e aceitação das abordagens sociológicas ao fenómeno criminal. Nas primeiras décadas desse século assiste-se às importantes contribuições da Escola de Chicago, a partir do conceito de desorganização social, e surgem teorias que marcam a criminologia (e.g., teoria da anomia de Merton). Contudo, é sobretudo a partir da década de cinquenta, com a emergência de teorias de grande impacto na criminologia (e.g., teoria do controlo de Travis Hirschi), que se possibilita a consolidação da corrente sociológica na disciplina.

A grande contribuição das abordagens sociológicas, e que marca a diferença em relação às bio-psicológicas, reside essencialmente ao nível das metodologias de investigação. Epistemologicamente as diferenças entre ambas não são tão claras, uma vez que podemos considerar que também as abordagens sociológicas ao crime sustentam e são sustentadas, em grande medida, por discursos positivistas sobre o fenómeno criminal. O cariz positivista que as aproxima das abordagens bio-psicológicas é visível quando ontologicamente consideram o crime uma *realidade* à espera de ser apreendida, e quando estabelecem como principal objectivo no estudo do crime, conhecer as suas *causas*.

A ideia de que as abordagens sociológicas não constituem uma clara ruptura epistemológica no estudo do crime coloca-se sobretudo em relação à mulher transgressora, pois no que se refere ao homem que transgride assiste-se à realização de estudos numa perspectiva epis-

Discursos tradicionais sobre criminalidade feminina   25

temologicamente diferente. Por exemplo, algumas abordagens etnográficas (e.g., Whyte, 1942, cit. Rock, 1997) e da linha interaccionista (e.g., Becker, 1963) constituem já uma ruptura epistemológica com os discursos positivistas da criminologia. Quanto às mulheres e ao crime, e ao foco da criminologia nas questões de género, essa postura mais crítica emerge fundamentalmente com as abordagens feministas. São, contudo, a consolidação da sociologia da desviância e a emergência da criminologia crítica, mesmo que inicialmente centradas no ofensor masculino, que a nosso ver possibilitam a abertura no contexto da criminologia para a expansão dessas abordagens. Por esse motivo, após a análise das abordagens positivistas bio-psicológicas e sociológicas à desviância feminina, o nosso foco será dirigido para os discursos de transição da postura positivista para a crítica. Só depois abordaremos os discursos sobre criminalidade e construção de género, designados neste trabalho por discursos «alternativos».

1.1. Discursos tradicionais (I): Da *biologização* à *masculinização* da desviância feminina.

Entre os trabalhos sobre criminalidade feminina desenvolvidos por uma série de autores, com início em Lombroso e prolongando-se por várias décadas, percebe-se a existência de uma certa continuidade. Trata-se de um conjunto de abordagens sobre a mulher e o crime que constitui em larga medida uma tradição, no sentido em que os diferentes autores comungam aspectos centrais na forma de perspectivar a mulher ofensora. Desde logo vêm o crime da mulher como resultado de características individuais (biológicas e psicológicas), supostamente inerentes à *natureza feminina*; consideram ainda que essas características são apenas superficialmente afectadas por factores socio-económicos, culturais ou políticos; e propõem uma dicotomia fundamental entre a mulher "boa, normal e não criminosa" e a mulher "má, que comete crimes" (Klein,1973/1996, p.160).

Destacam-se quatro tendências fundamentais nessa perspectivação da desviância feminina: a sua biologização, sexualização, patologização e masculinização. Globalmente, é considerado que o comportamento desviante da mulher é determinado por factores biológicos, que tem uma forte componente sexual e que a mulher desviante tende a ser *menos normal* e *menos feminina* (Klein, 1973/1996). O crime cometido pela mulher é assim visto como resultado de determinantes biológicos, que se traduz numa espécie de oposição aos comportamentos femininos socialmente considerados adequados e *naturais*.

Pela sua pertinência para a compreensão das abordagens tradicionais à desviância feminina, as tendências para a biologização, sexualização, patologização e masculinização do comportamento criminal da mulher serão a base estrutural deste capítulo. Procuraremos descrever, para cada uma delas, os principais autores e tipo de estudos desenvolvidos sobre a mulher desviante. Importa referir, no entanto, que estas tendências não são totalmente dissociáveis, uma vez que estão presentes simultaneamente (com maior ou menor destaque) em diferentes estudos da linha tradicional sobre criminalidade feminina.

a. A *biologização* da desviância feminina

As abordagens que associam factores biológicos à desviância da mulher surgem inicialmente com a proposta de Lombroso sobre a mulher criminal atávica, emergindo posteriormente outras propostas, também baseadas na determinação biológica do comportamento feminino. De facto, a biologização da desviância feminina parte de Lombroso, mas desenvolve-se muito para além da escola clássica italiana, na medida em que nas décadas que se seguem (e.g., Thomas, 1923, cit. Heidensohn, 1985; Pollak, 1950), e mesmo recentemente (e.g., Cario, 1997), surgem vários autores centrados em factores biológicos para explicar os crimes cometidos pelas mulheres.

Considerado o autor da criminologia positivista com maior influência no pensamento de criminologistas posteriores, torna-se inevitável começarmos por analisar a abordagem pioneira de Cesare Lombroso sobre a mulher ofensora. Os seus estudos iniciais sobre a etiologia do crime com base em medidas biológicas e antropológicas centram-se apenas nos ofensores masculinos. Nesses estudos, Lombroso conclui que o *verdadeiro criminoso* – que designa por "criminoso nato" – é um ser atávico facilmente identificado por estigmas físicos. Posteriormente, em conjunto com Ferrero, realiza estudos sobre a mulher ofensora que consistem na procura de estigmas físicos na mulher semelhantes aos que encontrara no homem criminoso (Beleza, 1990). Nesse sentido, dedicam-se a tarefas como a medição de características físicas (e.g., ossos, cérebro) e a análise de fotografias e de histórias de vida de mulheres ofensoras, em particular de prostitutas (Heidensohn, 1985).

Partindo das medidas biológicas e antropológicas, Lombroso e Ferrero concluem sobre a existência de um menor número de mulheres *naturalmente criminosas*, ou seja, com características de degeneração atávica. A dificuldade em encontrar estigmas anatómicos na mulher delinquente leva-os a sugerir que a mulher é já uma forma humana mais primitiva e assim com menos possibilidades de degeneração atávica quando comparada com o homem[2]. Lombroso propõe um padrão de evolução da espécie humana com base no sexo, na etnia e na idade, argumentando que as mulheres, as crianças e os não brancos partilham traços de inferioridade[3].

Face à falta de estigmas anatómicos na delinquente feminina, Lombroso e Ferrero sugerem também que a mulher tende mais a ser uma ofensora ocasional do que *nata*. Paradoxalmente, apesar de serem consideradas menos criminosas, as mulheres, na perspectiva lombrosiana, "são mais terríveis do que qualquer homem quando cometem crimes" (Lombroso & Ferrero, 1895/1996, p.32). Tal acontece, para estes autores, porque a mulher apresenta maior número e mais diversificadas "tendências malévolas" do que o homem, só que em estado latente (idem). Para além disso, ao concluírem que as prostitutas apresentam mais sinais de degeneração do que as outras ofensoras ou do que as mulheres que definem como *normais*, acabam por eleger a prostituta como a figura equivalente ao criminoso nato (Lombroso & Ferrero, 1895/1996). A figura da prostituta serve também de argumento para Lombroso responder à crítica de que a determinação biológica do comportamento da

---

[2] "[...] é incontestável que as ofensoras femininas parecem quase normais quando comparadas com o criminoso masculino, com a sua abundância em traços anómalos [...]. A assinalável escassez de anomalias [...] não é um fenómeno novo na mulher [ofensora], nem entra em contradição com o indubitável facto de que atavisticamente ela é mais próxima da sua origem do que o homem, tendo consequentemente de abundar mais em anomalias." (Lombroso & Ferrero, 1895/1996, p.30).

[3] Esta ideia de inferioridade da mulher é referida em diversos textos ao longo do século XX, começando desde logo com Thomas (1905), que descreve as limitações fisiológicas inerentes ao sexo feminino (cit. Klein, 1973/1996).

mulher pressuporia uma taxa de criminalidade feminina superior à masculina.

Compreender a perspectiva lombrosiana de mulher desviante implica conhecer a sua concepção genérica de mulher. Em primeiro lugar, Lombroso considera que a mulher está muito mais sob domínio da sua biologia do que o homem, e embora associe igualmente o crime nos homens a factores biológicos, nunca sugere que o comportamento masculino é condicionado pela sexualidade ou reprodução[4] (Heidensohn, 1985). Na sua perspectiva, há três características fundamentais da mulher: imobilidade fisiológica e passividade psicológica[5], capacidade de adaptação e sobrevivência superior à dos homens, e imoralidade[6]. Atribuir à mulher as três características em simultâneo resulta em evidentes contradições, que Lombroso explica propondo uma ideologia sexual dualista com, por um lado, a *mulher boa, feminina e casta* e, por outro lado, *a mulher má, prostituta*, que se move por dinheiro ou por sexo. O seu argumento é o de que todas as mulheres têm um pouco de ambas as influências, resultando daqui uma representação claramente dualista de mulher, na medida em que esta é considerada simultaneamente santa e imoral, mãe e prostituta (cit. Klein, 1973/1996).

Apesar de muito criticada pela falta de sustentação e pela justaposição muitas vezes pouco harmoniosa das diferentes imagens de mulher (Heidensohn, 1985), esta representação virá a ter grandes repercussões em abordagens posteriores sobre a criminalidade feminina. Percebemos facilmente que apesar de os argumentos lombrosianos não serem aceites no contexto da criminologia actual, é inegável o papel crucial que desempenham ao influenciar investigações subsequentes sobre o indivíduo que comete crimes. De entre as abordagens posteriores a Lombroso que defendem a determinação biológica do comportamento (criminal) da

---

[4] E se relativamente ao homem, Lombroso vem a considerar mais tarde factores sociais ou económicos na origem do crime, nunca o chega a considerar em relação à mulher (Heidensohn, 1985).

[5] Lombroso associa a imobilidade e passividade feminina aos papéis que a mulher deve desempenhar, nomeadamente cuidar da família, papéis estes que a conduzem a uma vida sedentária (Klein, 1973/1996).

[6] A imoralidade das mulheres traduz-se, segundo Lombroso, no seu carácter frio e calculista (Lombroso & Ferrero, 1895/1996).

mulher (e.g., Thomas, 1923, cit. Heidensohn, 1985; Pollack, 1950), algumas denotam apenas uma ligeira influência lombrosiana. Outras, no entanto, mostram essa influência de forma explícita, procurando por exemplo associar a desviância na mulher a traços físicos e aberrações cromossómicas (e.g., Cowie, Cowie & Slater, 1968, cit. Klein, 1973//1996), ou a consequências do ciclo menstrual (e.g., Konopka, 1966, cit. Shoemaker, 2000). Analisemos algumas das abordagens à mulher ofensora com (maior ou menor) influência de Lombroso.

O trabalho de Thomas sobre a desviância feminina é, pelo menos em parte, influenciado por Lombroso e Ferrero. Essa influência é mais notória na fase inicial dos seus estudos, onde propõe, tal como os autores italianos referidos, que a mulher é naturalmente passiva enquanto ao homem corresponde um estado de actividade, e que a mulher é menos desenvolvida do que o homem (Thomas, 1907, cit. Heidensohn, 1985).

Em obras posteriores, já num contexto de alguma transição no estudo do crime embora ainda numa fase precoce do século XX, Thomas passa a incluir nas suas propostas factores como as pressões sociais, sem deixar no entanto de incluir factores biológicos, como por exemplo o instinto maternal ou os instintos sexuais da mulher. Na opinião de Carol Smart (1977, cit. Heidensohn, 1985), Thomas dá-se conta da repressão da mulher resultante da estrutura social e familiar dominante, mas não é capaz de explorar de forma aprofundada essa ideia. Metodologicamente, Thomas é pioneiro na utilização dos estudos de caso, particularmente de jovens mulheres[7], resultando daí uma das diferenças encontradas entre o seu trabalho e o de outros autores, nomeadamente de Lombroso e Ferrero: a descrição de casos concretos de delinquência feminina. Outras particularidades da abordagem de Thomas residem na evidência de alguma empatia[8] face aos casos estudados, e também no facto de não se mostrar tão receoso como outros autores (e.g., Lombroso & Ferrero, 1895/1996; Pollak, 1950) relativamente à suposta *maldade feminina*.

Uma outra teoria explicativa da criminalidade feminina, relevante pelas marcadas influências em teorias posteriores, é a proposta de Sig-

---

[7] A sua obra intitula-se "The unadjusted girls".
[8] Heidensohn (1985) utiliza a expressão "compaixão".

mund Freud com base na sua teoria do desenvolvimento psicossexual (1933, cit. Klein, 1973/1996). A teoria freudiana procura explicar os crimes cometidos pela mulher a partir de tendências supostamente inatas dos indivíduos do sexo feminino, que na sua opinião apresentam mais facilmente problemas de ajustamento (sexual). Freud perspectiva a desviância feminina de forma muito sexualizada e masculinizada, pelo que a sua abordagem será descrita com mais pormenor quando nos referirmos em particular a essas tendências conceptuais.

A obra de Pollak sobre criminalidade feminina surge no contexto do pós-guerra americano, quando se assiste a uma transformação conceptual e metodológica na criminologia[9]. No entanto, esta obra surge completamente descontextualizada, consistindo numa perspectivação da desviância feminina em muitos aspectos semelhante à de Lombroso e Ferrero. Tal como os autores italianos, também Pollak (1950) defende a importância de características que na sua opinião são naturalmente femininas (e.g., passividade) para a justificação dos crimes cometidos pelas mulheres. Em particular, este autor procura explicar o porquê de a criminalidade feminina não assumir números mais expressivos no sistema de justiça. Na opinião de Pollak (1950), os crimes cometidos pelas mulheres são fortemente subestimados, correspondendo provavelmente à grande fatia de crimes por sancionar, pelo que procura uma explicação teórica para essa invisibilidade.

Apesar de referir que ambos os factores biológicos e sociológicos são importantes na explicação do crime, devendo por isso ser considerados em interacção, os seus argumentos são claramente centrados na dimensão biológica, em particular em três supostas características do sexo feminino: debilidade física, sobre-desenvolvimento fisiológico (das jovens mulheres) e implicações psicológicas do ciclo reprodutivo. Relativamente ao argumento da falta de força física das mulheres, Pollak (1950) refere que embora seja utilizado para justificar os números reduzidos da criminalidade feminina violenta (e.g., Gross, 1905, cit. Pollak, 1950), na sua opinião é válido essencialmente para explicar a diferença

---

[9] Intitulada "The Criminality of Women", a obra de Pollak foi publicada em 1950 nos EUA.

de *métodos criminais* utilizados por homens e mulheres[10]. O autor refere também que o sobre-desenvolvimento fisiológico é precipitador de ofensas, particularmente sexuais, nas raparigas. A relação entre ciclo reprodutivo e o crime é, na sua opinião, difícil de provar, mas Pollak (1950) argumenta com convicção que as implicações das fases do ciclo reprodutivo a nível psicológico estão relacionadas com actos criminais por parte das mulheres (por exemplo, sugere que a menopausa torna a mulher mais vulnerável a *tentações*, estando relacionada com furtos). Com base nestes argumentos, Pollak refere que a mulher passa rapidamente de mãe a maltratante ou de compradora a ladra, sendo clara a dualidade na sua representação de mulher, tal como acontece em Lombroso.

Ao considerar que a mulher é motivada para o crime por factores fisiológicos, pelo ciclo reprodutivo e por baixa auto-estima, Pollak afasta-se totalmente das teorias sociológicas que entretanto vão surgindo sobre o crime (e.g., Merton, 1938, Cohen, 1957, cit. Rock, 1997). Como refere Heidensohn, "apesar de Pollak apontar variáveis culturais, as suas explicações são baseadas em 'factos' biológicos e são profundamente a-históricas e a-sociológicas" (1985, p.119). Assim, enquanto relativamente ao ofensor do sexo masculino as teorias desenvolvidas em meados do século XX passam claramente de um enfoque biológico para um sociológico, em relação à criminalidade feminina essa mudança não é tão clara, com as abordagens científicas a continuarem a conferir destaque a determinantes biológicos.

Na segunda metade da década de sessenta do século XX emergem outras perspectivas sobre a criminalidade feminina, de um conjunto de autores europeus que, apesar de apresentarem novos argumentos relativamente aos crimes cometidos pelas mulheres, denotam também velhas ideias, fiéis à tradição lombrosiana. Designados no seu conjunto por autores da "linha tradicional europeia", alguns tecem críticas às ideias

---

[10] Pollak associa a mulher a métodos criminais mais subtis. Tal como refere, "[...] as mulheres homicidas recorrem ao veneno num grau muito superior ao homem" (1950, p.3), não apenas pela sua menor capacidade física mas também por outras características que na sua opinião lhes são intrínsecas, como por exemplo serem manipuladoras e maquiavélicas.

propostas pelas abordagens tradicionais centradas em factores biológicos para a explicação do crime[11]. Acabam, no entanto, por apresentar uma visão da mulher e do seu comportamento criminal muito centrada no argumento de que a natureza feminina é diferente da masculina, e que essas diferenças têm implicações por exemplo no tipo de ofensas cometidas (e.g., Manheim, 1965, cit. Heidensohn, 1985). Outros seguem de forma clara a linha tradicional iniciada por Lombroso, ao procurarem identificar *aberrações* físicas na mulher ofensora. Um exemplo é o estudo de Cowie, Cowie e Slater (1968, cit. Shoemaker, 2000), que relaciona a desviância feminina com características fisionómicas e com a presença de anomalias cromossómicas no cariótipo da mulher desviante. Já Konopka (1966) realiza um estudo sobre delinquência juvenil feminina, que metodologicamente se assemelha aos trabalhos de Thomas, uma vez que, tal como ele, recorre aos estudos de caso. Esta metodologia aproxima-se já das abordagens mais críticas que surgem posteriormente, mas em termos conceptuais enquadra-se de forma óbvia nas perspectivas positivistas, na medida em que se baseia em factores intrínsecos, biológicos, da mulher para explicar o seu comportamento desviante. Especificamente, a criminalidade feminina é associada por Konopka a problemas relacionados com a menstruação e a puberdade (1966, cit. Klein, 1973/1996).

Estes são apenas alguns exemplos de abordagens à criminalidade feminina que, apesar de surgirem num contexto criminológico muito distinto do positivismo antropológico que caracterizou o trabalho de Lombroso, seguem na sua essência a mesma tendência *biologizadora* do fenómeno. Como veremos a seguir, o mesmo acontece em relação às tendências para sexualizar, patologizar e masculinizar a desviância feminina: emergem no seio da escola positivista italiana, mas prolongam-se pelas sucessivas décadas do século XX, em ambos os contextos europeu e americano.

---

[11] O termo "linha tradicional europeia" é proposto por Frances Heidensohn (1985, p.121) para designar um conjunto de autores europeus cujos argumentos sobre a criminalidade feminina são influenciados pelas ideias clássicas lombrosianas.

b. A *sexualização* da desviância feminina

À determinação biológica do comportamento criminal (e genérico) feminino acrescenta-se, nas abordagens tradicionais, a sua perspectivação de forma sexualizada. A revisão das abordagens tradicionais sobre a criminalidade feminina permite-nos constatar que a sexualização é um argumento quase sempre subjacente, apesar de surgir com maior ou menor relevo nas diferentes concepções do fenómeno. Como refere Klein, "a sexualidade é vista como a raiz do comportamento feminino e do problema do crime" (1973/1996, p.161).

A perspectivação sexualizada do desvio da mulher assume diversas formas. Por vezes, o comportamento desviante feminino é confundido com desvio sexual, como se criminalidade feminina e ofensas sexuais fossem uma e só mesma coisa. É nesse sentido que diversos estudos sobre a mulher transgressora definem como objecto comportamentos desviantes com conotação sexual, particularmente a prostituição (e.g., Davis, 1961, cit. Klein, 1973/1996). Na abordagem de Lombroso e Ferrero assume-se mesmo uma concepção de mulher ofensora equivalente à figura da prostituta, com o argumento de que as mulheres se envolvem na prostituição do mesmo modo que os homens cometem o *crime normal* (Lombroso & Ferrero, 1895/1996).

Mas, se para alguns autores a expressão da sexualidade da mulher está relacionada com a sua actividade criminal, particularmente a sexualizada, para outros (e.g., Pollak, 1950) é a repressão da sexualidade feminina que conduz a mulher ao crime, em particular o que não é directamente sexual. Em termos de conceptualização do fenómeno criminal, estas perspectivas opõem-se, uma vez que enquanto a primeira advoga que a imoralidade da mulher a conduz ao crime, a segunda responsabiliza a moralidade, ou o controlo moral do comportamento feminino, pela criminalidade das mulheres. Se pensarmos especificamente nos crimes femininos com conotação sexual, as perspectivas complementam-se, pois uma sustenta que a expressão da sexualidade feminina se traduz em ofensas sexuais e a outra argumenta que a repressão da mulher a conduz a ofensas não sexuais.

Para uma análise mais aprofundada das diferentes formas de sexualização da desviância feminina sugerimos uma vez mais iniciar pela abordagem de Lombroso e Ferrero. Uma crítica fundamental tecida à sua proposta da mulher criminal atávica, e às perspectivas biológicas em geral, prende-se com o facto de o argumento da determinação biológica do comportamento da mulher pressupor uma taxa de criminalidade feminina não só mais expressiva em termos absolutos, como também superior relativamente à masculina. É perante essa crítica que Lombroso e Ferrero (1895/1996) argumentam que a desviância na mulher é particularmente sexual, e que a mulher se envolve na prostituição da mesma forma que o homem comete *crimes normais*. A prostituição emerge assim como o desvio que corresponde à expressão natural da inferioridade da mulher.

Na perspectiva de Lombroso, as mulheres são vistas como realizando escolhas dentro de um leque restrito de opções sexualizadas, enquanto os homens não se deparam com restrições ao nível das opções de que dispõem. Como refere Klein "[...] as principais tarefas da mulher são sexuais e a lei materializa as limitações sexuais da mulher [...]" (1973/1996, p.163). A mulher é considerada a principal trabalhadora na instituição familiar, servindo as necessidades básicas da família, e por isso se torna importante mantê-la nesse papel. Se considerarmos os discursos sociais dominantes sobre a mulher e seu comportamento, e as formas de controlo exercido sobre a mulher, muito centradas na sua biologia e anatomia e na sua sexualidade, torna-se mais claro o porquê de os teóricos positivistas da criminalidade feminina se centrarem nas ofensas sexuais da mulher, e tentarem perspectivar de forma sexualizada as ofensas não sexuais perpetradas por mulheres (e.g., considerar que a prática da prostituição é motivada por questões sexuais e não económicas).

A teoria de Sigmund Freud sobre a criminalidade feminina tem igualmente um carácter sexualizador desse comportamento. Freud sugere que as mulheres naturalmente invejam o símbolo de dominância masculina na sociedade, ocorrendo um "complexo de castração" (Freud, 1933//1989, p.169). Apesar de na sua teoria do desenvolvimento psicossexual descrever o complexo de castração para ambos os sexos, Freud atribui mais relevo às implicações para o sexo feminino, relacionando-o com problemas de ajustamento das mulheres, por vezes conducentes a comportamentos desviantes. A teoria freudiana sugere que as raparigas desenvolvem um "complexo de masculinidade e feminilidade" que, se não é dominado precocemente, conduz a dificuldades "no desenvolvimento regular na direcção da feminilidade" (Freud, 1925/1989, p.150). Estas dificuldades poderão traduzir-se posteriormente em padrões de comportamento delinquente. Na sua opinião, na base do *complexo de masculinidade* e, por inerência, na base da criminalidade feminina, estão causas biológicas, sendo a mulher considerada particularmente vulnerável ao desajustamento pela sua natureza (Freud, 1925/1989).

Também Thomas sexualiza o comportamento desviante da mulher, quase confundindo delinquência feminina com delinquência sexual. Centrando o seu estudo nas mulheres mais jovens, alguns dos casos descritos por este autor referem-se mais a promiscuidade do que propriamente a actos criminais. Na sua obra sobre *raparigas desajustadas*, Thomas é claro quanto à natureza sexual do comportamento feminino, ao argumentar que as raparigas têm comportamentos delinquentes devido à ânsia por novas experiências e à percepção de que podem obtê-las se manipularem a sua sexualidade. Para este autor, as questões de classe são igualmente importantes, considerando que a desviância feminina acontece essencialmente nas raparigas de classes desfavorecidas, supostamente mais *imorais* do que as outras (1925, cit. Shoemaker, 2000). Thomas é criticado não apenas por estigmatizar o comportamento feminino, mas também por não perceber que não o faz em relação ao comportamento masculino (Heidensohn, 1985).

Pollak (1950) é outro autor que atribui aos crimes cometidos pela mulher uma forte conotação sexual, associando a figura feminina a tipos e métodos específicos de crime. Desde logo, as ofensas de natureza sexual cometidas pela mulher, uma vez mais a prostituição e o aborto, são uma clara preocupação de Pollak. Na sua opinião, estas são dificilmente detectadas, levando a que as punições para as ofensas sexuais femininas sejam muito inferiores aos seus *verdadeiros números*[12]. Parte da sua obra é dedicada ao exibicionismo e aos actos homossexuais, comportamentos que argumenta serem frequentemente praticados pela mulher. Nesse sentido, critica a falta de acusações e condenações de ofensoras femininas por esses actos. Outro argumento apresentado

---

[12] Pollak (1950) chega mesmo a afirmar, sem qualquer sustentação empírica, que se todos os crimes sexuais fossem detectados se concluiria que a maior parte dos ofensores são do sexo feminino.

refere-se à ideia de que a mulher comete frequentemente crimes domésticos, embora com métodos que dificilmente deixam provas, e sobre vítimas que não têm poder para as denunciar (e.g., filhos). Este argumento surge sem que seja tecido qualquer comentário sobre a violência que os homens impõem também no contexto do seu agregado familiar.

Entre as críticas que lhe são dirigidas, destaca-se o facto de não considerar que também os homens cometem crimes que frequentemente não são detectados, como por exemplo os «crimes de colarinho branco». Esta ideia é refutada por Pollak através de argumentos que podemos considerar originais, nomeadamente que se os homens cometem «crimes de colarinho branco» é porque são vítimas de crimes por parte das mulheres que empregam, ocorrendo um efeito que corresponde a uma espécie de «anulação criminal de género».

Um trabalho igualmente importante é o desenvolvido por Davis (1961) que, numa perspectiva funcionalista da prostituição, a descreve como uma actividade necessária para a preservação da *mulher decente* e da instituição familiar tradicional. Apesar de em termos de análise das implicações da prostituição os argumentos de Davis se centrarem ao nível das estruturas sociais, as suas raízes são associadas à natureza sexual do homem e da mulher (cit. Klein, 1973/1996). Aqui, o conceito de prostituição é definido como crime sexual, sendo as prostitutas consideradas transgressoras sexuais. Para Davis, tal como para Freud, devido à repressão sexual haverá sempre uma categoria de mulheres dedicadas à prostituição, que apesar de consideradas *más* desempenham um papel fundamental na sociedade[13]

c. A *patologização* da desviância feminina

À mulher tem sido desde sempre reservado um papel de destaque nos discursos sobre justiça e saúde mental. O que se sugere nesses discursos é uma forte associação entre a mulher que contacta com a

---

[13] Pelo facto de se referir por um lado a comportamentos que considera de natureza sexual, mas por outro a implicações ao nível das estruturas sociais, voltaremos num momento posterior a analisar os argumentos de Davis.

justiça (agressora ou vítima) e a presença de perturbação mental. Estamos perante o argumento tradicional de patologização do comportamento criminal feminino, que corresponde apenas a uma dimensão da tendência mais genérica para associar o comportamento da mulher ou, em última instância, a própria natureza feminina, à maior vulnerabilidade para o desenvolvimento de patologia (Robins, 1966, cit. Giordano, Cernkovich, & Rudolph, 2002).

Também os discursos sociais sobre a feminilidade se centram em larga medida na determinação biológica do comportamento da mulher e na ideia da patologia inerente ao comportamento feminino que transgride as normas sociais. Como vimos anteriormente, para esse discurso muito contribuiu a psicanálise, teoria que se centra em conceitos como o desajustamento sexual e o neuroticismo da mulher quando procura explicar a desviância feminina.

A tese freudiana, que influenciou obras de autores como Davis ou Pollak, pressupõe a separação entre a mulher saudável, que é passiva e sexualmente indiferente, e a mulher que comete crimes, perturbada ao nível do ajustamento mental e sexual. Na perspectiva de Freud, a mulher que comete crimes caracteriza-se por um estado mental patológico, não sendo esperado que a mulher *normal*, sem patologia (neste caso de natureza sexual), cometa crimes. Mais ainda, importa referir que estes desajustamentos são considerados numa base puramente biológica, com factores sociais, económicos ou culturais a serem ignorados (Klein, 1973/1996).

Genericamente, as abordagens centradas em factores bio-psicológicos pressupõem a ausência de um estado de *normalidade* na mulher desviante. Por exemplo Konopka (1966) enfatiza a importância das perturbações emocionais na origem da desviância feminina (cit. Klein, 1973/1996). Em particular, a autora associa a delinquência feminina a problemas emocionais decorrentes do isolamento e da dependência. Com um discurso bastante influenciado pela psicanálise, também Konopka perspectiva a desviância da mulher como um desajustamento em relação à normalidade feminina (idem).

Constatamos assim que, nestas abordagens, se considera por um lado que a raiz da desviância feminina é biológica, podendo esta ser atribuída a características inatas da mulher. Por outro lado, e paradoxalmente, não é nestas abordagens considerado natural ou *normal* o comportamento desviante feminino, sendo a mulher transgressora muitas vezes perspectivada como perturbada.

A patologização do comportamento desviante feminino remete-nos para a ideia, fortemente presente nos discursos tradicionais sobre a mulher e o crime, de que esta não comete crimes de forma autónoma, na medida em que por detrás desse comportamento está a presença de uma perturbação. De facto, a autonomia, a liberdade e a *agencialidade* da mulher (não apenas em relação ao comportamento criminal) sempre foram questionadas.

Embora a mulher ofensora seja o objecto principal do nosso estudo, importa referir que os discursos de intersecção das esferas da justiça e da saúde mental se estendem à mulher vítima ou mesmo à mulher que de outra forma intervém no sistema de justiça, como por exemplo a que testemunha em tribunal (Goodwin, 2003). Muito mais facilmente do que acontece em relação às figuras masculinas, a saúde mental tende a ser questionada quando se trata de uma mulher. Esta ocorrência é totalmente consonante com os discursos sociais sobre a feminilidade, onde a vulnerabilidade da mulher é encarada como um facto. É nesse contexto que a mulher vítima pode passar a culpada ou a mulher testemunha pode ser considerada incapaz.

Especificamente no que concerne à mulher ofensora, alguns estudos asseguram que esta é *efectivamente mais perturbada* do que o ofensor masculino, numa lógica de que na ausência de perturbação, ou seja, livremente, a mulher não é capaz de decidir pela via do crime. Este argumento surge em relação à mulher adulta e também à jovem mulher, cuja desviância tem igualmente sido associada à presença de perturbação (e.g., Goldstein, et al., 2003).

Frequentemente, os estudos que procuram associar a criminalidade feminina a perturbações mentais centram-se nas experiências de vida das mulheres nas instituições prisionais, procurando mostrar que as reclusas apresentam índices elevados de patologia (Goodwin, 2003). Esta procura de índices de patologia na população feminina institucionalizada traz óbvias consequências em termos da representação da mulher ofensora e da forma como se perspectiva o seu tratamento no âmbito do sistema de justiça. Em particular, podemos referir a tendência para medicar a mulher na prisão, incomparavelmente superior à que se verifica relativamente ao recluso do sexo masculino (e.g., Almeda, 2003a;

Genders & Player, 1987; Carlen, 1983). Parece de facto haver uma tradição *patologizadora* da mulher que comete crimes, com o estereótipo da mulher ofensora "louca" a influenciar o seu tratamento nas diversas instâncias de controlo, formais e informais (Muncie, 1999). Alguns estudos revelam que no contexto prisional actual, sinais de tensão por parte das reclusas, mesmo se idênticos aos verificados na população reclusa do sexo masculino, tendem a ser interpretados como um sintoma da *histeria* inerente à natureza da mulher (Almeda, 2003a). Estas implicações emergem, na nossa perspectiva, da representação tradicional positivista da mulher desviante, sustentada pelos discursos sociais da feminilidade ainda hoje dominantes.

d. A *masculinização* da desviância feminina

Desde a abordagem lombrosiana à criminalidade feminina se percebe que a masculinização deste fenómeno está presente de forma generalizada nas perspectivas tradicionais da criminologia. Referimo-nos às tendências para explicar a desviância da mulher através da convergência com o sexo e com o género masculinos. A primeira tendência corresponde a uma perspectiva biológica, com a procura de características físicas masculinas na mulher ofensora (e.g., Cowie et al., cit. Klein, 1973/1996). A segunda, centrada no género, consiste numa perspectiva mais sociológica, em que se associa a desviância feminina à emancipação da mulher e ao consequente acesso desta a estruturas sociais normalmente apenas ao alcance dos homens (e.g., Adler, 1975). Analisemos ambos os vectores da masculinização da desviância feminina.

A representação do comportamento *tipicamente feminino* com base em critérios biológicos está relacionada com a ideia de que a mulher que transgride apresenta traços físicos de masculinidade, enquanto a mulher *normal* é feminina. Lombroso e Ferrero consideram que quando a mulher comete crimes se aproxima das figuras masculinas, caracterizando-se, por exemplo, pela ausência de instintos maternais. Os mesmos autores descrevem aproximações anatómicas da mulher desviante ao sexo masculino: "[A] comparação do *crânio criminal* com os crânios de mulheres *normais* revela o facto de as *mulheres criminosas* se aproximarem mais dos indivíduos de sexo masculino, ambos criminal e *normal*, do que das *mulheres normais* [...]" (Lombroso & Ferrero,

1895/1996, p.29, ênfase acrescentada). Considerando a proposta de Lombroso sobre o estatuto de inferioridade da mulher no padrão de evolução da espécie humana, a aproximação da delinquente feminina ao sexo masculino poderia à partida parecer uma valorização. No entanto, para Lombroso, traços de masculinidade na mulher não são encarados como sinal de desenvolvimento, mas sim como *anomalia*[14].

Nesta mesma linha de ideias, relembramos que Thomas sugere a existência de maiores diferenças físicas entre os sexos masculino e feminino nas sociedades mais avançadas, argumentando que quanto mais desenvolvida é uma etnia, mais feminina é a mulher (cit. Klein, 1973/1996). Também a explicação de Sigmund Freud para a criminalidade feminina se centra na ideia da masculinização da mulher que comete crimes. Centrando a desviância da mulher no que designou por *complexo de masculinidade*, Freud (1925/1989) assume que a mulher comete crimes quando de certo modo procura ser como o homem.

Numa abordagem mais sociológica da tendência para a masculinização da desviância feminina encontramos, como referimos inicialmente, o argumento de que a emancipação da mulher, e sua aproximação aos papéis tipicamente desempenhados pelos homens, está associada ao suposto aumento da criminalidade feminina. A revisão dos estudos realizados sobre a mulher e o crime permite-nos perceber que o aumento das taxas da criminalidade feminina é desde cedo associado à crescente emancipação da mulher. Ainda antes da segunda metade do século XX, já diversos autores (e.g., Pike, 1876, Bishop, 1931, cit. Heidensohn, 1985; Pollak, 1950) referem que à medida que a mulher se torna mais independente se torna também mais criminal.

Esta ideia veio mais tarde a ser debatida, durante os anos setenta do século XX, quando novas publicações atribuem o aumento da criminalidade feminina (particularmente no contexto americano) à emancipação da mulher. Nestas publicações incluem-se as teses de Rita Simon e Freda Adler (1975), que relançam este debate no âmbito da perspectiva

---

[14] "[...] O que procuramos na mulher é essencialmente feminilidade, e quando encontramos o oposto nela concluímos por regra que deve haver alguma anomalia. E [...] temos de nos lembrar que a virilidade era um dos traços especiais da mulher selvagem." (Lombroso & Ferrero, 1895/1996, p.31).

feminista[15]. A ligação entre emancipação e crime na mulher torna-se inclusivamente um dos aspectos da abordagem feminista à criminalidade feminina que mais interesse suscita, por parte quer de académicos quer dos meios de comunicação social (Morris, 1981, cit. Heidensohn, 1985).

Inicia-se assim um debate controverso, com autores a argumentarem que a maior participação das mulheres no mercado de trabalho está associada a uma suposta crescente desviância feminina. Subjacente a este argumento está a ideia de que a libertação da mulher em relação aos papéis tradicionalmente associados ao sexo feminino, por um lado a submete a *stressores que potenciam* o crime e, por outro lado, lhe dá acesso a oportunidades criminais anteriormente apenas ao alcance dos homens (Shoemaker, 2000).

A associação da emancipação da mulher ao aumento da criminalidade feminina é aplicada essencialmente em relação à mulher adulta, com poucas referências à delinquência juvenil feminina. Uma das raras excepções é o trabalho de Freda Adler (1975), que refere que as implicações desviantes da maior libertação e mudança de papéis da mulher também se aplicam às camadas mais jovens. Segundo Adler (1975), as raparigas procuram seguir as suas mães ou irmãs mais velhas na conquista de maior liberdade, pelo que serão de esperar das mulheres mais novas os mesmos tipos de crime esperados das mais velhas. Na sua perspectiva, o movimento de libertação da mulher tem implicações no comportamento social das raparigas e os seus efeitos notam-se em duas áreas fundamentais: o aumento genérico da delinquência feminina e a imitação de comportamentos masculinos, com o maior envolvimento em *gangs*, seja no papel que designa por tradicional, e que consiste em acompanhar os membros masculinos do *gang*, seja na formação de *gangs* exclusivamente femininos. Voltaremos mais adiante a este controverso debate em torno do argumento de que o movimento libertário da mulher pode conduzir ao aumento da sua desviância, quando analisarmos os discursos feministas sobre mulher e crime.

---

[15] Como veremos na abordagem às perspectivas feministas, os argumentos de Adler e Simon não são bem acolhidos no seio do feminismo, na medida em que comprometem o movimento político que lhe está associado.

e. Discursos tradicionais (I): Críticas e contribuições

Perante as diversas abordagens positivistas à criminalidade feminina, centradas em factores bio-psicológicos da mulher transgressora, reflectimos agora sobre as suas implicações para a criminologia em geral, para o estudo da mulher ofensora em particular e, em última instância, para a própria representação e posicionamento da mulher nas estruturas sociais.

Desde logo se torna importante evidenciar que, apesar de ser possível enumerar uma lista considerável de autores que, a partir do final do século XIX e ao longo do século XX, se dedicaram ao estudo da criminalidade feminina, esta nunca se constituiu como uma área sólida dentro da criminologia. Os estudos realizados sobre a desviância feminina, por um número de criminologistas que não pode ser considerado significativo, dificilmente têm tanta expressão como os estudos sobre a delinquência masculina. Mais uma vez, se considerarmos os números oficiais da criminalidade feminina bem como o enraizamento dos discursos sociais dominantes sobre a feminilidade e a transgressão, percebemos como dificilmente os estudos sobre mulher e crime ganharão a mesma expressão dos estudos sobre ofensores masculinos. Como refere Heidensohn, apesar dos estudos realizados, "a criminalidade feminina [...] permaneceu na periferia do território criminológico, [como] uma [ilha] remota, sem visitas e estranha" (1985, p.124).

O predomínio dos argumentos sobre criminalidade feminina centrados em factores intrínsecos da mulher ofensora, persiste durante várias décadas, sem a emergência de críticas que lhes pudessem constituir uma verdadeira alternativa. O longo reinado das perspectivas bio-psicológicas sobre a criminalidade feminina, que tem início em finais do século XIX com o trabalho de Lombroso e perdura ao longo de meio século, parece ter reforçado a representação estereotipada da mulher e seu comportamento criminal. Teorias como as que aqui descrevemos (e.g., Lombroso & Ferrero, 1895/1996; Pollak, 1950) baseiam-se numa concepção da mulher e do comportamento criminal feminino que reflecte e reforça os discursos sociais dominantes sobre a feminilidade. Trata-se de uma visão estereotipada, que associa a mulher a papéis domésticos, e que lhe atribui como principal função a manutenção da instituição familiar, considerada o pilar básico da sociedade. A mulher é ainda representada sob forte domínio de factores biológicos e psicológicos, e segundo um viés racial e de classe, na medida em que a *melhor* mulher, a mais feminina, é branca e de classe favorecida, mas mesmo esta será sempre inferior ao homem (e.g., Thomas, 1925, cit. Heidensohn, 1985). Destes discursos estereotipados resultam paradoxos fundamentais, evidentes, por exemplo, quando se descreve a mulher como *naturalmente boa* e simultaneamente se considera que há factores biológicos intrínsecos à natureza feminina que conduzem ao comportamento criminal; ou quando se descreve a mulher como *naturalmente má*, mas se caracteriza o seu comportamento criminal como uma *anomalia*[16].

O final do predomínio das abordagens biológicas sobre a mulher e o crime não deve ser confundido com a inexistência de teorias com base nos mesmos pressupostos, no panorama actual da criminologia. Encontramos perspectivas recentes sobre a criminalidade feminina que, numa lógica positivista, procuram explicar os crimes cometidos pela mulher com base em características individuais, de cariz biológico, associadas ao sexo feminino (e.g., Cario, 1997). Assim, é sobretudo em relação a estas abordagens mais actuais à criminalidade feminina que fazem sentido as críticas tecidas às perspectivas centradas em factores bio-psicológicos. No que respeita os estudos desenvolvidos no início do século XX, a estereotipia patente na concepção de mulher deve ser entendida à luz do seu enquadramento histórico e cultural. Nesse sentido, muitas das críticas tecidas à perspectiva lombrosiana prendem-se não tanto com os argumentos propostos, pois têm em consideração o momento e o contexto sócio-cultural em que Lombroso desenvolveu os seus estudos, mas essencialmente com a ausência de rigor científico nas avaliações que o autor realizou em conjunto com Ferrero. Tal ausência de rigor é evidente não só nos estudos de Lombroso, mas também noutras abordagens, como por exemplo a de Pollak (1950), cuja argumentação é essencialmente ideológica e não tanto baseada em dados

---

[16] O discurso estereotipado sobre os papéis que a mulher deve desempenhar, bem como as dualidades na concepção de mulher, que rapidamente passa de boa a má ou de santa a prostituta, mostram como discursos sociais e científicos não podem ser considerados separadamente. Por um lado, os discursos científicos emergem dos sociais e sustentam-se deles, mas, por outro lado, acabam por reforçá-los. Nesse sentido, as abordagens científicas tradicionais à criminalidade feminina reflectem os discursos sociais dominantes sobre a mulher, seu comportamento genérico e comportamento criminal.

empíricos, parecendo resultar das convicções pessoais do autor em torno de uma representação profundamente estereotipada do comportamento da mulher[17]. Segundo Heidensohn, as críticas às abordagens tradicionais da criminalidade feminina devem residir essencialmente na "incapacidade que os autores clássicos demonstraram em questionar as suas próprias teorias" (1985, p.116). É necessário o reconhecimento da importância destes autores no início do estudo da desviância feminina, mas sem que nos esqueçamos que, pela ausência de rigor metodológico e pela representação estereotipada da mulher, eles não parecem contribuir para uma melhor compreensão da mulher desviante.

Apesar das críticas apontadas, na nossa opinião algumas abordagens positivistas à criminalidade feminina, centradas em variáveis bio-psicológicas da mulher, são interessantes do ponto de vista metodológico e constituem uma transição a esse nível, aproximando-se de abordagens posteriores ao fenómeno (designadas neste trabalho por "alternativas"). Os estudos de caso, com um tratamento mais humanizante da mulher delinquente (e.g., Thomas, 1925, cit. Heidensohn, 1985; Konopka, 1966, cit. Shoemaker, 2000), constituem uma transição positiva relativamente ao desprezo ou mesmo repulsa em relação ao *objecto* de estudo, patentes nos trabalhos de Lombroso e Ferrero (1895/1996) ou de Pollak (1950). No entanto, conceptualmente não encontramos diferenças de relevo entre estas diversas abordagens.

Embora este trabalho não se enquadre conceptual e metodologicamente nas teorias tradicionais positivistas sobre a desviância feminina, não queremos deixar, uma vez mais, de lhes reconhecer importância por chamarem a atenção para a mulher na criminologia, onde até então esta era totalmente ignorada. Ainda que os estudos realizados não tenham constituído uma área sólida, com grande impacto na criminologia, abriram caminho para o estudo da mulher nesta disciplina, possibilitando a realização actual de trabalhos com uma lógica diferente, como o que aqui apresentamos, em que conceptual e metodologicamente é reconhecido e dado poder à mulher.

---

[17] A importância das suas próprias crenças em detrimento de dados empíricos é evidente quando Pollak utiliza expressões como: "O exibicionismo ocorre frequentemente entre as raparigas. Isto pode ser facilmente observado por alguém que passe na rua com os olhos abertos para o comportamento humano, mas nenhuma condenação ou acusação foi registada" (1950, p.2).

1.2. Discursos tradicionais (II): As abordagens sociológicas positivistas à desviância feminina

Paralelamente à abordagem da desviância feminina centrada na individualidade da mulher e no seu património biológico, emerge e desenvolve-se uma linha sociológica no estudo do crime. Particularmente ao nível da transgressão feminina, esta emergência corresponde a uma transição sobretudo metodológica, na medida em que epistemologicamente também a *nova* abordagem se enquadra numa lógica positivista. Este conjunto de estudos sociológicos sobre a transgressão feminina perspectiva o crime como um fenómeno inquestionável, cujo estudo passa pela manutenção de uma postura etiológica. Assim, continuam a procurar-se as causas do crime, embora se assista agora a um desvio de factores biológicos e psicológicos para factores sociológicos.

Contudo, no plano metodológico, importantes mudanças são introduzidas pelas abordagens sociológicas do crime, embora apenas com a emergência das perspectivas mais críticas, já em plena segunda metade do século XX, se assista efectivamente a uma transformação metodológica e conceptual na criminologia. Esta transformação vai permitir a mudança nos discursos sobre a criminalidade de uma forma geral, com consequências também nos discursos particulares sobre a criminalidade feminina.

Podemos assim considerar dois discursos distintos ao nível das perspectivas sociológicas sobre a desviância feminina. O primeiro discurso, de cariz positivista, materializa-se através da realização de estudos centrados na família e na conformidade aos papéis de género, bem como de alguns estudos sobre as *carreiras criminais* femininas. Referimo-nos, essencialmente, a abordagens em que se procura no contexto familiar as causas da transgressão juvenil feminina (e.g., Datesman & Scarpitti, 1975, cit. Shoemaker, 2000; Chesney-Lind, 1997; Giordano, Cernkovich & Rudolph, 2002). A segunda linha das perspectivas sociológicas sobre a transgressão feminina afasta-se dos *discursos positivistas* não apenas em termos de metodologia mas também conceptualmente. Estas abordagens emergem sobretudo com a consolidação da sociologia da desviância e a emergência da criminologia crítica. Apesar de, como veremos, se centrarem mais no homem do que na mulher desviante, a referência a estas perspectivas justifica-se, na nossa opinião, porque constituem uma transição para as abordagens mais críticas à criminalidade em geral e à criminalidade e construção do género em particular. Ou seja, representam a transição do que designámos por «discursos tradicionais» para os «discursos alternativos» sobre criminalidade feminina, constituindo estes últimos a sustentação teórica fundamental dos estudos empíricos que desenvolvemos.

Em seguida propomo-nos desenvolver as perspectivas sociológicas sobre a transgressão da mulher, considerando a dicotomia referida. Assim, neste capítulo faremos referência aos estudos que, embora inovem metodologicamente e se centrem em factores sociológicos, conceptualizam a mulher e a sua actividade criminal sem romper epistemologicamente com os discursos positivistas sobre a transgressão feminina. Posteriormente serão abordadas as perspectivas sociológicas que, por constituírem uma ruptura não apenas metodológica mas também conceptual na abordagem à criminalidade feminina, serão designadas por «discursos de transição».

A mulher ofensora nas abordagens sociológicas

Com a emergência e consolidação das perspectivas sociológicas no estudo do crime, a ideia de que o comportamento criminal humano é determinado por características inatas do ofensor, de cariz biológico ou psicológico, começa a ser desafiada. No entanto, como vimos anteriormente, o predomínio das abordagens bio-psicológicas do crime é ainda muito forte no início do século XX.

Progressivamente, a partir dos anos trinta, as perspectivas sociológicas da desviância ganham maior destaque, com a emergência de teorias de relevo sobre factores sociais, mais ou menos abrangentes, e sua relação com o fenómeno criminal. Exemplos incontornáveis, da década de trinta, são a Teoria da Anomia de Merton, e as primeiras propostas interaccionistas, por George Mead. A partir dos anos 50 dá-se a consolidação das abordagens ao crime centradas em factores sociais, que passam a assumir um papel de maior destaque em relação às que se centram nas características individuais, bio-psicológicas, do ofensor. Nas décadas que se seguem (anos sessenta e setenta do século XX) surgem teorias de raiz sociológica com grande impacto na criminologia, como as teorias do controlo (e.g., Hirschi, 1969; Reckless, 1973), novas formulações da teoria da anomia (e.g., Cloward & Ohlin, 1960), as abordagens interaccionistas (e.g., Becker, 1963), a teoria da associação diferencial (Sutherland & Cressey, 1960) ou a teoria crítica (e.g., Taylor, Walton & Young, 1973).

O estudo da desviância feminina não parece, contudo, ser afectado de forma significativa pelas mudanças ocorridas a este nível na criminologia, continuando a verificar-se uma menor centração na mulher enquanto protagonista do crime. Tal como acontecia nas abordagens bio-psicológicas, também nas perspectivas sociológicas do crime, desde as análises microssociais da desviância até ao estudo das implicações criminais das estruturas sociais mais alargadas, a figura central é essencialmente o ofensor masculino[18]. Num texto do final da década de setenta, Dahl e Snare (1978) referem que embora a desviância seja desde as décadas anteriores intensamente estudada numa perspectiva sociológica, a questão da mulher no crime permanece sem receber grande atenção pelas correntes sociológicas da criminologia.

Surgem, no entanto, algumas excepções, com a realização de estudos sobre a mulher desviante, por vezes no âmbito de perspectivas sociológicas de relevo, como por exemplo as teorias do controlo. Do ponto de vista sociológico, é de facto nas abordagens centradas no controlo que se assiste aos desenvolvimentos mais significativos no estudo da criminalidade feminina. Se não havia grande interesse em analisar o crime cometido pelas mulheres por ocorrer numa escala muito reduzida, com a exploração das teorias do controlo, nomeadamente por Travis Hirschi, as ofensas das mulheres começam a ganhar algum destaque, precisamente pela sua escassez. O interesse sobre este fenómeno alcança maior dimensão através de uma questão, oposta à que vinha sendo colocada a propósito da criminalidade masculina, que diz respeito ao porquê de as mulheres se conformarem mais às normas sociais e legais. Em torno desta questão desenvolvem-se teorias e estudos empí-

---

[18] Gostaríamos, contudo, de salvaguardar que, se para nós é importante chamar a atenção para a falta de estudos sobre mulher e crime, consideramos também que seria pretensioso reclamar um equilíbrio em função do género dos protagonistas do crime, quando a população feminina oficialmente considerada desviante representa menos de 10% da população desviante total.

ricos, destacando-se o trabalho de Hagan, Gillis e Simpson (1979, cit. Rock, 1997).

Analisaremos de seguida diversas abordagens sociológicas à desviância feminina. Têm sido várias as propostas de subdivisão das perspectivas sociológicas sobre o crime, com base em diferentes critérios (e.g., escola de pensamento, orientação política). O critério que utilizámos para a escolha das perspectivas sociológicas analisadas prende-se com o destaque dado (ou não) ao género feminino. Em termos de organização do capítulo, seguimos uma lógica de crescente abstracção dos conceitos sociológicos associados à criminalidade e delinquência feminina, começando por descrever as perspectivas centradas no contexto familiar e na conformidade aos papéis de género.

Efectivamente, a associação do desvio feminino a variáveis sociológicas, em particular ao controlo e à conformidade às normas sociais, surge essencialmente em relação a um contexto microssocial específico, a família, com alguns estudos e teorias a atribuírem a desviância da mulher, em particular a juvenil, a variáveis familiares (e.g., Datesman & Scarpitti, 1975, cit. Shoemaker, 2000). Outros estudos procuram explicar as diferenças entre a criminalidade de homens e de mulheres com base nas diferentes expectativas de desempenho de papéis (na sociedade em geral e na família em particular), nos modelos familiares dominantes e no exercício de controlo social informal diferenciado em função do género (e.g., Hagan et al., cit. Rock, 1997). Como veremos, trata-se de um conjunto de estudos que, apesar de se centrar mais nos contextos sociais do que na própria individualidade do ofensor, ontológica e epistemologicamente se aproxima das perspectivas tradicionais focadas no actor do comportamento criminal.

a. As abordagens centradas na família e na conformidade aos papéis de género

Como referimos anteriormente, a transgressão feminina continua a ser pouco estudada no seio da criminologia, ou então, o seu estudo concretiza-se a partir de abordagens metodológica e conceptualmente próximas dos estudos bio-psicológicos. Destacam-se, contudo, perspectivas sociológicas na criminologia em que é dado algum destaque à mulher transgressora. Trata-se de abordagens dirigidas essencialmente à delin-

Discursos tradicionais sobre criminalidade feminina   49

quência juvenil, na maior parte das vezes não exclusivamente feminina, e que podem ser divididas em duas grandes categorias: os estudos centrados nas implicações do contexto familiar no comportamento desviante, claramente tradicionais, e os estudos centrados no controlo e nas expectativas sociais de conformidade aos papéis de género, que se afastam um pouco mais da *tradicionalidade* na construção de discursos sobre a transgressão feminina. Analisaremos a seguir cada uma dessas abordagens, no sentido da maior para a menor *tradicionalidade*, procurando reflectir particularmente sobre as suas contribuições para a construção dos discursos científicos sobre a mulher ofensora.

Estudos sobre contexto familiar e delinquência feminina

Os estudos sobre o contexto familiar são bastante comuns na abordagem ao fenómeno da delinquência juvenil, quer feminina quer masculina. Particularmente em relação à delinquência feminina, são diversas as argumentações no sentido de o desvio na rapariga estar mais associado a factores especificamente relacionados com o contexto familiar do que o desvio no rapaz (e.g., Datesman & Scarpitti, 1975, cit. Schoemaker, 2000)[19]. Relativamente ao modo como conceptual e metodologicamente a desviância feminina é associada a factores familiares, entre estas abordagens encontramos as que relacionam directamente a disfunção familiar ao desvio feminino e as que se centram nas experiências de vitimação da rapariga delinquente.

Estudos baseados em registos oficiais sugerem que a associação entre famílias ou relações familiares disfuncionais e delinquência feminina é maior do que a associação entre os mesmos factores e delinquência masculina (e.g., Griswold, 1957; Monahan, 1957; cit. Shoemaker, 2000). Entre as propostas explicativas desta relação prevalece o argumento de que as dinâmicas familiares disfuncionais conduzem a problemas de ajustamento na rapariga, e que estes, por sua vez, resultam em comportamentos desviantes. Exemplos destes comportamentos

---

[19] É, contudo, importante referir que esta associação se verifica sobretudo em relação a tipos particulares de comportamento desviante, especificamente contemplados no contexto anglo-saxónico (e.g., fugas de casa e resistência ao controlo parental).

são as fugas de casa ou actos considerados de promiscuidade sexual, à luz da representação de *boa rapariga*. Surge mesmo uma designação para este fenómeno, o *"wayward girl syndrome"*[20] (e.g., Konopka, 1966, cit. Heidensohn, 1985).

Não é clara, na nossa opinião, a fundamentação deste tipo de associação da delinquência feminina à disfuncionalidade do contexto familiar, parecendo-nos que essa ligação é mediada através de características que se sugere serem *tipicamente* femininas (e.g., maior descontrolo emocional). Nesse sentido, estamos perante abordagens etiológico--explicativas da desviância feminina que se aproximam das perspectivas centradas no indivíduo. A ideia subjacente a estas abordagens é a de que, perante as mesmas condições familiares, a rapariga será *naturalmente* mais vulnerável ao desvio, estando esta vulnerabilidade relacionada com características intrínsecas da mulher.

Não podemos, no entanto, deixar de referir que a própria conceptualização de desvio é diferente em função do género. As fugas de casa, e essencialmente a promiscuidade, são disto exemplos claros. Com base nos discursos sociais dominantes sobre a feminilidade e na forte centração do controlo social da rapariga na sua sexualidade, compreende-se que facilmente um comportamento sexualizado da jovem mulher seja considerado desviante, e que o mesmo não aconteça para o rapaz. Antes pelo contrário, a construção social de masculinidade assenta em grande medida na expressão da sexualidade do homem (Jackson, 2005).

Os actos de delinquência feminina têm assim sido relacionados com experiências de vida no contexto familiar qualitativamente diferentes das experiências dos rapazes delinquentes. Nomeadamente, tem sido apontada como mais frequente nas raparigas a história de vitimação, física, sexual e emocional, por parte de familiares (Chesney-Lind, 1997). O abuso sexual precoce é particularmente referido na literatura como factor de risco mais relevante na etiologia da desviância feminina do que na masculina (Giordano, Cernkovich & Rudolph, 2002). As diferentes formas de vitimação são associadas a comportamentos violentos, fugas de casa e abuso de álcool e drogas (Burman, Brown & Batchelor, 2003). Autores que consideram também as mulheres adultas, suge-

---

[20] A tradução literal corresponde à expressão "sindroma da rapariga rebelde".

Discursos tradicionais sobre criminalidade feminina 51

rem que as que apresentam história de abuso sexual têm maior probabilidade de consumir e vender drogas ou de delinquir de uma forma geral, do que os homens com a mesma experiência (e.g., Dembo et al., 1987, cit. Katz, 2000). Em estudos retrospectivos, realizados junto de população a cumprir sanções penais, conclui-se igualmente que entre as mulheres é maior a probabilidade de ocorrência de abuso sexual anterior (e.g., Harlow, 1999, cit. Katz, 2000).

Sendo este dado consensual na literatura, diversos estudos têm por objectivo a procura de uma justificação para a maior associação, no caso das mulheres, entre delinquência e experiências de vitimação, não apenas mas mais frequentemente no contexto familiar. Para alguns, a resposta encontra-se em variáveis socio-psicológicas que explicam a relação entre vitimação na família e delinquência feminina, como por exemplo a emergência de sentimentos negativos que acabam por conduzir ao desvio (Browne & Finkelhor, 1986, cit. Chesney-Lind, 1997).

Mas outras explicações, conceptualmente diferentes, têm surgido. Por exemplo, segundo Katz, a resposta a esta questão reside na construção social de feminilidade e nas expectativas de que a mulher se conforme aos "desejos masculinos" (2000, p.635). Nesta perspectiva, que se aproxima dos estudos sobre controlo e conformidade que apresentaremos de seguida, do mesmo modo que facilmente a mulher é alvo de vitimação e se silencia, também se envolve em actividades desviantes para corresponder à vontade de uma figura masculina que exerce poder sobre ela.

Estudos sobre controlo, conformidade e delinquência feminina

Estas abordagens à criminalidade feminina representam, de entre as tradicionais, as que mais se aproximam das abordagens que considerámos de «transição». Sobretudo porque, no seu conjunto, conceptualizam o desvio feminino com base em factores sociológicos e consideram as questões de género. Optámos, contudo, por inclui-las nos discursos tradicionais sobre criminalidade feminina essencialmente pela postura etiológico-explicativa e pela leitura do fenómeno, a nosso ver, reforçadora dos estereótipos de género dominantes.

De entre as perspectivas focadas no controlo e na conformidade aos papéis de género, que associam a estrutura familiar à desviância feminina, destaca-se a teoria do controlo de Hagan, Gillis e Simpson (1979, cit. Rock, 1997). Segundo estes, a rapariga é o principal alvo de controlo social no agregado familiar, tendo por isso uma maior percepção de ameaça de punição face aos seus comportamentos, quando o modelo familiar dominante é o patriarcal. O forte controlo social de que a rapariga é alvo no domínio privado consiste fundamentalmente, segundo Hagan e colaboradores, em estratégias de punição emocional, como por exemplo a ameaça de não receber afecto ou de ser envergonhada. Este rígido controlo na esfera doméstica, segundo os autores, para além de reduzir a exposição das raparigas às diversas instâncias formais de controlo social, funciona de forma mais eficaz do que as sanções formais. Nesta perspectiva, sobre os rapazes não só é exercido menos controlo, como tendem a ser reforçados comportamentos desafiadores ou de risco, o que estará associado à mais frequente delinquência masculina.

Na literatura sugere-se também que em relação aos rapazes as formas de controlo familiar são mais de tipo directo, enquanto no caso das raparigas a existência ou não de comportamentos desviantes está mais associada a um controlo familiar mais subtil e indirecto (Heimer & DeCoster, 1999, cit. Giordano, Cernkovich & Rudolph, 2002). Hagan e colaboradores sugerem ainda que nos modelos familiares igualitários, em que a figura materna é preponderante no exercício de poder e de controlo, não se verificam tantas diferenças nos níveis de delinquência em função do género. Estes argumentos parecem-nos já mais afastados das concepções mais tradicionais de desviância feminina, na medida em que deslocam o foco dos factores intrínsecos da mulher para o modo como a família e a sociedade representam e tratam a figura feminina.

O mesmo acontece relativamente a um conjunto específico de abordagens que, embora associem a disfunção da dinâmica familiar à desviância feminina (e.g., Katz, 1979, cit. Chesney-Lind, 1997), tal como nas abordagens que referimos anteriormente, analisam essa associação através da lente do controlo social. Segundo estas abordagens, em contextos cuja dinâmica familiar se caracteriza pela disfuncionalidade, é mais comum a criminalização do comportamento da rapariga quando os pais não se sentem capazes de a controlar segundo os padrões sociais de normalidade do comportamento feminino. Em muitas situações, o contacto da rapariga com o sistema de justiça deve-se à iniciativa dos próprios pais que, para além de participarem actos como as fugas de

Discursos tradicionais sobre criminalidade feminina 53

casa por parte dela, insistem por vezes na sua institucionalização (Chesney-Lind, 1997).

Enquanto, subjacente a estas propostas, está a tentativa de encontrar a resposta à questão "porque é que as mulheres delinquem menos", outros autores analisam a transgressão feminina a partir do modo como as expectativas sociais em torno das mulheres poderão determinar ou constranger o seu próprio desvio. Uma das linhas dominantes desta abordagem apoia-se na ideia de que as expectativas normativas dirigidas à mulher (e.g., subordinação ao homem, ênfase na aparência física e sedução) poderão estar presentes também na própria opção pelo desvio.

Um dos exemplos destas teorias, dirigido em particular aos comportamentos com conotação sexual, é a proposta por Reiss (1960). Na sua opinião, os rapazes envolvem-se em actos sexuais porque tal é prestigiante e proporciona *status* para o sexo masculino, enquanto as raparigas se envolvem em actos sexuais porque manter um relacionamento é fonte de prestígio para elas entre os seus pares, pelo que "frequentemente têm de *ceder* às exigências sexuais dos rapazes" (cit. Shoemaker, 2000, p.237). Paralelamente, e de forma algo paradoxal, o comportamento sexual feminino é socialmente considerado desviante, o que não acontece em relação ao masculino. Ainda segundo Reiss, se a *promiscuidade sexual* da rapariga resultar por exemplo numa gravidez, então ela perde prestígio e pode envolver-se noutro tipo de comportamentos desviantes (idem).

Também Grosser (1951), sob pressupostos funcionalistas, vê a delinquência nas raparigas como função da sua natureza sexual, enquanto associa a delinquência no rapaz às exigências do papel de género masculino (e.g., sucesso financeiro) (cit. Shoemaker, 2000). Na opinião de Grosser, os rapazes tendem a envolver-se em actividades desviantes que correspondem às expectativas sociais relativamente ao género masculino, ou seja actividades perigosas e arriscadas, enquanto as raparigas tendem menos a envolver-se em actividades marginais na medida em que estas não contribuem para a expressão da sua feminilidade. Refere, no entanto, que as raparigas podem exibir comportamentos desviantes especificamente associados à *natureza sexual da mulher*, como por exemplo roubar para manter a aparência feminina. Tal como acontece nas abordagens tradicionais da criminologia que temos vindo a descrever, quer bio-psicológicas quer sociológicas, também a perspectiva funcionalista de Grosser assenta numa visão da desviância feminina indissociável do que é representado como a *natureza feminina*. Já a delinquência masculina é perspectivada pelo mesmo autor com base nos papéis de género.

Nesta perspectiva enquadra-se igualmente uma das explicações propostas para a associação entre desviância feminina e experiências de vitimação da mulher, e que reside na construção social da feminilidade e nas expectativas de conformidade da mulher ao que o homem deseja. O envolvimento feminino em actividades desviantes para corresponder à vontade de um homem que exerce poder sobre ela, emerge como argumento em estudos sobre delinquência juvenil feminina (e.g., Brezina, 1998) e sobre criminalidade da mulher adulta (Morgan & Joe, 1996, cit. Katz, 2000).

Contrariamente a estes autores, que identificam na base da desviância a influência de uma socialização feminina normativa, outros argumentam que as mulheres que transgridem se afastam das expectativas normativas da feminilidade. O argumento subjacente é o de que os actos delinquentes são coerentes com o ideal de masculinidade e com os papéis tradicionalmente associados ao homem, pelo que a socialização do rapaz tende a ser legitimadora de actos desviantes enquanto a socialização da rapariga ocorre no sentido da conformidade às normas. Alguns estudos mostram que as raparigas sentem mais vergonha e culpa quando se envolvem em problemas com a justiça e legitimam os actos delinquentes menos do que os rapazes (e.g., Morris, 1965). Sugere-se nestas abordagens que a socialização das raparigas ocorre no sentido de maior conformidade às normas sociais do que a dos rapazes, na medida em que quando elas cometem actos delinquentes violam as expectativas sociais de género. Na mesma linha de argumentação, surgem propostas no sentido de os actos delinquentes das jovens mulheres resultarem de uma socialização semelhante à dos homens, conducente à adesão a papéis tipicamente masculinos, o que não acontece com as raparigas não delinquentes (e.g., Cullen et al., 1979, cit. Shoemaker, 2000)[21].

---

[21] Estes argumentos não são no entanto consensuais, pois outros estudos, que recorrem essencialmente a medidas de auto-relato, mostram que não há, em rapazes ou raparigas, uma associação significativa entre a adopção de atitudes esperadas para o sexo masculino e comportamentos delinquentes. Ou seja, que ao cometer actos delinquentes,

Nesta mesma linha explicativa cabe referir, apesar de escassas, as abordagens à desviância da mulher adulta com base nas expectativas de conformidade aos papéis de género. Nessas abordagens, argumenta--se que a criminalidade feminina varia com o nível de envolvimento da mulher nas tarefas domésticas, relacionadas com a casa e os filhos (Bertrand, 1969, cit. Heidensohn, 1985). Subjacente está a ideia de que a menor conformidade aos papéis socialmente estabelecidos para o sexo feminino (e.g., maternidade, prestação de cuidados) está associada à transgressão da mulher. Não podemos esquecer-nos que a simples não conformidade aos papéis de género é considerada uma transgressão da mulher e que por esse motivo ela é considerada duplamente transgressora quando comete um acto desviante. O discurso social dominante sobre a mulher, e o rigoroso controlo social a que esta é sujeita, enquadram as conclusões emergentes em estudos como os que descrevemos e, por sua vez, as conclusões dos estudos legitimam esses mesmos discursos sociais. Neste caso concreto, a ideia de que há mais delinquência feminina se a mulher não desempenha os papéis domésticos, reforça o discurso sobre a *normalidade* inerente à mulher que desempenha esses papéis.

Também estudos centrados em comportamentos desviantes específicos, como a prostituição, são reforçadores dos papéis esperados em função do género. Encontram-se exemplos entre autores funcionalistas, que argumentam no sentido de legitimar as estruturas sociais existentes, responsáveis pelas desigualdades entre homens e mulheres (e.g., Davis, 1959, cit. Rock, 1997). Entre as teorias funcionalistas sobre a prostituição feminina, surgem propostas de que esta prática é inevitável nas sociedades, funcionando como um mecanismo que preserva as mulheres próximas do ideal de feminilidade e estabiliza os seus casamentos (Davis, 1959, cit. Rock, 1997). Assistimos uma vez mais à elaboração de teorias sobre a desviância feminina assentes em pressupostos sobre a *natureza feminina* em geral e sobre o comportamento desviante da

---

nem os rapazes estão a tentar corresponder a um ideal de masculinidade, nem as raparigas estão a aderir a papéis masculinos (e.g., Shover et al., 1979, Thornton & James, 1979; cit. Shoemaker, 2000). Genericamente, os estudos empíricos não têm sustentado o argumento de uma identidade de género ambígua ou de traços de masculinidade em mulheres transgressoras (Widom, 1984).

mulher em particular, reforçadores do discurso social dominante que responsabiliza a mulher pela preservação da instituição familiar.

Analisando o conjunto destas propostas, é nosso parecer que as abordagens à criminalidade feminina centradas na família e nas expectativas de conformidade aos papéis de género, embora se baseiem em dimensões sociológicas, se aproximam em maior ou menor grau das abordagens centradas em características bio-psicológicas da mulher transgressora. De entre as teorias descritas, algumas são claramente tradicionais, e em vários aspectos semelhantes às abordagens bio-psicológicas, enquanto outras se aproximam já das perspectivas *alternativas*. Assim, podemos descrever as teorias centradas na família e nas expectativas de conformidade aos papéis de género num *continuum* da maior para a menor *tradicionalidade* na abordagem à criminalidade feminina.

As teorias que entendemos como mais tradicionais são as que conceptualizam as dimensões sociológicas de modo equivalente à conceptualização de factores bio-psicológicos associados ao desvio feminino. Referimos a título de exemplo as propostas de que a rapariga tende a responder mais à disfunção familiar através de comportamentos desviantes devido a características que a tornam *naturalmente* mais vulnerável ao desvio; ou o argumento de que a rapariga com características particulares, como a pertença a minorias étnicas ou a classes sociais desfavorecidas, transgride mais, não tanto porque socialmente se espera da sua parte menos conformidade às normas, mas sim porque a sua *predisposição* para a desviância é maior devido a características que lhe são intrínsecas (e.g., Cavan e Ferdinand, 1975, cit. Shoemaker, 2000). Estas argumentações não se afastam muito, por exemplo das descrições freudianas sobre os problemas de ajustamento sexual da mulher ofensora. Ainda entre as perspectivas mais tradicionais da desviância feminina encontramos a proposta de Grosser (1951). Sob pressupostos funcionalistas, o autor associa o desvio da mulher especificamente à sua natureza sexual. Já em relação ao homem, Grosser associa a delinquência às exigências do papel de género masculino (cit. Shoemaker, 2000).

À medida que nos deslocamos para as teorias que mais se afastam da *tradicionalidade* no estudo da desviância feminina, encontramos as que relacionam a delinquência feminina com experiências de vitimação, justificando essa associação com base em variáveis socio-psicológicas da mulher. Para alguns autores, por exemplo, após experiências de vitimação é a emergência de sentimentos negativos, resposta considerada *tipicamente feminina,* que acaba por conduzir ao desvio da mulher vítima (Browne & Finkelhor, 1986, cit. Chesney-Lind, 1997). Contudo, outras perspectivas analisam a relação entre delinquência feminina a experiências de vitimação da mulher de forma menos tradicional, nomeadamente justificando quer a vitimação quer o desvio na mulher pela sua conformidade aos desejos masculinos (e.g., Brezina, 1998, Morgan & Joe, 1996, cit. Katz, 2000).

Passando para as perspectivas que embora se enquadrem nos discursos tradicionais se afastam mais claramente das perspectivas bio-psicológicas e se aproximam dos discursos que considerámos serem de «transição» para os «alternativos», encontramos as teorias centradas no controlo e na conformidade aos papéis de género. De um modo geral, estas conceptualizam a desviância feminina centrando-se exclusivamente em factores sociológicos e dando algum destaque às questões de género, critérios próximos dos que adoptamos para a definição das perspectivas de transição. Aqui enquadramos as teorias que fazem uma análise sociológica da associação entre disfunção familiar e desvio da rapariga (Chesney-Lind, 1997); aquelas em que se refere que a rapariga desviante não age em conformidade com os papéis que socialmente se esperam do género feminino (e.g., Reiss, 1960, cit Shoemaker, 2000); ou as que apontam para as diferenças na socialização em função do género para compreender as diferenças de género ao nível dos comportamentos desviantes (e.g., Cullen et al., 1979, cit. Shoemaker, 2000). Finalmente, encontramos as abordagens ao desvio da mulher centradas na ideia de que o maior controlo social de que a mulher é alvo é ele próprio criminalizador (e.g., Reiss, 1960, cit Shoemaker, 2000).

Para concluir este capítulo gostaríamos de salientar, para além da elevada variabilidade epistemológica, as evidentes contradições internas entre as abordagens consideradas. Em nossa opinião, talvez os argumentos propostos fossem mais claros e se compreendessem melhor as contradições entre eles, se em vez de um conjunto de estudos houvesse uma linha consistente de investigação sobre transgressão feminina com base nas dimensões consideradas.

b. *"Tornar-se criminosa"*: *Abordagens positivistas à construção de* carreiras criminais *femininas*

As abordagens sobre trajectórias da desviância procuram genericamente caracterizar os percursos dos ofensores até ao desvio e analisar as características das trajectórias percorridas pelos indivíduos desde os primeiros desvios até ao crime. Podem igualmente consistir na análise do contexto pós-desvio, incluindo a vivência da aplicação de sanções penais ou a desistência em relação à actividade criminal. Sobre a transgressão feminina em particular, são poucos os estudos conduzidos nesta perspectiva (Giordano, Cernkovich & Rudolph, 2002). A escassez de estudos constatada pode dever-se, pelo menos em parte, à típica associação do conceito de *carreira criminal* ao género masculino e à representação social dominante da mulher como naturalmente não criminal. Estes discursos conduzem, na nossa opinião, à ideia de que a desviância feminina, a ocorrer, será pontual, o que não justifica a realização de estudos sobre os percursos até ao crime na população feminina.

A análise centrada na construção das *carreiras criminais* assume contornos distintos. Pode traduzir-se, por um lado, na identificação de factores que ocorrem ao longo dos percursos de vida dos ofensores, e que podem ser individuais (e.g., psicopatologia, usos de drogas) ou sócio--culturais (e.g., dinâmicas familiares, percurso escolar, socialização, contacto com violência, vitimação). Aqui o objectivo consiste na explicação e predição do envolvimento e da desistência relativamente ao crime (e.g., Robins, 1966, cit. Giordano, Cernkovich & Rudolph, 2002). Podemos estabelecer uma correspondência entre este tipo de abordagem e o *neo-positivismo criminológico*, que através de estudos longitudinais e de estatística multivariada se propõe descrever os factores associados aos percursos criminais (Agra, 2000). Por outro lado, o estudo das carreiras criminais pode constituir uma perspectiva mais integrada nas abordagens mais críticas da criminologia, tanto a nível metodológico como epistemológico, com um enquadramento construtivista, centrado no ponto de vista do actor (e.g., Agra & Matos, 1997).

Discursos tradicionais sobre criminalidade feminina 59

No que respeita especificamente a criminalidade feminina, as perspectivas centradas nos percursos desviantes caracterizam-se com maior frequência pela identificação de factores preditivos, sobretudo sociológicos, numa abordagem que nos seus pressupostos básicos é essencialmente positivista. É essa constatação que nos conduz à inclusão dos estudos sobre *carreiras criminais* femininas neste capítulo específico[22].

Em termos metodológicos, estes estudos apresentam algumas especificidades. A maior parte baseia-se na análise de estatísticas e de registos oficiais, ou de outros dados disponíveis nas instituições da justiça, nomeadamente nos estabelecimentos prisionais (e.g., Daly, 1994). As populações estudadas são sobretudo adolescentes com ocorrências no sistema de justiça ou mulheres a responder penalmente por crimes cometidos. Assiste-se igualmente à opção por metodologias longitudinais, quando o objectivo reside na análise da eventual continuidade entre delinquência juvenil feminina e criminalidade na idade adulta. Entre as abordagens longitudinais sobre *carreiras criminais* femininas, encontra-se o estudo de Warren e Rosenbaum (1986), que incide sobre uma amostra de 159 mulheres a cumprir medidas privativas de liberdade durante a adolescência, prolongando-se a análise de registos oficiais pela idade adulta das participantes. O tratamento dos dados permite aos autores encontrar evidência de continuidade criminal, ou seja, uma associação entre o contacto das adolescentes com o sistema de justiça por actos desviantes e a detenção na idade adulta por comportamento criminal (Warren & Rosenbaum, 1986, cit. Giordano, Cernkovich, & Rudolph, 2002). Outras abordagens longitudinais sobre a transgressão feminina incluem metodologias mistas. Por exemplo, Giordano, Cernkovich e Rudolph (2002), ao acompanharem 127 raparigas institucionalizadas por delinquência, recorrem inicialmente à análise de dados quantitativos a partir de registos oficiais, centrando-se em factores de controlo social como relações íntimas ou empregos estáveis. Posteriormente, noutra fase da sua pesquisa, recorrem a metodologias substancialmente diferentes, histórias de vida, procurando por um lado suportar a análise de dados quantitativos e, por outro lado, aceder à perspectiva dos acto-

---

[22] As abordagens sobre trajectórias desviantes enquadradas já numa perspectiva mais crítica serão tratadas no capítulo sobre *discursos de transição*.

res sobre os mecanismos subjacentes às mudanças ocorridas no seu percurso de vida[23].

Segundo alguns autores, o reduzido número de estudos realizados sobre a etiologia das trajectórias desviantes femininas deve-se aos baixos números oficiais de mulheres transgressoras, que não permitem responder à exigência de amostras grandes imposta pelas metodologias quantitativas (e.g., Giordano, Cernkovich, & Rudolph, 2002). Esta constatação contribui, na nossa opinião, para a ideia de que este tipo de metodologia não será provavelmente a melhor opção para o estudo da desviância feminina. A nossa crítica dirige-se, não tanto à determinação de objectivos etiológicos, mas essencialmente às opções em termos de método de recolha de dados, uma vez que os dados sobre as diferenças de género tendem a ser mais relevantes quando se analisam auto-relatos em vez de registos oficiais e quando os auto-relatos são de natureza qualitativa permitem uma maior compreensão dos fenómenos, sobretudo os menos conhecidos.

Ainda ao nível das opções metodológicas mais frequentes, constata-se igualmente a tendência para comparar *carreiras criminais* de homens e mulheres, não sendo comum, pelo menos nas abordagens positivistas, o estudo de *carreiras criminais* apenas femininas. Verifica-se então que, mesmo quando o principal objectivo é a análise de percursos desviantes de mulheres, frequentemente é também estudado um grupo de homens, adultos (e.g., Daly, 1994; Giordano, Cernkovich, & Rudolph, 2002) ou adolescentes (e.g., Robins, 1966, cit. Giordano, Cernkovich & Rudolph, 2002). Esta ocorrência enquadra-se plenamente na tradição da criminologia, centrada no ofensor masculino, contexto em que seria impensável que o contrário se verificasse, ou seja, que para estudar percursos criminais masculinos se recorresse a grupos de comparação compostos por mulheres transgressoras.

De entre os factores associados à construção de *carreiras criminais* femininas, salientamos agora os que têm sido apontados como mais

---

[23] Esta fase do estudo de Giordano, Cernkovich e Rudolph (2002), com as opções metodológicas e epistemológicas assumidas, afasta-se um pouco dos discursos positivistas que temos vindo a analisar, constituindo já uma transição para uma postura mais crítica no estudo da desviância feminina. Esta ideia é explicitamente assumida pelos próprios autores.

relevantes, começando desde logo pelas dependências de álcool e drogas ilícitas, que também têm sido identificadas como factor presente nos percursos desviantes masculinos, mas que nas mulheres são identificadas como uma das circunstâncias mais relevantes e com maior capacidade preditiva de comportamentos transgressivos (Katz, 2000). Outra dimensão a que é atribuída grande importância, principalmente em comparação com os trajectos dos ofensores masculinos, é a existência de relação com um companheiro consumidor ou genericamente desviante. Ao contrário do que acontece em relação aos homens, em cujas abordagens se conclui frequentemente que a existência de uma relação íntima é protectora face ao envolvimento no desvio, no caso das mulheres as relações íntimas são apontadas pelo potencial de conduzirem ao crime. Também o facto de, neste tipo de estudos, se concluir que os percursos desviantes na mulher tendem a iniciar-se mais tarde do que no homem, é reforçador da ideia da associação do percurso desviante feminino a relações íntimas desfavoráveis, nomeadamente com homens consumidores de drogas. Este argumento é coerente com os discursos sociais dominantes, da mulher passiva, e que corresponde ao que o homem exige (Baskin & Sommers, 1998, cit. Katz, 2000). Outros factores apontados como importantes na abordagem da *carreira criminal* feminina são as experiências de abuso, em diferentes momentos do ciclo de vida da mulher, da infância à idade adulta (Chesney--Lind, 1997), e ainda a presença de patologia, concretizada ao nível de problemas comportamentais e de saúde mental (e.g., Robins, 1996, cit. Giordano, Cernkovich & Rudolph, 2002).

Se o envolvimento da mulher no crime em termos de construção de uma *carreira criminal* não foi ainda centro de um campo de pesquisa fértil ou abundante, uma dimensão ainda menos estudada diz respeito à desistência das mulheres relativamente ao crime. Entre as poucas referências encontradas, os factores mais fortemente associados a esta desistência têm sido o tratamento em relação a dependências de álcool e drogas, bem como a ameaça de nova reclusão. Estes factores surgem como mais associados à desistência do crime do que factores como o casamento ou a maternidade, ao contrário do que sugerem pesquisas realizadas sobre o ofensor masculino (Katz, 2000). Outros estudos mostram também que uma situação laboral estável está mais associada à desistência do crime por parte dos homens, não constituindo uma variável relevante nesse processo quando se trata de mulheres (e.g., Giordano, Cernkovich & Rudolph, 2002).

Como referimos inicialmente, determinadas abordagens aos percursos desviantes da mulher diferenciam-se das que acabámos de descrever, representando já perspectivas reveladoras de uma postura mais crítica na criminologia. Tal deve-se a diferenças a nível quer metodológico quer epistemológico, com uma maior utilização de metodologias qualitativas e um enquadramento construtivista, centrado no ponto de vista do actor (e.g., Agra & Matos, 1997). Por vezes, num mesmo estudo percebe-se que em momentos distintos são assumidas posturas também distintas. Um exemplo é a abordagem de Giordano, Cernkovich e Rudolph (2002), que iniciam o seu estudo com o recurso a análises quantitativas para identificação de factores explicativos do envolvimento e da desistência da mulher no crime, mas num momento posterior recorrem a histórias de vida, centrando-se na perspectiva dos actores do desvio sobre esses mesmos mecanismos. Também a pesquisa de Kathleen Daly (1994) sobre trajectórias desviantes, femininas e masculinas, pode ser enquadrada nos «discursos de transição». Por um lado, Daly (1994) procura identificar tipos de percursos distintos através do recurso a metodologias quantitativas; por outro lado, procura compreender esses percursos através da análise de histórias de vida, considerando já importantes especificidades em função do género.

Por se afastarem do enquadramento conceptual e metodológico na abordagem à transgressão feminina que temos vindo a analisar neste capítulo, retomaremos estes estudos na análise dos «discursos de transição».

c. *Discursos tradicionais (II): Críticas e contribuições*

Uma reflexão sobre o exposto acerca das abordagens sociológicas à desviância feminina conduz-nos a uma primeira questão merecedora de destaque, e que diz respeito ao facto de este tipo de abordagem não constituir uma mudança de relevo relativamente às abordagens bio-psicológicas da transgressão da mulher. Como vimos, ambas apresentam posturas epistemológicas idênticas, seguem a mesma lógica etiológico- -explicativa no estudo do comportamento desviante e baseiam-se e resultam em discursos semelhantes sobre a mulher e o crime. Salvaguardamos, no entanto, que a nossa referência se dirige essencialmente ao enquadramento epistemológico, uma vez que a nível metodológico é evidente a introdução de mudanças pelas perspectivas sociológicas, através da inclusão de métodos diferentes dos tradicionalmente utilizados na identificação e caracterização de variáveis individuais associadas ao crime. Aliás, o próprio enfoque no contexto social impõe uma mudança metodológica, pois não é possível estudar estruturas sociais do mesmo modo que se *medem* variáveis bio-psicológicas.

Importa, contudo, sublinhar que a estagnação conceptual se verifica particularmente em relação ao género feminino, uma vez que nas abordagens sociológicas ao ofensor masculino se dá um salto qualitativo metodológico e conceptual. Tal como acontece nas perspectivas bio-psicológicas, também nas teorias sociológicas sobre o crime se assiste a um fenómeno de *exclusão* da mulher. Como referimos anteriormente, este fenómeno pode dever-se, pelo menos em parte, à visão normalizadora que se passa a ter sobre a desviância, incompatível com a inclusão da figura feminina ou das questões de género nos estudos sobre o crime. Essa incompatibilidade deve-se ao facto de a representação dominante de feminilidade não dar lugar à inclusão do crime ou da transgressão por parte da figura feminina, ideal e naturalmente em conformidade com as normas. Quando consideradas, a figura feminina em geral e a mulher desviante em particular são com frequência perspectivadas de forma estereotipada, resultante e reforçadora dos discursos sociais dominantes sobre feminilidade. Para além disso, a mulher continua a ser estudada na criminologia através da comparação com o homem, como acontece por exemplo nas abordagens à construção de *carreiras criminais* femininas (e.g., Daly, 1994, Giordano, Cernkovich & Rudolph, 2002).

Também a elevada frequência de estudos centrados na família, comparativamente com outras abordagens sociológicas sobre a mulher e o crime, é, na nossa opinião, merecedora de destaque. A abundância deste tipo de abordagens (e.g., Browne & Finkelhor, 1986, cit. Chesney-Lind, 1997; Konopka, 1966, cit. Heidensohn, 1985; Datesman & Scarpitti, 1975, cit. Schoemaker) parece reflectir os estereótipos que têm dominado a representação social do comportamento feminino, nomeadamente a perspectivação da mulher como o elemento fundamental da família. De acordo com os discursos dominantes, é no contexto familiar que é exigido à mulher que assuma um papel de grande dedicação e se comporte de forma a não colocar em causa as concepções mais tradicionais da família e da própria mulher. Nos discursos sociais sobre feminilidade, a mulher tende a ser vista como alguém que, mais do que o homem, molda e é moldada pelo contexto familiar. À semelhança do constatado em relação às abordagens biológicas da criminalidade feminina, também nas abordagens sociológicas se assiste a uma visão da mulher coerente com essa tradição discursiva.

1.3. Discursos tradicionais: Considerações finais

Relativamente à globalidade dos discursos positivistas sobre a mulher e o crime, gostaríamos de tecer algumas considerações finais, antes de passarmos à análise dos discursos que consideramos serem de «transição» e «alternativos».

Antes de mais, relembramos o aparecimento tardio das referências à criminalidade feminina, sob qualquer orientação conceptual ou metodológica, na criminologia, contexto científico desde sempre dominado por figuras masculinas. Independentemente da especificidade do tipo de factores considerados no estudo da mulher ofensora, deve ser reconhecida importância às abordagens tradicionais positivistas por constituírem o primeiro esforço de compreensão da criminalidade feminina. Estas serão sempre as abordagens pioneiras no estudo do fenómeno, e devem ser consideradas importantes enquanto tal.

Paralelamente ao reconhecimento da sua contribuição enquanto impulsionadoras do estudo da mulher e o crime, não podemos deixar de sistematizar as críticas que temos vindo a apontar às abordagens tradicionais, bio-psicológicas e sociológicas, à criminalidade feminina. Destacamos em primeiro lugar a forte estereotipia na representação de mulher, através da biologização, patologização, sexualização e masculinização do seu comportamento transgressivo. Esta representação reflecte e reforça os discursos sociais dominantes sobre a feminilidade e o rigoroso controlo social a que a mulher é sujeita, sem que possamos esquecer-nos que os discursos científicos actuam eles próprios como formas de controlo social (Foucault, 1975/1997).

Discursos tradicionais sobre criminalidade feminina 65

Relembramos também que a mudança de enfoque para os factores sociológicos associados ao crime introduz mudanças, mas fundamentalmente a nível metodológico, pelo menos no que respeita a transgressão feminina. No entanto, reconhecemos que se a grande maioria das perspectivas sociológicas no estudo do crime se assemelha às abordagens biológicas pelo seu enquadramento positivista, outras introduzem alguma diferença, apesar de, como referimos, se centrarem mais no ofensor masculino. Essas abordagens, para além de estudarem o impacto de variáveis extrínsecas ao actor do comportamento desviante, fazem-no de forma algo crítica e através de metodologias mais distantes das tipicamente utilizadas nas perspectivas positivistas.

Globalmente, é evidente a falta de impacto destes estudos na criminologia, quando percebemos que nem as perspectivas centradas em factores bio-psicológicos da mulher ofensora nem as mudanças introduzidas na disciplina com a emergência das abordagens sociológicas, chegam a influenciar o estudo da criminalidade feminina com a mesma profundidade com que influenciam o estudo da desviância masculina. Paralelamente, o número de criminologistas a estudar a desviância feminina não se torna significativo, pelo que os seus estudos dificilmente têm tanta expressão como os estudos sobre a delinquência masculina (Heidensohn, 1985).

Não podemos, contudo, deixar de referir que, mesmo no campo dos estudos sobre a desviância masculina, a influência dos discursos positivistas é ainda hoje marcante na criminologia, pois a ela está inerente o ideal de identificação e neutralização das causas do crime.

Com a consolidação da sociologia da desviância e o aparecimento das abordagens mais críticas assiste-se, contudo, a uma transição na criminologia que vai possibilitar a emergência de perspectivas que incluem as questões de género na sua ordem de trabalhos. É a esta transição para as perspectivas críticas da criminologia que dedicaremos o próximo capítulo.

CAPÍTULO 2

Discursos de transição sobre criminalidade feminina:
Da criminologia positivista à criminologia crítica

*"Distinções de idade, sexo, etnia e classe estão relacionadas
com diferenças de poder, que contribuem para diferenças no
modo como os grupos estabelecem regras para os outros."*

(HOWARD BECKER, 1963)

A abordagem aos discursos científicos sobre criminalidade feminina que temos vindo a desenvolver, tem como objectivo geral a análise e
reflexão acerca dos estudos realizados no âmbito da criminologia que
têm por objecto a mulher que comete crimes. Poderá, assim, parecer
um contra-senso que centremos este capítulo específico, designado por
«discursos de transição», em perspectivas da criminologia que não se
dedicam particularmente à mulher ofensora, nem produzem conhecimento
relevante sobre o fenómeno da transgressão feminina. No entanto, para
nós é clara a importância que estes discursos assumem enquanto «transição» de uma postura positivista para uma postura crítica, no estudo do
crime em geral e na evolução do pensamento criminológico.

A não inclusão destas perspectivas, mesmo sem grandes referências à mulher, comprometeria a compreensão da mudança paradigmática
que ocorre na criminologia, a partir da década de sessenta do século XX,
correspondente à consolidação da sociologia da desviância e à emergência da criminologia crítica. A transformação de que falamos corresponde ao aparecimento do que Cândido da Agra designa por "criminologia da reacção social", caracterizada epistemologicamente por um
"construtivismo sociológico" (2000, p.91), que vem dirigir o foco da cri-

minologia para a reacção social ao crime e ao delinquente. Como refere Machado, a criminologia crítica "representa uma verdadeira inversão paradigmática na criminologia, na medida em que redefine como seu principal objecto de estudo, já não o crime e o criminoso, mas antes a reacção social" (2000, p.122). É esta mudança, e as posteriores reacções a ela, que vêm proporcionar espaço na criminologia para se abordar as questões do género e da criminalidade feminina, nomeadamente através das perspectivas feministas, principais impulsionadoras dos estudos sobre criminalidade e construção do género.

Quanto ao capítulo que agora iniciamos, apesar de pouco extenso por se referir a discursos pouco centrados na figura feminina, representa, na nossa opinião, um momento essencial na evolução dos discursos científicos sobre transgressão e feminilidade. Trata-se, como a designação que lhe atribuímos indica, da transição da esfera positivista para a esfera crítica dos discursos sobre a mulher e o crime. A opção de considerar o seu conteúdo separadamente, resulta da inadequação teórica que, na nossa opinião, constituiria a sua integração nos discursos quer «tradicionais» quer «alternativos».

Para a compreensão da emergência das perspectivas feministas na criminologia podemos distinguir as designações de "criminologia radical" e "criminologia crítica". Embora sejam frequentemente aplicadas como sinónimos, o último termo é, segundo Machado (2000), mais abrangente, enquadrando um leque mais vasto de perspectivas que criticam os discursos tradicionais sobre o crime. Na formulação de Machado (2000), é num contexto de desafio aos pressupostos da criminologia radical (e.g., idealização do desvio) que se assiste à fragmentação do movimento crítico na criminologia, daí resultando novas correntes de pensamento na disciplina, como por exemplo o "realismo de esquerda". Assim se criam também as condições necessárias para a emergência e consolidação das perspectivas feministas na criminologia.

A mudança que aqui analisamos opera-se através da crítica aos discursos tradicionais da criminologia, centrados no actor dos comportamentos transgressivos. A crítica dirige-se às abordagens explicativas do crime com base em factores biológicos e psicológicos do protagonista do comportamento criminal, enraizadas nos discursos sociais e reforçadoras desses mesmos discursos, actuando como mecanismo de controlo social (e.g., através da patologização da desviância). Dirige-se igualmente a abordagens que são idênticas a essa na concepção de crime, embora se centrem em factores do contexto social em que o transgressor se move.

2.1. A consolidação da sociologia da desviância e a emergência da criminologia crítica

O movimento crítico em relação à criminologia positivista, correspondente à consolidação das novas teorias da sociologia da desviância e à emergência da criminologia crítica, ocorre no contexto dos Estados Unidos da América, durante os anos cinquenta e sessenta do século XX (e.g., Becker, 1963; Cohen, 1972) e na década seguinte em Inglaterra (e.g., Young, 1971, cit. Taylor, Walton & Young, 1997).·

A ruptura epistemológica que ocorre na criminologia através deste movimento assenta em críticas aos discursos positivistas. Como refere Cândido da Agra, "a crítica e a *krisis* são inerentes a todo o processo de desenvolvimento individual, institucional, social e científico" (2000, p.63). Esta ruptura em concreto assenta em três críticas fundamentais aos discursos positivistas sobre o crime: a centração no actor do comportamento desviante, a concepção de crime e as estratégias de controlo social preconizadas.

A mudança que ocorre neste contexto espacio-temporal da criminologia concretiza-se, desde logo, na emergência de novos objectos na disciplina, uma vez que o foco se transfere do actor para a reacção social ao desvio. Concretiza-se também no aparecimento de novos conceitos, como por exemplo a noção de estigma ou de rótulo associados ao crime, que permitem olhar para o fenómeno criminal através de uma nova lente, assente fundamentalmente nos pressupostos do interaccionismo simbólico (Becker, 1963). Deve-se efectivamente às abordagens interaccionistas, que dominam a sociologia da desviância nas décadas de sessenta e setenta do século XX, a ruptura, que se pode designar por paradigmática, com a criminologia tradicional. Trata-se de uma ruptura que resulta de mudanças ocorridas não apenas a nível epistemológico, com a centração na construção social do desvio, e teórico, através da conceptualização do desvio como uma criação da sociedade quando cria regras e rotula como desviantes os que as infringem (Becker, 1963), mas também a nível metodológico, com a utilização privilegiada de métodos como a *grounded theory*. Estas mudanças não se devem apenas ao interaccionismo, mas este, centrado nos processos de interpretação, julgamento e controlo dos outros sobre os actos desviantes, possibilitou maior solidez no movimento crítico operado às abordagens positivistas anteriores.

Nos novos discursos emergentes na criminologia, as questões de género não constituem um elemento central, com maior destaque a ser conferido à etnia e, sobretudo, à classe social. Nesse sentido, são poucos os estudos dedicados à mulher, transgressora ou ligada de outro modo à justiça. Assiste-se, porém, à realização pontual de abordagens à transgressão feminina (e.g., Cameron, 1964, cit. Heidensohn, 1985), ainda que sem grande expressão ou influência na criminologia. Apesar das poucas referências à mulher ofensora, sobretudo nos estudos interaccionistas sobre o crime, essa exclusão não é, na nossa opinião, tão explícita como nas abordagens anteriores, uma vez que o foco não está no ofensor, independentemente do género, mas nas reacções aos seus actos.

Para além de novos objectos e conceitos para a disciplina criminológica, a postura de que o desvio resulta de dinâmicas da estrutura social e não de características do transgressor, conduz também, inevitavelmente, à proposta de novas formas de controlo social. Dependendo das especificidades das posturas críticas emergentes, essas novas formas de controlo podem passar pela criação de menos regras (De Haan, 1991/1996), ou pela implementação de mudanças em contextos sociais específicos, como por exemplo a homogeneização de oportunidades no mercado de trabalho (e.g., Currie, 1991/1996).

Um dos aspectos de maior relevo resultantes da transformação epistemológica operada na criminologia diz respeito à mudança de visão sobre o crime. Com os sociólogos da desviância, a anterior visão *patologizadora* dá lugar a uma visão normalizadora do desvio, ocorrendo uma transição que Heidensohn designa por "fim da patologia" (1985, p.127). Esta transição corresponde ao final da exclusividade das abordagens tradicionais na criminologia, centradas em características biopsicológicas do ofensor. Nestas abordagens, que como vimos anteriormente pressupõem que características individuais determinam a ocorrência do crime, este é considerado um desvio face aos padrões dominantes de *normalidade*. Com a consolidação das abordagens sociológicas da criminologia, em particular a sociologia da desviância, o

Discursos de transição sobre criminalidade feminina

crime passa a ser representado como um fenómeno *normal* e, em determinados discursos, o transgressor passa mesmo de *normal a ideal*, assistindo-se ao que alguns autores consideram ser uma idealização dos comportamentos de transgressão e do delinquente. Este novo olhar sobre o crime e sobre a reacção social a ele tem implicações em termos dos objectos de estudo da criminologia e das elaborações teóricas sobre o fenómeno criminal. A visão normalizada, ou em alguns discursos idealizada, de desvio e do delinquente, prolonga-se no tempo e no espaço para além dos sociólogos da desviância norte-americanos. Assiste-se, nas décadas de sessenta e setenta do século XX, a uma crescente elevação do estatuto do delinquente por parte dos sociólogos britânicos, que continuam a referir-se particularmente a figuras masculinas (Heidensohn, 1985).

2.2. A Mulher nos estudos da sociologia da desviância

Olhemos agora de modo mais específico para o destaque dado à mulher enquanto figura do desvio às normas sociais ou legalmente instituídas, em abordagens particularmente marcantes no âmbito da sociologia da desviância, empíricas (e.g., estudos sobre *gangs*, subculturas delinquentes), ou teóricas (e.g., teoria da associação diferencial).

Em estudos realizados sobre o fenómeno do desvio em *gangs* surgem algumas referências à mulher, ainda que escassas e sem lhe conferir qualquer protagonismo. Sendo os *gangs* tipicamente associados ao género masculino, assiste-se a uma tendência para representar a participação das mulheres nesse fenómeno, por um lado como extravagante ou caricata e, por outro lado, como perigosa (Miller, 2001).

No âmbito da sociologia da desviância, os estudos realizados sobre *gangs* tendem a não considerar as mulheres para a análise e discussão dos dados. Constatam-se poucas referências à participação das raparigas neste fenómeno e a descrição dessa participação como desadequada e não feminina (e.g., Trasher, 1963). Verifica-se também, nas abordagens à delinquência em *gangs*, a referência ao género feminino apenas a partir do ponto de vista dos membros masculinos do grupo desviante, ou seja, sem que as mulheres constituam sujeitos em si mesmas. Um exemplo é o estudo etnográfico sobre *gangs* realizado por Whyte

(1955), autor que alguns consideram oferecer uma visão romantizada do desvio e uma narração do delinquente como um herói. Neste estudo, que do ponto de vista metodológico é um exemplo paradigmático da investigação com base na observação participante, assiste-se à não inclusão das mulheres nas suas observações e análises. A excepção opera-se pela referência ao modo como os membros masculinos dos *gangs* representam as figuras femininas (cit. Heidensohn, 1985).

Nos anos setenta do século XX são realizados no contexto britânico diversos estudos sobre subculturas delinquentes, em que parece haver uma maior consciencialização das questões de género (e.g., Cohen, 1972/1980). No entanto, os grandes protagonistas continuam a ser os desviantes de sexo masculino. As questões de género emergem sobretudo na importância reconhecida às diversas formas de expressão da masculinidade (Heidensohn, 1985).

Verifica-se também, neste contexto da criminologia, já muito afastado dos pressupostos positivistas, uma certa persistência das abordagens a temáticas desde sempre associadas ao género feminino, como por exemplo a prostituição ou os roubos em lojas. Contudo, é interessante constatar novas conceptualizações dos fenómenos em causa e novas posturas epistemológicas no seu estudo. Estas mudanças denunciam a transição que temos vindo a analisar, operada na criminologia em sentido lato, mas com repercussões também específicas, ao nível do estudo da criminalidade ou desviância feminina.

As abordagens à prática da prostituição, comuns desde que se estuda o comportamento desviante na mulher, surgem agora com uma conceptualização diferente. Ao contrário do que acontece nas abordagens positivistas, a prostituição não é representada como um desvio sexual da mulher, mas antes como resultante de um contexto de aprendizagem ou associada a motivações económicas (e.g., Bryan, 1966, cit. Heidensohn, 1985).

Também os estudos sobre os roubos em lojas surgem agora, em primeiro lugar focando ambos homem e mulher, ou seja, sem que se associe esta actividade exclusivamente à figura feminina. Contudo, embora as questões de género não sejam a principal preocupação neste tipo de abordagens, não deixam de ser exploradas por serem centrais no fenómeno estudado. Para além disso, a perspectiva agora é substancialmente diferente das que temos vindo a analisar, no sentido de se desviar a atenção do comportamento desviante e do próprio ofensor para os contextos em que estes se inserem. O enquadramento é, assim, privilegiadamente interaccionista, com o foco não tanto no comportamento em si mesmo, mas nas reacções a ele, por exemplo dos tribunais (e.g., Cameron, 1964, cit. Heidensohn, 1985).

2.3. "Tornar-se criminosa": *Abordagens de transição* à construção de *carreiras criminais* femininas

Outra linha de estudos sociológicos sobre o desvio, que não podemos deixar de referir neste capítulo embora tenham sido considerados na sua maioria enquanto parte integrante dos "discursos positivistas sobre a criminalidade feminina", diz respeito à construção de *carreiras criminais*. Como referimos anteriormente, algumas destas abordagens consideram factores sociais mais abrangentes e mais abstractos (e.g., discursos, representações) no estudo dos percursos desviantes. Para além disso, recorrem a metodologias que se afastam da linha tradicional ou positivista da criminologia, consistindo numa análise interpretativa da construção do percurso e das significações atribuídas ao desvio pelo próprio actor. Tendo por base o ponto de vista do actor, estas perspectivas enquadram-se já numa criminologia que epistemologicamente se aproxima dos pressupostos construtivistas.

A pesquisa realizada por Giordano, Cernkovich e Rudolph (2002) enquadra-se na referida transição de discursos sobre a criminalidade feminina. Por um lado, centra-se, como vimos antes, na identificação de factores associados à carreira, ou antes, à desistência em relação à actividade criminal. Por outro lado, uma parte essencial do estudo, baseada na análise qualitativa de histórias de vida, embora tenha surgido com o objectivo de apoiar a interpretação dos dados quantitativos, acaba por assumir um papel fundamental[24]. Como os próprios autores refe-

---

[24] No estudo de Giordano e colaboradores (2002) são realizadas análises quantitativas e qualitativas, mas os autores, que encontram discrepâncias entre os resultados de ambas, acabam por assumir a preponderância das metodologias qualitativas por permitirem compreender os percursos de vidas dos actores do crime através do acesso às suas significações.

rem, é a abordagem biográfica que possibilita aceder aos "mecanismos através dos quais, segundo os actores, se operaram mudanças nos seus percursos de vida" (p.991). Ao considerar a perspectiva do actor do comportamento transgressivo, a abordagem de Giordano, Cernkovich e Rudolph (2002) aproxima-se dos pressupostos do interaccionismo simbólico, afastando-se do paradigma positivista.

Do mesmo modo, também o estudo de Daly (1994) sobre trajectórias desviantes se enquadra nos «discursos de transição» sobre a transgressão feminina. Num momento da sua pesquisa a autora procura identificar tipologias de percursos e, noutro momento, adopta uma postura compreensiva desses mesmos percursos, analisando histórias de vida. Trata-se de um estudo que, ao conceptualizar as questões de género inerentes à construção de trajectórias desviantes, se aproxima em larga medida dos «discursos alternativos» sobre transgressão feminina.

Ambas as abordagens de Giordano, Cernkovich e Rudolph (2002) e de Daly (1994) revelam interessantes resultados sobre as trajectórias de mulheres que transgridem. Na análise biográfica realizada por Giordano e colaboradores (2002) é encontrada variabilidade nas narrativas construídas, mas também tendências centrais que agregam os percursos das mulheres transgressoras, destacando-se o contacto com as drogas, a pobreza e marginalidade social e o envolvimento de familiares no crime. Globalmente, a estas mulheres é vedado o acesso aos "marcadores tradicionais de respeitabilidade", como o casamento e actividade laboral (Giordano et al., 2002, p.1000). Os contextos familiares das mulheres estudadas por Daly revestem-se de características semelhantes, como por exemplo a pobreza, a monoparentalidade e a violência (1994). Tal como Giordano e colaboradores, também Kathleen Daly encontra uma elevada proporção de mulheres com familiares com história de envolvimento em actividades criminais e usos de drogas.

Por se centrarem nos processos de envolvimento e desistência das mulheres em relação ao crime, Giordano e colaboradores (2002) estão particularmente atentos à emergência nas narrativas de significações sobre mudanças no percurso de vida. Na sua análise constatam frequentes referências à necessidade de mudança, embora estas interpretações das mulheres surjam de forma pouco sustentada, algo superficial e indefinida (idem). Os autores interpretam a frequente inclusão de tópicos relacionados com a ocorrência de mudanças na trajectória de vida como um reflexo dos inúmeros sinais que estas mulheres recebem no sentido de se tornarem "cidadãs respeitáveis" (Giordano et al., 2002, p.1002).

Entre os temas-chave que, segundo as mulheres estudadas, podem facilitar a ocorrência de mudanças nos seus percursos de vida, destacam-se os filhos e a religião, uma vez que há diferenças de género a este nível quando se comparam as narrativas de homens e mulheres (idem)[25]. Nas narrativas construídas é recorrente a inclusão dos filhos, que assumem significados preponderantes no percurso de vida das mulheres, como facilitadores quer da persistência quer da desistência delas em relação ao crime. Algumas situações específicas são particularmente relevantes enquanto contexto em que os filhos são facilitadores de mudança, destacando-se o nascimento do primeiro filho. Quanto à religião, ao contrário do que encontraram na análise das narrativas masculinas, esta surge como mais importante para a mudança do que circunstâncias como por exemplo ter um emprego estável (idem). Outros temas que Giordano e colaboradores (2002) destacam, embora não encontrem diferenças em função do género, são a vivência prisional, que emerge como facilitadora de mudanças interiores, e também o casamento e características do companheiro, cujo nível de conformidade às normas é relacionado pelos autores com o envolvimento das mulheres no crime ao longo dos seus trajectos.

O estudo de Daly permite esboçar algumas tipologias de trajectórias de vida percorridas por mulheres até ao crime. Assim, a partir da análise das biografias de mulheres transgressoras, Daly encontra quatro percursos de vida distintos (1994, p.46): a) as "mulheres de rua", que fogem ou são expulsas de lares onde são vítimas de abuso e constroem uma vida na rua, envolvendo-se no crime, na prostituição e nos usos de drogas; têm marcado percurso na justiça e estão detidas por tráfico ou crimes contra a propriedade; b) as "mulheres violentas e violentadas", vítimas de abuso e negligência na infância, que se tornam violentas e apresentam problemas psicológicos e história de abusos de álcool e dro-

---

[25] Embora o estudo de Giordano, Cernkovich e Rudolph (2002) tenha como objecto central os percursos de vida de mulheres desviantes, metodologicamente os autores optaram pela inclusão de uma amostra masculina, procurando identificar diferenças em função do género em ambas as análises quantitativa e qualitativa realizadas.

76   *Vidas raras de mulheres comuns*

gas; estão detidas por crimes violentos contra a propriedade ou contra as pessoas; c) as "mulheres batidas", que mantêm ou vêm do final de uma relação com companheiro violento e estão detidas por crimes violentos contra as pessoas; d) as "mulheres ligadas às drogas", que traficam e/ou usam drogas em associação com o companheiro ou familiares; sem percurso na justiça, estas mulheres estão detidas por crimes relacionados com a posse, o uso ou a venda de drogas. Finalmente, Daly descreve um grupo de mulheres cujas trajectórias de vida não se enquadram em nenhum dos percursos descritos, e que estão detidas por crimes pontuais cometidos por necessidade económica[26].

Passando da análise de abordagens mais empíricas para formulações mais teóricas sobre o crime, no âmbito da sociologia da desviância, verificamos que são raras as inclusões da mulher. Uma excepção reside na teoria da associação diferencial, proposta por Sutherland, considerado por alguns o autor cujo pensamento crítico representa de forma paradigmática as condições para a ruptura epistemológica com a criminologia positivista (e.g., Agra, 2000). Ao contrário da maior parte dos criminologistas seus contemporâneos, Sutherland refere que o argumento de que o comportamento desviante resulta do contacto dos indivíduos com grupos cujas definições de transgressão são distintas (mais ou menos favoráveis), explica o maior número de crimes cometidos por ofensores do sexo masculino comparativamente com o número de crimes cometidos por mulheres (Sutherland & Cressey 1955, cit. Rock, 1997). Não se verifica, no entanto, grande aprofundamento desta ideia, na medida em que Sutherland não analisa o contacto diferenciado de homens e mulheres com grupos cujas definições são favoráveis ou desfavoráveis ao desvio, centrando os seus comentários no maior controlo social das mulheres e implicações desse controlo ao nível do desvio, como por exemplo a gravidez indesejada (Heidensohn, 1985). Apesar destas limitações, na nossa opinião, a referência à figura feminina deve ser encarada como um sinal de crescente preocupação com as ques-

---

[26] Kathleen Daly encara as tipologias descritas não como uma caracterização estática de mulheres desviantes, mas como um instrumento para a compreensão dos processos subjacentes às suas trajectórias de vida. Assim, reforça-se a ideia de que a postura da autora se aproxima em grande medida das abordagens *alternativas* à criminalidade feminina.

Discursos de transição sobre criminalidade feminina 77

tões de género no estudo do fenómeno criminal e da reacção social ao mesmo.

Finalmente, nas teorias enquadradas no interaccionismo mais puro, as figuras femininas são consideradas através da emergência do argumento de que são os homens a criar as regras para as mulheres, determinando aquelas que são desviantes (e.g., Becker, 1963). Contudo, e uma vez mais, não se assiste a uma grande exploração desse argumento. Para alguns autores, o não aprofundamento das questões de género pelos interaccionistas deve-se ao interesse que estes demonstram por figuras desviantes particulares, os "marginal and exotic deviants" (e.g., Liazos, 1972, cit. Heidensohn, 1985, p.138).

2.4. Discursos de transição: Considerações finais

Como vimos ao longo deste capítulo, através da consolidação da sociologia da desviância e da emergência da criminologia crítica surgem novos objectos (e.g., reacção social ao crime e ao delinquente), novos conceitos (e.g., desvio, rótulo, etiqueta) e novas propostas de controlo social (e.g., abolicionismo) na criminologia. A mudança que daqui resulta é significativa, pois as novidades transformam a diversos níveis a investigação realizada na disciplina. O foco na reacção social ao desvio transforma a conceptualização da investigação criminológica e operam-se também grandes mudanças a nível metodológico. Iniciadas já com as abordagens sociológicas de cariz mais positivista, descritas no capítulo anterior, as mudanças metodológicas são concretizadas agora de forma sólida. Não se trata apenas do recurso a métodos diferentes de recolha e análise de dados, mas a toda uma lógica diferente de investigação, já não circunscrita apenas à determinação de objectivos descritivos e explicativos, mas à inclusão de metas interpretativas no estudo do fenómeno desviante.

Para além da importante mudança de enfoque do estudo do crime e do delinquente para o estudo da reacção social, ocorrem outras mudanças conceptuais interessantes do ponto de vista da relevância para o estudo particular da transgressão feminina. Um exemplo é a passagem para uma visão normalizadora do desvio, que pode estar relacionada com a continuação da escassez de estudos da criminologia que incluem e conferem destaque à mulher. A nova representação do crime não parece ser compatível com a inclusão da desviância feminina que, pelos seus números reduzidos e por estar tradicionalmente associada à transgressão de papéis sociais, não se enquadra numa visão normalizada de desvio. Na nossa opinião, este pode constituir um dos motivos para o reduzido número de estudos da sociologia da desviância que incluem a mulher. No entanto, não podemos ignorar as referências à figura feminina, apesar de escassas e sem lhe dar grande protagonismo. Essas referências ocorrem essencialmente no domínio empírico, e não tanto teórico, sendo claro que as principais formulações teóricas produzidas pela sociologia da desviância respeitam essencialmente ao ofensor masculino.

Embora a variável género seja preterida relativamente às questões de classe ou etnia, não podemos aqui deixar de reflectir sobre como, face à nova conceptualização do crime e do actor do comportamento desviante, as questões de género poderiam facilmente fazer sentido e ser exploradas. Por exemplo, estudos centrados na compreensão do crime com base na diferenciação de classes, na socialização no espaço público ou no acesso diferenciado ao mercado de trabalho, facilmente remeteriam, na nossa opinião, para a análise das implicações do género. Mas a exploração deste tipo de questões só acontece, de forma sólida e influente na criminologia, com as perspectivas feministas.

Como referimos anteriormente, a ruptura epistemológica a que se assiste na criminologia, mesmo com poucos estudos centrados na figura feminina, não deixa de constituir uma transição importante. É a partir desta ruptura, e da nova postura crítica na criminologia, que se possibilita a emergência das perspectivas que vêm chamar a atenção para a importância das questões de género, e em particular do estudo da mulher enquanto figura que transgride as normas sociais e legais. Esta nossa leitura não é, contudo, partilhada por algumas autoras feministas, para quem a não inclusão da mulher nos estudos da sociologia da desviância é apontada como uma falha grave, que deve ser alvo de críticas. Para essas autoras é inadmissível manter no âmbito da sociologia da desviância os mesmos níveis de centração no género que caracterizam as posturas positivistas (e.g., Heidensohn, 1985; Smart, 1990/1996). Na nossa opinião, contudo, não é pela exclusão das figuras femininas do desvio que os discursos analisados deixam de ser fundamentais para compreendermos a transição dos discursos tradicionais positivistas para os discursos «alternativos» sobre a transgressão da mulher.

A análise que fizemos ao longo deste capítulo permite contextualizar a mudança epistemológica operada no seio da criminologia em meados do século XX, que abre caminho para a emergência de uma postura crítica na disciplina. E é a partir da reacção à criminologia crítica que surgem as abordagens que conceptualizam a variável género no estudo do comportamento desviante e da reacção social ao mesmo. O exemplo paradigmático deste tipo de abordagens reside nas perspectivas feministas da criminologia, que passamos a analisar no próximo capítulo.

CAPÍTULO 3

Discursos alternativos sobre criminalidade feminina: Criminalidade e construção do género[27]

"As relações entre género e crime [...] têm sido marginalizadas na história da criminologia. Contudo, nas últimas décadas do século XX, a situação alterou-se..."

(FRANCES HEIDENSOHN, 1997)

3.1. Feminismo e (re) conceptualização do género nos estudos científicos

A emergência de estudos científicos que conceptualizam a variável género e lhe conferem um papel de destaque, quer na criminologia quer noutras áreas de conhecimento, é indissociável do movimento feminista. Após uma primeira vaga, cujo início é geralmente situado na segunda década do século XX, o feminismo ressurge nos anos sessenta associado

---

[27] A abordagem à criminalidade e construção do género coincide, neste trabalho, inteira e intencionalmente com as abordagens feministas à criminalidade feminina. A opção tomada resulta da constatação acerca da preponderância da influência feminista nos discursos sobre a construção do género através da violência. Optámos igualmente por utilizar, ao longo do capítulo, a designação "autoras" quando nos referimos aos responsáveis pelas principais propostas feministas, teóricas e empíricas. Embora genericamente o movimento feminista, associado à preocupação com as assimetrias de poder sobretudo mas não exclusivamente em função do género, seja transversal ao sexo dos seus autores, as contribuições feministas que se referem especificamente ao estudo sobre a mulher e o crime partem sobretudo de um conjunto de mulheres.

a movimentos sociopolíticos de libertação (Messerschmidt, 1995)[28]. É nesse contexto que jovens mulheres se indignam ao perceber que os seus companheiros de "luta libertária" as vêm apenas como assessoras, quer de trabalho quer de prazer sexual. Essa indignação, associada às ideias de Simone de Beauvoir, que analisa no seu livro *Le Deuxième Sexe* (1952) o tratamento generalizado da Mulher como sendo o Outro, servem de inspiração para o (re)florescer do movimento feminista (Rafter & Heidensohn, 1995).

Perante a opressão exercida sobre a mulher na sociedade e a negligência das questões de género nas mais diversas áreas de conhecimento, o feminismo rapidamente se torna um movimento com fortes preocupações epistemológicas e políticas, que se propõe de forma genérica terminar com a hegemonia masculina. Progressivamente o significado de "feminismo" começa a expandir-se, deixando de corresponder apenas à luta das mulheres pela igualdade. Como explicam Rafter e Heidensohn, "aquilo que começou por ser um movimento igualitário de 'libertação da mulher' expandiu para a inclusão do reconhecimento do género como elemento básico das estruturas sociais por todo o mundo" (1995, p.4).

O movimento com preocupações epistemológicas e políticas acaba por dar lugar a uma multiplicidade de perspectivas que, se por um lado apresentam ideias centrais comuns, cujo exemplo fulcral é a postura crítica, de marcada oposição à subjugação das mulheres e outros menos poderosos nas sociedades patriarcais, por outro lado se posicionam de forma divergente (ou mesmo antagónica) relativamente a questões particulares, como a própria conceptualização da opressão da mulher ou a posição epistemológica assumida. Não será por acaso que nas inúmeras referências da literatura ao feminismo predominam designações como *perspectivas feministas* ou *feminismos* em detrimento do termo *feminismo*.

---

[28] Embora a segunda década do século XX reúna maior consenso enquanto data da primeira vaga do movimento feminista, sugere-se que esta vaga tem início na década de trinta do século XIX com o movimento abolicionista no contexto norte-americano (Messerschmidt, 1995).

Discursos alternativos sobre criminalidade feminina 83

Diversos autores formulam a diversidade das perspectivas feministas com base em pressupostos diferentes. Por exemplo Rosemarie Tong, baseando-se nas diferentes formas de conceptualização da opressão da mulher, sugere seis tipos de feminismo, nomeadamente o *liberal* (associado ao compromisso com a luta pelas reformas, pela igualdade dos direitos e oportunidades para a mulher), o *marxista* (procura descrever as bases materiais da opressão da mulher; associa o estatuto da mulher às formas de produção capitalista), o *socialista* (atribui as raízes da opressão da mulher ao sistema capitalista, apelando a mudanças não apenas nos modos de produção que o caracterizam, mas também nas experiências sociais), o *existencialista* (considera que a opressão das mulheres resulta destas serem consideradas "o outro" por oposição ao homem), o *psicanalítico* (argumenta que as normas de género prevalecentes são impostas e estruturam a mente humana) e o *pós-moderno* (assume que as diferenças de género são social e experiencialmente construídas e defende a importância de desconstruir e reconstruir discursos, de criar uma nova linguagem que constitua uma reflexão mais próxima das experiências das mulheres) (1989, cit. Gelsthorpe, 1997).

Tendo por base pressupostos idênticos, Joycelyn Pollock (1998) refere que "o feminismo compreende um *continuum* de posições e paradigmas" (p.193), destacando os seguintes: *o marxista* (na sua opinião semelhante ao socialista, remetendo para a estrutura capitalista a opressão da mulher), *o radical* (abordagem não focalizada na estrutura económica, propõe a contribuição das condições sociais para a opressão da mulher e domínio masculino; é o patriarcado, presente nas interacções sociais, que determina todos os aspectos da vida da mulher), *o cultural* (diferenças entre géneros masculino e feminino têm impacto no modo como ambos os grupos percepcionam o mundo e se relacionam; não é dada importância à determinação biológica ou sociológica dessas diferenças) e *o pós-moderno* (reconhecimento de que a teoria feminista não é capaz de sintetizar as experiências de vida de diferentes grupos com base no sexo, classe ou etnia; não faz sentido falar de uma plataforma partilhada por todas as feministas, pois esses agrupamentos resultam em diferentes posições, valores, objectivos e realidades sociais).

Por sua vez, Sandra Harding (1986) sistematiza diferentes perspectivas do feminismo com base nas posições epistemológicas assumidas: o *empirismo feminista*, o *ponto de vista feminino* (*"standpointism"*) e o *pós-modernismo feminista*. A análise de cada uma das perspectivas apresentadas por Harding parece-nos importante na medida em que permite compreender as principais posições epistemológicas dentro do feminismo, facilmente transponíveis para a criminologia.

O *empirismo feminista* centra-se numa das principais críticas feministas à produção de conhecimento nas diversas áreas científicas: a distorção da experiência feminina resultante da asserção positivista de que o homem é *o* universo dos sujeitos. Diversas autoras feministas (e.g., McHugh et al., 1986, cit. Riger, 1992) propõem para essa distorção da experiência feminina uma solução que passa pela realização de estudos sobre as mulheres, mantendo a crença na objectividade da ciência para a obtenção de conhecimento. Nesta perspectiva, a única mudança reclamada é a inclusão das mulheres enquanto sujeitos e objectos de investigação, não sendo necessária a introdução de mudanças metodológicas. Trata-se de uma abordagem que não deixa de se enquadrar nos parâmetros positivistas das perspectivas tradicionais, por considerar que o androcentrismo da investigação científica não resulta do critério de objectividade positivista, mas sim do que escapa a esse critério (Machado, 2000). É nesse sentido que o empirismo é criticado por outras autoras feministas. Carol Smart, baseando-se nas críticas de Dorothy Smith ao empirismo feminista, refere que "dirigir a pesquisa para as mulheres sem rever as afirmações tradicionais acerca da metodologia e epistemologia, pode resultar em tornar as mulheres uma mera adenda ao grande projecto do estudo dos homens" (1990/1996, p.458). E este não é, na opinião de Smart (1990/1996), um objectivo coerente com os ideais feministas.

O *ponto de vista feminino* (*"standpointism"*) baseia-se numa noção empirista de que a experiência, enquanto realidade apreensível, deve constituir a base do conhecimento. Apela-se nesta abordagem feminista à necessidade de realizar investigações científicas assumindo uma postura fenomenológica, centrada nos participantes e suas experiências. Partindo da crítica de que nem todas as experiências têm sido consideradas com igual valor na produção de conhecimento, o *ponto de vista feminino* sugere o interesse particular pela mulher e suas experiências. Mais do que isso, e particularmente nas suas formulações iniciais (e.g., Nancy Hartsock, Dorothy Smith), é assumida uma posição epistemológica que confere à mulher e suas experiências um estatuto não apenas privilegiado mas universal (Harding, 1986). Nesta perspectiva, a posição de subordinação da mulher na sociedade dá-lhe acesso a dois mundos distintos – o delas e o do grupo (masculino) que as domina – e é este duplo acesso que deve constituir a base do conhecimento feminista[29].

Um dos aspectos mais relevantes do *ponto de vista feminino* reside, segundo Comack (1999), no facto de permitir que as mulheres reformulem as suas experiências e as entendam fora das categorias de interpretação masculinas que lhes têm sido impostas. Torna-se assim possível reconhecer nas experiências femininas elementos até então interpretados como exclusivamente masculinos, como por exemplo diversas formas de exercício de poder. Na medida em que se baseia nas experiências femininas e emerge delas, o *ponto de vista feminino* refere-se à produção de conhecimento *acerca* das mulheres. No entanto, refere-se também à produção de conhecimento *para* as mulheres, no sentido em que se reclama uma forte ligação entre questões epistemológicas e políticas, não devendo a produção de conhecimento dissociar--se da acção política (Cain, 1990/1996).

O *pós-modernismo feminista* nega a objectividade positivista de forma mais extrema do que a perspectiva anterior, constituindo uma ruptura efectiva com o modernismo[30]. Assumindo que os indivíduos estão continuamente a ser construídos através da linguagem ou dos discursos, na perspectiva pós-modernista nega-se a existência à priori de uma *realidade* à espera de ser apreendida. Nesta abordagem, é recusado qualquer essencialismo à noção de Mulher, que deve ser rejeitada enquanto categoria universal (Smart, 1990/1996). O objectivo do feminismo, numa abordagem pós-moderna, não deve ser a procura *da* ver-

---

[29] Este dualismo foi posteriormente criticado por promover uma noção essencialista de Mulher. A crítica surgiu por parte de autoras que apelam ao reconhecimento de múltiplas realidades na diversidade das experiências femininas (e.g., Maureen Cain, 1990b, cit. Comack, 1999).

[30] Segundo Harding (1986) ambos "empirismo feminista" e "ponto de vista feminino" são epistemologias de transição (do modernismo para o pós-modernismo); no entanto, para as pós-modernistas essas perspectivas enquadram-se no paradigma moderno, por considerarem que a ciência nos revela *a* verdade.

dade (feminina), mas sim a desconstrução da noção de verdade que nos é socialmente imposta. Enquanto na perspectiva anterior (*ponto de vista feminino*) se reclama que a ciência deve considerar e reflectir as experiências das mulheres, no pós-modernismo interessa perceber os efeitos de poder implicados numa determinada construção da realidade (Smart, 1990/1996).

A contrastação das duas últimas abordagens sistematizadas por Sandra Harding, o *ponto de vista feminino* e o *pós-modernismo feminista*, revela a dicotomia experiência / discurso enquanto um dos aspectos que marcam a divergência entre perspectivas feministas. Carol Smart, na sua posição *pós-modernista radical*, argumenta que os sujeitos e as suas experiências são construídos através do discurso, não tendo qualquer significado por si só. Por seu lado, Maureen Cain argumenta que o discurso é apenas um aspecto da realidade, pois há outros aspectos que não podem ser expressados discursivamente. Aliás, Cain sublinha a importância do reconhecimento "de um discurso como sendo 'apenas' um discurso" (1990/1996, p.466). Numa análise, a nosso ver muito relevante, das diferentes posturas face à produção de conhecimento feminista, Comack (1999) apela à conciliação das duas perspectivas. A autora considera que as experiências de vida (neste caso das mulheres) podem e devem ser compreendidas através de duas dimensões, uma experiencial e outra discursiva, se aceitarmos que por um lado temos as experiências das mulheres e por outro lado a forma (discursiva) como é dado sentido a essas experiências.

O debate em torno de questões epistemológicas ilustra as divergências que levam à construção de uma multiplicidade de perspectivas no feminismo. Não podemos no entanto esquecer que as diferentes perspectivas feministas comungam aspectos fundamentais, dos quais se destaca a postura crítica relativamente ao poder exercido sobre as mulheres e sobre outros menos poderosos nas sociedades patriarcais. Esta postura vai para além da crítica e envolve igualmente "a construção de modelos, métodos, procedimentos e discursos alternativos, etc" (Gelsthorpe, 1997, p.514). Podemos ser mais específicos e destacar algumas características que podem ser atribuídas à globalidade das propostas feministas: a centração no género enquanto organizador da vida social, o reconhecimento da importância do poder nas relações sociais e da importância das influências dos contextos sociais nas relações humanas, o reconhecimento das realidades sociais como *processos* e a adopção de metodologias de investigação adequadas a essa formulação, e, finalmente, o compromisso político (Gelsthorpe, 1997). São ainda identificadas na literatura outras ideias fundamentais comuns às diferentes abordagens feministas: a preocupação de tornar a mulher visível, a necessidade de realizar investigação por e para as mulheres, de utilizar metodologias "não-sexistas", e o compromisso que a investigação deve ter com o movimento feminino (Stanley & Wise, 1983, cit. Heidensohn, 1985).

Não podemos, contudo, reduzir as propostas e desafios feministas a uma ou várias listas de características, nem esquecer que há divergências teóricas e metodológicas fundamentais entre elas, pelo que sublinhamos a extensão e riqueza dessas propostas e lembramos que estas se multiplicam por variadíssimas áreas de conhecimento. Ao listarmos estas características fundamentais pretendemos apenas dar a conhecer as principais asserções feministas para que estas constituam uma base de compreensão das contribuições do feminismo numa área particular de conhecimento, a criminologia. É neste contexto específico que nos propomos analisar as contribuições feministas, em particular (mas não exclusivamente) sobre a mulher transgressora.

3.2. Feminismo e (re) posicionamento da mulher nos discursos da criminologia: De ausente a periférica

As perspectivas feministas na criminologia emergem da contestação face à ausência da mulher nos estudos da *linha tradicional* e face ao claro reducionismo biológico e psicológico patente nas primeiras tentativas de estudar a mulher ofensora. Ainda numa fase em que o termo 'feminismo' está ausente dos textos da criminologia, diversas autoras (e.g., Heidensohn, 1968; Klein, 1976, cit. Heidensohn, 1985) tocam já os pontos-chave da crítica feminista à disciplina, tecendo duras críticas aos erros fundamentais cometidos em relação à mulher. Por um lado, a sua quase ausência dos estudos criminológicos, onde é praticamente invisível como ofensora, como vítima ou em qualquer outro tipo de relação com o sistema de justiça criminal. Por outro lado, a sua presença desajustada nos estudos da criminologia, através da distorção das suas experiências transgressivas de modo a enquadrá-la nos estereótipos dominantes. Um dos exemplos mais citados nessas primeiras críticas refere-se à sexualização da desviância da mulher, de modo a que por exemplo "a prostituição fosse vista apenas como um desvio sexual" (Heidensohn, 1985, p.146). Nas críticas "pré-feministas" à criminologia são igualmente notadas as implicações negativas da ausência da mulher nos estudos tradicionais, nomeadamente ao nível das políticas de resposta formal à transgressão da mulher. Autoras como Carol Smart descrevem as práticas das instituições para mulheres e raparigas desviantes como injustas e desajustadas na medida em que procuram "reforçar os papéis femininos esperados" e "reforçam a posição de inferioridade da mulher na sociedade" (1977, cit. Heidensohn, 1985, p.152).

As críticas feministas às abordagens tradicionais da criminologia são incontestavelmente importantes, mas não são por si só suficientes para o desenvolvimento de uma abordagem teórica feminista na disciplina. As palavras de Carol Smart são reveladoras da necessidade de ir para além dessas críticas: "no desenvolvimento de uma perspectiva feminista a crítica ao sexismo é vital, mas por si só a crítica não pode constituir uma nova abordagem teórica.... Particularmente, é necessária mais investigação sobre a mulher e o crime" (1977, cit. Heidensohn, 1997, p.784). É na segunda metade da década de setenta do século XX que, partindo das duas críticas fundamentais anteriormente descritas, se assiste a uma emergência gradual das abordagens feministas na criminologia. Progressivamente cria-se na disciplina espaço para a realização de estudos que não só consideram a variável género como a conceptualizam, na perspectiva feminista, de forma mais adequada. Analisemos com maior detalhe este processo gradual de emergência das abordagens feministas na criminologia.

a. *A emergência e consolidação das abordagens feministas na criminologia*

Segundo Heidensohn (1997), analisar a emergência dos estudos de género na criminologia implica recuar na história da disciplina até ao período da "pré-história do género e crime" (p.762). Este período corresponde aos momentos em que se realizaram por um lado "ensaios vitorianos sobre a vulnerabilidade da mulher para cometer crimes face à sua posição social e moral" (idem) e, por outro lado, ensaios teóricos marcados pelo reducionismo psicológico e biológico, bem ilustrado nos trabalhos positivistas de Lombroso e Ferrero.

Após o período *pré-histórico* dos estudos de género na criminologia, o seu desenvolvimento *moderno* tem início nos anos sessenta do século XX como um dos produtos da segunda vaga feminista. É nessa altura que surgem os estudos feministas que Heidensohn (1997) designa por iniciais ou pioneiros e que consistem essencialmente na crítica aos objectos e métodos da criminologia tradicional ou *'malestream'*[31] e na definição de um programa de trabalhos para os estudos de género na disciplina. Este momento corresponde ao período que Lorraine Gelsthorpe (1997) designa por fase crítica dos desafios feministas à criminologia tradicional. Focalizadas na ausência da dimensão de género, nos métodos de investigação utilizados e no consequente conhecimento construído, estas críticas correspondem aos dois grandes projectos das feministas relativamente aos desafios lançados à criminologia tradicional: o projecto político e o projecto epistemológico e metodológico (ibidem).

As incursões feministas pela criminologia são facilitadas por mudanças fundamentais na disciplina, que ocorrem neste período histórico, correspondentes à emergência do que designámos por «discursos de transição». Se a criminologia designada por tradicional, muito centrada na etiologia do crime, sempre marginalizou a teoria e a investigação feministas, assiste-se a partir dos anos sessenta a mudanças paradigmáticas correspondentes à emergência de novas perspectivas criminológicas, mais receptivas aos trabalhos feministas e suas influências. Trata-se de um "conjunto de movimentos teóricos críticos em relação à criminologia positivista", incluídos na designação lata de criminologia crítica (Machado, 2000, p.121). Cria-se assim um contexto mais favorável às incursões feministas pela criminologia, apesar de, segundo Gelsthorpe (1997), só mesmo no contexto da criminologia dos anos noventa, mais

---

[31] Designação proposta por autoras feministas para enfatizar o carácter masculino da criminologia tradicional (*mainstream).*

90   *Vidas raras de mulheres comuns*

aberto e diversificado do que o contexto dos anos setenta, se tornarem possíveis ligações mais sérias da criminologia ao feminismo[32].

As abordagens críticas rejeitam a objectividade e a neutralidade associadas ao positivismo e apresentam novas visões acerca da igualdade e da justiça social. Como vimos no capítulo anterior, tais perspectivas introduzem mudanças fundamentais na disciplina, quer em termos do seu objecto, que se desloca do crime e seus actores para as reacções sociais, quer das suas metodologias. Como refere Machado (2000), estamos perante mais do que um movimento crítico em relação aos discursos tradicionais sobre o crime, na medida em que ocorre uma mudança paradigmática na criminologia. As grandes mudanças operadas na criminologia são associadas a diversos contributos, de entre os quais se destacam as teorias da etiquetagem, responsáveis pela concepção do desvio como resultado da aplicação de regras e de punições e pelo conceito de desviante como aquele a quem é aplicado esse rótulo (Becker, 1963). Mas outras abordagens têm sido destacadas pela sua relevância para a emergência das perspectivas feministas na criminologia. Uma das propostas de sistematização dos principais *insights* sociológicos que a partir dos anos setenta possibilitam a emergência do trabalho feminista na criminologia é a de Lorraine Gelsthorpe (1997), que refere em particular o realismo de esquerda, focalizado no contexto político e social do crime e seu controlo e nas vítimas. A mesma autora destaca ainda as contribuições *foucauldianas*, que direccionam a atenção para o poder e conhecimento e para as práticas discursivas de controlo social.

Ainda que estes sejam os percursores mais destacados da criminologia feminista, o conjunto de perspectivas críticas é todo ele considerado importante enquanto desafio à criminologia tradicional, questionando o objecto e os métodos nela utilizados. No entanto, mesmo estas perspectivas não são capazes, segundo as autoras feministas, de conceptua-

---

[32] É nos anos setenta que se dá o reconhecimento dos desafios feministas à criminologia, com a publicação de Carol Smart "Women, crime and criminology: A feminist critique" (1976). Assumindo uma postura muito crítica, Smart recusa a representação da mulher ofensora como "anormal" na teoria e política de justiça criminal e propõe mesmo a manutenção dos estudos sobre a mulher fora da criminologia em detrimento da criação de uma criminologia feminista (cit. Heidensohn, 1985).

lizar adequadamente o género. As feministas reclamam uma conceptualização do género não como algo natural, mas como um produto complexo, histórico e cultural, relacionado com as diferenças biológicas entre os sexos. A adopção desta conceptualização de género é muitas vezes apontada como a mais importante proposta feminista para a criminologia (Gelsthorpe, 1997).

Criado um contexto mais favorável para a emergência das perspectivas feministas no âmbito da criminologia, as suas contestações, interesses e movimentos iniciais acontecem sobretudo relativamente à vitimação, em particular sexual, da mulher. Esta constatação prende-se em parte com o facto de o desenvolvimento das perspectivas feministas na criminologia incluir, para além dos contributos de académicos, contributos de não académicos, em particular grupos de combate à violência contra as mulheres, exemplo importante do activismo impulsionador do movimento feminista (Rafter & Heidensohn, 1995). É precisamente na área da vitimação que as abordagens feministas alcançam os maiores feitos na criminologia, com um reconhecimento actual das necessidades das vítimas (ou dos menos poderosos), impensável na criminologia tradicional. Importa contudo referir que na fase pioneira dos estudos feministas sobre o crime algumas abordagens se centravam já na mulher ofensora, na tentativa de desconstruir o argumento prevalecente na criminologia tradicional de que as mulheres absoluta e incontestavelmente cometem menos crimes do que os homens. A preocupação feminista de desconstrução deste argumento deve-se ao facto de se considerar que ele está na base da negligência em relação às mulheres na criminologia, um dos aspectos mais criticados pelas feministas nos estudos convencionais sobre o crime. Surgem assim diversas formas de chamada de atenção para os crimes cometidos pelas mulheres, com base no argumento de que a criminalidade feminina estaria a aumentar muito mais rapidamente do que a masculina. Nos anos setenta do século XX, os meios de comunicação social apresentam inúmeras histórias sobre uma *nova realidade social*, a '*new female criminal*', associando a criminalidade feminina (em particular a violenta), aos esforços para melhorar a posição política e económica da mulher. Presumivelmente inspirada pelo movimento feminino, a mulher transgressora procuraria igualdade (social, económica e política) no *submundo do crime*, tal como as mulheres mais convencionais perseguiriam os seus direitos em campos mais aceitáveis (Chesney-Lind, 1997)[33]. Ao longo da década de setenta, figuras associadas às instâncias formais de controlo reforçam a ideia de que o movimento de emancipação da mulher teria provocado uma onda de criminalidade feminina nunca antes vista e que ao pretender emergir em campos dominados anteriormente pelo género masculino, as mulheres também se aproximariam dos homens na área da criminalidade.

A relação estabelecida entre os movimentos de libertação da mulher e o aumento da criminalidade feminina é igualmente explorada por académicos, incluindo autoras feministas. Exemplos incontornáveis são os trabalhos de Freda Adler e Rita Simon, publicados em 1975, que exploram, numa perspectiva feminista, a ideia do efeito criminógeno da libertação da mulher. Ao relançarem este debate controverso, ambas Adler e Simon acabam por ser muito contestados pelas próprias feministas, pelo risco que as suas ideias constituíam para o compromisso político do movimento. Passemos a uma breve análise das ideias centrais propostas por estas autoras, bem como das principais críticas que lhes foram dirigidas.

Freda Adler, Rita Simon e a "New Female Criminal"

Os argumentos apresentados por Freda Adler giram em torno de duas questões fundamentais: a progressiva, e no seu entender inquestionável, emancipação das mulheres no mundo ocidental, e o facto, também indiscutível para Adler, de essa emancipação conduzir a mulher a *áreas masculinas* de experiência, de que são exemplo as formas mais violentas de crime. A estes dois argumentos, a autora acrescenta ainda que a ligação entre emancipação e crime é provada pelo aumento das taxas de crime entre as mulheres.

As inúmeras críticas dirigidas a Freda Adler situam-se em diferentes níveis, começando desde logo pelo conteúdo das suas afirmações. Por exemplo, Box (1983) refere que a existência social da mulher é já bastante negativa, pelo que lhe será muito prejudicial que as suas tenta-

---

[33] Estas ideias não constituiriam uma novidade após a primeira tentativa de relacionar a emancipação da mulher com a criminalidade feminina, já na primeira vaga do movimento feminista, na segunda década do século XX.

tivas de alcançar igualdade ou pelo menos mais liberdade sejam consideradas como tendo efeito criminógeno (cit. Heidensohn, 1985). Leonard (1982), por sua vez, questiona o rápido aumento da igualdade entre homens e mulheres, referindo que Adler tem uma ideia ingénua de libertação da mulher (cit. ibidem). Outras críticas tecidas a Freda Adler dirigem-se à forma como apresenta as suas argumentações, considerada excessiva ou mesmo exuberante (e.g., Heidensohn, 1985)[34]. Finalmente, também a nível metodológico surgem críticas ao seu trabalho. As interpretações estatísticas de Adler são consideradas exageradas e por isso rejeitadas, por exemplo porque também em outros momentos históricos se assistiu a um aumento considerável das taxas de criminalidade feminina (Smart, 1979, cit. Heidensohn, 1985). Segundo Smart, uma falha grave por parte de Adler reside em não considerar que as mulheres que beneficiam de mudanças no mercado de trabalho facilitadas pelo movimento feminino (essencialmente brancas e de classe média) se diferenciam das mulheres representadas nos aumentos das taxas de crime (de minorias étnicas e classe operária). As falhas metodológicas apontadas acabam por conduzir à ideia de que a *'new female criminal'* proposta por Adler é mais uma invenção teórica do que uma realidade empírica (Maher, 1997).

O trabalho desenvolvido por Rita Simon tem também por base o pressuposto de que a menor criminalidade da mulher se deve à sua restrição a papéis domésticos e às formas de discriminação limitadoras das oportunidades femininas (Britton, 2000). No entanto, o seu foco é ligeiramente diferente do de Adler, na medida em que enquanto esta, como referimos anteriormente, atribui o aumento da participação da mulher no crime (violento) aos movimentos socio-políticos da sua libertação, Simon argumenta que é a entrada da mulher em níveis superiores do mercado laboral que poderá conduzir ao seu maior envolvimento em crimes económicos (Britton, 2000). Menos criticada do que Adler, Simon argumenta que apesar de algumas mulheres envolvidas no movimento feminino desafiarem socialmente os papéis convencionais de género, nem por isso têm especial ligação ou influência sobre as mulheres que transgridem (Heidensohn, 1985).

As autoras das críticas dirigidas a Adler e Simon têm como principal preocupação as implicações das ideias de Adler ao nível do movimento de libertação da mulher. Para Chesney-Lind (1997), a invenção da "new female criminal" traz consequências negativas para as mulheres ofensoras, que sofrem com as hostilidades face ao movimento feminista. As ideias de Adler e Simon, ao evidenciarem um lado negro da libertação da mulher, criam um certo *pânico moral* e desviam a atenção dos verdadeiros problemas do sistema de justiça criminal. Acontece assim que, ao centrar-se na hipótese de que a "libertação causa o crime", a criminologia feminista descura a hipótese da "marginalização económica", que para muitas autoras do feminismo deve ser a sua principal preocupação.

A par das críticas, o reconhecimento da ligação entre emancipação da mulher e crime é um dos poucos aspectos da abordagem feminista à criminalidade feminina que suscitam amplo interesse, não só a nível científico como também nos meios de comunicação social. Heidensohn conclui que "[...] da forma menos útil para as mulheres [...], um ramo da criminologia feminista acabou por tornar a criminalidade feminina mais visível" (1985, p.160).

Adler e Simon são duas importantes referências na mudança de cenário operada na criminologia dos anos setenta quando, depois da negligência anterior, surge algum interesse em revelar uma eventual criminalidade feminina oculta. Acontece porém que os próprios trabalhos de inspiração feminista acabam por comprometer esses objectivos. Muito focalizados nos fenómenos de vitimação da mulher e de outros menos poderosos, os esforços feministas em desconstruir os números negros do crime vêm revelar uma violência oculta que é essencialmente doméstica e sexual e contra as mulheres (Machado, 2000). Desta forma, assiste-se mais ao aumento do número de crimes conhecidos cometidos pelos homens do que à revelação de uma criminalidade feminina desconhecida, não diminuindo o rácio da criminalidade em função do género. Os esforços feministas iniciais para combater a negligência da mulher na criminologia chamando a atenção para a mulher ofensora acabam por se traduzir em conquistas, mas sobretudo ao nível da mulher que é vítima de crimes. Se considerarmos que o grande objectivo feminista é chamar a atenção sobre a mulher na criminologia, podemos concluir que em parte ele é alcançado. No entanto, não podemos esquecer-nos que, ao contrário do que se pretende à luz do feminismo, a mulher continua a ser representada de forma estereotipada, como passiva e subordinada, nos discursos da criminologia.

Discursos alternativos sobre criminalidade feminina 95

As contribuições iniciais do feminismo na criminologia abrem caminho para uma explosão de estudos posteriores, que Heidensohn designa por "fase de consolidação" (1997, p.774). Ao longo de vinte e cinco anos após a publicação de Carol Smart são realizadas inúmeras investigações em diversas áreas de intersecção entre género e crime, alargando o foco da mulher vítima para a inclusão da mulher ofensora e também da mulher enquanto agente activo nas instâncias formais de controlo.

Estes novos estudos sobre a mulher na criminologia, realizados nas décadas de oitenta e noventa do século XX, podem ser categorizados em dois grandes tópicos: estudos sobre mulher e crime e estudos sobre mulher e justiça (Heidensohn, 1997). Os primeiros dizem respeito à investigação realizada sobre o género e a actividade criminal apresentando a perspectiva das mulheres sobre o seu envolvimento, quer no crime de um modo geral[35] (e.g, Carlen, 1988), quer em formas específicas de desviância[36]: no tráfico e consumo de drogas (e.g., Mahler, 1997), na prática de violência em *gangs* (e.g., Campbell, 1984; Chesney-Lind, 1993; cit in Miller, 2001), ou na prostituição (e.g., Phoenix, 2000). Surgem também nesta fase estudos sobre criminalidade mais violenta por parte das mulheres, particularmente sobre terrorismo (e.g., MacDonald, 1998) ou sobre homicídio (e.g., Wilczynski, 1997). O outro tópico de investigação – mulher e justiça – refere-se à experiência da mulher nos sistemas de justiça criminal e penal. Estes estudos incidem sobretudo no modo como a mulher ofensora é percepcionada e tratada pelos agentes da justiça (e.g., Horn & Hollin, 1997), na experiência

---

[34] Excertos do livro "Sisters in crime: The rise of the new female criminal" (Adler, 1975) ilustram a exuberância das palavras de Freda Adler. Aqui fica um exemplo: *"[...] é claro que à medida que a posição da mulher se aproxima da do homem, também se aproximam a frequência e o tipo da sua actividade criminal. Pareceria, então, justificado predizer que se a tendência social presente continuar as mulheres partilharão com os homens não apenas úlceras, doenças coronárias, hipertensão e cancro do pulmão (até recentemente consideradas doenças quase exclusivamente masculinas) mas competirão também cada vez mais nas actividades criminais tradicionalmente masculinas, como crimes contra as pessoas, crimes mais violentos contra a propriedade, e especialmente crimes de colarinho branco"* (p.251-252).

[35] Estes estudos decorrem frequentemente no contexto prisional, ou quando há já um contacto das mulheres com o sistema de justiça criminal.

[36] Os estudos focalizados em formas específicas de desviância tendem a decorrer nos contextos espacio-temporais da própria actividade criminal.

feminina no sistema prisional (e.g., Carlen, 1983, 1987) e, embora de forma menos representativa, na mulher enquanto agente de controlo formal (e.g., Holdaway & Parker, 1998).

Passando dos sujeitos e objectos dos estudos feministas na criminologia para o seu método, constatamos que são múltiplas as metodologias de investigação utilizadas. São contudo privilegiados os métodos que possibilitam às participantes *dar voz* às suas experiências, sem determinar à priori o significado dessas experiências ou a forma de as categorizar para posterior análise (McDermott, 2002). Nesse sentido, nos estudos sobre mulher e crime utilizam-se sobretudo as etnometodologias, com destaque para a observação e para as entrevistas em profundidade. Exemplos incontornáveis são os trabalhos de Pat Carlen sobre mulheres transgressoras, em que não só lhes é dada voz sobre as suas experiências[37], como é estabelecida uma relação não hierárquica entre elas e a investigadora, por vezes co-autoras de trabalhos científicos (e.g., Carlen, Hicks, O'Dwyer, Christina & Tchaikovsky, 1985). A questão central reclamada pelas feministas relativamente aos métodos da criminologia consiste na focalização nas experiências das mulheres, permitindo a sua visibilidade. As feministas propõem também que, no âmbito da criminologia, os investigadores sejam mais reflexivos e questionem mais as bases epistemológicas do conhecimento (Cain, 1990/1996).

Face ao exposto, podemos afirmar que a fase de consolidação das abordagens feministas na criminologia se caracteriza pela realização de um largo espectro de trabalhos, que incidem em diversos tópicos e recorrem a diferentes métodos. Podemos no entanto concluir que, de uma forma geral, esses trabalhos valorizam a mulher e suas experiências no contexto criminal, contribuindo para a crítica, a desconstrução e a reconstrução feminista dos discursos sobre (a mulher e) o crime.

A sistematização em diferentes fases da incursão feminista na criminologia, anteriormente apresentada, não deve ser interpretada como

---

[37] Por vezes em discurso directo (e.g., Carlen, Hicks, O'Dwyer, Christina & Tchaikovsky, 1985).

se as diferentes abordagens do feminismo na disciplina surgissem numa sequencialidade linear e absoluta. A existência de um movimento horizontal, com a emergência ao longo do tempo de novos objectos e métodos nos estudos feministas na criminologia, não invalida que esse movimento seja igualmente vertical no sentido de a emergência de novos pressupostos, objectos ou métodos de estudo não implicar a eliminação dos anteriores. Lorraine Gelsthorpe (1997) propõe precisamente que as diferentes fases da incursão feminista na criminologia não sejam vistas de forma sequencial, mas sim cumulativa[38]. Por exemplo, a postura crítica que marca o início desta incursão mantém-se, mas incluindo novas críticas que vão surgindo paralelamente à emergência de novas propostas feministas, empíricas e teóricas, na criminologia.

Os argumentos feministas contra a negligência da mulher e os métodos utilizados nos estudos tradicionais sobre o crime rapidamente se alargaram, no sentido da inclusão de novas críticas, como por exemplo a que é apontada às práticas discriminatórias do sistema de justiça criminal (e.g., o facto de os regimes penais reforçarem o papel doméstico da mulher ou o facto de a mulher ofensora ser vista como duplamente transgressora e a necessitar de tratamento médico). À medida que se complexificam, as críticas conduzem a propostas de re-conceptualização de questões-chave, como por exemplo o controlo formal e informal exercido sobre as mulheres ou o processo da sua conformidade (e.g., Larrauri, 1994).

É desta forma que se processa o desafio feminista à criminologia, através de um ciclo de críticas, desconstruções e propostas de reconstrução, ancorado em dois grandes projectos: o projecto epistemológico e metodológico e o projecto político (Gelsthorpe, 1997). O primeiro gira em torno da necessidade de assegurar formas de conhecimento baseadas na experiência e de utilizar métodos de investigação sensíveis à tarefa de promover a compreensão do ponto de vista das mulheres. Relativamente ao projecto político, não sendo esta uma questão consensual no feminismo, prevalece a ideia de que não faz sentido a produção de conhecimento sobre as mulheres sem o objectivo de este gerar

---

[38] Na formulação de Gelsthorpe (1997) essas fases são a *crítica*, a *desconstrução* e a *reconstrução*.

implicações a nível político. Sugere-se então que o conhecimento produzido conduza a sugestões políticas no sentido de proporcionar mais poder à mulher, diminuindo as desigualdades nos conceitos e práticas do sistema de justiça.

Várias autoras referem que, apesar do seu crescente reconhecimento na criminologia, o trabalho feminista não tem influência suficiente para se falar de um novo paradigma. Segundo Heidensohn (1995), actualmente a criminologia enquanto disciplina permanece essencialmente masculina, estando o feminismo claramente fora da "instituição criminológica" (p.68). Também na opinião de Gelsthorpe "o coração da criminologia continua sem ser tocado pelo feminismo" (1997, p.528). Estas e outras autoras reforçam a ideia de que o feminismo tem ainda um longo caminho a percorrer, pois "a revolução feminista na criminologia permanece incompleta" (Britton, 2000, p.58).

Não podemos, contudo, deixar de valorizar o importante trabalho de cariz feminista já desenvolvido na criminologia. Referindo-se ao contexto britânico[39], Heidensohn (1995) classifica os esforços feministas como muito produtivos, quer por alertarem a consciência e estimularem o debate público, quer por conduzirem a mudanças políticas em questões importantes para a mulher – particularmente em relação à falta de poder das vítimas de crimes. O feminismo tem igualmente contribuído para a ocorrência de importantes mudanças no interior da criminologia. Nomeadamente, as propostas feministas contribuem para a emergência, nas últimas décadas do século XX, de novas formas de pensamento na disciplina, sobre o mundo social e sobre o crime em particular, que se afastam das perspectivas mais positivistas. É ainda inegável que, embora não seja imputável apenas aos esforços feministas, a maior reflexividade teórica e metodológica que vai emergindo na disciplina é também da sua responsabilidade (Gelsthorpe, 1997).

---

[39] A referência ao contexto britânico é, na nossa opinião, pertinente na medida em que se trata do contexto europeu onde as incursões feministas pela criminologia têm sido mais activas e influentes; as conquistas feministas noutros cenários da criminologia europeia são inevitavelmente um reflexo esbatido e tardio dos esforços britânicos.

b. *A **impossibilidade** de **uma** criminologia feminista: críticas e divergências*

À semelhança do que sucede noutras disciplinas, também no caso específico da criminologia o movimento feminista não tem conduzido à emergência de uma perspectiva única. A pluralidade de objectos, métodos e posturas epistemológicas e políticas atrás descrita impossibilita a designação *criminologia feminista* relativamente ao que não é mais do que um conjunto de diferentes perspectivas feministas sobre o crime, em que não existe unidade de pontos de vista teóricos e metodológicos (Snider, 2003). Lorraine Gelsthorpe é uma das autoras que exclui a possibilidade de uma *criminologia feminista*, argumentando que não se trata de uma perspectiva única mas sim de "*insights* de diferentes tipos de feminismo que podem transformar e transgredir a teoria e as políticas de investigação e acção na criminologia" (1997, p.511).

A negação de uma perspectiva feminista única na criminologia remete-nos para questões fundamentais, como as críticas que surgem do exterior e as divergências e críticas internas, sem esquecermos que na base das diferentes abordagens há pilares comuns que justificam o seu enquadramento no território amplo do feminismo. Relativamente às *críticas exteriores*, como acontece a qualquer movimento epistemológico e político, as abordagens feministas têm sido alvo de ataques por parte de autores de outras correntes teóricas da criminologia (e.g., Bottomley & Pease, 1986; Walker, 1987, cit. Gelsthorpe, 1997). Essas críticas centram-se nas metodologias utilizadas e nas teorias geradas pelas feministas. Mas um olhar atento sobre o contexto das propostas feministas no âmbito da criminologia revela-nos que, também internamente, existem divergências cruciais. Estas servem de base a duras críticas e acesos debates protagonizados por diversas autoras do feminismo e constituem, na nossa opinião, claros sinais da inviabilidade de uma perspectiva feminista única na criminologia.

As críticas externas e discrepâncias internas – que, de uma forma geral, giram em torno dos mesmos aspectos teóricos e metodológicos e muitas vezes se relacionam ou confundem – podem ser sistematizadas de acordo com uma proposta de Pat Carlen, que foca um conjunto de falhas dos estudos feministas na criminologia, em particular sobre a mulher e o crime (Carlen, 1992/1996). Na sua opinião, algumas abordagens feministas nesta área não têm qualquer interesse para as mulheres desviantes e/ou que estão detidas, podendo ser criticadas por quatro tendências fundamentais: teórica, separatista, libertária e *gendercentric*.

A primeira diz respeito ao debate em torno da tendência para a teorização em detrimento da acção política, na produção de conhecimento feminista. Autoras como Pat Carlen são particularmente críticas face ao receio de algumas feministas em ligar a teoria à acção política por recearem a perda de rigor que resulta do compromisso político. Carlen (1992/1996) concorda que a teoria ao serviço da política perde algum rigor, mas desvaloriza essa questão remetendo-a para um plano secundário em relação aos ganhos que, do compromisso político, podem advir para a mulher. Na sua perspectiva, a inexistência de uma articulação entre criação de conhecimento e políticas, neste caso de justiça criminal, torna a produção de teoria uma prática estéril, o que não faz sentido no âmbito de um movimento com uma orientação política explícita como é o caso do feminismo (Carlen, 1992/1996). Do outro lado do debate estão autoras que propõem o desinvestimento político do feminismo em relação à criminologia, por esta se manter impermeável às influências feministas. O exemplo mais extremo é a argumentação de Carol Smart a favor do abandono total da criminologia. Smart não propõe que o feminismo se dissocie genericamente da acção política, mas sim que o faça no âmbito da criminologia, por achar que o feminismo em nada beneficia dessa coligação (1990/1996). Na sua opinião, a criminologia é tão limitada pelo forte enraizamento positivista, que será ela a necessitar do feminismo, muito mais diversificado nas suas abordagens e rico nos seus horizontes.[40] As suas palavras são esclarecedoras: "[...] o percurso da criminologia radical parece casado com a instituição modernista e não é, para já, afectado pelas mudanças epistemológicas que tocaram o feminismo e outros discursos. Sob essas condições é muito difícil ver o que a criminologia tem para oferecer ao feminismo" (Smart, 1990/1996, p.463-464). Outras autoras não propõem tão radicalmente como Smart o abandono da criminologia, mas não rejeitam essa possibilidade pelas incompatibilidades fundamentais que derivam da

---

[40] Smart faz uma analogia entre os autores da criminologia tradicional e o "homem atávico", com quem as autoras feministas ("pós-modernas") não têm nada a beneficiar (1990/96).

Discursos alternativos sobre criminalidade feminina

resistência da criminologia a uma transformação feminista da disciplina (e.g., Stanko, 1993; Young, 1994, cit. Gelsthorpe, 1997). De referir ainda a posição de Dorie Klein, que só não propõe que as feministas abandonem a criminologia pelo facto de esta tratar "problemas-chave actuais [da sociedade norte-americana]: o crime e a justiça" (1995, p.228). Por seu lado, Carlen (1992/1996) discorda do desinvestimento feminista na criminologia por, na sua opinião, isso implicar o abandono das mulheres que de alguma forma estão *entregues* ao sistema de justiça. Já Lorraine Gelsthorpe assume uma postura mais flexível, aceitando inicialmente os argumentos de Smart pela intransigência da criminologia em aceitar propostas do feminismo, mas rejeitando posteriormente o abandono da criminologia quando esta dá sinais de pensamento crítico (Gelsthorpe, 1997).

A tendência separatista, relacionada com o debate anterior em torno da teorização, constitui outro aspecto que tem suscitado críticas às abordagens feministas na criminologia, e representa um importante núcleo de divergência interna. Pat Carlen argumenta contra a criação de uma Teoria do Direito exclusivamente feminista, proposta por diversas autoras (e.g., MacKinnon, 1987, Olsen, 1995; cit. Gelsthorpe, 1997), baseando-se na sua inaplicabilidade. No entanto, quando estabelece uma agenda académica e política para trabalhar as questões sobre "mulher e crime", a própria Carlen (1992/1996) defende essa mesma criação, sugerindo o estabelecimento do Direito da Mulher como área específica de estudo. Esta aparente incongruência é também alvo de críticas (Gelsthorpe, 1997). De forma menos óbvia, a tendência separatista refere-se igualmente à relutância de autoras feministas em reconhecer progressos nos trabalhos da criminologia da linha tradicional. Esta crítica tem por base o facto de as feministas insistirem em utilizar designações pejorativas, como por exemplo *malestream*, quando se referem às teorias criminológicas dominantes (e.g., Gelsthorpe, 1997; Carlen, 1992/1996).

A tendência libertária, segundo Carlen (1992/1996), desdobra-se em duas ideias fundamentais, patentes nos trabalhos feministas no âmbito da criminologia. Em primeiro lugar, a noção feminista de que a mulher ofensora deve ser ouvida de forma privilegiada em relação ao significado dos seus crimes e à resposta adequada a eles. E, em segundo lugar, a eleição, pelas feministas, da mulher como único sujeito que o investigador deve ouvir e a quem a investigação deve servir. Pat Carlen concorda com as abordagens que privilegiam os pontos de vista dos indivíduos sobre as suas experiências. Ela própria foi pioneira na realização de estudos sobre a mulher e o crime com metodologias que assentam na importância de dar voz às mulheres (e.g., Carlen, 1983, 1987, 1988; Carlen et al., 1985). Critica, contudo, o facto de a importância dada aos discursos das mulheres ser levada a um extremo tal que as elaborações dos autores sobre esses discursos são rejeitadas (e.g, Frigon, 1990, cit. Carlen, 1992/1996). A crítica dirige-se às autoras feministas para quem a importância dada aos discursos da mulher que comete crimes deve ser total, não devendo os investigadores desvirtuar essas palavras, por exemplo formulando juízos de valor ou interpretação sobre aquelas. Para outras autoras feministas, por seu lado, é possível elaborar julgamentos ou interpretações quando se analisam os discursos das protagonistas do crime, desde que ambos não colidam nem se presuma existir uma relação linear entre eles (e.g., Carlen, 1992/1996).

A proposta de realização de estudos sobre as mulheres e para as mulheres constitui outro importante ponto de discórdia entre autoras feministas (Gelsthorpe, 1997). Pat Carlen é crítica em relação à defesa deste tipo de abordagem, designando-a de "glorificação errada do feminismo" (1992/1996, p.479). Na sua opinião, as estratégias que privilegiam o discurso dos indivíduos não devem ser reclamadas como exclusivamente feministas, nem devem ser utilizadas apenas com mulheres.

Finalmente, a tendência 'gendercentric', prende-se com a crítica a alguns estudos desenvolvidos por feministas por assumirem uma postura que em alguns aspectos se aproxima dos trabalhos da linha tradicional. Particularmente, as principais críticas tecidas dirigem-se à excessiva preocupação das feministas com a variável género, que domina os seus estudos na área da criminologia em detrimento de outras variáveis. Da mesma forma que as feministas criticam os estudos tradicionais por negligenciarem a mulher, os seus estudos são criticados por não considerarem questões de classe ou de etnia (Gelsthorpe, 1997). A negligência deste tipo de variáveis por parte das feministas é apontada como uma falha, patente não apenas nos estudos empíricos e ensaios teóricos que desenvolvem, mas também nas críticas que tecem às facções mais tradicionais da criminologia. As feministas são efectivamente criticadas por se esquecerem de referir que, para além de androcêntricas, as teorias tradicionais são igualmente etnocêntricas. As críticas que emergem de fora do movimento feminista facilmente se confundem com ou facilitam a ocorrência de divergências entre autoras do feminismo. Face à negligência de variáveis como a classe ou a etnia em estudos empíricos ou ensaios teóricos feministas, outras autoras também feministas assumem uma posição crítica. Pat Carlen reclama a necessidade urgente de estudos e teorias que privilegiem o género enquanto conceito-chave, mas recusa o "imperialismo teórico" que na sua opinião pode resultar da reclusão conceptual característica da posição transgressiva de Cain (1990/1996) ou anti-criminologista de Smart (1990/1996). As críticas à extrema centração no género por parte de autoras feministas conduzem à realização de estudos que focam outras variáveis para além do género, como a etnia ou a classe (e.g., Mack & Leiber, 2005), ou conduzem mesmo à proposta de abordagens específicas que solucionem esse erro. Um exemplo elucidativo é a argumentação de Rice (1990) a favor da emergência de uma perspectiva feminista da raça negra na criminologia (cit. Gelsthorpe, 1997).

Terminada a apresentação dos principais pontos de divergência entre as diferentes abordagens feministas na criminologia, levanta-se a questão da sua pertinência para o trabalho que aqui desenvolvemos. Não é a (im)possibilidade de uma criminologia feminista que nos importa verdadeiramente. Antes, interessa-nos compreender que os principais debates entre feministas giram em torno de questões que são pertinentes para a teorização e acção política na criminologia de uma forma geral e também para a realização deste trabalho em particular. Dos tópicos abordados, destacamos a valorização das questões de género e as metodologias centradas na mulher e nos significados que ela dá às suas experiências.

Das abordagens genéricas do feminismo na criminologia passamos de seguida para as abordagens que incidem particularmente sobre a criminalidade feminina, com vista à desconstrução e reconstrução dos discursos tradicionais sobre a mulher ofensora. Segue-se uma descrição dos principais estudos sobre criminalidade feminina e construção do género, analisando os temas abordados (e.g., *gangs*, consumos de droga, prostituição), as metodologias utilizadas e as configurações teóricas e práticas resultantes.

3.3. Feminismo e discursos sobre a mulher ofensora

a. Desconstrução dos discursos tradicionais sobre a mulher ofensora

Nos discursos tradicionais da criminologia a mulher tem sido genericamente ignorada ou analisada com base nos estereótipos de género inerentes ao discurso social dominante. Especificamente no caso da mulher ofensora, as feministas têm criticado a conceptualização da criminalidade feminina com base, por exemplo, em factores biológicos ou em estereótipos de papéis sexuais considerados adequados (S. Brown, 1998). Diversas características que nos discursos convencionais são atribuídas à mulher que transgride (e.g., irracionalidade) e aos seus crimes (e.g., especificidade) têm sido criticadas pelas feministas, que propõem a desconstrução e reconstrução desses discursos. Analisemos algumas dessas características[41].

Dupla desviância

A mulher ofensora tem sido considerada duplamente desviante, por transgredir simultaneamente a lei e os papéis de género convencionais. Como refere Cunha (1994), a dupla desviância atribuída às mulheres deve-se ao facto de "a transgressão da legalidade que as conduziu à prisão ser de uma forma ou de outra concomitante com a negação das normas que definem a conduta feminina apropriada" (p.24). Também Chesney-Lind (1997), numa revisão histórica sobre a mulher ofensora e o sistema de justiça norte-americano, revela que inicialmente as mulheres detidas eram consideradas mais perversas do que os homens, por agirem em contradição com as expectativas sociais de género. A essas detenções estaria subjacente o princípio de que a

---

[41] Embora tenhamos já abordado no capítulo 1 o modo como a transgressão da mulher é socialmente construída, julgamos pertinente rever os estereótipos patentes na construção social do fenómeno. Olhamos agora para esses estereótipos através da lente feminista e analisando as críticas que as autoras do feminismo lhes dirigem.

mulher que transgride deve ser detida mais por necessitar de formação moral e protecção do que por constituir risco público (Rafter, 1990, cit. Chesney-Lind, 1997).

Associadas a papéis domésticos e construídas simultânea e paradoxalmente como dependentes e responsáveis pelo seu ambiente familiar, as mulheres que cometem crimes tendem por um lado a ser protegidas mas, por outro lado, a ser mais punidas pelo sistema legal (Heidensohn, 1997). Subjacente à construção dupla da mulher desviante estará uma "visão dicotómica do feminino", constituída por dois pólos: o da mulher "recatada, casta, doméstica e maternal" e o da mulher "frequentadora da esfera pública, devassa, descurando as responsabilidades familiares e domésticas" (Cunha, 1994, p.24).

As autoras feministas são particularmente críticas face à construção de uma mulher ofensora duplamente desviante, chamando a atenção para as suas implicações na experiência feminina no sistema de justiça criminal. Ao serem consideradas e tratadas como duplamente desviantes, as mulheres acabam por ser também duplamente punidas e por sofrer particularmente pelo estigma associado à desviância (Heidensohn, 1985). As implicações da concepção de mulher duplamente desviante devem ser consideradas em duas vertentes fundamentais: por um lado, é socialmente menos esperado que uma mulher cometa crimes, o que poderá ter como consequência a maior punição de uma mulher que comete o mesmo tipo de crime que um homem. Por outro lado, se uma mulher transgride a lei, mas assegura os papéis de género que lhe são convencionalmente exigidos, como a maternidade, pode ser menos punida do que uma mulher que não o faça.

Os estudos da linha feminista têm confirmado estas implicações dos estereótipos de género no tratamento da mulher pelo sistema legal, mostrando que a adesão das mulheres aos papéis familiares convencionais é crucial na sua experiência no sistema judicial (e.g., Carlen, 1983). Especificamente em relação à maternidade, um dos papéis fundamentais exigidos socialmente à mulher, estudos feministas mostram que a punição tende a ser maior quando a mulher que transgride a lei é percebida como má mãe (e.g., Carlen, 1983). Como argumenta Heidensohn, as mulheres podem ser tratadas pelo sistema de justiça criminal de forma mais severa por serem "mulheres desviantes que são desviantes como mulheres" (1987, p.20).

Especificidades dos «crimes femininos»

Nas abordagens da criminologia tradicional, a criminalidade feminina tem sido reduzida a tipos específicos de crime baseados em estereótipos dominantes. A caracterização estereotipada dos crimes cometidos pelas mulheres contrasta assim com uma criminalidade masculina considerada não apenas mais frequente e violenta mas também muito mais diversificada. Este pressuposto tem levado a que os estudos tradicionais sobre a mulher ofensora foquem apenas determinados tipos de crime, cujas especificidades são associadas à figura feminina. Por exemplo Pollak, argumentando sobre uma significativa criminalidade feminina escondida, atribui à mulher sobretudo crimes como o aborto ilegal, os furtos em lojas, os furtos no domicílio por empregadas domésticas ou a prostituição (1961, cit. Heidensohn, 1985). Subjacentes à ideia da especificidade dos crimes cometidos pelas mulheres estão os argumentos das teorias positivistas da criminologia, que enfatizam os determinantes biológicos do comportamento feminino e os estereótipos associados ao género. A associação da mulher a tipos específicos de crimes contribui para a manutenção dos discursos sobre o carácter individual da transgressão feminina, negando a sua envolvente social.

Este argumento favorável à existência de uma criminalidade *tipicamente feminina*, delimitada de forma clara nos tipos de crime e motivações para a sua ocorrência, tem sido criticado pelas autoras feministas. Podemos referir, por exemplo, Carol Smart, que destaca a distorção no estudo da criminalidade feminina desde que lançou a primeira crítica à criminologia. Na sua opinião, essa distorção resulta da visão estereotipada da mulher e da rejeição de factores como a exclusão socioeconómica na análise do desvio feminino, que tende a ser atribuído a factores de ordem individual e não social (Smart, 1990/1996).

A perspectiva distorcida sobre a suposta criminalidade *tipicamente feminina* acarreta implicações negativas para a mulher, nomeadamente na forma como esta é tratada nas diversas instâncias formais de controlo quando comete crimes. As autoras feministas descrevem com preocupação a forma como a visão estereotipada da mulher desviante conduz a práticas de tratamento inadequadas no sistema de justiça criminal, reforçadoras de comportamentos estereotipados, principalmente nas jovens reclusas (e.g., Carlen, 1983; 1987).

O argumento da especificidade da criminalidade feminina tem sido desconstruído com base em estudos que permitem concluir acerca da heterogeneidade nas formas de transgressão da lei por parte da mulher. São estudos que mostram o envolvimento das mulheres por exemplo em actos terroristas (e.g., Iles, 1985), ou no exercício de violência em *gangs* (e.g., Campbell, 1984), actividades desviantes tradicionalmente associadas apenas ao sexo masculino (cit. Heidensohn, 1987). De acordo com esses estudos, as diferenças entre homens e mulheres residem essencialmente na frequência e severidade e não tanto no tipo de crimes cometidos. Autoras feministas têm também argumentado que se as estatísticas mostram que as mulheres tendem menos a reincidir e a cometer crimes considerados graves ou violentos, é mais correcto atribuir essas diferenças a uma estrutura diferencial de oportunidades (com a restrição no acesso da mulher a patamares hierárquicos superiores), a diferentes formas de socialização e a um controlo social genderizado, do que a características inatas do(a) ofensor(a) (Heidensohn, 1987).

Irracionalidade e heterodeterminação

A construção de uma mulher transgressora que não escolhe racionalmente cometer crimes surge nos discursos tradicionais da criminologia assente em duas ideias fundamentais, algo distintas: a irracionalidade da mulher ofensora, inerente às suas características bio-psicológicas, e a ausência de autodeterminação na criminalidade feminina, associada a uma suposta coacção sobre a mulher para a desviância.

A mulher que comete crimes tem sido representada e tratada como "instável e irracional" nas diversas abordagens da criminologia tradicional que justificam a criminalidade feminina pela própria natureza biológica da mulher (Heidensohn, 1987). Relembremos as primeiras abordagens positivistas, com a proposta da mulher criminal atávica cuja natureza biológica justifica por si só os crimes cometidos (e.g, Lombroso & Ferrero, 1895/1996), e as abordagens mais recentes igualmente justificativas do crime na mulher com base em argumentos biológicos, como por exemplo os efeitos da menstruação (e.g, Dalton, 1980, cit. Heidensohn, 1997). Estas tentativas de explicação da desviância têm em comum a ideia da irracionalidade da criminalidade feminina, excluindo qualquer hipótese de escolha racional pelo desvio por parte da mulher. Frequentemente, estas abordagens resultam num paradoxo, evidente quando por um lado se justifica o desvio na mulher por características biológicas ou psicológicas que lhe são intrínsecas e, por outro lado se considera pouco feminina a mulher que comete crimes. As abordagens centradas na patologização da criminalidade feminina, que excluem o desvio na mulher na ausência de patologia, escapam a este paradoxo mas não deixam de ser um exemplo de discurso constitutivo da mulher que não comete crimes de forma racional.

O argumento da heterodeterminação do comportamento criminal feminino tem também sido central nos discursos convencionais sobre a mulher ofensora. Considera-se nesta perspectiva que a mulher comete crimes não por escolha sua, mas coagida por outras figuras, sobretudo masculinas, que exercem poder sobre si. Este discurso tem emergido particularmente em relação aos crimes sexuais, através do argumento de que a mulher tende a cometê-los com um parceiro e por influência dele (cf., Motz, 2001); relativamente ao tráfico e consumo de droga, através da negação de qualquer agencialidade das mulheres (cf., Maher, 1997); e também no caso da prostituição, através da explicação de que as mulheres se envolvem na prostituição coagidas por figuras masculinas que exercem violência sobre elas (cf., Phoennix, 2000).

Apesar de ligeiramente distintos, os argumentos da irracionalidade e da heterodeterminação da criminalidade feminina não podem, na nossa opinião, dissociar-se. A ambos está subjacente a ideia de que a natureza feminina não comporta maldade ou propensão para o crime; no entanto, por determinação biológica ou psicológica ou por coacção, a mulher cometerá crimes sem o escolher de forma racional.

Face aos discursos sobre a mulher que comete crimes de forma irracional e heterodeterminada, as autoras feministas têm sido particularmente críticas, insistindo na importância de entender a desviância feminina como um fenómeno social e não individual. A sua preocupação estende-se até às implicações que esta concepção de desvio feminino tem no modo como a mulher que transgride a lei tende a ser tratada no sistema de justiça. A postura de Smart a este respeito é evidente, quando refere que os responsáveis pelas políticas criminais, "tal como muitos criminologistas, percebem a criminalidade feminina como um comportamento irracional, irresponsável e não intencional, como um desajustamento individual a uma sociedade consensual e bem-ordenada" (1977, cit. Heidensohn, 1985, p.151). Outras autoras criticam também as teorias tradicionais por restringirem a compreensão da criminalidade feminina a aspectos biológicos e psicológicos, ignorando a realidade económica, social e política das mulheres ofensoras (e.g., Barcinsky, 2005).

As feministas procuram então desconstruir os discursos da irracionalidade da desviância feminina através da exploração de factores de ordem social, como por exemplo a marginalização social e económica das mulheres, o poder patriarcal ou os dispositivos informais de controlo do comportamento feminino.

Contrastando com as teses da irracionalidade, diversos estudos actuais mostram que as mulheres cometem crimes intencional e racionalmente. Na base das escolhas racionais da mulher pela desviância estarão constrangimentos quer a nível económico, quer a nível da complexa interacção entre padrões de dinâmica familiar, estruturas sociais patriarcais e factores culturais. Como exemplo podemos referir os estudos etnográficos de Pat Carlen, com reclusas no Reino Unido, que apontam no sentido de estas mulheres, independentemente dos vários constrangimentos com que se deparam nos seus percursos de vida, optarem racionalmente e após ponderação pela via do crime (e.g., Carlen, 1983, 1987; Carlen et al., 1985). A escolha racional da mulher transgressora tem também sido evidenciada em estudos que se centram em tipos específicos de desviância, como o tráfico e consumo de droga (e.g., Maher, 1997), a prostituição (e.g., Oliveira, 2002; Phoennix, 2001) ou até crimes violentos (e.g., Batchelor, 2005a). A racionalidade da criminalidade feminina assentará na ideia de que a mulher escolhe a via do crime de entre outras opções que se lhe afiguram menos razoáveis. Encontramos neste argumento convergências com a ideia marxista de que o Homem faz livremente escolhas ao longo da sua vida, mas de entre opções que lhe são socialmente impostas.

É assim rejeitada não só qualquer fundamentação biológica da criminalidade feminina, como também a hipótese da coacção, na medida em que diversos estudos feministas têm revelado que as mulheres não são forçadas ou coagidas, sendo muitas vezes uma decisão sua o envolvimento criminal, apesar de determinadas circunstâncias condicionarem as suas escolhas (e.g., Batchelor, 2005a; Carlen et al., 1985). Como refere Heidensohn, a criminalidade feminina não deve ser exclusivamente associada a factores económicos ou culturais, e as mulheres que cometem crimes não podem ser vistas como "menos racionais do que

110 *Vidas raras de mulheres comuns*

os homens, como simples fantoches manipulados por motivação sexual, influenciadas pelo lado negro do ciclo reprodutivo e suas fases influenciadas pela lua" (1987, p.18).

b. Propostas feministas de reconstrução dos discursos sobre a mulher e o crime

Para além da crítica e desconstrução dos discursos tradicionais sobre a criminalidade feminina, as abordagens feministas propõem a (re) construção da mulher ofensora, através de discursos que têm origem em práticas metodológicas e posições epistemológicas distintas. Globalmente, face aos discursos tradicionais sobre a mulher que comete crimes[42], as abordagens feministas têm sugerido a sua reconstrução com base em conceitos diferentes, menos individuais e mais de ordem social. Em particular, estudos da linha feminista têm explorado questões como a marginalização social e económica das mulheres, o poder patriarcal e os mecanismos formais e informais de controlo do comportamento feminino. Como refere Worcester (2002), a violência é um fenómeno *social*, que pouco tem de *natural*. Reclama-se, assim, a importância do estudo da violência feminina através de metodologias e enquadramento teórico que permitam compreender as questões sociais que lhe estão subjacentes, como por exemplo as desigualdades de poder (Worcester, 2002).

Tal preocupação das autoras centradas nas questões de género não se dirige apenas à concepção de criminalidade feminina, mas também às implicações que uma concepção desajustada pode ter ao nível do tratamento e punição da mulher. As críticas tecidas em torno dos argumentos que acabámos de explorar (dupla-desviância, estereótipos, irracionalidade e heterodeterminação da criminalidade feminina) são indissociáveis de questões relacionadas com o tratamento da mulher no sistema de justiça criminal. Como foi já referido, diversas autoras apon-

---

[42] Correspondentes ao discurso da mulher *duplamente desviante*, que comete crimes *tipicamente femininos* de forma irracional e heterodeterminada.

tam o facto de a concepção distorcida da desviância feminina resultar num tratamento inadequado da mulher no sistema de justiça. Nomeadamente quando a mulher não se conforma aos papéis tipicamente associados ao género feminino tende a ser mais penalizada pelo sistema de justiça que, desse modo, contribui para o reforço dos discursos estereotipados sobre a feminilidade e a transgressão, sustentados pela conformidade aos papéis de género (e.g., Smart, 1977, cit. Heidensohn, 1985; Carlen, 1983, 1987).

A dicotomia mulher vítima/mulher empreendedora

Podemos olhar para as propostas feministas de reconstrução dos discursos sobre a mulher e o crime com base numa dicotomia fundamental, a mulher vítima *versus* a mulher empreendedora. Esta dicotomia tem importantes implicações em termos das práticas de justiça criminal exercidas sobre a mulher.

A vitimação tem sido um conceito fulcral nos discursos feministas sobre a mulher transgressora, que é muitas vezes construída como uma vítima que necessita de apoio e protecção[43]. Segundo Snider (2003), assiste-se a uma formulação inicial da mulher *transgressora vítima* pelos reformadores da primeira vaga feminista. Trata-se da construção de uma mulher que exibe um comportamento considerado degradado, pelo que necessita de "ser salva", através de mecanismos não de punição mas sobretudo de "correcção moral" segundo os padrões do século XIX (Snider, 2003, p.360).

O discurso da vitimação acaba por ser amplamente utilizado nas perspectivas feministas sobre a transgressão feminina, através da conceptualização do desvio da mulher como, pelo menos em parte, resultado de experiências prévias de vitimação (e.g., Carlen, 1983; Chesney-Lind, 1997). Nas perspectivas feministas, a construção discursiva da mulher *ofensora vítima* é também sustentada por dados empíricos que sugerem que a maioria das mulheres a cumprir sanções penais, sobretudo por crimes cometidos na esfera doméstica, são, também elas, vítimas de abuso (e.g., Henning, Jones & Holdford, 2003, Swan & Snow, 2002).

Ao estabelecer uma relação entre a conceptualização da desviância feminina e o contexto da punição da mulher desviante, Snider (2003) conclui, no entanto, que o discurso da vitimação prévia tem um efeito triplo: patologiza, individualiza e retira poder à mulher. Também outras autoras criticam o discurso da mulher ofensora vítima por este contribuir para a ideia, próxima das perspectivas tradicionais, de que as mulheres que cometem crimes são de algum modo bizarras ou *anormais* (e.g., Batchelor, 2005a). Através desse discurso nega-se qualquer tipo de iniciativa e escolha por parte das mulheres.

Uma conciliação possível é tentada no âmbito das propostas que representam a mulher ofensora como simultaneamente vítima e empreendedora. Batchelor (2005a), partindo de narrativas construídas por jovens que cometeram crimes violentos, sugere que estas podem ser simultaneamente consideradas vítimas, na medida em que o seu percurso é contextualizado por circunstâncias sociais adversas, e empreendedoras, pois a sua violência emerge como uma resposta racional a essas circunstâncias.

Independentemente das críticas ao discurso constitutivo da mulher *ofensora vítima*, este acaba por se tornar amplamente aceite, sendo usado pelas próprias mulheres a seu favor (por exemplo, para sua defesa no sistema de justiça criminal). Nesse sentido, enquanto instrumento utilizado pelas mulheres em seu benefício, o discurso da vitimação acaba por ser considerado por alguns autores constitutivo de uma mulher ofensora resistente ou resiliente (e.g., Snider, 2003).

As primeiras propostas de conceptualização de uma mulher ofensora empreendedora surgem, como referimos anteriormente, nas obras de Freda Adler e Rita Simon, lançadas em 1975 com base no pressuposto comum de que a emancipação da mulher se traduz num aumento do seu comportamento criminal. Estas autoras justificam a menor criminalidade das mulheres pela sua restrição aos papéis domésticos e pela discriminação de género, limitadora das aspirações e oportunidades femininas. A ideia de que a emancipação conduz à emergência de uma mulher ofensora mais autónoma e que comete crimes mais violentos é, como vimos, amplamente criticada, mesmo no interior do movimento feminista, pelas implicações negativas que pode acarretar para os seus

---

[43] Para designar a mulher construída simultaneamente como ofensora e vítima tem sido utilizada a expressão *woman in trouble*.

Discursos alternativos sobre criminalidade feminina 113

objectivos e para a própria a mulher[44]. Essa crítica é sustentada por estudos feministas que apontam no sentido da continuidade da criminalidade feminina, em termos quer de frequência quer de severidade dos crimes cometidos, rejeitando a ideia da sua mudança, derivada ou não da emancipação da mulher (Heidensohn, 1985).

Nos anos noventa do século XX assiste-se, contudo, a um renascido interesse pela '*new female criminal*'. A partir de então ambos académicos e meios de comunicação social descrevem mudanças na criminalidade feminina, com base no maior número de detenções de mulheres por crimes violentos e no maior envolvimento daquelas no consumo e tráfico de droga[45].

Entre as propostas feministas surgem também novas formas de conceptualização da mulher ofensora resistente e empreendedora, que passa a ter mais poder e capacidade para autonomamente escolher a via do crime de entre outras alternativas possíveis. Esta é uma mulher resistente, não inocente, com capacidade para contornar as adversidades com que se depara, particularmente através do crime. Segundo Chesney-Lind (1997) estamos perante uma nova versão da "hipótese da emancipação da mulher" específica dos "guetos desindustrializados dos anos 90", em que não é a etnia ou o género mas sim a posição socio--económica que conduz a alternativas que passam pelo crime. Na sua opinião, a desindustrialização contribuiu para a *desgenderização* das relações e tornou as mulheres mais capazes de cometer crimes violentos, tradicionalmente associados ao sexo masculino (Chesney-Lind, 1997). Na perspectiva de alguns autores (e.g., Baskin et al., 1993, cit. Chesney-Lind, 1997) assiste-se a mudanças sociais que permitem que as mulheres tenham oportunidades semelhantes às dos seus pares masculinos para se envolverem em determinados tipos de crime. Nomeadamente em relação ao tráfico de droga, um exemplo relevante na medida

---

[44] Para designar a mulher ofensora mais autónoma e violenta tem sido utilizada a designação *new female criminal*, correspondente ao título da obra de Freda Adler (*"Sisters in Crime: The rise of the new female criminal"*, 1975).

[45] Estas mudanças são frequentemente lidas através da lente conservadora da patologização da criminalidade feminina, considerando-se que a dependência de drogas estará na base dos crimes "tradicionalmente não-femininos" cometidos pelas mulheres (Chesney-Lind, 1997).

em que representa a grande fatia dos crimes que conduzem hoje em dia as mulheres à prisão, serão mudanças na própria dinâmica do crime que facilitam a maior abertura à participação das mulheres. À luz destes argumentos assiste-se a uma maior igualdade de género nas oportunidades para o crime, mas continua a assistir-se a desigualdades económicas, sendo estas a desviar a mulher dos seus papéis tradicionais. Também Miller (2001), referindo-se em particular ao contexto norte-americano, descreve a importância do fenómeno de desindustrialização que ocorre a partir da década de setenta, cujas consequências em termos de desigualdades sociais têm implicações no envolvimento das mulheres em *gangs*.

A par dos discursos constitutivos da mulher transgressora surgem discursos constitutivos da sua punição, ou seja, o modo como a mulher que transgride a lei (ou as normas sociais) é construída discursivamente tem implicações no modo como se pensa que ela deve ser punida (Snider, 2003). Nos discursos do feminismo, a construção da mulher que comete crimes de forma empreendedora revela-se paradoxal face aos objectivos das perspectivas feministas da criminologia. Ao contribuírem para a construção de uma mulher ofensora forte, resistente, consciente de si mesma e auto determinada, as feministas parecem contribuir em termos políticos para a criação de regimes mais punitivos. Esta não é uma questão pacífica para as feministas, na medida em que pretendem ter um papel activo ao nível das políticas de justiça criminal em relação à mulher, mas as construções recentes de uma ofensora *não inocente* não parecem beneficiar a mulher em termos de rumo das políticas de justiça criminal. Por seu lado, construir a mulher transgressora como vítima é representá-la e tratá-la como necessitando mais de protecção do que de punição. E podemos considerar que reclamar como principal benefício para as mulheres protecção e não tanto justiça se aproxima mais dos discursos e ideologias machistas do que feministas.

Entre as tentativas de dar resposta a este paradoxo, surgem propostas feministas que apelam à rejeição de uma noção única da mulher que comete crimes, ultrapassando a dicotomia vítima inocente / criminosa resistente (Britton, 2000). Os diferentes estudos empíricos realizados junto de mulheres que transgrediram a lei têm mostrado que os contextos da transgressão feminina tendem a ser complexos ao ponto de coexistirem situações que têm sido associadas à mulher ofensora

Discursos alternativos sobre criminalidade feminina   115

quer vítima quer resistente. Por exemplo, a mulher que comete crimes pode apresentar uma trajectória de vida marcada por diversas formas de discriminação de género, e nesse sentido enquadrar-se no conceito de *mulher vítima*, mas optar com auto-determinação pela via do crime, correspondendo à representação da *mulher empreendedora*. Como refere Britton (2000), ambos os conceitos estão interligados, pelo que só rompendo com a dicotomia vítima/resistente se poderá compreender a forma dessa interligação.

Contributos dos estudos empíricos sobre criminalidade feminina e construção do género

Analisar as propostas feministas de reconstrução dos discursos sobre a mulher e o crime pressupõe olhar para os principais contributos dos estudos empíricos realizados sobre criminalidade feminina e construção do género. Embora tenhamos já mencionado algumas dessas abordagens, com referências pontuais aos seus objectivos, metodologias e principais resultados, pretendemos agora sistematizar os aspectos essenciais desses mesmos estudos empíricos. A pertinência da sistematização destas abordagens como ponto de transição para a apresentação dos nossos estudos empíricos resulta do facto de o seu enquadramento ser semelhante ao que optámos para sustentar teórica e metodologicamente este trabalho.

Através dos diferentes estudos que apresentaremos "as mulheres ofensoras encontraram a sua própria voz, ou observadores apresentaram as perspectivas de mulheres que assassinaram os maridos, que se prostituem, que são membros de *gangs* violentos, que consomem cocaína ou que se envolvem em formas graves de criminalidade" (Heidensohn, 1997, p.776). Trata-se de abordagens empíricas que, como referimos anteriormente, conferem à variável género um estatuto nuclear, e procuram dar à mulher que comete crimes um protagonismo impensável nos estudos da linha tradicional da criminologia. Para além das questões de género serem nucleares, outras variáveis como a classe ou a etnia são também consideradas neste tipo de abordagem (e.g., Mack & Leiber, 2005; Worcester, 2002). Quanto às metodologias, estas divergem, mas a maioria dos estudos mantém características essenciais comuns, das quais destacamos a ênfase nos discursos construídos, sobretudo pelas mulheres que transgridem, a utilização de amostras pequenas e a componente etnográfica.

Objectos, contextos e objectivos

Genericamente, as investigações sobre criminalidade feminina e construção do género têm como objectivo nuclear a análise da significação atribuída pelas mulheres ofensoras à sua transgressão, às respostas a ela, bem como à contextualização social em que ambas ocorrem, no processo de construção da sua identidade. Uma vez que os objectivos passam por compreender as mulheres e seu envolvimento no crime no contexto alargado das suas vidas, assiste-se invariavelmente à análise da contextualização social da transgressão feminina, atendendo em particular às circunstâncias relacionadas com o género (tal como emergem nos discursos construídos pelas protagonistas do crime ou por outros relevantes). Nesse sentido, são considerados os discursos sociais sobre a feminilidade para que se analise a forma como estes e as circunstâncias do percurso de vida da mulher transgressora moldam o processo de formação da sua identidade (Barcinsky, 2005).

Ao olharmos para os objectos, contextos e objectivos destes estudos, percebemos que a maioria pode ser classificada como *estudos genéricos*, uma vez que o tipo de crimes cometidos pelas mulheres da amostra não é, à partida, relevante. Estas abordagens são frequentemente contextualizadas pela circunstância da reclusão feminina. Algumas centram-se efectivamente em aspectos institucionais ou na experiência prisional das mulheres a cujos discursos se pretende aceder, sendo estas mulheres seleccionadas não pelo seu percurso na desviância ou pelo tipo de crimes que cometem, mas porque estão a cumprir pena de prisão ou são de alguma forma reguladas por instâncias formais de controlo. Estamos perante abordagens em que se pretende, através de uma *lente de género*, analisar de forma crítica o modo como o sistema prisional actua especificamente sobre as reclusas, atendendo ao facto de serem mulheres. Os objectivos passam assim pela desconstrução de enviesamentos no tratamento da mulher no sistema de justiça criminal (e.g., a sua punição mais severa por não corresponder aos papéis de género socialmente estabelecidos), ou pela análise do modo como a vivência na prisão integra o processo de construção da identi-

Discursos alternativos sobre criminalidade feminina 117

dade das mulheres transgressoras. Exemplos fundamentais são os estudos realizados por Pat Carlen no contexto britânico (e.g., Carlen, 1983, 1985), mas também outros, realizados em contextos mais próximos do português (e.g., Almeda, 2003a).

Outras abordagens genéricas à criminalidade feminina realizadas com mulheres que estão detidas, não se centram na experiência prisional em si mesma. Antes, focam objectos como por exemplo as trajectórias de vida ou as significações do crime tal como são construídas pelas mulheres que estão na prisão, sendo as questões inerentes ao contexto prisional relegadas para segundo plano (e.g., Batchelor, 2005a). Os aspectos institucionais não são, contudo, esquecidos, pois a relevância da institucionalização no percurso das mulheres ofensoras não o permite. Mas a reclusão constitui agora, acima de tudo, um critério de amostragem[46].

Finalmente, encontramos investigações genéricas sobre criminalidade feminina que incidem sobre mulheres que já cumpriram pena de prisão ou outro tipo de sanções penais, privativas ou não de liberdade. Neste caso, a análise dos dados centra-se quer no desvio e nas significações das mulheres sobre os seus percursos de vida e sobre o crime, quer em aspectos relacionados com a reclusão atendendo-se particularmente aos significados atribuídos ao cumprimento deste tipo de medidas (e.g., Carlen et al., 1985).

Torna-se ainda pertinente referir que algumas destas abordagens genéricas à criminalidade feminina e construção da identidade se centram em populações juvenis, procurando analisar as experiências e os significados das jovens mulheres envolvidas no crime (e.g., Batchelor, 2005a). Uma vez mais, os objectivos convergem para a compreensão do significado que estas jovens dão às suas experiências de violência, enquanto agressoras e também como vítimas (e.g., Burman, Brown, & Batchelor, 2003).

Outros estudos sobre criminalidade feminina e construção do género focam especificamente determinados tipos de crime ou desvio. Encon-

---

[46] Esta descrição acaba por corresponder ao nosso estudo empírico, cujos critérios de amostragem passam pela reclusão das mulheres em estabelecimentos prisionais portugueses, apesar de a instituição prisional em si mesma não constituir, à partida, parte integrante do nosso objecto de análise.

tramos assim as abordagens ao envolvimento das mulheres na violência em *gangs* (e.g., Miller, 2001), ao consumo e tráfico de drogas (e.g., Cunha, 2002; Denton & O'Malley, 1999; Malloch, 1999; Maher, 1997), à prostituição (e.g., Oliveira, 2002; Phoennix, 2000) e ainda abordagens à criminalidade violenta, como por exemplo o homicídio ou especificamente o infanticídio (e.g., Wilczynski, 1997).

Metodologias

Metodologicamente, os estudos sobre criminalidade e construção do género são antes de mais abordagens centradas na análise de discursos. Tendo por objecto os processos de construção de identidades de género, nestes estudos assume um papel relevante a análise dos discursos construídos pelas mulheres transgressoras, olhando para o modo como os discursos dominantes são utilizados por elas para se auto-identificarem. Para tal, recorre-se invariavelmente às entrevistas em profundidade, e realizam-se frequentemente observações participantes. Por vezes os trabalhos desenvolvidos consistem em etnografias que combinam as observações e as entrevistas em profundidade com a análise de dados provenientes de outras fontes (e.g., documentos jurídicos).

As entrevistas em profundidade permitem aceder aos discursos não apenas das mulheres que cometem crimes, mas igualmente aos discursos de outras figuras de relevo para a compreensão da transgressão feminina e da resposta à mesma. Por exemplo, diversos estudos recorrem a entrevistas em profundidade a agentes de controlo (e.g., Carlen, 1983, 1987). Também nas abordagens à criminalidade juvenil feminina as metodologias utilizadas são as que permitem aceder aos discursos, não apenas das jovens transgressoras, mas também de outros actores, como por exemplo técnicos do sistema de justiça (e.g., Batchelor, 2005a). Nestas abordagens são por vezes utilizadas metodologias mistas, através da realização de entrevistas aprofundadas complementadas com outros métodos, como por exemplo grupos de discussão (e.g., Burman, Brown, & Batchelor, 2003).

A realização de trabalhos etnográficos mais completos e complexos do ponto de vista da riqueza das fontes de recolha e dos métodos integrados de análise dos dados, verifica-se sobretudo nas abordagens a tipos específicos de desvio. Em particular, as etnografias são frequentes na abordagem ao tráfico de droga, seja na rua (e.g., Maher, 1997) seja junto de mulheres detidas (e.g, Cunha, 2002), à violência feminina através do envolvimento em *gangs* (e.g., Miller, 2001), e na abordagem à prostituição feminina (e.g., Phoennix, 2002). Como pressupõe o método etnográfico, estes estudos caracterizam-se pela permanência do investigador nos contextos, de rua ou institucionais, e pela recolha de dados através quer de observações quer de entrevistas (Atkinson & Hammersley, 1994). É ainda frequente que se complemente a recolha de dados com a análise de documentos, como por exemplo relatórios judiciais ou de serviço social (e.g., Batchelor, 2005a) ou através de outro tipo de fontes, como "legislação, projectos de arquitectura [...] regulamentos, [...] registos de castigos e louvores, entre outras" (Cunha, 1994, p.10). As etnografias pressupõem ainda que na recolha e análise dos dados se considerem diversos actores dos fenómenos em estudo e dos seus contextos, pelo que as entrevistas e as observações realizadas tendem a centrar-se em diferentes actores para além das mulheres que transgridem (Atkinson & Hammersley, 1994). Por exemplo, no que concerne às etnografias realizadas especificamente em contexto prisional, analisam--se os discursos não apenas das mulheres que estão encarceradas, mas olha-se também para os agentes de controlo e seus discursos sobre essas mulheres e sobre a instituição prisional (e.g., Cunha, 1994, 2002).

Relativamente ao contexto e às amostras utilizadas, importa ainda ressalvar que as opções podem ser mais complexas, através do recurso à complementaridade entre dados recolhidos na comunidade e dados recolhidos em meio institucional. Alguns estudos, por exemplo sobre consumos e tráfico de drogas, incluem simultaneamente amostras de mulheres que estão na comunidade e institucionalizadas (e.g., Sommers & Baskin, 1997).

Outra questão pertinente no que concerne à amostragem, diz respeito ao facto de a esmagadora maioria das abordagens sobre criminalidade feminina e construção da identidade se centrarem em amostras reduzidas. Em nosso entender, outro tipo de amostras não faria sentido se considerarmos o enquadramento epistemológico e metodológico dos estudos de que falamos. Quando se pretende aceder a significados, não é a quantidade dos dados que importa, mas sobretudo a sua qualidade ou relevância para o fenómeno em estudo, pelo que será mais importante a qualidade da amostra do que a sua representatividade (Morse, 1994). Assiste-se mesmo, por vezes, a estudos de caso, tais como no estudo de Barcinsky (2005), cujo objectivo consiste na análise do processo de construção da identidade de uma mulher com percurso de vida marcado pelo tráfico de droga. Embora se centre e explore o contexto específico do tráfico de droga, o crime ou o tipo de crime não é em si mesmo o mais importante, mas sim o "processo através do qual esta mulher constrói a sua identidade e define o seu espaço no âmbito da actividade criminal" (Barcinsky, 2005, s/p.).

Finalmente, gostaríamos de salientar duas características particulares das abordagens que temos vindo a caracterizar. Em primeiro lugar, o recurso complementar a metodologias quantitativas (por vezes erradamente rotuladas de metodologias específicas dos estudos positivistas), sobretudo mas não apenas em estudos sobre criminalidade juvenil feminina. Estes tendem efectivamente a compreender a recolha e análise de dados quantitativos, que permitem traçar as principais características e contextos dos crimes cometidos pelas jovens (e.g., Batchelor, 2005a). Mas também abordagens junto de mulheres adultas compreendem com frequência uma componente quantitativa (e.g., Maher, 1997). A outra característica que gostaríamos de salientar diz respeito à utilização de diversos grupos de mulheres desviantes para estabelecer contrastações entre diferentes discursos (e.g., Miller, 2001). Por exemplo, podemos referir a contrastação de discursos de mulheres envolvidas ou não em *gangs* (e.g., Miller, 2001) e ainda, numa abordagem aos consumos e tráfico de drogas, a contraposição dos discursos de mulheres que se prostituem e das que não o fazem (Maher, 1997).

Resultados: Propostas para a reconstrução dos discursos
sobre a transgressão feminina

Antes de sistematizarmos as principais asserções sobre transgressão feminina e construção da identidade emergentes dos estudos caracterizados, faremos uma breve referência a alguns dos principais resultados obtidos na componente quantitativa desses estudos. Trata-se de informação que permite caracterizar as mulheres ofensoras e suas trajectórias a nível socio-demográfico e jurídico-penal, aspectos que assumem um papel central também na construção de discursos pelas mulheres, quando estas dão significado ao crime e ao desvio nos seus percursos de vida.

Considerando os dados emergentes das abordagens à transgressão feminina e construção do género percebemos que, globalmente, a grande maioria dos crimes cometidos por mulheres são relacionados com consumo, tráfico ou aquisição de drogas (e.g., Almeda, 2003a). As próprias, independentemente da idade, tendem a apresentar já trajectórias de vida marcadas pela reclusão ou por outro tipo de institucionalizações prévias (e.g., Maher, 1997; Carlen, 1987).

Os contextos de origem das mulheres desviantes estudadas caracterizam-se invariavelmente por um nível socio-económico desfavorecido e elas tendem a apresentar um nível reduzido de escolaridade (e.g., Maher, 1997). Outro dado emergente diz respeito às diversas mudanças que, com frequência, ocorrem na estrutura familiar das mulheres transgressoras. Estas mudanças resultam, por exemplo, de saídas de casa por parte de prestadores de cuidados, ou resultam das frequentes perdas de figuras significativas (e.g., Batchelor, 2005a).

Nestas abordagens constatam-se com frequência padrões de violência nos contextos familiares de onde as mulheres provêm. São frequentes as histórias prévias de abuso no contexto familiar, directo ou indirecto (e.g., Maher, 1997; Batchelor, 2005a). Contudo, os valores de vitimação tendem a ser inferiores nas mulheres jovens comparativamente com as adultas, o que é explicado por algumas autoras através da ausência de relações íntimas entre as mais jovens, ao contrário das adultas, que são quase sempre vitimizadas no contexto dessas relações. Salienta-se, no entanto, a elevada taxa de maternidade, mesmo entre as mulheres mais novas (e.g., Batchelor, 2005a; Carlen, 1987).

Finalmente, os estudos revelam o frequente envolvimento criminal de familiares das mulheres desviantes, que apresentam também diversas ocorrências jurídicas e penais (e.g., Cunha, 2002; Maher, 1997).

Passamos agora a apresentar especificamente as principais asserções sobre transgressão feminina e construção de identidades de género, emergentes da análise de discursos nos estudos caracterizados. Como veremos, alguns dos aspectos referidos na caracterização anterior ressurgem na construção destes argumentos. Contudo, eles são agora olhados em termos das significações que as protagonistas do crime lhes atribuem quando constroem discursos sobre o seu próprio desvio.

- *Constrangimentos associados ao género feminino e papel desses constrangimentos na transgressão*

Os estudos revelam que quando as mulheres que cometem actos desviantes dão significado às suas experiências de desvio emerge um significado comum que diz respeito aos constrangimentos associados ao género feminino (e.g., Burman, Brown, & Batchelor, 2003). As circunstâncias genderizadas, que na perspectiva destas mulheres constrangem os seus percursos, actuam em diferentes contextos de vida. Dificuldades a nível laboral, de conciliação entre vida familiar e laboral, ou diversas formas de vitimação no âmbito de relações desiguais em termos de poder, são exemplos de circunstâncias que as mulheres que transgridem associam ao facto de serem mulheres e associam também ao seu envolvimento no crime ou no desvio (e.g., Almeda, 2003a; Burman, Brown, & Batchelor, 2003; Carlen, 1987).

Estudos sobre jovens mulheres com percursos no crime revelam significados semelhantes, na medida em que estas tendem a apresentar discursos sobre a inevitabilidade da sua transgressão devido a circunstâncias que marcam as suas trajectórias, restringindo as opções disponíveis (e.g., Carlen, 1987). O tipo de circunstâncias a que se referem inclui diversas formas de discriminação de género, em particular as reduzidas oportunidades a nível escolar e laboral, que as conduz mais facilmente à transgressão e à institucionalização (e.g., Batchelor, 2005a; Carlen, 1987).

- *Visão romantizada da família*

Os discursos das mulheres transgressoras sobre a família traduzem uma visão idealizada ou romantizada da mesma. As mulheres tendem a revelar um ideal de proximidade familiar que, paradoxalmente emerge em simultâneo com a descrição de sentimentos negativos face a abusos prévios, de que são vítimas directas ou indirectas no âmbito familiar (e.g., Batchelor, 2005a, 2005b; Carlen, 1988). Os discursos revelam ainda um sentido de protecção em relação a membros mais vulneráveis da família, sobretudo a mãe e irmãos mais novos, vítimas de abuso que pretendem proteger. Invariavelmente, emergem referências aos filhos, através da construção de narrativas reveladoras de preocupação ou mesmo de luto pelo afastamento em relação a eles, afastamento esse que por vezes reconhecem como definitivo (e.g., Almeda, 2003a).

Sobre a divergência entre as experiências vividas pelas mulheres desviantes no meio familiar e os significados que constroem sobre as mesmas, Carlen (1983) sugere que o discurso destas mulheres é revelador de uma noção de família como a "unidade normal de domesticidade" (p.36), que se opõe às suas próprias experiências.

• *Distanciamento em relação aos "outros"*

Revela-se comum entre as mulheres ofensoras, em particular as que estão em contexto prisional, o discurso da desconfiança em relação aos outros. Associado a essa ideia, as mulheres tendem a apresentar-se como independentes ou então como solitárias (e.g., Batchelor, 2005a). Paradoxalmente, encontra-se também, entre as mulheres ofensoras, o discurso da utilização da violência como um mecanismo para conquistar ou reconquistar o respeito dos outros (idem). Embora os dois argumentos sejam aparentemente contraditórios, ambos revelam a importância que os *outros* assumem nos discursos destas mulheres.

• *Escolha do crime: Constrangimento ou opção?*

Excluindo particularidades relacionadas com tipos específicos de crime ou desvio, algumas abordagens revelam que, genericamente, as mulheres transgressoras tendem a construir significações do crime como algo que não resulta de uma escolha sua, mas sim dos constrangimentos com que se deparam e que lhes restringem outras opções para além do crime (e.g., Carlen, 1987). Esta significação do crime está relacionada com os constrangimentos que referimos anteriormente, embora não se centrem apenas em questões de género (e.g., consumos de drogas).

Outros estudos, sobretudo sobre mulheres jovens e mulheres que protagonizam actos violentos, sugerem significações do crime um pouco diferentes. Nestes casos, a utilização de violência é construída como meio de sobrevivência destas mulheres, o que não se afasta totalmente do argumento anterior, mas aprendido nos seus contextos de socialização. Maioritariamente, elas descrevem os seus contextos de origem como espaços onde contactam regularmente com diversas formas de violência e, segundo as próprias referem, nesses contextos aprendem a utilizar a violência como estratégia de sobrevivência (e.g., Batchelor, 2005a, 2005b).

Em termos de perspectivação moral sobre o crime e o desvio e de auto-apresentação das mulheres, os discursos dividem-se genericamente entre o das mulheres que referem estar comprometidas com actividades desviantes, assumindo uma identidade criminal (e.g., Batchelor, 2005a, 2005b; Carlen et al., 1985) e o discurso da condenação moral do crime, que as mulheres asseguram cometer apenas por não haver outras opções possíveis (e.g., Almeda, 2003a; Carlen, 1987, 1988). Situações específicas estão na base da emergência de discursos particulares sobre o crime. Por exemplo, quando os crimes que as mulheres cometem têm como vítima um perpetrador de abuso, o significado associado ao crime é de justiça e de não arrependimento. Do ponto de vista das mulheres, através desse tipo de actos criminais adquirem o respeito e o controlo de que foram até aí privadas (e.g., Batchelor, 2005a, 2005b).

- *Entre o 'empreendedorismo' e a vitimação*

Finalmente, um outro argumento que emerge das abordagens que aqui caracterizamos e que contribui para a reconstrução dos discursos sobre a criminalidade ou desvio femininos, diz respeito à apresentação das mulheres como empreendedoras ou como vítimas no desempenho de actividades criminais. Estudos sobre jovens transgressoras mostram que estas não se vêm como vítimas exploradas, mas sim como pessoas que se apropriaram das normas e valores sub-culturais para utilizar a violência como forma de adquirir respeito (e.g., Batchelor, 2005a, 2005b). Nesse sentido, estas jovens rejeitam o rótulo de vítimas (idem). Também estudos sobre o envolvimento das mulheres em *gangs* mostram a inadequação da representação típica da rapariga que se envolve em actos de violência neste tipo de organização como inadaptada e maltratada na rua ou como muito perigosa. Efectivamente, dados recentes reforçam a ideia da racionalidade e da iniciativa subjacente ao envolvimento da mulher em *gangs*, que "constroem e negoceiam a sua vida diária" (Miller, 2001, p.2). Ainda em relação ao empreendedorismo e, também, racionalidade, das mulheres que transgridem a lei, esta transgressão é por vezes construída pela mulher como um desafio aos papéis de género tradicionais, através da procura de poder, violência e

Discursos alternativos sobre criminalidade feminina

transgressão, normalmente considerados inadequados à vivência feminina (e.g., Carlen et al., 1985).

Apesar de as análises referidas revelarem um certo empreendedorismo subjacente a diversas formas de criminalidade feminina, outros estudos mostram, porém, discursos contrários. Por exemplo, por vezes as mulheres que cometem crimes tendem a atribuir a sua transgressão a episódios anteriores de vitimação e aos sentimentos negativos que deles resultam (e.g., Batchelor, 2005a).

Globalmente, podemos considerar que os discursos emergentes em abordagens recentes à transgressão feminina, de enquadramento feminista, revelam agência e também racionalidade por parte das mulheres que cometem crimes. Os seus discursos contrastam, contudo, com as narrativas tradicionais que ainda prevalecem sobre o fenómeno e também com a resposta típica ao desvio feminino. Como sugere Pat Carlen (2002b), a resposta à transgressão feminina parece continuar a situar o fenómeno na irracionalidade da mulher, mais do que nas circunstâncias sociais que a rodeiam, não considerando que a mulher pode actuar de forma racional e activa face ao enquadramento social do seu percurso de vida, que lhe é desfavorável.

As propostas de outras autoras incluem ambas vitimação e empreendedorismo, sugerindo que o envolvimento da mulher na delinquência constitui em si mesmo uma estratégia para lidar com a violência de que é vítima. Referindo-se especificamente à participação feminina em *gangs*, Miller (2001) descreve que esta forma de desviância proporciona um alívio emocional da rapariga relativamente às suas experiências prévias de vitimação, ainda que frequentemente estas raparigas continuem a ser vítimas no contexto do *gang*.

• *Reclusão como perda e vulnerabilização*

A literatura sobre transgressão feminina e construção do género, revela que as significações construídas sobre a prisão são sobretudo negativas em termos do que o período da reclusão representa nas vidas das mulheres transgressoras. Assim, do ponto de vista destas mulheres, a prisão surge associada a perdas materiais (dos seus bens, ou mesmo das suas casas) e a rupturas sociais, por exemplo através da perda da guarda dos filhos, da interrupção de relações íntimas e da ruptura de laços com familiares e amigos (e.g., Almeda, 2003a; Carlen, 1987, 1988). A permanência no contexto prisional é igualmente associada a mudanças pessoais, por um lado porque algumas mulheres consideram que adquirem mais conhecimentos e competências para desenvolver actividades criminais e, por outro lado, porque frequentemente consideram que se tornam mais vulneráveis, física e psicologicamente (e.g., Almeda, 2003a; Carlen, 1987, 1988).

3.4. Discursos alternativos: Considerações finais

Após um longo caminho percorrido pelas transições epistemológicas e metodológicas no estudo do crime e das suas protagonistas, chegámos, neste capítulo, aos discursos científicos sobre a transgressão feminina que atendem ao género e que o conceptualizam como fundamental na abordagem a este fenómeno. A emergência de uma nova conceptualização da criminalidade feminina, que designámos por «discursos alternativos», coincide com as perspectivas feministas sobre a transgressão da mulher, sendo indissociável do movimento feminista em sentido lato. Como vimos, estas abordagens permitem a desconstrução dos discursos tradicionais sobre a feminilidade e a transgressão, nomeadamente o modo estereotipado como a mulher e o seu desvio têm vindo a ser representados. Possibilitam também a reconstrução desses discursos, abrindo caminho para que a mulher que transgride a lei deixe de ser considerada duplamente desviante e associada de forma estereotipada a crimes "tipicamente femininos", resultantes da heterodeterminação e irracionalidade da mulher. A utilização das etnometodologias é também um contributo fundamental das perspectivas feministas sobre a criminalidade feminina, na medida em que através delas se dá voz (e poder) às mulheres na reconstrução dos discursos sobre a sua transgressão.

Não podemos, contudo, não olhar de forma crítica para outros aspectos das abordagens feministas, nomeadamente a por vezes excessiva centração no género, em detrimento de outras dimensões, tais como a etnia ou a classe social, que poderão ser igualmente importantes na compreensão da transgressão feminina. Na nossa opinião é também criticável o facto de se dirigir o foco apenas para as mulheres, excluindo as experiências masculinas do mesmo modo que são excluídas as femininas nas abordagens tradicionais que as autoras feministas criticam. Finalmente, pensamos que o acentuado compromisso político subjacente às abordagens feministas pode, por vezes, conduzir a uma compreensão enviesada da transgressão da mulher.

Paralelamente, não podemos também ignorar a importância dos outros discursos científicos construídos sobre a mulher e o crime. Mesmo os «tradicionais» ou positivistas, que assumimos como os discursos que mais se afastam da nossa leitura do fenómeno, são fundamentais no percurso até aos «discursos alternativos», uma vez que estes se afirmam e desenvolvem através das críticas que dirigem aos primeiros. Também os «discursos de transição» constituem uma importante contribuição na abordagem científica à mulher que transgride, uma vez que é através das suas propostas de nova leitura do crime e dos seus actores (nomeadamente a passagem para uma visão do crime como normal ou ideal, ou a mudança de enfoque do crime para a reacção social) que se cria espaço para a emergência das perspectivas mais críticas na criminologia, em particular as feministas. Para além disso, as perspectivas de transição contribuem com a proposta de novas metodologias, nomeadamente as etnografias, que se desenvolvem e vêm a revelar fundamentais nas abordagens mais críticas sobre o fenómeno criminal.

Relembramos, contudo, que ainda hoje alguns olhares sobre a transgressão, feminina e masculina, a associam a factores individuais, de ordem bio-psicológica. Ou seja, o caminho que percorremos nesta abordagem teórica, até às perspectivas da criminalidade feminina e construção do género, apesar de corresponder a uma certa ordem cronológica na transformação de discursos sobre o crime, constitui sobretudo o caminho que julgámos pertinente percorrer até ao nosso próprio posicionamento teórico e metodológico.

Terminamos a primeira parte deste trabalho com as propostas feministas de desconstrução e reconstrução dos discursos sobre a criminalidade feminina. Estas constituem, em nosso entender, a mais adequada transição para a segunda parte (componente empírica), uma vez que resultam de abordagens sustentadas pelos mesmos pressupostos epistemológicos e metodológicos que adoptamos. Através dos estudos que apresentaremos a seguir propomo-nos contribuir também para a construção de novos discursos sobre a criminalidade e transgressão femininas.

PARTE II

DAR SENTIDO À CRIMINALIDADE FEMININA: SIGNIFICAÇÕES VIVIDAS

Fundamentação do método

"Os métodos são como mapas [...]. Diferentes mapas tornam visíveis determinadas características do terreno e escondem outras."

(RIESSMAN, 1994)

Após a incursão teórica pelos discursos científicos sobre a criminalidade feminina, em que olhámos para a diversidade de conceptualizações do fenómeno e de estudos empíricos realizados sobre ele, passamos agora à apresentação da parte empírica deste trabalho. Iniciamos com a clarificação das nossas opções metodológicas para a concretização dos dois estudos empíricos realizados, que serão apresentados com detalhe nos próximos capítulos.

No capítulo 4 descreveremos o primeiro estudo, de natureza quantitativa, para o qual traçámos como principal objectivo a caracterização da população juvenil feminina detida em estabelecimentos prisionais portugueses, a nível socio-demográfico e jurídico-penal. Esta fase preliminar constituiu um momento crucial do nosso trabalho uma vez que se a informação sobre criminalidade feminina não era muito vasta (sobretudo, mas não apenas, no contexto português), era praticamente inexistente sobre jovens mulheres que cometem crimes. Este primeiro estudo seria o ponto de partida para o estudo posterior, antes de mais por permitir seleccionar, de entre a totalidade das mulheres caracterizadas, aquelas que participariam nesta segunda fase da investigação e também por constituir uma plataforma de compreensão da criminalidade feminina em Portugal que serve de base para uma análise mais aprofundada do tema.

Assim sendo, no segundo estudo (cf. capítulo 5), de natureza qualitativa, procurámos responder a duas questões fundamentais. Em primeiro lugar, quais os significados que as mulheres constroem sobre o crime e sobre a prisão nas suas trajectórias de vida e, em segundo lugar, como é que, na perspectiva destas mulheres, as suas trajectórias são constrangidas pelas estruturas sociais que as contextualizam. Adoptando uma postura de compreensão da actividade criminal feminina tal como ela é construída discursivamente pelas mulheres que a protagonizam, realizámos entrevistas qualitativas aprofundadas junto de uma pequena amostra seleccionada a partir do primeiro estudo.

Antes de passarmos aos próximos capítulos, onde descreveremos com detalhe cada um destes estudos empíricos, elaboramos agora uma síntese crítica das principais características metodológicas das diferentes abordagens à transgressão feminina, bem como clarificamos as nossas próprias opções metodológicas.

Principais características metodológicas na abordagem à criminalidade feminina

A análise dos diferentes discursos construídos sobre a criminalidade feminina permite-nos perceber que a evolução da postura positivista para a postura crítica no estudo do fenómeno acarreta mudanças não apenas a nível epistemológico, mas também ao nível das metodologias utilizadas. Assim, assiste-se a um vasto leque de objectivos no estudo do crime, de conceptualizações do fenómeno criminal e de metodologias para o estudar.

Nas abordagens positivistas à criminalidade feminina, independentemente do tipo de variáveis focadas, mais centradas no indivíduo ou no contexto social, destacam-se determinadas características metodológicas. Antes de mais, nestas abordagens a postura é etiológica, procurando conhecer-se as causas do crime cometido pela mulher. Ao fazê-lo, assiste-se a viés em função dos estereótipos de género, nomeadamente através da centração em tipos específicos de crimes, associados ao género feminino, e da analogia estabelecida entre criminalidade feminina e transgressão de papéis de género. Uma outra característica das abordagens positivistas ao desvio feminino diz respeito à tendência para considerar os números oficiais do crime como uma tradução exacta do fenómeno criminal, o que invalida, na nossa opinião, a compreensão do fenómeno. Finalmente, mas não menos importante, a criminalidade feminina é, nos discursos tradicionais positivistas, representada como uma excepção ao comportamento feminino, pelo que é quase sempre analisada em comparação com o que se considera a norma, a criminalidade masculina. Estas características são comuns a todas as perspectivas positivistas, independentemente de conceptualizarem o crime com base em variáveis bio-psicológicas ou sociológicas. No entanto, não podemos deixar de relembrar que, embora continuem a conceptualizar a criminalidade feminina sem romper epistemologicamente com os discursos bio-psicológicos, as abordagens sociológicas positivistas proporcionam alguma inovação metodológica (e.g., etnografias, permanência nos contextos).

Avançando para as leituras da criminalidade da mulher que designámos por «discursos de transição», relembramos que com a emergência da criminologia crítica, as mudanças iniciadas com as abordagens sociológicas de cariz mais positivista são concretizadas de forma sólida. Não se trata apenas do recurso a novos métodos de recolha e análise de dados, mas a toda uma lógica diferente de investigação, já não circunscrita apenas à determinação de objectivos descritivos e explicativos, mas à inclusão de metas interpretativas no estudo do fenómeno desviante. Assiste-se a uma ruptura não apenas a nível epistemológico e teórico, através da centração na construção social do desvio e da conceptualização do desvio como uma criação da sociedade (Becker, 1963), mas também a nível metodológico, com a utilização privilegiada de métodos como a *grounded theory*. Em relação a estas abordagens, importa referir que não se assiste ainda a uma conceptualização do género como variável nuclear no estudo da transgressão feminina, uma vez que as questões que lhe estão associadas são relegadas para segundo plano comparativamente com questões de etnia ou de classe. Assim, apenas pontualmente se realizam estudos dedicados à mulher desviante (e.g., Cameron, 1964, cit. Heidensohn, 1985), ou então emergem referências à mulher, mas apenas a partir do ponto de vista de figuras desviantes masculinas, como acontece por exemplo em estudos etnográficos sobre gangs (e.g., Whyte, 1955, cit. Heidensohn, 1985).

Como referimos nos capítulos anteriores, entre as abordagens específicas aos percursos desviantes da mulher destacam-se as de cariz positivista. Contudo, outras apresentam características que permitem enquadrá-las nas perspectivas de «transição» sobre o desvio feminino,

134 *Vidas raras de mulheres comuns*

nomeadamente a utilização de metodologias qualitativas e de um enquadramento construtivista, centrado no ponto de vista do actor (e.g., Agra & Matos, 1997). Trata-se de abordagens que excluímos dos «discursos alternativos» sobretudo por não conferirem um papel de destaque à variável género ao olharem para a transgressão da mulher. Neste tipo de abordagens assistimos com frequência à opção por metodologias mistas, com recurso inicial à análise de dados quantitativos e posterior recurso a metodologias qualitativas (e.g., histórias de vida) (e.g., Daly, 1994). Tal pode consistir no assumir de posturas distintas no mesmo estudo, num primeiro momento mais positivistas (centrado na identificação de factores explicativos do envolvimento da mulher no crime) e, noutro momento, mais construtivistas, procurando aceder à perspectiva dos actores sobre os mecanismos subjacentes às mudanças ocorridas no seu percurso de vida (e.g., Giordano, Cernkovich e Rudolph, 2002). Mas pode também significar a aceitação da diversidade de métodos e da ideia de que cada método nos dá acesso a uma leitura diferente do *real* (Machado, 2000).

Finalmente, os discursos sobre criminalidade feminina e construção do género são os que mais se aproximam da nossa conceptualização da desviância feminina e do modo como, a nosso ver, faz sentido abordar o fenómeno[47]. Como referimos anteriormente, estes discursos coincidem sobretudo com as teorizações feministas, na medida em que estas constituem as principais abordagens à criminalidade atendendo à construção social do género. Há, no entanto, abordagens feministas que metodologicamente se aproximam do positivismo, como é o caso das que se congregam na designação de *empirismo feminista*, que propõem a inclusão das mulheres enquanto sujeitos e objectos de investigação, mas sem introdução de mudanças metodológicas e mantendo a crença na objectividade da ciência para a obtenção de conhecimento (e.g., McHugh et al., 1986, cit. Riger, 1992). Nas perspectivas feministas que correspondem efectivamente aos «discursos alternativos» sobre criminalidade feminina destaca-se a valorização das questões de género. Contudo, apesar desta variável emergir como conceito central, também

---

[47] A designação «discursos alternativos» resulta precisamente do facto de estas abordagens constituírem, na nossa opinião, a melhor alternativa aos discursos positivistas sobre a transgressão feminina.

outras variáveis (e.g., classe, etnia) são consideradas neste tipo de abordagem (e.g., Mack & Leiber, 2005). Tal poderá estar relacionado com uma conceptualização de desvio que requer a adopção de metodologias (e enquadramento teórico) que permitam compreender as questões sociais subjacentes à transgressão da mulher, como por exemplo as desigualdades de poder (Worcester, 2002).

Uma outra questão fundamental reclamada pelas feministas a nível metodológico consiste na focalização nas experiências femininas, havendo uma grande preocupação em dar visibilidade à mulher, sobretudo através do acesso aos seus discursos. Nesse sentido, as metodologias propostas e adoptadas são sobretudo as que se centram na mulher e nos significados que ela atribui às suas experiências, sem se determinar à priori o significado destas ou a forma de as categorizar para posterior análise (McDermott, 2002). Os estudos sobre criminalidade e construção do género são antes de mais abordagens centradas na análise de discursos. A ênfase é, deste modo, colocada na construção discursiva de significados sobre os fenómenos transgressivos, quer pelas mulheres quer por outras figuras relevantes para a compreensão da transgressão feminina e da resposta à mesma. Tratando-se de estudos centrados no processo de construção de uma identidade de género, é igualmente relevante a análise dos discursos dominantes e do modo como eles são utilizados pela mulher desviante na sua auto-apresentação.

Em termos de recolha e análise de dados, utilizam-se sobretudo as etnometodologias, com destaque para a observação participante e para as entrevistas em profundidade, realizadas junto das mulheres ofensoras ou de outras figuras, bem como a análise complementar de dados provenientes de outras fontes (e.g., relatórios de serviço social ou da instituição prisional). A maioria das abordagens à criminalidade feminina e construção da identidade utilizam amostras reduzidas, o que se justifica se considerarmos o seu enquadramento epistemológico e metodológico. Com o objectivo de aceder a significados, importa sobretudo a qualidade ou relevância dos dados para o fenómeno em estudo, pelo que será também mais importante a qualidade do que a representatividade da amostra. Assiste-se igualmente à utilização de grupos contrastantes, no sentido de comparar discursos de mulheres desviantes com características diferentes (e.g., a nível de tipos de crime ou de percurso na justiça) (e.g., Miller, 2001). Finalmente, gostaríamos de salientar o recurso complementar a metodologias quantitativas (por vezes erradamente rotuladas de metodologias específicas dos estudos positivistas), com o objectivo de traçar as principais características e contextos dos crimes cometidos pelas mulheres (e.g., Batchelor, 2005; Maher, 1997).

As nossas opções metodológicas fundamentam-se nos «discursos alternativos» sobre a criminalidade feminina e nas metodologias correspondentes a essas abordagens. Antes de mais, colocamos questões de partida conceptualizando o desvio feminino como um fenómeno construído socialmente e valorizamos o papel da variável género nesse processo de construção. A literatura diz-nos que os constrangimentos de género são evidentes nas trajectórias das mulheres desviantes, estando a transgressão feminina em muitas vertentes relacionada com diferentes formas de discriminação de género (e.g., experiências prévias de vitimação, oportunidades de trabalho) (e.g., Burman, Brown & Batchelor, 2003; Chesney-Lind, 1997). É nesse sentido que na nossa componente empírica a variável género emerge como conceito principal. Olhamos para a condição feminina das reclusas da amostra e procuramos compreender como tal condição está na base de desigualdades ou formas de discriminação ao longo do seu percurso de vida. Fazemo-lo através da análise dos significados que as próprias mulheres atribuem às circunstâncias genderizadas na sua trajectória e como as relacionam com o crime.

A nossa abordagem centra-se, assim, nos discursos construídos pelas protagonistas do crime e nos significados emergentes nesse processo de construção. Adoptamos uma postura que atende aos *repertórios interpretativos* destas mulheres, ou seja, aos recursos que elas utilizam para, na construção de narrativas, dar sentido às suas trajectórias de vida (Wetherell, 1998, cit. Barcinsky, 2005). Olhamos especificamente para o modo como estas mulheres se apropriam dos discursos dominantes para dar sentido à sua existência como mulher transgressora. Para tal, pedimos às mulheres da amostra que construam narrativamente episódios nucleares do seu percurso de vida, incluindo acontecimentos relacionados com o crime e com a reclusão.

Assumimos, deste modo, a importância da realização de estudos que recorrem a metodologias qualitativas, particularmente úteis para o desenvolvimento de novas categorias conceptuais. Contudo, não excluímos o recurso a metodologias quantitativas, que muitas vezes, a nosso ver erradamente, são confundidas com métodos positivistas. Como refere Machado, é "absurdo reivindicar um estatuto de superioridade para qualquer método" (2000, p.308). Considerando que não há métodos certos ou errados e que cada um constitui um instrumento diferente para darmos sentido ao mundo que nos rodeia, "a sua escolha deverá decorrer essencialmente dos nossos objectivos em cada momento, do tipo de interrogação a que pretendemos responder através da investigação" (idem, p.308)[48].

Com base nesse pressuposto, optamos pelo recurso a ambos os métodos, quantitativos e qualitativos. Os primeiros são utilizados para caracterizar as jovens reclusas e os seus crimes, bem como para definir os grupos contrastantes para o segundo estudo. Neste, a nossa opção incide nas metodologias qualitativas, uma vez que pretendemos analisar discursos para aceder aos significados atribuídos pelas mulheres ao desvio na sua trajectória de vida e no processo de construção da sua identidade. A pertinência da utilização de métodos quantitativos e qualitativos vai além da adequação aos diferentes objectivos estabelecidos para a componente empírica desenvolvida. O recurso a ambos, ao proporcionar leituras distintas sobre o mesmo fenómeno, funciona também como um mecanismo de validação dos resultados emergentes nos dois estudos que passamos a apresentar.

---

[48] Esta postura corresponde ao que se pode designar por "recusa de narcisismo metodológico" (Machado, 2000).

CAPÍTULO 4

Caracterização da população juvenil feminina nas prisões portuguesas

"A construção de qualquer trabalho traz sempre a marca da pessoa que o criou."
(RIESSMAN, 1994)

4.1. Objectivos

O objectivo deste primeiro estudo consistia em caracterizar a população feminina, com idades compreendidas entre os 16 e os 21 anos, detida em estabelecimentos prisionais portugueses. Como objectivos específicos definimos a caracterização das participantes a nível socio-demográfico e a nível de variáveis jurídico-penais, que abrangiam não apenas a sua actual situação em termos jurídicos, mas também o seu eventual percurso criminal.

Um outro objectivo deste primeiro estudo seria o de permitir seleccionar, de entre a totalidade das mulheres caracterizadas, aquelas que participariam no estudo qualitativo a desenvolver posteriormente.

4.2. Metodologia

4.2.1. *Instrumentos*

Elaborámos um instrumento de recolha de dados designado por Guião de Caracterização Socio-demográfica e Jurídico-penal, a preencher mediante entrevista às participantes. O guião, constituído essencialmente por questões fechadas, permitiu a recolha de dados socio-demográficos e jurídico-penais de acordo com os objectivos descritos anteriormente. Especificamente, as áreas abordadas na entrevista foram as que se apresentam a seguir.

a. Caracterização socio-demográfica

Na avaliação do que genericamente designámos por *identificação/ /origem* das participantes, colocámos questões que nos permitiram caracterizá-las em termos de idade, etnia, naturalidade e local de residência.

Procurámos também conhecer as *ocupações* desempenhadas antes da detenção pelas mulheres estudadas, através de questões relacionadas com a sua escolaridade e a sua situação profissional.

O *contexto familiar* foi caracterizado a partir de questões sobre o estado civil e o agregado familiar. Em particular, procurámos conhecer com quem as reclusas viviam antes da detenção e qual o nível escolar e a ocupação dos diferentes membros do agregado. A partir desses dados (número de membros do agregado familiar, nível de escolaridade e profissões desempenhadas), e através de uma adaptação da Escala de Graffar, foi possível enquadrar os sujeitos num determinado nível socio-económico. Relativamente ao companheiro/namorado e aos filhos das mulheres estudadas, foram colocadas questões que nos permitiram caracterizá-los de forma mais pormenorizada (e.g., número de filhos, idade e profissão do companheiro).

Abordámos ainda o *contacto de familiares com a justiça*, uma área que podemos considerar de transição das questões socio-demográficas para as jurídico-penais; colocámos questões sobre a existência de familiares envolvidos em problemas ao nível da justiça, o motivo desse envolvimento e, se adequado, o tipo e duração das penas aplicadas.

Finalmente, procurámos caracterizar os *consumos* de drogas, através de questões sobre a frequência, tipo e contexto do consumo de álcool e drogas ilícitas, sendo também abordada a questão de eventuais dependências e tratamentos efectuados antes ou durante a detenção.

b. Caracterização jurídico-penal

O primeiro conjunto de questões colocadas neste âmbito foi designado por *percurso na justiça,* por nos permitirem caracterizar a eventual ocorrência anterior de institucionalizações ou de processos-crime conducentes ou não a condenação.

Posteriormente, colocámos questões com o objectivo de caracterizar a *situação jurídica actual* das mulheres estudadas, procurando desde logo saber se estavam em situação preventiva ou já com condenação. Questionámos as reclusas relativamente à idade com que foram detidas, ao tipo de crime cometido e à eventual existência de co-réus. Apenas no caso das mulheres condenadas, procurámos saber se aguardaram julgamento em liberdade ou em prisão preventiva, qual o tipo e duração da pena aplicada e se ocorreu a aplicação de medidas de flexibilização da pena.

O guião termina com questões relacionadas com a *vivência prisional* das mulheres estudadas. Abordámos aspectos como as ocupações das reclusas no estabelecimento prisional, nomeadamente o desempenho de actividades escolares e profissionais. Procurámos também caracterizar as reclusas em termos de disciplina/comportamento, colocando questões sobre castigos que lhes tenham sido aplicados e em que circunstâncias tal aconteceu, e caracterizá-las a nível do suporte de que dispõem, em particular o tipo e frequência dos serviços do estabelecimento prisional a que recorrem e das visitas que recebem. Finalmente, explorámos os consumos de drogas no estabelecimento prisional, bem como o estado de saúde actual das reclusas.

4.2.2. *Procedimentos e amostra*

A recolha de dados, que decorreu entre Janeiro e Março de 2002, consistiu na realização de entrevistas às reclusas, com base no guião de caracterização descrito anteriormente. As entrevistas foram conduzidas por uma única entrevistadora.

Previamente, foi pedida autorização à Direcção Geral dos Serviços Prisionais (DGSP) para realizar entrevistas nos estabelecimentos prisionais de Porto, Felgueiras, Tires, Odemira, Castelo Branco, Guarda, Coimbra, Viseu e Leiria. A recolha de dados decorreu em todos esses

142 *Vidas raras de mulheres comuns*

estabelecimentos prisionais excepto em Viseu e Leiria, onde não se encontrava detida nenhuma reclusa com as características que definimos como critério para a participação no nosso estudo: sexo feminino, idade entre 16 e 21 anos.

A escolha dos limiares etários da amostra (16-21 anos) resultou do facto de pretendermos estudar mulheres que preenchessem simultaneamente três critérios: serem jovens, terem cometido crimes e terem sido captadas pelo sistema de justiça. Estes requisitos levaram-nos a adoptar critérios de delimitação etária análogos aos do Regime Penal Especial para Jovens, previsto pela nossa legislação penal (Decreto-Lei n.º 401/ /82, de 23 de Setembro).

Procurando que a amostra fosse constituída pela totalidade da população feminina enquadrada nos critérios definidos, estimávamos que o número de participantes rondasse as 45 mulheres, uma vez que em 1999 eram 45 as mulheres condenadas com menos de 21 anos de idade, detidas nas prisões portuguesas (Provedor de Justiça, 1999).

A amostra final foi composta por 49 reclusas[49] do sexo feminino, detidas nos estabelecimentos prisionais de Tires (N=37), Odemira (N=3), Castelo Branco (N=3), Coimbra (N=3), Porto (N=1), Felgueiras (N=1) e Guarda (N=1). As suas idades eram compreendidas entre os 17 e os 21 anos (2,0% com 17 anos; 14,3% com 18 anos; 12,2% com 19 anos; 34,7% com 20 anos; 36,7% com 21 anos). Relativamente à etnia, cerca de metade das participantes eram caucasianas (46,9%), havendo no entanto outras etnias com uma representação bastante expressiva (24,5% negras; 22,4% ciganas).

A quase totalidade das participantes eram de nacionalidade portuguesa (81,6%), havendo reclusas naturais de países de língua oficial portuguesa (4,1% do Brasil; 2,0% de Angola; 4,1% de Cabo Verde) e reclusas de outras nacionalidades (4,1% do Equador, 2,0% da Holanda; 2,0% da China). Antes da detenção, a maioria das participantes residia nas áreas da Grande Lisboa e Setúbal (49,0%) e do Grande Porto

---

[49] Neste estudo inicial acabámos por incluir na amostra a totalidade das reclusas com idade igual ou inferior a 21 anos, independentemente do seu estatuto jurídico (condenadas ou em prisão preventiva). Tratando-se de um estudo de caracterização pareceu--nos pertinente considerar apenas os critérios sexo e idade, remetendo para o estudo qualitativo outros critérios de amostragem.

Caracterização da população juvenil feminina nas prisões portuguesas 143

(10,2%), residindo outras reclusas nas Zonas Norte (6,1%), Centro (14,3%) e Sul (10,2%) do país. As restantes residiam na América do Sul (6,1%) e na Europa (4,1%).

4.3. Resultados

A análise dos dados foi conduzida através de procedimentos estatísticos distintos, de acordo com os objectivos definidos previamente. Assim, iniciou-se o processo de tratamento de dados através da estatística descritiva, com o objectivo geral de caracterizar a amostra nas variáveis definidas.

A etapa seguinte do tratamento dos dados consistiu numa análise multivariada, através de análises factoriais de correspondências múltiplas, que, pelo modo de agregação de variáveis criminais e socio-demográficas, permitiram identificar grupos de contraste. Estes constituíram a base da selecção das participantes para o estudo qualitativo que realizámos posteriormente.

4.3.1. *Estatística descritiva*

a. Caracterização socio-demográfica

Ocupações anteriores à detenção

Antes de serem detidas, mais de metade (63,3%) das reclusas do nosso estudo encontravam-se ocupadas, sobretudo a trabalhar (51,0%), estando poucas a estudar (12,2%). As restantes mulheres da amostra (36,7%) não tinham qualquer ocupação anterior à vinda para o estabelecimento prisional.

Em termos de **escolaridade**, o nível encontrado pode ser considerado muito baixo, com a quase totalidade das mulheres sem a escolaridade obrigatória (89,8%) e com alguns casos (12,2%) em que não houve sequer frequência escolar. Noutros casos, houve frequência da escola mas não foi completado o 1º ciclo (10,2%). Apenas quatro reclusas frequentaram o ensino secundário (8,2%) e uma frequentou o ensino superior (2,0%).

O abandono escolar por parte das reclusas da amostra aconteceu de um modo geral muito cedo. Excluindo as mulheres que não chegaram a frequentar a escola, muitas abandonam os estudos até aos 11 anos (10,2%) ou entre os 12 e os 14 anos (36,7%). Frequentemente o abandono escolar aconteceu porque as jovens "não queriam estudar/ queriam trabalhar" (36,7%). Noutros casos deveu-se à "necessidade de trabalhar para ajudar os pais" (10,2%), a diversas condições que designámos por "inadaptação social, escolar e familiar" (e.g., fugas de casa, fugas da escola, toxicodependência) (10,2%) e a situações de gravidez (8,2%). Relativamente às mulheres que estudavam antes da detenção, quase todas interromperam os estudos motivadas pelo julgamento ou pela ida para a prisão. Apenas uma refere ter conseguido dar continuidade aos estudos dentro do estabelecimento prisional, sem uma interrupção significativa.

Muitas reclusas com **actividade profissional** antes da detenção eram trabalhadoras não qualificadas do comércio, ou seja, feirantes e vendedoras ambulantes (20,4%), correspondendo a maior parte destes casos a reclusas de etnia cigana. Outras profissões desempenhadas pelas mulheres da amostra correspondem a trabalhos não qualificados da área dos serviços (12,2%) – essencialmente empregadas de limpeza em habitações ou empresas – e a tarefas de operariado não qualificado (6,1%). Foram ainda referidas outras actividades, como por exemplo trabalhos rurais ou alterne, mas apenas em casos pontuais.

Procurando compreender a estabilidade profissional das reclusas, verificamos que muitas vezes (24,5%) o tempo de exercício da profissão é inferior a um ano. Para além disso, algumas reclusas empregadas antes da detenção exerceram já outras profissões, quer da mesma categoria profissional (10,2%) quer de categoria superior (8,2%) ou inferior (6,1%), mas quase sempre durante períodos de tempo muito curtos.

Algumas mulheres exerceram a mesma profissão durante mais de cinco anos (18,4%), correspondendo estas situações a reclusas de etnia cigana que trabalharam como feirantes ou vendedoras ambulantes desde muito cedo.

Ainda em relação à situação profissional, das mulheres que não estavam empregadas antes da detenção, apenas oito (16,3%) nunca exerceram qualquer profissão. Entre as restantes, as actividades mais exercidas correspondem a trabalhos não qualificados na área de serviços (14,3%), de operariado (6,1%) e a outras funções (10,2%).

Contexto familiar

Mais de metade das mulheres do nosso estudo são solteiras (57,1%) e as restantes viviam maritalmente antes da detenção (40,8%). Apenas uma reclusa (2,0%) é viúva.

O tipo de **agregado familiar** mais frequente diz respeito às reclusas inseridas na família nuclear de origem (46,9%), em família nuclear própria (28,6%) ou a viver com ambas (8,2%). Outras mulheres, antes da detenção, residiam com o companheiro e a família de origem do companheiro (6,1%) ou sós (6,1%). Surgem ainda outras situações que, pela sua particularidade (e.g., residir com amiga), não se enquadram em nenhuma das categorias descritas (4,1%).

De um modo geral, os agregados familiares enquadram-se num nível socio-económico baixo, com a quase totalidade das reclusas a pertencerem às classes média-baixa (38,8%) ou baixa (51%) e com três casos correspondentes a situações de pobreza extrema (6,1%). Apenas duas reclusas, ambas estrangeiras, se enquadram num nível socio-económico médio-alto (4,1%).

Os *companheiros/namorados* das mulheres estudadas têm idades compreendidas entre os 17 e os 35 anos, sendo 24 anos a sua idade mais frequente. Os dados sugerem que o seu nível educacional é ligeiramente superior ao das parceiras, sendo menos frequente a ausência de escolaridade (2,0%). De qualquer modo, um número considerável de companheiros (24,5%) apresenta estudos apenas ao nível do 1º ciclo. Os restantes terminaram os estudos no 2º ou no 3º ciclo (10,2% e 16,3% respectivamente) ou, em alguns casos, apenas no ensino secundário (6,1%).

Em termos de situação profissional, perto de 2/3 (62,9%) dos companheiros das reclusas estavam empregados antes da vinda destas para a prisão, destacando-se o desempenho de funções de trabalhador da produção industrial (31,4%) - na área da construção civil (20,0%) ou da produção metalomecânica e metalúrgica (11,4%) - e de trabalhador não qualificado do comércio (14,3%). Surgiram ainda referências a outras actividades, como por exemplo bombeiro, disco-jockey ou empregado no circo, agrupadas na categoria outras profissões (17,1%). Apenas um namorado era estudante e os restantes estavam desocupados/ desempregados (28,6%).

Um dado que nos parece importante realçar, diz respeito ao desconhecimento por parte de algumas mulheres acerca das habilitações literárias (12,2%) ou da profissão (5,7%) do seu companheiro, aspectos relativamente aos quais mostram total indiferença. Mais importantes para as reclusas parecem ser questões relacionadas com o envolvimento criminal dos seus namorados/companheiros, pelo que rapidamente percebemos que cerca de 2/3 (65,7%) deles estão também detidos, alguns no âmbito do mesmo processo (18,4%). Esse envolvimento criminal, que nos é descrito com grande detalhe, será abordado quando descrevermos os "contactos de familiares das reclusas com a justiça".

Cerca de metade das mulheres da amostra têm **filhos** (49,0%), especificamente um (32,7%), dois (14,3%) ou três filhos (2,0%). Apenas duas reclusas (4,1%) têm todos os filhos consigo neste momento e outras duas (4,1%) têm só o filho mais novo no estabelecimento prisional. As crianças que não estão com as mães no contexto prisional residem na maior parte das vezes com familiares das reclusas (26,5%) e, noutras situações, com familiares paternos (12,2%) ou em instituições de acolhimento de menores (6,1%). Uma reclusa refere estar actualmente grávida.

Ocorrências jurídico-penais de familiares

Mais de 3/4 (77,6%) das mulheres da amostra têm familiares com contactos com a justiça, que podem ser parentes (30,6%), o companheiro/namorado (22,4%) ou simultaneamente parentes e o companheiro/ /namorado (24,5%). Em metade dos casos (38,8%), os familiares ou companheiro são co-réus no mesmo processo das reclusas.

As ocorrências jurídico-penais dos familiares consistem em detenções, na maior parte das vezes com condenação (59,2%), mas noutros casos em situação preventiva (18,4%). Os motivos das detenções são em primeiro lugar o tráfico de droga (49,0%), seguido de crimes contra a propriedade (18,4%) e de crimes contra as pessoas (10,2%). Especi-

Caracterização da população juvenil feminina nas prisões portuguesas   147

ficamente no caso das mulheres detidas por tráfico de droga – o tipo de crime mais representado –, o número de familiares que estão ou estiveram detidos ascende a 81,2%, na maior parte das vezes (62,5%) também por tráfico de droga.

Consumos

Mais de 2/3 das reclusas consumiam **álcool** antes da detenção (69,4%). Na maior parte dos casos, tratava-se de um consumo de fim--de-semana, no contexto de idas a festas ou discotecas (34,7%) ou de um consumo de álcool ainda mais raro ou esporádico (18,4%). Outras mulheres descrevem, no entanto, um consumo de álcool regular ou diário (16,3%), estando este hábito quase sempre associado ao consumo de drogas "duras" (14,3%).

Cerca de metade das mulheres da amostra referem nunca ter consumido **drogas** ilícitas antes da detenção (49,0%). Entre as restantes (51,0%), o início dos consumos de drogas deu-se na adolescência (entre os 15 e os 20 anos: 28,6%) ou na pré-adolescência (entre os 12 e os 14 anos: 18,4%) e, em dois casos, antes dos 12 anos (4,1%).

O tipo de drogas consumidas consiste, na maior parte dos casos (34,7%), simultaneamente em drogas ditas "leves" (haxixe, erva) e "duras" (heroína, cocaína ou ambas), mas por vezes trata-se de um consumo exclusivo de drogas "leves" (16,3%). Apenas 6,1% das jovens mulheres relatam consumos de drogas "duras" por via endovenosa.

Algumas reclusas foram submetidas a tratamentos de dependência de drogas antes da detenção (10,2%) e outras estão em tratamento no estabelecimento prisional (6,1%). As restantes referem nunca ter sido submetidas a qualquer tipo de tratamento de dependência de drogas.

b. Caracterização jurídico-penal

Percurso na justiça

Cerca de 1/3 das reclusas entrevistadas têm no seu percurso contactos anteriores com o sistema de justiça. Esses contactos podem consistir em institucionalizações por decisão do Tribunal de Menores

148 *Vidas raras de mulheres comuns*

(18,4%), em processos-crime sem condenação (16,3%) ou mesmo em condenações anteriores (14,3%).

Relativamente à história de **institucionalização**, apenas duas reclusas (4,1%) referem a passagem por mais do que uma instituição de menores.

A entrada nas instituições aconteceu maioritariamente entre os 12 e os 14 anos (14,3%), havendo apenas uma reclusa institucionalizada antes dos 12 anos (2,0%) e outra depois dos 14 anos (2,0%). O tempo de permanência na instituição foi, em cerca de metade dos casos, entre um e dois anos (8,2%) e, noutros casos, menos de um ano (4,1%) ou mais de dois anos (4,1%). Uma reclusa não é capaz de se recordar do tempo que permaneceu na instituição[50].

O principal motivo para a colocação na instituição de menores corresponde a situações de pré-delinquência, tais como toxicodependência, fugas de casa ou roubos (10,2%). No caso de outras mulheres, a institucionalização decorreu de situações de abandono escolar precoce (6,1%) ou da falta de condições do agregado familiar (2,0%).

Os **processos-crime não conducentes a condenação** surgem no percurso de 16,3% das mulheres da amostra, algumas também com passagem por uma instituição de menores (6,1%). Os motivos que estiveram na origem destes processos foram em igual proporção os crimes contra a propriedade (8,2%) e os crimes contra as pessoas (8,2%).

Algumas reclusas apresentam no seu percurso pelo menos uma **condenação anterior** (14,3%). Destas mulheres, duas apresentam igualmente história de institucionalização, e uma outra apresenta no seu percurso outros processos-crime mas não conducentes a condenação. Apenas uma jovem reclusa relata um percurso na justiça que inclui desde permanências em instituições até diversos processos-crime, uns sem e outros com condenação. Os principais motivos de condenação anterior foram crimes contra a propriedade (12,2%), havendo apenas uma condenação anterior por tráfico de droga. A execução da pena aplicada na

---

[50] Os relatos sobre a permanência nas instituições incluem sistematicamente fugas, pelo que o tempo referido não corresponde ao tempo real de permanência na instituição mas apenas ao tempo decorrido entre a primeira entrada e a última saída da instituição.

condenação anterior foi quase sempre suspensa (10,2%), mas houve condenações a pena de prisão efectiva (4,1%).

Situação jurídica actual

Amostra total

Em termos de **situação jurídica actual**, trinta e duas reclusas (65,3%) são já condenadas e dezassete (34,7%) estão em prisão preventiva.

Mais de metade das reclusas (55,1%) tinham entre 19 e 20 anos de **idade** no momento em que ocorreu a detenção. As restantes foram detidas com 16 (8,2%), 17 (14,3%) ou 18 anos (18,4%). Duas mulheres (4,1%) foram detidas já com 21 anos, embora tenham cometido o crime antes dessa idade.

Apesar de constituírem o grupo das mais jovens reclusas nos estabelecimentos prisionais portugueses, mais de metade estão detidas há mais de um ano (55,1% entre 1 e 3 anos e 4,1% há mais de 3 anos). Analisando os grupos de condenadas e preventivas em separado, verificamos, como seria de esperar, que a maioria das mulheres em prisão preventiva está detida há menos de 1 ano (64,7%[51]), não havendo nenhuma mulher detida há mais de 3 anos. No grupo das condenadas, o tempo de detenção mais representado é entre 1 e 3 anos (65,6%[52]), e algumas mulheres estão presas há mais de 3 anos (6,3%[53]). Para a quase totalidade das mulheres condenadas, a espera e o decorrer do julgamento aconteceu em prisão preventiva (81,2%[53]), sendo poucas as reclusas que aguardaram julgamento em liberdade (18,8%[53]).

Relativamente ao **tipo de crime** pelo qual as jovens mulheres estão detidas, surge em primeiro lugar o tráfico de droga (65,3%), seguindo-se os crimes contra a propriedade (22,4%) e, por último, os crimes contra as pessoas (12,2%).

---

[51] Percentagem relativa ao universo das mulheres em prisão preventiva (N=17)

[52] Percentagem relativa ao universo das mulheres condenadas (N=32)

[53] Uma reclusa (estrangeira) foi também condenada a expulsão para além da pena de prisão.

Analisando separadamente os grupos de mulheres em prisão preventiva e condenadas, a ordem de representação do tipo de crime não se altera. No entanto, no grupo das condenadas o tráfico de droga representa a grande maioria dos crimes cometidos (tráfico de droga: 71,9%[53]; crimes contra a propriedade: 15,6%[53]; crimes contra as pessoas: 12,5%[53]), enquanto nas reclusas em situação preventiva o tráfico representa pouco mais de metade dos delitos cometidos e os crimes contra a propriedade ganham mais expressividade (tráfico de droga: 52,9%[52]; crimes contra a propriedade: 35,3%[52]; crimes contra as pessoas: 11,8%[52]).

Para além de o tráfico de droga ser responsável por 65,3% das detenções destas mulheres, verificamos também que de entre as que estão detidas por crimes contra a propriedade, 63,6% são consumidoras de drogas "duras". Assim sendo, cerca de 80% das mulheres da nossa amostra estão detidas por crimes que têm a droga como pano de fundo.

Outros dados de relevo dizem respeito ao tipo de tráfico de droga a que se referem os processos destas mulheres. Trata-se maioritariamente de pequeno tráfico realizado no contexto português e por mulheres portuguesas. Verifica-se, no entanto, que 18,8% das mulheres detidas por tráfico de droga são estrangeiras, e que algumas destas mulheres (12,5%) foram detidas especificamente por tentarem introduzir droga no nosso país.

A existência de outros **réus** no mesmo processo verifica-se para a maioria das mulheres da amostra (79,6%). Tal como constatamos ao analisar o envolvimento de familiares no crime, 38,8% dos co-réus das reclusas são familiares seus. Os restantes co-réus são identificados como amigos, colegas ou conhecidos (40,8%).

Grupo de mulheres condenadas

Os resultados que apresentamos de seguida, referem-se apenas às mulheres que já foram julgadas e condenadas, pelo que todos os valores apresentados devem ser considerados em relação a um universo de trinta e duas mulheres.

O **tipo de pena aplicada** corresponde, na totalidade dos casos, a pena de prisão[53]. A duas mulheres foi determinada a suspensão da exe-

Caracterização da população juvenil feminina nas prisões portuguesas   151

cução da pena de prisão com obrigação de apresentações periódicas, no entanto, essa medida foi "revogada por infracção das regras impostas" (al. a), nº1, artº 56º do Código Penal), ou seja, por não terem cumprido as apresentações.

Quanto à **duração das penas de prisão**, foi aplicado um mínimo de 16 meses e um máximo de 8 anos e meio, sendo a média de 55 meses e 5 dias, ou seja, cerca de 4 anos e 7 meses. A duração da pena de prisão mais frequentemente aplicada corresponde a 5 anos (15,6%), seguida de 4 anos (12,5%).

A análise por escalões (cf. gráfico 1) permite-nos constatar que mais de 2/3 (78,2%) das reclusas condenadas estão a cumprir uma pena superior a 3 anos[54]. Considerando as penas superiores a 5 anos[55], verificamos que estas foram aplicadas a 31,3% das reclusas condenadas (entre 5 e 7 anos: 21,9%; entre 7 e 9 anos: 9,4%). Uma análise mais cuidada revela-nos ainda que entre os 46,9% de penas com duração entre 3 e 5 anos, um número significativo se situa no extremo superior do escalão (15,6% de penas de 5 anos). As restantes reclusas (21,9%) foram condenadas a penas de prisão com duração igual ou inferior a 3 anos, sempre superior a 1 ano.

---

[54] O limiar dos 3 anos de duração da pena é importante, e por norma considerado nas caracterizações feitas pelos próprios serviços da Justiça, tendo implicações por exemplo a nível da suspensão da execução da pena de prisão (Art. 50º do Código Penal) ou a nível da aplicação de medidas de coacção (Art.s 196º e seguintes do Código de Processo Penal).

[55] Cinco anos de duração da pena representam uma fronteira importante a partir da qual se assiste a uma política mais repressiva, nomeadamente a nível da aplicação de liberdade condicional que passa a exigir o cumprimento de pelo menos 2/3 da pena (al. 4 do Art. 61º do Código Penal).

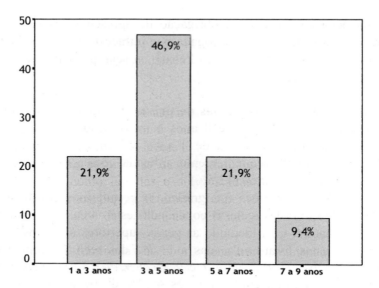

Gráfico 1: Duração das penas de prisão (N = 32 mulheres condenadas)

A aplicação de **medidas de flexibilização da pena** verifica-se em apenas 15,6% das reclusas condenadas, sendo que 9,4% estão em Regime Aberto Voltado para o Interior (RAVI) e 6,2% dispõem de Saídas Precárias.

Vivência prisional

Dados sobre as **ocupações** no estabelecimento prisional mostram que mais de 2/3 (71,4%) das jovens reclusas estão ocupadas a trabalhar (38,8%), a estudar (26,5%), ou a realizar as duas actividades em simultâneo (6,1%). As restantes mulheres da amostra (28,6%) não têm qualquer ocupação no estabelecimento prisional. Como seria de esperar, o nível de ocupação é ligeiramente mais elevado no grupo de mulheres condenadas (75%), comparativamente com o grupo de mulheres que estão em prisão preventiva (64,7%).

No que se refere especificamente à *actividade escolar* no estabelecimento prisional, o nível mais frequentado pelas reclusas da amostra é o 3º ciclo (14,3%), seguido do 1º ciclo (10,2%) e finalmente do 2º ciclo (4,1%). Outras mulheres frequentam cursos de formação profissional (4,1%). Estes dados mostram-nos que o número de reclusas a estudar no estabelecimento prisional (32,6%) é bastante superior ao número das que estudavam antes da detenção (12,2%).

Das mulheres que têm actualmente uma *ocupação profissional* (44,9%), verificamos que todas trabalham no estabelecimento prisional, não havendo nenhum caso em Regime Aberto Voltado para o Exterior (RAVE). A maior parte destas mulheres (32,7%) desempenham tarefas no fabrico de produtos como sapatos, luvas ou plásticos, por encomendas exteriores ao estabelecimento prisional. As restantes (12,2%) dedicam-se a actividades relacionadas com a própria organização funcional do estabelecimento prisional (faxina: 4,1%; ajudante de cozinha: 4,1%; auxiliar de jardim de infância: 2,0%; funcionária de biblioteca: 2,0%).

Mais de metade das reclusas referem nunca ter sido alvo de qualquer **punição** desde a sua detenção (69,4%). As jovens mulheres que relatam punições (30,6%), apontam como principal motivo o envolvimento em lutas ou discussões com guardas ou outras reclusas (18,4%), seguido de falhas no desempenho das ocupações no estabelecimento prisional, como deixar de trabalhar ou faltar às aulas (6,1%). Noutros casos, a punição surge associada à transgressão de regras do estabelecimento prisional, como por exemplo receber dinheiro de visitas, vender cartões telefónicos ou consumir drogas (6,1%).

Com o objectivo de conhecer as **redes de suporte** das reclusas, colocámos questões sobre o tipo de serviços a que recorrem no estabelecimento prisional bem como sobre o tipo e frequência das visitas que recebem.

A quase totalidade das mulheres do nosso estudo (89,8%) procura apoio junto dos serviços do estabelecimento prisional, em particular do médico/enfermeiro, do psicólogo/psiquiatra e dos técnicos de reeducação. As restantes mulheres (10,2%) não solicitam nenhum dos serviços disponíveis, apesar de por vezes estes lhes serem impostos pelo estabelecimento prisional.

A maior parte das jovens reclusas recebe visitas (85,7%), quase sempre familiares (63,3%), por vezes familiares e amigos (16,3%) e,

154 *Vidas raras de mulheres comuns*

em alguns casos – particularmente das reclusas estrangeiras – as visitas são essencialmente voluntárias, designadas por "visitadoras" (6,1%). As visitas tendem a ocorrer com bastante frequência, nomeadamente uma ou mais vezes por semana (55,1%) ou uma ou duas vezes por mês (16,3%), mas algumas reclusas recebem visitas muito raramente (12,2%). Outras ainda não recebem qualquer **visita** (14,3%).

Relativamente aos **consumos** de drogas no estabelecimento prisional, os dados que apresentamos dizem respeito apenas às drogas ilícitas, uma vez que o consumo de álcool nas prisões é, de acordo com as reclusas, praticamente inexistente.

Das mulheres que assumem o consumo de drogas ilícitas (51%), algumas relatam o final desse consumo ainda antes da detenção (6,1%), alegando motivos como o final de uma relação afectiva com um consumidor, uma institucionalização ou o facto de o consumo ter sido apenas uma experiência pontual.

Outras reclusas deixaram os consumos de droga a partir do momento em que foram detidas (28,6%). São no entanto poucas as que estão ou estiveram em tratamento no estabelecimento prisional (6,1%). De acordo com o seu próprio relato, algumas mulheres deixaram de consumir após a detenção sem qualquer tipo de apoio ou apenas com apoio farmacológico.

Finalmente, as restantes mulheres admitem continuar a consumir drogas no estabelecimento prisional (16,3%), na maior parte dos casos haxixe (10,2%), mas noutros casos haxixe e heroína (4,1%) ou apenas heroína (2,0%).

A elevada prevalência actual de doenças infecto-contagiosas no contexto prisional e a consequente preocupação dos serviços prisionais, levou-nos a procurar saber junto das reclusas qual o seu **estado de saúde** actual. Encontramos apenas duas reclusas com doenças infecto-contagiosas (4,1%), alguns casos de depressão (8,2%) e ainda outras doenças, muito específicas (12,2%), como por exemplo epilepsia.

Apesar de os números indiciarem um grupo de mulheres aparentemente saudáveis, 44% das reclusas estão a ser actualmente medicadas. De acordo com a sua própria designação, esses medicamentos consistem essencialmente em "calmantes" ou "comprimidos para dormir"

(26%). Neste caso, as reclusas acrescentam quase sempre que nunca necessitaram de medicação deste tipo antes da ida para o estabelecimento prisional. Outros tipos de medicamentos referidos são os anti-depressivos (4,0%), medicamentos para as doenças infecto-contagiosas (2,0%) e medicamentos para problemas de saúde específicos (12,0%).

4.3.2. *Análise multivariada*

A partir do guião de caracterização socio-demográfica e jurídico-penal atrás apresentado, seleccionámos um conjunto de variáveis que nos pareceram ser mais relevantes para uma eventual diferenciação de perfis criminais. Trata-se de variáveis relacionadas com o tipo de crime, os consumos de drogas, a ocorrência de contactos com a justiça anteriores à prisão e a história de contactos com a justiça em familiares. Essas variáveis foram submetidas a análises factoriais de correspondências (AFC) no programa Ancorr (de Ialgonitzer & Tabet, adaptado do LISH MSH de Ph. Cibois), com o objectivo de analisar de que forma tendem a agregar-se.

Foram realizadas três análises factoriais de correspondências, designadas por AFC Geral, AFC Crime e AFC Família, de acordo com o conjunto de variáveis consideradas em cada uma delas. A seguir, descreveremos separadamente cada uma das AFC realizadas, tecendo no final conclusões globais.

a. AFC Geral

Na primeira análise realizada, que constituiu a base de extracção dos diferentes perfis criminais, considerámos as seguintes variáveis: tipo de crime (tráfico de droga, contra a propriedade, contra as pessoas), percurso na justiça (com ou sem contactos anteriores com a justiça), criminalidade na família (com ou sem parentes com contactos com a justiça) e consumos de drogas "duras" (com ou sem consumos).

Nesta análise, considerámos os primeiros dois factores informativos emergentes, que explicaram cerca de 77% da inércia total da matriz (cf. Quadro I).

Quadro I

Descrição dos factores extraídos pela Análise Factorial de Correspondências (AFC Geral).(1 – valor próprio; T% – taxa de inércia)

Factor	I	II
1	0.22256	0.07909
T%	57.017	20.263
T% Acumulado	57.017	77.280

O primeiro factor opôs dois grupos, o das mulheres que cometeram crimes contra as pessoas, que não têm história de consumos de drogas "duras" nem qualquer contacto com a justiça anterior à ocorrência deste crime; e o grupo das mulheres que, apresentando já um determinado percurso criminal e história de consumos de drogas "duras", estão detidas por cometerem crimes contra a propriedade.

O segundo factor permitiu-nos "refinar" esses grupos considerando a existência de contactos com a justiça em familiares, e permitiu ainda a diferenciação de um terceiro grupo, caracterizado por outro crime, o tráfico de droga. Segue-se uma análise mais detalhada de cada um dos factores.

Primeiro Factor

Na análise do primeiro factor, considerámos todas as variáveis submetidas à análise factorial de correspondências. Desta forma, a soma das suas contribuições para a variância total explicada por este factor foi de 100.0 %.

De uma forma global, o primeiro factor revelou a oposição entre grupos com diferentes percursos até à ocorrência do crime que levou à detenção. Esse crime tende a ser de natureza diferente consoante a existência ou não de um trajecto anterior na justiça (cf. Quadro II).

De forma mais detalhada, encontrámos no lado positivo do vector um grupo de mulheres sem história de consumo de drogas "duras" e sem contactos com a justiça anteriores à ocorrência do crime, sendo este essencialmente contra as pessoas. Nas mulheres incluídas neste grupo, o crime parece assumir um carácter pontual não só no seu per-

Quadro II

Contribuições para a inércia do primeiro factor (AFC Geral). (F1 – coordenada factorial; CO2 – qualidade da representação do ponto sobre o factor; CTR – contribuição da variável)

Vector Positivo	F1	CO2	CTR
Sem consumo de drogas "duras"	3.76	0.796	10.4
Sem contactos anteriores com a justiça	3.44	0.896	9.7
Crimes contra as pessoas	6.76	0.236	6.3
Sem familiares com contactos com a justiça	4.34	0.199	4.7
Tráfico de droga	1.70	0.197	2.1

Vector Negativo	F1	CO2	CTR
Com contactos anteriores com a justiça	9.51	0.896	27.0
Com consumo de drogas "duras"	7.08	0.796	19.5
Crimes contra a propriedade	8.65	0.658	18.9
Com familiares com contactos com a justiça	1.26	0.199	1.4

curso de vida, mas também no seu contexto familiar, uma vez que tendem a não ter familiares com contactos com a justiça. Nas coordenadas negativas do vector, encontrámos um grupo oposto, caracterizado pela presença de contactos anteriores com a justiça e pelo consumo de drogas "duras", em que os crimes cometidos são essencialmente contra a propriedade. Para além disso, trata-se de um grupo caracterizado pelo envolvimento criminal de familiares.

Segundo Factor

Na análise do segundo factor, considerámos um conjunto de variáveis que contribuíram em 99.8% para a variância total por ele explicada. Este factor, uma correcção do primeiro, veio revelar a emergência de um terceiro grupo, associado ao tráfico de droga, que se opôs aos dois grupos descritos anteriormente, associados aos crimes contra a propriedade e contra as pessoas (cf. Quadro III).

Quadro III

Contribuições para a inércia do segundo factor (AFC Geral).(F1 – coordenada factorial; CO2 – qualidade da representação do ponto sobre o factor; CTR – contribuição da variável)

Vector Positivo	F1	CO2	CTR
Sem familiares com contactos com a justiça	7.03	0.521	35.0
Crimes contra as pessoas	6.84	0.242	18.1
Crimes contra a propriedade	5.03	0.222	17.9

Vector Negativo	F1	CO2	CTR
Tráfico de droga	3.01	0.615	18.7
Com familiares com contactos com a justiça	2.03	0.521	10.1

Como verificamos a partir da leitura do quadro III, no lado positivo do vector encontrámos um grupo de mulheres sem criminalidade na família e que cometeram crimes quer contra a propriedade quer contra as pessoas. Em oposição, no lado negativo do vector, encontrámos um grupo associado ao tráfico de droga, caracterizado pelo envolvimento criminal de familiares.

Sintetizando os resultados obtidos na AFC Geral, podemos claramente diferenciar três grupos de reclusas que se opõem relativamente às variáveis analisadas, destacando-se desde logo o tipo de crime pelo qual foram acusadas ou condenadas (cf. Figura I). Assim, temos o grupo das "mulheres detidas por crimes contra a propriedade", com antecedentes criminais e história de consumo de drogas "duras"; o grupo das "mulheres detidas por crimes contra as pessoas", sem antecedentes na justiça, sem consumo de drogas "duras" e sem envolvimento de familiares no crime; e finalmente, o grupo das "mulheres detidas por tráfico de droga", com familiares também envolvidos no crime.

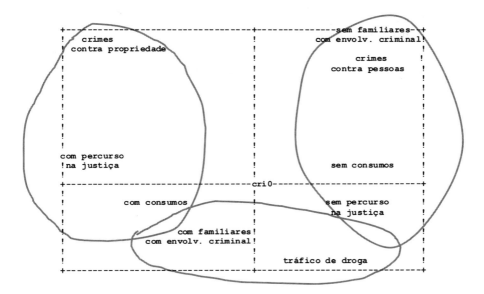

Figura I: Representação dos perfis extraídos da AFC Geral

O número de mulheres consideradas no nosso estudo não nos permitiu ponderar na "AFC Geral" todas as variáveis relevantes para uma eventual diferenciação de perfis criminais entre as jovens reclusas. Foi por esse motivo que optámos por realizar mais duas análises factoriais de correspondências, uma centrada no crime cometido e no percurso criminal destas mulheres ("AFC Crime"), e uma outra centrada em variáveis relacionadas com o envolvimento dos seus familiares no crime ("AFC Família").

Como veremos, estas análises complementares à AFC Geral permitiram acrescentar algumas características aos grupos já descritos.

b. AFC Crime

Na análise que designámos por "AFC Crime" considerámos as seguintes variáveis: tipo de crime (tráfico de droga, contra a propriedade, contra as pessoas), percurso na justiça (sem contactos anteriores, insti-

160   *Vidas raras de mulheres comuns*

tucionalização, contactos sem condenação e contactos com condenação), consumo de drogas (sem consumos, consumo de drogas leves e consumo de drogas "duras").

Nesta análise, considerámos os primeiros dois factores emergentes, que explicaram cerca de 67% da inércia total da matriz (cf. Quadro IV).

Quadro IV
Descrição dos factores extraídos pela Análise Factorial de Correspondências
(AFC Crime).(1 – valor próprio; T% – taxa de inércia)

Factor	I	II
1	0.43877	0.14594
T%	50.520	16.804
T% Acumulado	50.520	67.325

Como podemos observar no Quadro V, o primeiro factor revelou, no lado positivo do vector, um grupo associado a crimes contra a propriedade, com condenações anteriores e com consumo de drogas "duras". A este grupo opôs-se, no lado negativo do vector, um grupo caracterizado pela ausência de consumo de drogas e de qualquer tipo de contactos anteriores com a justiça, associado aos crimes contra as pessoas. O segundo factor mostrou-nos um terceiro grupo, caracterizado pelo envolvimento no tráfico de droga, pelo consumo de drogas leves e pela ausência de condenações anteriores.

Esta análise mais focalizada no crime permitiu-nos refinar os grupos revelados pela AFC Geral. Assim, reforçaram-se as características do grupo associado aos crimes contra a propriedade, onde os antecedentes criminais tendem a ser com condenação e o consumo de drogas se refere especificamente às drogas "duras". No grupo de mulheres detidas por crimes contra as pessoas reforça-se também a ideia da ausência de contactos anteriores com a justiça e do consumo de qualquer tipo de drogas. Finalmente, em relação ao terceiro grupo ("tráfico de droga") esta análise revelou-nos que este se caracteriza tendencialmente pelo consumo de drogas leves e pela história de antecedentes criminais, mas sem condenação.

Caracterização da população juvenil feminina nas prisões portuguesas

Quadro V
Contribuições para a inércia dos dois primeiros factores
(AFC Crime).(F1 – coordenada factorial; CO2 – qualidade da representação
do ponto sobre o factor; CTR – contribuição da variável)

1º FACTOR			
Vector Positivo			
	F1	**CO2**	**CTR**
Crimes contra a propriedade	15.05	0.818	25.8
Contactos anteriores com a justiça, com condenação	11.42	0.785	22.6
Consumo de drogas "duras"	8.96	0.802	20.8
Tráfico de droga	4.62	0.091	2.1
Vector Negativo			
Sem consumo de drogas	5.23	0.641	10.7
Crimes contra as pessoas	4.42	0.857	10.1
Sem contactos anteriores com a justiça	6.81	0.161	4.3
Contactos anteriores com a justiça, sem condenação	2.53	0.315	3.2
2º FACTOR			
Vector Positivo			
Sem contactos anteriores com a justiça	11.57	0.465	37.1
Crimes contra a propriedade	3.36	0.041	3.9
Contactos anteriores com a justiça, com condenação	2.58	0.040	3.5
Sem consumo de drogas	1.68	0.066	3.3
Crimes contra as pessoas	0.91	0.037	1.3
Vector Negativo			
Tráfico de droga	9.13	0.354	24.4
Consumo de drogas leves	5.95	0.188	13.3
Contactos anteriores com a justiça, sem condenação	2.94	0.426	13.2

c. AFC Família

Designámos a última AFC realizada como "AFC Família" pelo facto de as variáveis incluídas se focalizarem no envolvimento criminal de familiares das mulheres estudadas. Especificamente, considerámos o envolvimento de familiares no crime (sem familiares, namorado/companheiro, família de origem, namorado/companheiro mais família de origem) e o motivo desse envolvimento (tráfico de droga, crimes contra a propriedade, crimes contra as pessoas, sem familiares com envolvimento criminal). Tal como nas outras AFC, considerámos também o tipo de crime cometido pelas reclusas (tráfico de droga, crimes contra a propriedade e crimes contra as pessoas).

Nesta análise, considerámos os primeiros dois factores informativos emergentes, que explicaram cerca de 65% da inércia total da matriz (cf. Quadro VI).

Quadro VI
Descrição dos factores extraídos pela Análise Factorial de Correspondências
(AFC Família).(1 – valor próprio; T% - taxa de inércia)

Factor	I	II
1	0.45159	0.29121
T%	39.689	25.594
T% Acumulado	39.689	65.283

O primeiro factor revelou a oposição entre as mulheres detidas por tráfico de droga e que têm familiares envolvidos na justiça (que tendem a ser quer da família de origem, quer os seus namorados/companheiros) e as mulheres que são acusadas ou condenadas por crimes contra as pessoas ou contra a propriedade e que não têm parentes com contactos com a justiça. O segundo factor opôs um grupo associado aos crimes contra a propriedade, com familiares com contactos com a justiça, especificamente também por crimes contra a propriedade, a um grupo associado aos crimes contra as pessoas, sem familiares envolvidos no crime ou então com envolvimento ao nível do tráfico de droga (cf. Quadro VII).

Caracterização da população juvenil feminina nas prisões portuguesas 163

Quadro VII
Contribuições para a inércia dos dois primeiros factores
(AFC Família).(F1 – coordenada factorial; CO2 – qualidade da representação
do ponto sobre o factor; CTR – contribuição da variável)

1º FACTOR			
Vector Positivo	**F1**	**CO2**	**CTR**
Tráfico de droga (participantes)	13.68	0.987	35.9
Namorado/companheiro + Família de origem	13.68	0.987	35.9
Crimes contra as pessoas (familiares)	3.96	0.060	1.6
Vector Negativo			
Sem familiares com envolvimento criminal	5.19	0.379	9.5
Crimes contra as pessoas (participantes)	4.86	0.340	6.2
Crimes contra a propriedade (participantes)	4.94	0.207	4.7
Namorado/companheiro	4.18	0.105	2.6
Tráfico de droga (familiares)	1.80	0.123	1.6
Família de origem	4.07	0.058	1.4
2º FACTOR			
Vector Positivo			
Crimes contra a propriedade (familiares)	9.78	0.700	26.7
Crimes contra a propriedade (participantes)	7.20	0.440	15.4
Namorado/companheiro	8.10	0.396	15.4
Família de origem	8.57	0.260	9.9
Vector Negativo			
Sem familiares com envolvimento criminal	5.79	0.473	18.4
Tráfico de droga (familiares)	3.58	0.487	10.1
Crimes contra as pessoas (participantes)	2.70	0.104	2.9

Esta AFC revelou-nos oposições entre grupos semelhantes às reveladas pela AFC Geral, permitindo acrescentar a esses grupos algumas características relacionadas com o envolvimento criminal de familiares das reclusas. Nomeadamente, veio reforçar a ideia de que o tráfico de droga está usualmente associado a criminalidade na família (de origem e namorado/companheiro) e veio revelar que os crimes contra a propriedade tendem a estar associados à presença do mesmo tipo de crimes em familiares.

Considerando todas as AFC realizadas, parece-nos possível afirmar que encontrámos três grupos distintos entre as reclusas detidas em Portugal com idade igual ou inferior a 21 anos.

O primeiro grupo corresponde às mulheres detidas por crimes contra a propriedade, consumidoras de drogas "duras" e que apresentam um percurso anterior na justiça, muitas vezes já com outras condenações. Uma outra característica destas reclusas é a tendência para terem familiares com contactos com a justiça, especificamente também por crimes contra a propriedade.

O segundo grupo compreende as mulheres detidas por crimes contra as pessoas, não consumidoras de drogas, sem qualquer tipo de contacto anterior com a justiça e sem criminalidade na família.

Finalmente, um terceiro grupo corresponde às mulheres que estão detidas por tráfico de droga, caracterizadas também pelo envolvimento de familiares na justiça. As análises revelam ainda que estas mulheres poderão ser ou não consumidoras de drogas, tendendo a consumir mais drogas "leves" e a apresentar contactos anteriores com a justiça, mas sem condenação.

4.4. Discussão dos resultados

A realização deste primeiro estudo permitiu-nos, de acordo com os objectivos definidos, caracterizar as mulheres com menos de 21 anos de idade, detidas em estabelecimentos prisionais portugueses. Terminada a apresentação das características socio-demográficas e jurídico-penais das participantes, bem como dos perfis criminais emergentes da análise multivariada, pretendemos agora discutir de forma global os resultados obtidos, salientando aqueles que nos parecem mais relevantes face aos objectivos não só deste estudo mas de toda a investigação.

A homogeneidade socio-económica e cultural

Encontramos uma relativa homogeneidade socio-económica e cultural das mulheres estudadas, que genericamente pertencem a agregados familiares enquadrados nas classes baixa e média baixa, e apresentam um reduzido nível educacional e uma elevada taxa de desocupação.

Os dados revelam que as jovens mulheres que estão detidas em Portugal (na sua maioria, portuguesas) abandonam a escola em idades precoces, motivadas por dificuldades económicas e sociais ou por desinteresse pelo contexto escolar, aliado ao desejo de ter meios (que a família não tem) para adquirir bens. Comparativamente com outros estudos realizados sobre mulheres detidas (de todas as faixas etárias), poderia esperar-se uma ligeira superioridade no nível de escolaridade destas reclusas, pelo facto de se tratar apenas de mulheres até aos 21 anos de idade, pertencentes a uma geração sujeita à escolaridade obrigatória. No entanto, este mecanismo regulador não parece ter funcionado, confirmando-se a ideia de que "esta população [...] escapa [...] a um modo típico de regulação institucional do Estado" (Cunha, 2002, p.71).

Há que referir, contudo, que se a escolaridade obrigatória está longe de ser cumprida, o cenário parece menos negativo quando se considera o número de mulheres sem nenhum grau de instrução. De facto, este é inferior ao número de mulheres portuguesas com 25 ou mais anos de idade que não têm qualquer escolaridade[56]. Constatamos igualmente que as mulheres que nunca frequentaram a escola são reclusas de etnia cigana, devendo o seu nível de escolaridade ser entendido à luz das tradições culturais desta etnia, onde não é comum a frequência escolar, particularmente das mulheres (Nunes, 1996).

---

[56] Na nossa amostra encontramos 12,2% de mulheres sem frequência escolar e 10,2% que não completaram o 1° ciclo, enquanto segundo o INE serão cerca de 27% as mulheres portuguesas com 25 ou mais anos de idade que não completaram nenhum grau de instrução (CIDM, 2001).

Encontramos também um índice considerável de desocupação anterior à detenção e, entre as mulheres ocupadas, percebe-se que muitas vezes foram diversas as actividades exercidas e durante períodos de tempo muito curtos. Estes dados parecem indicar precariedade, instabilidade e ausência de vínculo no emprego, antes da detenção, tal como tem sido descrito noutros estudos sobre mulheres na prisão (e.g., Almeda, 2003a). No entanto, no caso concreto do nosso estudo, estes indicadores podem estar relacionados com a idade jovem das reclusas.

Algumas mulheres referem ter exercido a mesma profissão por mais de cinco anos, tratando-se estes casos não de excepções a uma situação profissional precária antes da detenção, mas sim de reclusas de etnia cigana que trabalham como feirantes desde muito cedo. Também na leitura deste facto se deve ter em conta o contexto cultural cigano, que preconiza não só a ausência de escolaridade nas mulheres, mas também a sua iniciação precoce nas actividades desempenhadas pelos pais e outros familiares (Nunes, 1996). Parece assim confirmar-se que, no nosso estudo, as reclusas ciganas, pelas tradições culturais da sua etnia, constituem um pequeno subgrupo que se destaca pelas características socio-demográficas. Veremos, adiante, se esse subgrupo também se diferencia em termos de perfil criminal.

As características sociais e económicas descritas são, de uma forma global, concordantes com os resultados obtidos noutros estudos sobre mulheres ofensoras, realizados quer em Portugal (e.g., Cunha, 2002), quer no estrangeiro (e.g., Almeda, 2003a; Moledo, 2002). Tal como nesses estudos, também as mulheres da nossa amostra pertencem genericamente a classes desfavorecidas, vivendo em contextos precários a nível económico, social e cultural.

Constatamos desta forma que, derivando de e contribuindo para os estereótipos da delinquência (como actividade apenas dos mais desfavorecidos), são essencialmente as populações com menos recursos socio--económicos e culturais, aquelas que são envolvidas no sistema de justiça criminal.

A centralidade das drogas

Na caracterização da criminalidade das jovens mulheres, salientamos a centralidade das drogas. Considerando ambos crime e consumos, resulta em cerca de 80% o número de mulheres detidas por crimes em que as drogas surgem como elemento de relevo. Tal como refere Cunha, "a droga parece surgir [...] como um denominador comum no perfil penal desta população" (2002, p.63).

A proposta de centralidade das drogas na criminalidade feminina não deve contudo reduzir-se ao estereótipo do toxicodependente que comete crimes motivado pelo consumo de droga, seja pelos seus efeitos psicoactivos, seja pela necessidade da sua aquisição (Agra, 1998; Machado, 2000). Trata-se de um fenómeno mais complexo do que uma relação causal unívoca entre droga e crime, e que só poderá ser compreendido através de um olhar atento para ambos os vectores "consumos" e "crimes da droga".

Consumos

O consumo de drogas "duras" é uma questão que, na nossa opinião, merece destaque, ao ser relatado por mais de um terço das jovens reclusas. Trata-se de um valor considerável, mas bastante inferior aos cerca de 60% da população reclusa global apontados como dependentes de drogas antes da detenção (Provedor de Justiça, 1999). Se para a população reclusa masculina, tal como refere Agra (1998), não é possível reduzir a relação entre droga e crime ao estereótipo do "toxicodependente-delinquente", para a população feminina este parece fazer ainda menos sentido. E é precisamente no caso da mulher que esta ideia pode ser particularmente interessante, pois se a criminalidade feminina tem sido mais associada ao estereótipo da mulher louca ou doente do que da mulher má (Muncie, 1999), a ideia da reclusa que cometeu o crime pela necessidade de consumir drogas ou sob o seu efeito seria um argumento indispensável para alguns defensores dessa tese.

Como veremos, numa grande proporção de mulheres, os crimes cometidos estão relacionados com a droga. Contudo, também essa associação está longe da causalidade linear da representação social dominante da relação droga-crime.

Crimes

A predominância dos crimes que têm as drogas como pano de fundo remete-nos, em primeiro lugar, para o tráfico de droga enquanto

168 *Vidas raras de mulheres comuns*

tipo de crime mais cometido pelas jovens reclusas, à semelhança do que se verifica noutros estudos (e.g., Cunha, 2002; Moledo, 2002; Chesney-Lind, 1997). A sua superioridade relativamente aos crimes contra a propriedade e contra as pessoas é bastante expressiva, particularmente no grupo de mulheres já condenadas[57]. Parece assim confirmar-se a tendência para a homogeneização da criminalidade feminina em torno do tráfico de droga, notada por Cunha (2002) na sua comparação das mulheres detidas em Tires entre 1987 e 1997.

De facto, o grande aumento da população feminina nas prisões portuguesas, verificado nas últimas décadas (1981: 169 reclusas; 1991: 507 reclusas; 2001: 1117 reclusas), surge em paralelo com o aumento, e predomínio, das condenações de mulheres por tráfico de droga (1993: 36% das condenações; 2001: 73% das condenações)[58]. Desta forma, o exponencial aumento da proporção de reclusas entre a população prisional parece dever-se, pelo menos em parte, à abertura de novas oportunidades para as mulheres no narcotráfico, desde finais da década de oitenta[59]. E se essas oportunidades se abriam, segundo Manuela Ivone Cunha (2002), essencialmente para as mulheres mais velhas, parecem ter-se expandido para a inclusão das mais jovens. De acordo com Almeda (2003a), também em Espanha e um pouco por toda a Europa se verifica este aumento da proporção de mulheres nas prisões, associado à sua maior participação na economia da droga.

O tipo de tráfico de droga cometido pelas jovens reclusas consiste essencialmente em pequeno tráfico praticado em Portugal e por mulheres portuguesas, ao contrário do que acontecia no cenário dos anos oitenta, quando era comum a detenção dos denominados "correios da droga"[60]. Contudo, esta figura ainda não desapareceu, uma vez que,

---

[57] Posteriormente, este dado será discutido enquanto indicador de uma maior penalização do tráfico de droga face a outros crimes.

[58] Estatísticas fornecidas pelo Gabinete de Estatística e Planeamento do Ministério da Justiça.

[59] Cunha (2002) refere que "[...] no período de 1989-1997 a subida proporcional dos crimes de tráfico foi, no caso feminino, superior ao dobro da registada no caso masculino" (p.74).

[60] Entre 1987 e 1997 não só o crime de tráfico disparou entre as reclusas de Tires, como passou a ser essencialmente tráfico «doméstico», realizado em Portugal por mulheres portuguesas, praticamente desaparecendo a figura do correio de droga (Cunha, 2002).

entre as mulheres presas por tráfico, 12,5% são reclusas estrangeiras detidas por tentarem introduzir droga no nosso país.

Importa ainda realçar que o tráfico de droga não surge inevitavelmente associado aos consumos. Mais do que isso, o tráfico parece surgir como uma oportunidade que é proporcionada às mulheres nos contextos sócio-espaciais em que estão inseridas, e que lhes permite melhorar a sua situação económica.

Dos diferentes tipos de crime cometidos pelas mulheres estudadas, o tráfico não é o único relacionado com as drogas. Também os crimes contra a propriedade estão, na maior parte dos casos, associados às drogas, em particular ao consumo de drogas "duras".

Contudo, qualquer associação entre os crimes contra a propriedade e o consumo de drogas "duras" não deve confundir-se com uma simples relação causal; deve antes ser entendida como uma relação complexa, mediada por diversos factores e processos e que, tal como o demonstram a generalidade dos estudos, pode assumir diferentes contornos (Manita, Carvalho & Agra, 1996). No nosso estudo, percebemos nos discursos das mulheres consumidoras e detidas por crimes contra a propriedade, diferentes formas de estas actividades se relacionarem. Em particular, notamos que para algumas mulheres os roubos são motivados pela necessidade de consumo, enquanto para outras, crime e consumos emergem de um estilo de vida marcado pela vivência de rua[61]. E a ideia da complexidade da relação droga-crime acentua-se, se tivermos em conta que os próprios actores do crime e consumidores, na construção narrativa da relação entre os seus consumos e actos delinquentes, revelam a interiorização das representações sociais dominantes ("crime para adquirir droga" e "crime sobre o efeito das drogas") (Manita, Carvalho & Agra, 1996).

---

[61] *Dália* (18 anos), condenada por roubos, refere insistentemente que "tinha que roubar para consumir" e que "só roubava por esse motivo"; *Ema* (20 anos), também condenada por roubos, justifica o seu início quer nos consumos quer no crime pelo facto de viver na rua; segundo esta mulher, quem vive no "ambiente de rua", não só tem necessidade de roubar para sobreviver, como também acaba, mais cedo ou mais tarde, por se envolver nos consumos de droga.

No estudo qualitativo, a partir da análise dos discursos das jovens mulheres, teremos oportunidade de aprofundar estas questões da relação entre droga e crime. A análise ao nível das significações poderá constituir um contributo valioso para a compreensão da associação entre o consumo de drogas e a actividade criminal das mulheres da amostra.

A repressão criminal face à centralidade das drogas

Os resultados do nosso estudo relativamente à duração das penas aplicadas, nomeadamente a ausência de condenações a penas inferiores a um ano e o número significativo de mulheres a cumprir penas superiores a cinco anos, parecem reforçar a tendência notada por Cunha (2002) para uma crescente repressividade das políticas criminais. Ainda que o seu estudo não se refira apenas a reclusas jovens, a autora encontrou igualmente, entre 1987 e 1997, um decréscimo nas penas inferiores a um ano e um grande aumento nas penas superiores a cinco anos, associando essas mudanças a uma política criminal mais repressiva, materializada no Novo Código Penal de 1995 (substituição das penas de curta duração por medidas alternativas e agravamento das penas longas).

A crescente repressão criminal parece-nos indissociável das transformações globais da criminalidade feminina, progressivamente mais centralizada em torno das drogas.

Especificamente em relação ao tráfico de droga, crime mais cometido pelas mulheres da amostra, notamos a sua maior penalização comparativamente com outros tipos de crime, em particular os que não estão associados com a droga. Estes dados vão ao encontro do que vem sendo descrito na literatura acerca da maior intolerância penal relativamente aos "crimes da droga", traduzida no maior número de detenções e na aplicação de penas mais longas face a este tipo de crimes, em Portugal e noutros países (e.g., Almeda, 2003a; Cunha, 2002). Os resultados do nosso estudo apontam no sentido de haver mais condenações (a pena de prisão) por tráfico de droga, na medida em que, entre as mulheres condenadas, o predomínio do tráfico sobre os outros crimes é muito superior ao verificado nas mulheres em prisão preventiva. Constatamos igualmente que a existência de processos anteriores por tráfico de droga implicou condenação a pena de prisão, enquanto em processos por outros tipos de crime não houve condenação ou foram aplicadas medidas alternativas à pena de prisão.

A intolerância face às drogas é também notória na maior extensão de penas quando há consumo de drogas "duras", particularmente no caso das mulheres que cometeram crimes contra a propriedade.

A [con] fusão demográfica e jurídica: família e crime

Envolvimento criminal de familiares, vizinhos e amigos

A maior parte das mulheres da amostra tem familiares, companheiros ou namorados, vizinhos ou amigos, igualmente enredados no sistema de justiça pela prática de crimes. Acontece inclusivamente que algumas destas mulheres partilham o estabelecimento prisional, ou até a mesma cela, com familiares, vizinhos ou amigos[62].

A elevada representação no sistema de justiça penal de figuras que mantêm estreitos laços sociais e se movem nos mesmos espaços que as mulheres da nossa amostra, remete-nos para a ideia de que estas mulheres provêm de contextos desfavorecidos, onde o crime, em particular o tráfico de droga, surge como uma oportunidade de negócio, eventualmente a par de outras actividades "menos ilícitas" (como por exemplo vender no espaço público objectos legais, mas sem licença)[63]. Essa actividade económica permitirá o equilíbrio da situação financeira de agregados familiares pertencentes a classes baixas.

Sabemos também que os contextos de onde provêm as reclusas, seus familiares, companheiros, vizinhos e amigos, são sobretudo conotados com a droga e com a criminalidade, sendo por isso um alvo preferencial da actuação da polícia. Como nota Manuela Ivone Cunha "a

---

[62] Por exemplo *Ana* (17 anos), condenada por homicídio, foi detida com a mãe, com quem sempre partilhou a mesma cela. Segundo nos referiu, não pretende transitar para Regime Aberto (onde as reclusas têm mais autonomia), pois não se sente preparada para a primeira separação em relação à mãe.

[63] Actividades como vendas na rua sem licença tendem a ser consideradas "menos ilícitas" do que o tráfico de droga pelo facto de poderem fazer parte do mercado económico legal, ao contrário do que acontece com o tráfico (Maher, 1997).

172 *Vidas raras de mulheres comuns*

acção policial desenvolvida em certos segmentos sócio-espaciais aumenta a probabilidade de detenção dos seus residentes e, por conseguinte, constituirá um dos factores pelos quais se reencontram na prisão não só parentes, mas vizinhos, amigos e conhecidos" (2002, p.117).

[Des] organizações familiares em torno do crime

O frequente envolvimento de familiares e companheiros das reclusas no sistema de justiça pela prática de crimes, sugere à partida uma dinâmica familiar organizada em torno do crime. Um olhar atento sobre os dados revela-nos, contudo, que os contactos dos familiares das reclusas com a justiça surgem frequentemente no âmbito de outros processos judiciais, nem sempre referentes ao mesmo tipo de crime ou a crimes ocorridos no mesmo período de tempo. A desconstrução da ideia da organização familiar em torno do crime requer a análise dos diversos cenários possíveis.

Iniciemos pelas situações em que reclusas e familiares são co-réus no mesmo processo. Nestes casos, frequentemente relativos a processos por tráfico de droga, poderíamos ser levados a pensar que existem complexas organizações familiares, em particular redes de tráfico de droga, envolvendo parentes, amigos, vizinhos e conhecidos. No entanto, os dados mostram que, quando reclusas e familiares são co-réus no mesmo processo, nomeadamente por tráfico, não existe inevitavelmente conhecimento mútuo de envolvimento no crime. O facto de estarem implicados no mesmo processo judicial pode ser simplesmente consequência da própria actuação policial, como por exemplo as rusgas que levam a que todos os adultos presentes num momento de apreensão de drogas sejam detidos e que, pela forte penalização do tráfico, fiquem em prisão preventiva (Cunha, 2002). Pode também acontecer que haja conhecimento mútuo da prática de crimes, mas sem actuação de familiares em cumplicidade; e, finalmente, podem diferentes membros do agregado traficar em conjunto, mas sem o funcionamento de uma verdadeira rede de tráfico.

Torna-se assim improvável a existência de complexas organizações familiares em torno do tráfico de droga, confirmando-se a constatação de Manuela Ivone Cunha acerca do modelo de tráfico que prevalece entre nós, um modelo individualista tipo *freelancer*, muito distinto das grandes organizações criminais de tráfico de droga e de outros produtos ilegais. A autora refere que "poder-se-á por isso revelar enganador o grande número de parentes que desfilam nos tribunais e desembocam na prisão [...]. [S]e se trata sim de uma rede de parentes, não se trata inevitavelmente de uma rede de tráfico. Sucede que cada um terá investido por si, ou em pequenas coligações, numa estrutura de oportunidades que o tráfico abriu a todos e à qual os vizinhos estão, de igual modo, expostos" (2002, p.178).

Relativamente às jovens mulheres da nossa amostra, ao longo da primeira entrevista, particularmente nas abordagens ao crime cometido ou a consumos de droga, os discursos denotam frequentemente uma preocupação com o impacto das suas transgressões na família. Ouvimos não raras vezes expressões como "eu devia ter ouvido a minha família", "foi um choque para os meus pais" ou "isto [o crime] não tem nada a ver com a minha família", mesmo em casos em que há história de crime e prisão em parentes. Estas afirmações parecem corroborar a ideia de que, pelo menos na maior parte das situações, a criminalidade destas mulheres é independente da prática de crimes noutros membros da família.

Por outro lado, e perante um conjunto de dados que apontam no sentido de estas reclusas se aproximarem das reclusas mais velhas a nível socio-demográfico e jurídico-penal, estas afirmações parecem de alguma forma constituir uma das poucas especificidades associada ao facto de serem jovens. Se entre as mulheres mais velhas é constante a preocupação com a família, relativamente à qual se sentem (e lhes é permanentemente exigido que sejam) responsáveis (Almeda, 2003a; Pollock, 1998), entre as mais jovens a preocupação com a família parece surgir no sentido inverso, ou seja, pelo receio de desapontar os prestadores de cuidados. Isto, independentemente de elas próprias, na maior parte das vezes, serem também mães.

As rotinas no contexto prisional

[Des] ocupações

A caracterização da vida das mulheres dentro da instituição prisional revela condicionantes e comportamentos (e.g., desocupação; consumo de drogas) que nos levam a supor que talvez a prisão não constitua a interrupção de um percurso anterior ou o início de um novo percurso, mas apenas um novo contexto para um velho percurso. Alguns resultados são particularmente relevantes para a formulação dessa ideia, como por exemplo o número considerável de reclusas, condenadas ou em situação preventiva, que não têm qualquer ocupação no estabelecimento prisional. Esta situação, que tem sido apontada como um mau indicador de adaptação ao contexto prisional (Gonçalves, 1993), leva-nos a questionar sobre as eventuais consequências de uma reclusão que consiste em meses ou anos de desocupação.

Por outro lado, verificamos que o número de reclusas a estudar no estabelecimento prisional é bastante superior ao número das que estudavam antes da detenção, podendo este ser visto como um fenómeno que pode trazer consequências positivas na vida futura destas mulheres. Contudo, a descrição mais informal que as reclusas fazem da frequência escolar na prisão denota desinteresse e falta de motivação para o estudo em termos de benefício futuro; a frequência da escola no estabelecimento prisional tende a ser vista sobretudo como uma forma de passar o tempo e de conviver com outras reclusas. Paralelamente, as reclusas realmente interessadas em continuar os estudos, não têm obtido resposta positiva por parte do estabelecimento prisional. São mulheres cujo nível de escolaridade é mais avançado (ensino secundário), não sendo tão acessível esse patamar de ensino no contexto prisional.

Dependências: inícios, reinícios e substituições

Um aspecto que gostaríamos de salientar prende-se com o uso de drogas no contexto prisional. Tal como a criminalidade das jovens mulheres, também a sua reclusão parece ser marcada pela centralidade das drogas, mas agora com novos contornos.

Por um lado, e para além do consumo de haxixe[64], algumas reclusas descrevem a prisão como um contexto (por vezes primeiro) de contacto com as drogas "duras", onde se pode facilmente iniciar ou reini-

---

[64] O consumo de haxixe é descrito pelas mulheres como uma actividade trivial, e por isso não merecedora de grande destaque, dentro ou fora da fronteira prisional.

ciar um processo de dependência. Uma reclusa refere mesmo que, se antes da detenção era dependente apenas de cocaína, é no estabelecimento prisional que inicia o consumo de heroína. Também reclusas não consumidoras afirmam ter tido na prisão a primeira oportunidade para consumir heroína.

Por outro lado, o número de reclusas que tomam medicação passou de 10% antes da detenção para 44% no contexto prisional[65]. Estes dados são concordantes com as descrições de outros estudos (e.g., Almeda, 2003a; Genders & Player, 1987; Carlen, 1983) acerca da mais frequente medicalização das mulheres em geral, e das reclusas em particular, comparativamente com os homens.

A administração de medicamentos às mulheres detidas tem sido associada à presença de mais violência (essencialmente verbal e não tanto física) nas prisões femininas, onde as relações são mais complexas, gerando-se facilmente dinâmicas de conflito. A ideia de que a medicalização das reclusas está associada a questões disciplinares, emerge do maior número de registos de punições aplicadas em prisões femininas, e está patente no discurso dos guardas prisionais (Pollock, 1998).

Numa perspectiva de género, tal como têm argumentado diversas autoras feministas (e.g., Carlen, 1983; Carlen et. al., 1985; Heidensohn, 1985), o maior conflito nas prisões femininas não deve ser associado a "características intrínsecas da mulher", mas antes às exigências e intolerância dos próprios agentes de controlo, influenciados pelos estereótipos herdados das abordagens positivistas à criminalidade feminina. Um exemplo será o estereótipo da mulher ofensora "louca" e não má, ou seja, a tendência para a patologização do comportamento criminal da mulher (Muncie, 1999). Outro estereótipo é o da mulher transgressora que é "pior do que o homem", uma vez que transgride igualmente os papéis de género. Se considerarmos, por exemplo, as preocupações com os filhos, uma das principais fontes de ansiedade da mulher detida, os estudos mostram que os agentes de controlo não dão apoio às reclusas,

---

[65] A medicação que tomam na prisão consiste essencialmente em anti-depressivos, "calmantes" ou comprimidos "para dormir", que as reclusas descrevem como uma grande ajuda para suportar o facto de estarem detidas.

176 *Vidas raras de mulheres comuns*

mas antes punem mais estas mulheres por acharem que não cuidaram da família adequadamente (e.g., Carlen, 1983). Isto desencadeia tensão e reacção das reclusas, quase sempre interpretada como "histeria" inerente à sua natureza feminina (Almeda, 2003a).

A mulher torna-se assim alvo de controlo mais rígido na prisão, funcionando esta hiper-vigilância em si mesma como um impulsionador de violência. Os estereótipos relativamente à mulher transgressora, o controlo exercido sobre ela e os conflitos que emergem desse controlo constituem três vectores que se reforçam, funcionando numa espécie de ciclo que se vai perpetuando.

A elevada medicação administrada às mulheres detidas parece assim constituir uma forma de as tornar mais dependentes da prisão e, consequentemente, mais fáceis de controlar. Esta ideia remete-nos para as descrições de Isabel do Carmo e Fernanda Fráguas (2003) acerca do tratamento penitenciário das mulheres detidas em Tires nos anos 70. Segundo as autoras, medicar as reclusas era a forma eleita para as controlar, evitando os conflitos que tendem a surgir num contexto de reclusão. Os dados emergentes do nosso estudo, conduzem-nos à ideia de que o cenário actual não é muito diferente, na medida em que a medicação parece continuar a ser utilizada como estratégia de controlo.

Manutenção dos laços sócio-familiares

Relativamente à manutenção dos laços sócio-familiares durante a vivência prisional, a maior parte das reclusas recebe visitas, quase sempre de familiares e por vezes de familiares e amigos. Mesmo as mulheres estrangeiras, por vezes sem qualquer contacto em Portugal por serem detidas logo à chegada ao país, são visitadas por voluntárias ("as visitadoras").

Notamos contudo que algumas reclusas não recebem qualquer visita, frequentemente pela dificuldade por parte da família em deslocar-se ao estabelecimento prisional, que se situa longe da sua área de residência[66]. Este tem sido um dos problemas notados no contexto da

---

[66] Esta questão coloca-se particularmente no Estabelecimento Prisional de Tires, onde estão detidas quase todas as mulheres do nosso estudo. Apesar de não questionar-

Caracterização da população juvenil feminina nas prisões portuguesas 177

reclusão feminina, pois normalmente os estabelecimentos prisionais destinados exclusivamente às mulheres são escassos, concentrando reclusas de diversas áreas geográficas (Pollock, 1998). O facto de as mulheres cumprirem pena de prisão longe do seu contexto sócio-familiar acaba por constituir uma maior penalização, que normalmente não acontece no caso da reclusão masculina. Estamos perante um exemplo das diversas formas de discriminação da reclusão feminina, muito contestadas por criminólogas centradas nas questões de género (e.g., Almeda, 2003a; Carlen & Worral, 1987).

A heterogeneidade das trajectórias no crime

A realização de análises factoriais de correspondências múltiplas permitiu-nos identificar uma tendência de agregação destas mulheres em três grupos, que se distinguem essencialmente pelo tipo de crime cometido e pelo trajecto percorrido na justiça até ao crime. Percebemos que tendencialmente a categoria do crime cometido está associada a um percurso específico na justiça. Assim, encontramos dois grupos em que são notórios os percursos na justiça anteriores à ocorrência do crime ("crime – estilo de vida" e "crime – negócio"), e outro grupo caracterizado pela ausência de percurso na justiça até ao crime que motivou a detenção ("crime – excepção")[67].

O grupo que designamos de "crime – estilo de vida" diz respeito às mulheres detidas por crimes contra a propriedade, com história de consumo de drogas "duras" e que percorreram já uma trajectória marcada por antecedentes criminais, muitas vezes com condenação. Estas

---

mos directamente as reclusas sobre o motivo de não receberem visitas, quase invariavelmente ouvimos queixas pelo facto de estarem detidas longe da família. Estas queixas partem não só das reclusas que nunca têm visitas, mas também das que têm visitas esporadicamente, pela falta de condições financeiras da família para suportar os custos de deslocações frequentes. No contexto português, a criação recente do Estabelecimento Prisional Especial de Santa Cruz do Bispo veio atenuar este problema.

[67] As designações propostas para os diferentes grupos reflectem sobretudo os resultados das AFC, mas incluem também dados emergentes do estudo qualitativo, nomeadamente a construção de significados sobre o crime pelas mulheres da amostra. Estas designações devem, contudo, ser encaradas como provisórias, uma vez que podem não corresponder aos discursos identificados após a análise e discussão final dos dados.

reclusas têm frequentemente familiares também detidos por crimes contra a propriedade. Não fosse o género feminino e a descrição deste perfil, com todos os seus «ingredientes», estaria muito próxima do estereótipo do jovem delinquente envolvido numa carreira criminal, frequentemente referido na literatura (Muncie, 1999).

As mulheres enquadradas no grupo do "crime - negócio" estão detidas por tráfico de droga e têm familiares também envolvidos no crime. Estas mulheres podem ser consumidoras de drogas "leves" e ter ocorrências anteriores no sistema de justiça, embora sem condenação. O tráfico de droga não surge entre as jovens ofensoras inevitavelmente associado ao consumo de drogas "duras", contrariando a representação social dominante do pequeno traficante que pretende apenas sustentar os consumos. O tráfico parece, antes, emergir como a mais aliciante oportunidade de negócio oferecida pelo meio em que se movem e relacionam, e que lhes permite ultrapassar as suas dificuldades financeiras. Esta oportunidade surge em paralelo com o desinteresse pela escola e com a vontade de se tornarem independentes em relação a uma família que invariavelmente se encontra em condições económicas precárias.

Finalmente, o terceiro grupo corresponde às mulheres cuja trajectória até à ocorrência do crime não inclui qualquer antecedente na justiça. Estas mulheres não apresentam antecedentes criminais, história de consumos de drogas ou envolvimento de familiares em actividades marginais. O crime contra as pessoas surge como um "acto isolado" num percurso de vida até então normativo, derivando daí a designação "crime – excepção". São no entanto estas mulheres as autoras dos crimes mais violentos, como por exemplo o homicídio de um padrasto abusador ou o infanticídio de uma criança não desejada. Mas estas histórias serão analisadas mais adiante, numa perspectiva de género, partindo da sua construção narrativa pelas mulheres que as protagonizam.

CAPÍTULO 5

Análise de narrativas: percursos de vida, significações do crime e construção da identidade em jovens reclusas

> *"Contar histórias*
> *é um meio fundamental para nos expressarmos*
> *e para expressarmos os nossos mundos aos outros."*
>
> (DAN MCADAMS, 2000)

O conhecimento sobre as principais características socio-demográficas das mulheres jovens detidas em Portugal, bem como sobre o tipo e a contextualização dos crimes cometidos por elas serviu, como referimos anteriormente, de ponto de partida para a realização do principal estudo que desenvolvemos. Após a abordagem empírica preliminar, que nos permitiu traçar tendências para a delimitação de grupos de mulheres com trajectórias de vida (e desviantes) específicas, a adopção de pressupostos construtivistas, genericamente na investigação e particularmente na conceptualização do desvio feminino, conduziu-nos a uma segunda abordagem empírica, de natureza qualitativa. Partimos assim para a análise das trajectórias de vida das reclusas tal como elas as constroem discursivamente, procurando compreender em particular o significado atribuído ao crime e à reclusão, bem como às circunstâncias *genderizadas* presentes na construção desses discursos. É esta análise que passamos a apresentar.

5.1. Metodologia

5.1.1. *Questões de Partida*

Planeada numa lógica de investigação indutiva, orientada para a descoberta, a segunda - e principal - componente empírica do nosso trabalho fundamenta-se nos princípios metodológicos da *Grounded Theory*, uma "metodologia geral para desenvolver teoria com base em dados recolhidos e analisados de forma sistematizada" (Strauss & Corbin, 1994, p.273). Nesse sentido, iniciámos o estudo com a formulação de questões de partida em torno dos tópicos que pretendíamos explorar.

Partimos de duas questões fundamentais. A primeira centra-se na significação do crime e das circunstâncias relacionadas com este e com o contacto com o sistema de justiça na construção narrativa das trajectórias de vida das mulheres desviantes. Pretendíamos explorar a significação do crime em relação quer com experiências de vida passadas, quer com expectativas para o futuro, a eventual emergência do crime como uma interrupção ou uma forma de continuidade na trajectória de vida destas mulheres e ainda em que medida os comportamentos desviantes e a regulação dos mesmos pelas instâncias formais de controlo contribuem para a construção da identidade (criminal ou não). A segunda questão centrava-se na contextualização sócio-cultural dos percursos de vida destas mulheres tal como elas os constroem discursivamente. Ou seja, pretendíamos compreender de que forma, do ponto de vista das protagonistas do crime, circunstâncias como a desigualdade de oportunidades (e.g., em função do género ou da idade) ou as relações de género estabelecidas (e.g., através da conjugalidade ou da maternidade) constituíram constrangimentos relevantes no seu percurso, associados ou não à emergência e manutenção da actividade criminal. Outras questões pensadas, embora à partida fossem secundárias, diziam respeito à associação do crime a circunstâncias específicas, como por exemplo consumos de drogas, experiências prévias de vitimação ou representações da justiça.

5.1.2. Processo de Amostragem

O processo de amostragem levado a cabo opõe-se à concepção tradicional de amostragem aleatória. Nas abordagens tradicionais, de lógica hipotético-dedutiva, pretende-se afirmar o mais possível que os resultados se devem às condições experimentais e não às particularidades dos sujeitos da amostra. Nesse sentido são constituídas amostras representativas de determinada população, sobretudo pela sua quantidade e aleatoriedade, com o objectivo de possibilitar a generalização dos resultados obtidos (Almeida & Freire, 2003).

Nos métodos qualitativos, contudo, as amostras não se pretendem aleatórias, mas sim intencionais, nem representativas de uma população, mas sim da experiência de um fenómeno (Machado, 2000). Assim, para o nosso estudo qualitativo as mulheres foram seleccionadas pela *representatividade* das suas experiências face ao fenómeno em estudo, a criminalidade feminina. Concretamente, seleccionámos mulheres cujas características em termos de tipo de crimes cometidos, percurso na justiça, consumos de drogas e actividades criminais de familiares as aproximavam dos grupos emergentes dos resultados do estudo preliminar. Este procedimento de constituição de amostras é designado por amostragem teórica (Glaser & Strauss, 1967, cit. Strauss & Corbin, 1994) ou por "selecção de dados com base na teoria" (Rennie, Phillips & Quartaro, 1988, p.142).

Procurámos ainda introduzir variabilidade na amostra, um importante princípio da amostragem teórica, no sentido de podermos aceder a experiências heterogéneas (Rennie, Phillips & Quartaro, 1988). A variabilidade foi introduzida, em primeiro lugar, através da constituição de grupos contrastantes, ao seleccionarmos mulheres com experiências e percursos desviantes distintos a partir dos grupos emergentes na análise multivariada realizada no primeiro estudo. Em segundo lugar, através da recolha de dados junto de um "caso negativo", correspondente a uma mulher que não se enquadra em nenhum dos grupos anteriores, "contrariando os padrões emergentes dos dados" (Taylor & Bogdan, 1984, cit. Machado, 2000, p.357).

Para além do critério teórico, da conformidade das características das mulheres a um dos três grupos contrastantes, adoptámos outros critérios para a selecção da amostra qualitativa. Incluímos mulheres que referiram previamente (durante a recolha de dados do estudo quantita-

182   *Vidas raras de mulheres comuns*

tivo) estarem disponíveis para entrevista posterior, e excluímos mulheres em situação preventiva, de nacionalidade estrangeira e com dificuldades ao nível da linguagem[68].

No final a nossa amostra foi constituída por doze mulheres, com experiências criminais heterogéneas. De entre as mulheres seleccionadas, quatro pertenciam a cada um dos grupos do "crime – negócio" e do "crime – estilo de vida", três ao grupo do "crime – excepção" e uma mulher constituía um "caso negativo" (cf. Quadros VIII, IX, X e XI).

Quadro VIII
Amostra do estudo qualitativo: Grupo do "crime – negócio"

Nome fictício (idade)	Crime	Pena de Prisão	Crimes & Penas anteriores	Consumos de drogas	Familiares & crime
Helga (22)	Tráfico	4 anos 6 meses	Agressão (sem condenação)	Cocaína	Companheiro, mãe, pai, irmão, cunhada, primo
Íris (21)	Tráfico	3 anos 4 meses	-	Heroína Cocaína	Companheiro, pai
Joana (22)	Tráfico	4 anos	-	-	Mãe, irmã
Katia (19)	Tráfico	4 anos	-	-	-

Quadro IX
Amostra do estudo qualitativo: Grupo do "crime – estilo de vida"

Nome fictício (idade)	Crime	Pena de Prisão	Crimes & Penas anteriores	Consumos de drogas	Familiares & crime
Dália (19)	Crimes contra propriedade	4 anos	Crimes contra propriedade (sem condenação)	Heroína	-
Ema (21)	Crimes contra propriedade	3 anos 9 meses	Crimes contra propriedade; (18 meses de pena suspensa)	Heroína Cocaína	Companheiro
Flora (20)	Crimes contra propriedade	4 anos	Crimes contra propriedade; (3 anos de pena suspensa)	Heroína Cocaína	Companheiro; 2 irmãos
Guida (21)	Crimes contra propriedade	7 anos 6 meses	Crimes contra propriedade; (2 penas de prisão)	Heroína Cocaína	Companheiro, pai, primo

---

[68] O critério da dificuldade ao nível da linguagem resultou na exclusão de apenas uma mulher, de etnia cigana, cuja expressão linguística constituía uma barreira óbvia à recolha de dados através de entrevista em profundidade.

Quadro X
Amostra do estudo qualitativo: Grupo do "crime - excepção"

Nome fictício (idade)	Crime	Pena de Prisão	Crimes & Penas anteriores	Consumos de drogas	Familiares & crime
Alexandra (18)	Homicídio	6 anos	-	-	Mãe
Bárbara (20)	Homicídio	4 anos	-	-	-
Carla (22)	Homicídio	7 anos 9 meses	-	-	Tio

Quadro XI
Amostra do estudo qualitativo: "Caso negativo"

Nome fictício (idade)	Crime	Pena de Prisão	Crimes & Penas anteriores	Consumos de drogas	Familiares & crime
Lisa (19)	Crimes contra propriedade & homicídio	8 anos 9 meses	-	-	Irmão

5.1.3. Recolha dos dados

a. A entrevista qualitativa

Considerando que se pretendia neste estudo aceder aos discursos construídos sobre o crime e aos significados associados a este na construção narrativa de histórias de vida, o instrumento que se configurou mais adequado para a recolha de dados foi a entrevista qualitativa que, devido à sua natureza, "proporciona maior profundidade" (Fontana & Frey, 1994, p.365). Pretendíamos utilizar um guião de entrevista caracterizado sobretudo pela ausência de estruturação, com flexibilidade suficiente para aceder ao nosso objecto de estudo. Acabámos por utilizar uma versão adaptada de um guião proposto de Dan McAdams (2000) para a condução da "construção narrativa de histórias de vida". Apesar de se tratar de um guião de entrevista com alguma estruturação, utilizámo-lo com a flexibilidade que a abordagem pressupunha, nomeadamente permitindo a exploração de outros tópicos que se revelaram per-

184   *Vidas raras de mulheres comuns*

tinentes e a alteração da forma e do momento em que as questões foram colocadas[69].

Segundo McAdams a nossa compreensão do mundo constrói-se e expressa-se através da construção de histórias, devendo a identidade ser definida como uma história de vida ou uma "narrativa internalizada do *self*" (2000, p.643). Na sua perspectiva, a constante construção de narrativas pelos indivíduos pressupõe a utilização não apenas do que designa por "pensamento paradigmático", empírico e racional, mas também do "pensamento narrativo", através do qual damos significado ao mundo com base nos nossos objectivos, desejos e necessidades (McAdams, 2000, p.623). O guião proposto pelo autor para a construção de histórias de vida fundamenta-se no pressuposto do pensamento organizado narrativamente. A sua estrutura apela à construção de histórias, que devem incluir contextos, personagens, acontecimentos iniciais, reacções e consequências.

O guião de entrevista compreende três componentes fundamentais.

A primeira, designada por "Capítulos de vida", consiste na conceptualização do percurso de vida como um livro ou um filme e sua divisão em capítulos principais, sendo para cada um deles elaborado um sumário e proposto um nome. Em relação a cada capítulo são exploradas a contextualização familiar e macrossocial, as principais ocupações e as eventuais actividades desviantes e institucionalizações.

A segunda parte da entrevista consiste na descrição de "Episódios de vida". Segundo McAdams (2000), uma história é construída como uma sequência de episódios que compreendem acontecimentos iniciais, acções do indivíduo para alcançar determinados objectivos, reacções e consequências. No guião original é pedida a descrição detalhada de episódios (ou cenas) de vida específicos, que devem incluir o que aconteceu, quem estava lá, o que o indivíduo sentiu e pensou e qual o significado do episódio no contexto global da sua vida[70]. O guião incluía a construção de episódios como, por exemplo, o *high point* (experiência *zenith* ou melhor experiência de vida), o *low point* (experiência *nadir*

---

[69] Embora globalmente tenhamos mantido a sequência dos três grandes momentos da entrevista (Capítulos de Vida; Episódios de Vida; Outras Narrativas).

[70] Na construção do guião de entrevista Dan McAdams utiliza indiscriminadamente os termos "episódio" e "cena".

ou pior experiência de vida), um ponto de viragem (experiência de mudança de vida significativa) e uma tomada de decisão (experiência de tomada de decisão significativa). À versão original do guião acrescentámos dois episódios, do crime e da prisão, atendendo especificamente ao objecto de estudo e às questões de partida da nossa abordagem empírica[71].

O guião de entrevista inclui ainda uma terceira parte, que pressupõe a construção de narrativas mais integradoras de toda a história de vida, tais como o maior desafio do percurso de vida, as personagens mais importantes (principais influências negativa e positiva no percurso de vida), as principais crenças e valores, a percepção de capítulos futuros e, finalmente, uma mensagem integradora de toda a trajectória de vida. Este momento da entrevista permite compreender o que McAdams designa por "importância a longo prazo dos episódios de vida" (2000, p.639), ou seja, a importância que estes assumem no contexto global da vida dos indivíduos.

Gostaríamos de clarificar que, apesar de adoptarmos a designação "histórias de vida" e analisarmos narrativas de histórias de vida, a nossa abordagem não deve ser entendida, metodologicamente, como biográfica. Para tal seria necessário adoptarmos uma metodologia mais complexa do ponto de vista das fontes e dos momentos de recolha e de análise dos dados biográficos das mulheres da amostra (Smith, 1994; Ferrarotti, 1983). Mais do que uma abordagem centrada na história de vida das jovens reclusas, trata-se de uma abordagem centrada na construção narrativa de histórias de vida de cada uma delas. Assumindo que as pessoas constroem as suas vidas narrativamente através da criação de histórias com episódios definidores do *self* (McAdams, 2000), e que a construção destas histórias é um processo psicossocial, integrador de aspectos do indivíduo e da sua envolvente social, procurámos através da análise de narrativas de episódios de vida específicos compreender o significado que as mulheres que cometem crimes atribuem ao desvio na

---

[71] Alterámos também os episódios da infância e da adolescência para "imagens" da infância e da adolescência, por um lado pela dificuldade notada na construção destas narrativas nas primeiras entrevistas e, por outro lado, por não se constituírem como episódios nucleares para o nosso estudo.

186   *Vidas raras de mulheres comuns*

sua vida e na sua identidade. Foi nesse sentido que utilizámos um guião de entrevista para a construção narrativa de episódios de vida, adaptado especificamente a indivíduos em cujo percurso emergem actividades desviantes e contactos com o sistema de justiça penal.

b. O processo de recolha dos dados qualitativos

O estatuto da investigadora

O estudo que apresentamos não consiste numa etnografia, mas apenas numa abordagem aos discursos sobre a criminalidade feminina realizada num contexto privilegiado do ponto de vista do fenómeno em causa. Contudo, a investigadora acabou por passar algum tempo na instituição para a recolha dos dados quer quantitativos quer qualitativos, pelo que inevitavelmente a sua imagem se foi tornando mais familiar, para ambos reclusas e *staff* prisional. De qualquer modo, o estatuto da investigadora foi sempre, para as mulheres da amostra, o de alguém que era exterior à instituição prisional e que representava o sector "não desviante". Notámos assim alguma preocupação das mulheres na partilha de informação com a investigadora, possivelmente por receio de que essa informação fosse usada em seu prejuízo. Pensamos que, pelo menos em parte, a tal se deveram as resistências iniciais com que pontualmente nos deparámos por parte de algumas mulheres, embora nenhuma tenha recusado participar no estudo. Após a eventual resistência inicial, notámos vontade das mulheres em comunicar com a investigadora, iniciando-se um período de partilha de todo o tipo de queixas acerca do sistema prisional[72]. Manuela Ivone Cunha, a propósito do estudo etnográfico que realizou em Tires, define estas queixas como "lamentos estereotipados", referindo-se a eles como "o tipo de périplo que" estas mulheres supõem interessar ao investigador e que no seu caso entendeu como "um obséquio, ou como uma espécie de ritual pro-

---

[72] Estas queixas (e.g., falta de cuidados médicos, falta de ocupação) parecem corresponder, por vezes, mais aos estereótipos sobre o meio prisional do que aos significados dominantes que as próprias mulheres associam ao contexto (como veremos na análise dos seus discursos).

piciatório do contacto" (1994, p.11). Posteriormente, criou-se espaço para o desaparecimento desta postura por parte das reclusas, na sua partilha com a investigadora.

Gostaríamos de salientar que, na nossa opinião, o facto de as entrevistas terem sido conduzidas por uma mulher e de esta, em determinado período da recolha de dados, estar grávida, terá tido certamente um papel relevante no tipo de relação e de comunicação estabelecidas entre actrizes e investigadora. Por sua vez, as narrativas construídas pelas mulheres sobre histórias das suas vidas poderão reflectir em certa medida essa relação. Nomeadamente, pensamos que perante um investigador do sexo masculino as referências a relações de género, em particular a relações íntimas com parceiros violentos, poderiam não surgir (pelo menos com tanto ênfase) nos discursos construídos. Também os discursos sobre a maternidade poderão reflectir não apenas a procura de corresponder aos discursos sociais dominantes, mas também ao que entenderam ser as expectativas da investigadora, quer pelo seu estatuto de "não-desviante" quer pela sua gravidez.

Especificidades do contexto prisional

O facto de as mulheres entrevistadas estarem a cumprir pena de prisão marcou claramente as narrativas que construíram sobre os seus percursos de vida. A construção deste tipo de discursos reflecte sempre, não apenas experiências passadas e representações sobre o futuro, mas também a contextualização (individual, social e cultural) do momento presente (Ferrarotti, 1983). Assim sendo, os significados associados ao contexto prisional surgiram inevitavelmente ao longo das entrevistas. A inclusão de apenas uma cena do crime e outra da prisão poderia à partida parecer escassa considerando o nosso objecto de estudo. No entanto também noutros tópicos da entrevista (e.g., *"low point"*, "ponto de viragem", "cena de moralidade") assistimos à emergência de narrativas sobre o crime e a prisão. De qualquer modo, o facto de as mulheres estarem a cumprir sanções penais, com a expectativa associada de ocorrência de mudanças como a obtenção de saídas precárias ou de liberdade condicional, marcou em nosso entender as conversas com a investigadora. Por exemplo, através de algum cuidado para não partilhar determinada informação, com receio de serem penalizadas, ou através

188 *Vidas raras de mulheres comuns*

da referência a aspectos positivos sobre a prisão ou sobre figuras de controlo a ela associadas, com o objectivo de poderem daí retirar benefícios.

Para além dos constrangimentos inerentes ao estatuto de "reclusas", o contexto prisional em si mesmo marcou também o decorrer das entrevistas. Em primeiro lugar, estas foram realizadas em espaços normalmente utilizados para contactos entre reclusas e advogados, conferindo na nossa opinião um carácter de alguma formalidade à entrevista, pelo menos nos seus momentos iniciais, e que poderá também ter sido responsável pelas resistências descritas. Esta constatação foi mais evidente no primeiro momento de recolha de dados, para o estudo preliminar, mas ocorreu igualmente nas entrevistas aprofundadas, sobretudo nas que decorreram mais tempo após o primeiro contacto com as mulheres da amostra. Para além disso, factores inerentes ao espaço prisional, como os barulhos, as interrupções, a organização do tempo e das tarefas das reclusas, poderão, em certa medida, ter também penalizado os discursos construídos[73].

Adequação do guião à amostra

Gostaríamos de fazer uma pequena reflexão sobre alguns aspectos relativos à (in)adequação do guião de entrevista utilizado às mulheres da amostra. Uma primeira questão que colocámos diz respeito ao baixo nível educacional das mulheres entrevistadas, bem como a algumas limitações suas em termos de linguagem, que à partida nos pareceram preocupantes. No entanto, julgamos que a idade terá sido um factor mais comprometedor da riqueza das narrativas construídas. Efectivamente, no período da adolescência, que corresponde à idade da maior parte das mulheres da amostra, as questões identitárias estão em plena construção, pelo que até ao início da idade adulta se obtém apenas um "esboço de narrativa identitária" (McAdams, 2000, p.643). Só a partir de então é que os indivíduos, dotados de competências cognitivas operatórias formais, serão capazes de construir uma história integrada, "que

---

[73] Lembrámo-nos, a título de exemplo, de uma rapariga que interrompeu o cumprimento de um castigo para a realização da entrevista, havendo uma pressão esporádica das guardas prisionais para que esta decorresse com a maior brevidade possível.

reúne diferentes aspectos do *self,* conferindo unidade e sentido à vida"
(idem, p.643).

Apesar das questões referidas, e que constituem certamente limitações metodológicas do nosso estudo qualitativo, parece-nos que as narrativas construídas pelas jovens entrevistadas são suficientemente ricas para levarmos a cabo a análise a que nos propusemos. Aliás, torna-se importante referir que algumas mulheres foram capazes de construir histórias com um nível de integração além do esperado atendendo sobretudo à sua idade e aos argumentos expostos.

Finalmente, gostaríamos de referir um último aspecto sobre o processo de recolha dos dados qualitativos e que respeita o que nos parece ser o inegável "efeito" que a própria situação da entrevista terá tido sobre algumas mulheres. Em particular as que resistiram nos momentos iniciais acabaram por referir no final do contacto com a investigadora que se sentiam melhor depois de partilharem a sua história. Embora os nossos objectivos se afastassem de qualquer abordagem terapêutica às mulheres detidas, não podemos deixar de lembrar a existência de estudos empíricos sobre os efeitos positivos do acto de contar histórias (e.g., Pennebaker, 1997, cit. McAdams, 2000).

5.1.4. *Tratamento dos dados*

As entrevistas foram gravadas em áudio tendo-se procedido posteriormente à sua transcrição integral. A única excepção verificou-se na recolha de dados junto de duas mulheres que não autorizaram a utilização do gravador áudio por parte da investigadora, tendo esta registado manuscritamente ambas as entrevistas.

Após a recolha de dados junto de duas representantes de cada um dos grupos contrastantes, procedeu-se à sua codificação preliminar para, apenas posteriormente, se recolherem os restantes dados. A flexibilidade das etapas do processo de investigação, através da simultaneidade da recolha e do tratamento de dados constitui, aliás, um dos pressupostos das metodologias qualitativas, com o objectivo de possibilitar que ambos os processos de recolha e tratamento dos dados sejam refinados à medida que a investigação decorre (Janesick, 1994).

Para o tratamento dos dados utilizámos o programa informático NUD*IST 4.0 (*Non-numerical Unstructured Data, Indexing, Sear-*

ching and Theorizing), uma ferramenta que permite criar categorias e, consequentemente construir teoria, a partir de dados qualitativos.

Princípios

Na análise dos dados qualitativos seguimos alguns princípios, propostos no âmbito da *Grounded Analysis*. Em primeiro lugar, as categorias foram construídas indutivamente a partir dos dados (princípio indutivo), ou seja, não se criou uma grelha de categorias à priori, como acontece frequentemente na análise de conteúdo tradicional. As primeiras categorias construídas a partir dos dados foram mais descritivas, situando-se muito próximo dos significados e mesmo da linguagem das mulheres da amostra (princípio da parcimónia). À medida que o processo evoluiu e se foram estabelecendo relações entre categorias, construímos as que se podem designar de "categorias conceptuais", que permitem compreender as descritivas e as relações entre elas (Rennie, Phillips & Quartaro, 1988, p.143). É através deste processo de construção de categorias de nível superior (que deve ser gradual de forma a garantirmos que a teorização é indutiva), que se proporciona uma leitura teórica dos dados (Machado, 2000). Estamos, no entanto, conscientes de que a nossa análise, sobretudo no primeiro estudo qualitativo[74], ficou um pouco aquém do pressuposto da *grounded analysis* acerca do desenvolvimento de conceitos que permitem uma leitura teórica dos dados (Strauss & Corbin, 1994). Finalmente, obedecemos ainda ao princípio da "codificação aberta" (Rennie, Phillips & Quartaro, 1988, p.143), uma vez que cada unidade de análise foi incluída no máximo de categorias possível, ao contrário do que se verifica na análise de conteúdo categorial.

---

[74] Como veremos, o estudo qualitativo acaba por se subdividir em dois estudos. No primeiro foram criadas à priori categorias correspondentes a cada um dos temas dos episódios definidos no guião de entrevista (e.g., *low point*).

Etapas[75]

A análise de dados qualitativos pressupõe a exploração exaustiva do material recolhido. Nesse sentido realizámos leituras atentas das entrevistas e elaborámos, para cada uma delas, um resumo contendo impressões gerais pertinentes para o processo de categorização.

Relativamente à categorização dos dados, num primeiro momento procedemos à definição da unidade de análise. Optámos pela frase pois, como refere Machado (2000), através desta opção evita-se a "fragmentação de significados" que se verifica quando a unidade de análise é a linha bem como o excesso de informação contida no parágrafo (p.365).

Inicialmente criámos as categorias mais descritivas e elaborámos memorandos sobre cada uma delas, contendo impressões da investigadora que se pudessem assumir como relevantes para a construção de categorias integradoras. Os memorandos revelaram-se fundamentais para estabelecer relações entre categorias e, com base nessas relações, criar categorias de níveis sucessivamente superiores.

Após a criação de categorias mais integradoras, tivemos em consideração a sua organização hierárquica atendendo a um único critério, o número de mulheres que fizeram referência a cada uma das categorias.

Como referimos no início da descrição do tratamento dos dados qualitativos, realizámos uma análise preliminar dos dados emergentes em duas entrevistas representativas de cada um dos grupos contrastantes. A análise preliminar dos dados teve por objectivo refinar o processo de recolha de dados, através da sugestão de novas áreas a focar dentro de cada tópico do guião de entrevista ou de novas formas de colocar questões. Por outro lado, permitiu-nos também perceber como poderíamos melhorar a relação estabelecida com as mulheres da amostra. As análises preliminares constituem sempre momentos em que o investigador tem oportunidade de reflectir globalmente sobre a sua investigação (Janesick, 1994), e pensamos que neste caso particular os processos posteriores de recolha e análise de dados foram efectivamente mais

---

[75] Salvaguardando o pressuposto já referido acerca da flexibilidade das etapas nas metodologias qualitativas, esta designação não deve ser entendida como se os diversos procedimentos levados a cabo para o tratamento dos dados qualitativos decorressem em momentos estanques.

ricos. Excluímos deste procedimento preliminar a codificação do caso negativo, que foi realizada apenas no final do processo de codificação de todas as entrevistas das mulheres dos grupos contrastantes.

Após esta análise preliminar e finalização da recolha, no processo analítico final optámos por realizar a codificação do material grupo a grupo, começando, dentro de cada grupo, pelas entrevistas mais densas e mais informativas. Deste modo, pretendíamos maximizar a criação de categorias numa fase inicial da análise, evitando que os protocolos posteriores acrescentassem muita informação nova e atingindo mais facilmente a saturação de categorias (Rennie, Philips & Quartaro, 1988).

Quanto à análise dos conteúdos propriamente dita, esta foi organizada em duas fases, que acabaram por configurar dois estudos qualitativos distintos.

No primeiro estudo analisámos o material relativo à construção narrativa de episódios de vida. Com um objectivo mais descritivo, esta análise de dados revelou-se mais próxima da análise de conteúdo tradicional por dois motivos centrais: em primeiro lugar, porque criámos à priori grandes categorias, correspondentes ao tema central de cada um dos episódios (e.g., *low* point, ponto de viragem); em segundo lugar porque a estrutura categorial construída vai pouco aquém do nível mais descritivo, próximo dos discursos das mulheres entrevistadas. Relativamente a este estudo, procurámos conhecer e compreender a construção de episódios de vida significativos por parte de jovens mulheres que indiferenciadamente cometeram crimes. Assim sendo, a pertença aos grupos contrastantes não é, nesta primeira abordagem qualitativa, considerada de forma relevante, embora pontualmente se faça referência a aspectos que se destacam pela divergência nos discursos dos diferentes grupos. Por esse motivo o caso negativo, que emerge como negativo por oposição aos critérios de pertença aos grupos, não é aqui codificado.

No segundo estudo qualitativo procedemos à categorização dos restantes dados emergentes das entrevistas. Centrámo-nos no material relativo à construção narrativa de capítulos de vida, bem como nos dados referentes à componente do guião de entrevista que exigia das mulheres entrevistadas uma maior integração dos seus percursos experienciais (e.g., perspectivação do futuro, mensagem integradora do percurso de vida). Nesta segunda abordagem qualitativa, a análise dos

Análise de narrativas 193

dados consistiu num processo mais próximo da *grounded analysis*, respeitando os seus princípios. A análise compreendeu uma maior integração de categorias, emergindo algumas de nível conceptual, o que significa que se construíram conceitos teóricos partindo dos dados.

Desta codificação resultou a construção de estruturas categoriais que nos permitiram identificar os discursos de cada grupo, e, posteriormente contrastá-los. Para finalizar o processo de análise, codificámos e analisámos o caso negativo.

Estrutura da apresentação dos resultados

Como referimos anteriormente, os procedimentos levados a cabo para a identificação dos discursos intra-grupo consistiram na criação de categorias mais descritivas e sua sucessiva integração até atingir (quando possível) categorias conceptuais. Tal significa que, na definição da estrutura-base do discurso de cada grupo – que a seguir apresentaremos – foram consideradas apenas as categorias referenciadas por pelo menos metade das mulheres de cada grupo. Tal deveu-se ao facto de o nosso objectivo consistir sobretudo na identificação e compreensão de discursos de grupo e não de indivíduos. Contudo, quando teoricamente justificado ou quando assumir um significado importante para a compreensão da variabilidade de experiências, faremos referência pontual a categorias idiossincrásicas (Rennie, Phillips & Quartaro, 1988).

Na identificação do discurso de cada grupo, descreveremos as principais categorias, utilizando as anotações elaboradas ao longo do processo de codificação, bem como excertos ilustrativos das mesmas[76]. A descrição das categorias será organizada com base nos principais temas em torno dos quais os capítulos foram construídos narrativamente pelas mulheres da amostra (e.g., família, escola, pares). Apresentaremos ainda uma síntese grupo a grupo com a descrição das principais categorias emergentes nos seus discursos, assim como uma representação gráfica intra-grupo dos percursos construídos por cada uma das mulheres, no sentido de identificarmos possíveis especificidades,

---

[76] Ao longo da descrição das categorias, é pontualmente assinalada a proporção de mulheres que faz referência a cada categoria (e.g., 3/4), quando essa informação nos parece pertinente para a compreensão dos dados.

contrastantes com a estrutura identificada para o grupo na sua globalidade.

A seguir, procederemos à contrastação das estruturas discursivas identificadas para cada um dos três grupos, construindo para tal uma grelha com as principais temáticas emergentes nos discursos, em torno das quais foram construídas as categorias.

Finalmente analisaremos o caso negativo, para o qual construímos uma estrutura de categorias independente, que posteriormente contrastámos com a estrutura discursiva de cada um dos grupos prévios.

5.1.5. *Estratégias de validação dos resultados*

As metodologias de natureza qualitativa ou, de forma mais abrangente, as metodologias indutivas ou orientadas para a descoberta, escapam aos "critérios tradicionais de adequação e validade metodológica formulados e apropriados pelo positivismo", paradigma subjacente à primazia dos métodos quantitativos nas ciências sociais (Altheide & Johnson, 1994, p.485). Entre as críticas apontadas às metodologias qualitativas salienta-se a falta de validade inerente aos dados e a inadequação das estratégias para a sua recolha e tratamento, consideradas pouco fiáveis no sentido de não representarem adequadamente "a realidade" (Guba & Lincoln, 1994).

Contudo, nas perspectivas construtivistas, em que se privilegiam as metodologias orientadas para a descoberta, a postura ontológica é distinta da positivista, com a negação da existência de uma "realidade" a ser descoberta (idem). Nesta perspectiva, também o conceito de validade da investigação se altera, deslocando-se para questões mais conceptuais ou de interpretação dos dados e para o processo através do qual estes são recolhidos e tratados (Altheide & Johnson, 1994). É nesse sentido que as propostas para assegurar a validade dos resultados emergentes em estudos qualitativos passam, antes de mais, pela descrição detalhada de todo o processo de investigação (idem). Entre os outros procedimentos propostos, salientam-se as diversas formas de triangulação – dos dados, do investigador, da teoria e do método (Janesick, 1994) –, e outros, como por exemplo as "auditorias externas aos resultados" (Miles & Huberman, 1994a, cit. Machado, 2000, p.371).

Relativamente aos resultados obtidos nos estudos qualitativos que aqui descrevemos, a sua credibilidade resulta de diferentes critérios. Em primeiro lugar destacamos os procedimentos levados a cabo para a constituição de uma amostra por um lado representativa da experiência da criminalidade juvenil feminina e, por outro lado, suficientemente variada para garantir a heterogeneidade das experiências no fenómeno. A qualidade dos dados estará à partida garantida através deste procedimento de amostragem. Um outro critério que permite aferir a confiança no estudo prende-se com a descrição do processo de investigação, por exemplo detalhando os procedimentos de codificação dos dados e documentando as categorias inerentes às estruturas discursivas identificadas. Também a manutenção da proximidade com os significados emergentes nos discursos das mulheres da amostra, que assegurámos ao utilizar uma abordagem indutiva e ao usar excertos das entrevistas na descrição das categorias, pode ser considerada uma forma de validação dos resultados obtidos (Machado, 2000). Procedemos ainda a duas formas de triangulação: dos dados, através da análise de material distinto, embora emergente nas mesmas entrevistas (corresponde à divisão dos dados analisados nos dois estudos qualitativos); e também metodológica, através do recurso a metodologias quer quantitativas quer qualitativas, que, embora tenham sido utilizadas para alcançar objectivos distintos, permitiram obter, sobre o mesmo fenómeno, visões distintas mas que se complementam.

Finalmente, gostaríamos de referir que, apesar de reconhecermos a importância dos procedimentos que conferem credibilidade aos estudos empíricos, independentemente da natureza das metodologias utilizadas, não pretendemos reivindicar para os resultados que obtivemos um estatuto de verdade ou de realidade apreendida. Antes, assumindo uma postura ontológica consonante com o construtivismo, consideramos que os resultados do nosso estudo são interpretações de quem investiga, construídas a partir dos dados sem desrespeitar o ponto de vista das mulheres da amostra, e que têm por base os pressupostos e as opções que as investigadoras entenderam assumir. São esses resultados que passamos a apresentar, de acordo com a sequência referida no ponto anterior.

5.2. A Construção Narrativa de Episódios de Vida

5.2.1. *Descrição dos episódios*

Apresentamos a análise dos dados emergentes das entrevistas aprofundadas referentes à construção narrativa de cenas ou episódios específicos do percurso de vida das jovens mulheres entrevistadas. Como referimos anteriormente, o guião de entrevista utilizado (adaptado de McAdams, 2000) compreende uma componente em que é pedida a descrição de episódios específicos ocorridos no percurso de vida do sujeito, incluindo um acontecimento, as pessoas presentes, pensamentos, sentimentos e acções do indivíduo e a importância desse episódio no seu percurso de vida. A análise que passamos a apresentar centra-se nas narrativas específicas deste sector do guião, ao nível quer da estrutura quer dos conteúdos dos diferentes episódios. Dentro de cada episódio descrevemos e ilustramos com excertos das entrevistas as categorias construídas, referindo também, sempre que se justifica, o número de mulheres que fazem referência a cada categoria (e.g., 6/11, significando que 6 das 11 mulheres consideradas destacam a categoria em causa).

a. High Point

Diz respeito à construção narrativa do episódio que as mulheres consideram ser o melhor da sua vida. Ao contrário do que acontece noutros itens do guião, as mulheres não mostram grandes dificuldades na elaboração narrativa deste episódio. Notamos apenas que por vezes se torna difícil a tarefa de seleccionar o melhor de entre muitos momentos bons, na medida em que algumas mulheres teriam "tantos momentos para contar..." e outras consideram que "cada fase tem uma coisa bonita".

A construção narrativa do momento mais positivo do percurso de vida destas mulheres gira em torno da família, ou antes, de uma concepção idealizada de família. As histórias contadas referem-se a acontecimentos familiares específicos, que passamos a apresentar.

Nascimentos

É a narrativa mais comum, e refere-se ao nascimento dos filhos e de sobrinhos. Ainda que não deva ser desvalorizada a importância que estas experiências assumem certamente na vida destas mulheres, parece haver uma certa preocupação em corresponder às expectativas sociais de género. A utilização de expressões como "...é claro que ia ser a melhor coisa da minha vida, porque é a minha filha!" parecem reflectir o facto de ser socialmente esperado que a mulher desempenhe um papel maternal.

Ao encontro desta ideia vai também a escolha do nascimento do filho como *high point* por uma mulher cuja narrativa evidencia que o que realmente é positivo para si é o apoio dado pelo companheiro nesta fase. O discurso desta mulher centra-se essencialmente no significado que atribui à circunstância de, naquele momento, talvez mais do que nos outros, o companheiro ter estado sempre do seu lado ("o pai do meu filho estava comigo [...] ele não saiu de ao pé de mim [...] fui lá para a sala dos partos, ele foi lá comigo, e na hora que o meu filho nasceu o pai do meu filho ficou comigo. [...] Entretanto (ri-se), o pai do meu filho estava lá comigo, ele assistiu a tudo, ao parto todo").

As mulheres descrevem também aspectos menos positivos associados aos *nascimentos*. Na construção discursiva do melhor momento da sua vida utilizam frequentemente expressões reveladoras do sentimento de "medo", de uma "sensação horrível" ou de ter ficado "tão triste".

Passeios

Outro tipo de histórias construídas pelas jovens mulheres refere-se a passeios ou momentos de "convívio" familiar, com filhos, pais ou irmãos. Trata-se de narrativas vagas sobre "estar com" os familiares ou ir "para todo o lado" ou "andar sempre" com eles. As histórias construídas parecem corresponder a imagens idealizadas da família, que contrastam com as grandes dificuldades e situações de violência familiar descritas em outros momentos do guião (e.g., *low point*; personagens negativas).

Reencontros

Baseiam-se em separações em relação à figura materna e respectivo reencontro. É este "final feliz" que é definido como o melhor momento do percurso de vida, mas a descrição do episódio incide quase exclusivamente no momento da separação. Daqui resultam narrativas com um carácter marcadamente negativo, com a descrição de grandes dificuldades e sofrimento associado ("a minha irmã ficou doente [...] o meu pai começa-nos a faltar"; "com a minha avó tínhamos de dormir todos juntos").

A escolha do reencontro com a mãe como *high point* assenta em grande medida em aspectos materiais, como a melhoria das condições de habitação ("na minha mãe [...] já tínhamos cada um o seu quarto") ou o atenuar de dificuldades financeiras ("foi chegar a casa para vermos o que ela nos trouxe, o dinheirinho que ela arranjou").

Globalmente constatamos que quase todas as narrativas de *high point* se centram em momentos anteriores à prisão ou mesmo anteriores ao crime. Algumas excepções surgem em histórias de *nascimentos*, que ocorrem já em contexto de reclusão, mas que são descontextualizados pelas mulheres quando estas reforçam a ideia de que o acontecimento é importante por si só, independentemente do contexto onde ocorre (*"se eu não estivesse aqui, estava na rua n'é?"*).

Outra questão que nos parece interessante, e que por isso salientamos, é a emergência de aspectos menos positivos na construção dos melhores episódios de vida. Estes aspectos, como já referimos, emergem em todas as narrativas, seja em relação a nascimentos, a passeios ou a reencontros. As incoerências encontradas, particularmente a correspondência dos episódios de *high point* a um modelo ideal de família, cuja apresentação como "maravilhosa" é recheada de aspectos menos positivos, remetem-nos para a implausibilidade da ideia de coerência das narrativas, salientada por diversos autores (e.g., McAdams, 2000; Potter & Wetherell, 1987, cit. Burr, 1995).

b. Low Point

Diz respeito à narrativa que as reclusas constroem sobre o que consideram ser o "pior" momento da sua vida. Em alguns casos são descritos episódios concretos, com acções, sentimentos e pensamentos associados, mas noutros casos são construídas narrativas mais vagas.

Reclusão

A reclusão emerge como tema central na construção do pior episódio de vida. É, aliás, neste tópico do guião que a reclusão se reveste de significações mais negativas, pois noutros tópicos, como veremos, as narrativas da vida prisional tendem a ser perspectivadas de forma mais positiva (e.g., ponto de viragem).

A construção da reclusão como o momento mais negativo da vida destas mulheres assenta em três contextos temporais distintos.

Desde logo o *antes da reclusão*, quando as mulheres começam por referir o envolvimento em actividades marginais, como entrar "na vida do tráfico" ou "ir para a *vida*"[77] e depois associam essas actividades à ida para a prisão ("porque foi isso que me trouxe até aqui"; "e ao fim daquele tempo todo vir detida"). Acabam por se centrar na instituição prisional e na circunstância de privação de liberdade para construir narrativamente a que consideram ser a pior história da sua vida. Nestes casos, apesar de a primeira resposta à questão colocada se centrar em acontecimentos de vida específicos, como a entrada na vida do tráfico ou o início da prostituição, à medida que as histórias vão sendo construídas há uma deriva clara desses acontecimentos para o momento a que estas mulheres parecem atribuir o significado de "pior da sua vida", a reclusão.

Outras narrativas situam-se temporalmente no *início da reclusão*, na medida em que se referem à entrada no estabelecimento prisional ("foi quando vim presa, sem dúvida nenhuma, lembro-me como se fosse hoje, tenho as imagens na minha cabeça") ou aos momentos que a

---

[77] Entenda-se que as referências à prática da prostituição como actividade marginal ou desviante não reflectem um posicionamento moral da autora, mas sim os discursos historicamente dominantes do ponto de vista social, cultural e da justiça.

antecedem, como as perseguições policiais que conduzem à detenção. Estas narrativas apresentam uma forte componente dramática, com a utilização de expressões como "vem um polícia e agarra-me", "começou a berrar comigo", "arrastaram-me até um carro", "deram-me um enorme empurrão no peito" ou "pedi para beber água e não me deixaram".

Finalmente emergem as narrativas referentes ao *decorrer da reclusão*. Estas são mais vagas, na medida em que correspondem a "estar na prisão", ou seja a um tempo mais contínuo, cujas fronteiras são mais difíceis de delimitar. Aqui, as narrativas tendem a ser construídas em torno da re-significação das relações anteriores. Emergem discursos sobre a actual relação com amigos e familiares que ficam fora do estabelecimento prisional ("Quando uma pessoa está detida e pessoas que nos conhecem [...] lá fora queriam saber de nós e eram nossas amigas [...] e agora que uma pessoa está presa não querem saber de nós.... nem nos escrevem uma carta tão pouco").

Estas narrativas são semelhantes às construídas no episódio da reclusão, onde as mulheres contam histórias significativas relacionadas com estar na prisão. Reforça-se assim a importância que para estas mulheres assumem as mudanças em termos relacionais que derivam da circunstância de se estar detido.

Episódios de vitimação

Corresponde à construção narrativa de episódios em que as mulheres são vítimas de violência por parte de figuras masculinas, como o companheiro ou o padrasto.

Apesar de se tratar de situações de violência continuada, física e / ou sexual, há especificação de episódios, que tendem a ser escolhidos pela maior severidade relativamente a uma determinada rotina de violência ("quando ele me quis matar"; "foi ele ter-me deixado…num mato pr'ali") ou pelo simbolismo, como por exemplo o do primeiro abuso ("foi quando eu perdi a minha virgindade").

As relações com figuras masculinas violentas, assim como a vitimação num sentido mais lato, são temas centrais em torno dos quais as narrativas são construídas. Estes temas emergem também noutros momentos da entrevista, como por exemplo na descrição de um episódio que tenha constituído um dilema moral ou da personagem cuja influência foi mais negativa no percurso das mulheres. Este discurso de vitimação corresponde ao discurso de que a mulher que comete crimes é vítima, apresentando quase sempre história de vitimação continuada. Este argumento é, por vezes, utilizado por autoras feministas numa perspectiva de protecção e *empowerment* da mulher (Chesney--Lind, 1997). Por outro lado, é considerado um discurso *patologizador* e que retira poder à mulher, sendo por isso contestado por outras autoras (e.g., Snider, 2003). Interessa-nos particularmente reflectir sobre a eventual utilização deste discurso de vitimação pelas jovens mulheres como estratégia justificativa dos seus actos desviantes, reflexão esta que remetemos para a posterior discussão geral dos dados qualitativos.

c. Ponto de viragem

Trata-se do momento ou episódio que constitui a mudança mais significativa no percurso de vida. Como veremos, quase todas as narrativas construídas giram em torno de uma temática específica – a prisão – apesar de por vezes se situarem em contextos espaciais e temporais distintos. São esses contextos que nos levam à identificação de três narrativas diferentes, que passamos a descrever.

Entrada na prisão

A entrada na prisão é o principal tema das narrativas construídas pelas jovens mulheres sobre o ponto de viragem mais significativo na sua vida. Percebemos nas palavras de algumas reclusas como a passagem para o contexto prisional assume inevitavelmente um papel de destaque no conjunto de mudanças que ocorrem na sua vida: "Isto foi uma mudança de vida muito grande, eu acho que foi quando entrei aqui, porque foi um mundo totalmente diferente que eu encontrei". A ideia simbólica de um "mundo" novo, diferente do seu mundo anterior constitui o primeiro argumento que esta mulher apresenta para a escolha deste episódio como a mudança principal ocorrida na sua trajectória.

Globalmente, a entrada para o estabelecimento prisional é construída como uma viragem positiva, na medida em que é associada ao final de circunstâncias a que as mulheres atribuem significações negativas. Nesse sentido, relacionam a ida para a prisão com o terminar de situações de abuso continuado ("a pessoa que me fazia mal, não é, já não 'tá cá mais p'ra me fazer mal"), com o final de consumos de droga ("ter vindo detida e saber que estava curada da droga, que já não precisava mais de heroína"), de prostituição ("para sair da vida") ou de roubos ("para não andar a roubar mais").

As mulheres descrevem estas actividades que terminam com a reclusão como prejudiciais para o seu percurso, essencialmente por constituírem uma ameaça ao seu bem-estar físico. Esta ameaça emerge, na perspectiva das mulheres entrevistadas, da "vida de rua" e dos riscos que lhe estão associados e que são potenciados quando há consumos de drogas duras ("se eu não tivesse vindo provavelmente já tinha ido desta para melhor ou então andava aí de rastos"; "Porque é assim, eu se estivesse na rua ainda, pr'á vida que eu levava, na droga e essas coisas, eu podia já estar morta, podiam-me ter matado").

Algumas reclusas dão também um significado positivo à entrada para a prisão por se tratar de um local que lhes permite "crescer" enquanto pessoas. Exemplo são as palavras de uma mulher para quem "ter vindo de cana" a fez crescer: "Hoje eu falo com as pessoas todas, quase todas me dizem *'Mas tu não és mais a mesma pessoa que eu conheci há uns anos atrás'.* É normal, as pessoas crescem, não é? As próprias pessoas que eu convivo vinte e quatro horas por dia dizem que eu 'tou mais madura, 'tou mais... isso é normal, a prisão põe-nos assim". Por vezes é assumido que a prisão muda a sua "maneira de pensar", o que as leva por exemplo a não quererem juntar-se "às mesmas pessoas" com quem costumavam estar anteriormente ("já não me interessam as mesmas pessoas").

Reforçando um pouco a significação positiva atribuída à entrada para o contexto prisional, emergem referências a como a prisão é melhor do que as expectativas que tinham anteriormente ("diziam-me que se dormia no chão e não sei quê e não é nada assim, é completamente diferente. Nós até temos...temos... cada uma tem a sua caminha e temos casas de banho e não sei quê, né, dentro das celas com chu-

Análise de narrativas 203

veiro e tudo. Mas, para mim acho que foi isso, porque foi uma surpresa porque eu nunca pensei que fosse assim, pensei que fosse completamente diferente, pior, muito pior...").

Há no entanto significações negativas associadas à entrada no contexto prisional, directamente relacionadas com a privação de liberdade, como não poder sair nem "abrir porta nenhuma", ou relacionadas com o impacto que a reclusão causa nos outros, em particular na família ("Foi quando eu fui presa [...] por ter feito com que as pessoas sofressem. Porque aquilo foi uma coisa assim muito repentina."). Uma mulher explica que a grande mudança é mesmo anterior à entrada na prisão, com o primeiro contacto com o sistema de justiça criminal, que no seu caso corresponde ao início do julgamento. Notamos que a prisão como mudança menos positiva é referida por mulheres cujo percurso anterior se afasta do crime ou de problemas com a justiça. Isto poderá estar relacionado com a significação da prisão por parte destas mulheres como uma interrupção desfavorável no seu percurso de vida, até então normativo[78]. A análise da construção narrativa de percursos de vida permitir-nos-á aprofundar melhor esta questão.

No seu todo, nota-se alguma ambivalência nos discursos analisados. Predominantemente, o discurso é o de uma viragem positiva, mas surgem expressões que mostram que não é pacífica a escolha deste discurso, como se não fosse legítimo dar uma significação positiva à prisão ("E não 'tou....não posso dizer que 'tou mal, que isso é mau prós outros, e não posso dizer que gosto, n'é, mas...."; "Por um lado...por um lado até... foi bom [a vinda para a prisão], entre aspas...quer dizer não foi bom, foi mau [...] mas foi... porque prontos eu... aaa... a pessoa que me fazia mal, não é, já não 'tá cá mais p'ra me fazer mal."). Parece-nos que esta ambivalência poderá estar relacionada com outras questões já referidas, como por exemplo a idealização do contexto familiar. Estes poderão constituir diferentes elementos indicadores de

---

[78] Não podemos, no entanto, deixar de referir que uma destas mulheres faz referência ao final de abuso sexual continuado como uma mudança importante e positiva associada à entrada na prisão.

204 *Vidas raras de mulheres comuns*

que grande parte do discurso que estas mulheres constroem faz parte de uma estratégia de auto-apresentação em consonância com o que julgam ser as expectativas sociais da investigadora. Provavelmente estas não serão, do ponto de vista das mulheres entrevistadas, diferentes das expectativas sociais e culturais enraizadas no discurso dominante sobre o percurso de vida *normal* de uma mulher.

Em direcção ao crime e à reclusão

Se nas narrativas anteriores, a ideia central é a de que a entrada para a prisão afasta as mulheres do crime e dos consumos de droga, aqui as histórias revestem-se de um significado oposto, na medida em que o seu sentido é na direcção do crime e da reclusão. Os episódios descritos são muito específicos e não parecem à partida estar relacionados com a actividade criminal; no entanto, as mulheres estabelecem essa ligação.

Assim, *ir viver com o namorado* ou *a morte da mãe*, são ambos descritos como momentos que marcam a trajectória de vida destas mulheres, colocando-as no sentido dos consumos e ou do tráfico de droga. As narrativas são estruturadas como uma explicação para o início destas actividades, quer por ir viver com companheiro ("na companhia dele aconteceu-me tudo", "era o medo") quer pela morte da mãe ("senti-me desamparada e deu no que deu").

Estes dois episódios são antagónicos em termos de papéis e expectativas de género. Por um lado temos a mulher cujo discurso é o da vitimação associada à sua condição feminina. Primeiro porque é forçada a sair de casa com receio de a sua gravidez não ser aceite pela mãe e depois porque acaba por ir viver com um companheiro violento sendo o medo dele a justificação que utiliza para as actividades ilícitas de consumo e tráfico de droga. Por outro lado, temos a jovem cuja mãe era agente activo no negócio do tráfico, aparentemente bem sucedida, e após a morte da mãe herda o seu negócio. Aqui estamos perante um discurso mais distante dos discursos tradicionais de feminilidade, embora também neste episódio se encontre uma noção de desamparo ou desprotecção da jovem que o protagoniza.

Em termos de ponto de viragem, os discursos antagónicos acabam por estar na base da construção de narrativas com significado semelhante, o de que a grande mudança no seu percurso de vida são episódios que conduzem ao crime e, finalmente, à reclusão.

Durante a reclusão

Aqui trata-se de atribuir uma significação negativa a um acontecimento específico que ocorre já durante a reclusão – a decisão de "mandar o filho para casa" – na medida em que torna mais difícil a adaptação a esta circunstância.

Este episódio é construído fundamentalmente como uma mudança com significado negativo, relativamente a ter pior comportamento no estabelecimento prisional ("depois quando eu mandei o meu filho para casa, para ao pé da minha mãe, fiquei pior. Já tinha mau comportamento, comecei a ter mais mau comportamento"), a sentir-se arrependida ("se soubesse, não tinha mandado o meu filho para a rua. Estou um bocado arrependida") ou triste pelo receio de afastamento emocional da criança ("porque o meu filho já veio cá com o pai dele e ele não me chama mãe já").

d. Tomada de decisão

Destacam-se três grandes narrativas de entre as construídas pelas reclusas sobre a mais importante tomada de decisão ao longo da sua trajectória de vida. Uma refere-se a processos de tomada de decisão sobre actividades marginais, seja no sentido do seu abandono (tráfico e consumo de droga), seja no sentido do seu início (prostituição). Outra diz respeito à ausência de tomadas de decisão porque as mulheres referem nunca passar por esse processo ao longo da sua trajectória. Finalmente, emerge um outro conjunto de narrativas em que as mulheres escolhem episódios de tomada de decisão, mas ao descrevê--los percebemos tratar-se mais do desejo de ter tomado essa decisão do que da sua efectiva ocorrência.

Decisões sobre actividades desviantes

Deixar as drogas – consumos ou tráfico (3/11)

Deixar os consumos ou o tráfico de droga é a narrativa de tomada de decisão mais frequente (e.g., "foi isto da droga por exemplo [...] eu sempre que cruzava por amigos e por coisas assim eu dizia "não, não vou fumar, não quero, acabou. Não quero mais!"; "eu ter dito que não tocava mais no pó"; "deixar de traficar").

Relativamente ao tráfico é construída uma narrativa onde a tomada de decisão é clara e fundamentada. A jovem reclusa refere-se ao abandono do tráfico e de actividades ilícitas de forma geral, fundamentando a sua decisão no facto de estar grávida. Tal como refere, quando soube que estava grávida pensou que queria ter a "filha longe disto"[79].

Nas narrativas sobre a decisão de abandonar os consumos, a descrição que as mulheres fazem é mais de mudança de padrão do que de abandono dos consumos ("Depois era só de vez em quando....uns charros ou de vez em quando *snifava*, quando ia para uma discoteca ou isso, mas de resto, fumar assim 'memo nunca mais"). Para além disso, descrevem uma mudança gradual ("depois foi assim, fui deixando") e a interferência de terceiros nessa mudança ("ajudam-me em tudo o que eu preciso e ajudaram-me a sair do pó [...]. Foi eu com a ajuda delas eu ter dito que não tocava mais no pó").

Iniciar prostituição (1/11)

A decisão de se iniciar na prostituição é o centro da narrativa de uma mulher. A construção deste episódio de tomada de decisão contrasta com os anteriormente descritos, na medida em que o seu significado é no sentido oposto, ou seja, da marginalidade. O conteúdo da história construída, escolhida como a mais difícil decisão em grande medida pelo estigma e reprovação social, centra-se no filho da reclusa e suas necessidades, nas dificuldades económicas e na ausência de

---

[79] Esta decisão é aliás um dos motivos da revolta desta mulher pela pena que lhe foi aplicada, uma vez que quando foi condenada e detida já não traficava há algum tempo.

alternativas ("A decisão foi porque eu olhei para o meu menino, vi que os *dodots* já estavam a acabar para o meu filho e não tinha dinheiro. Eu tinha coisa de ir buscar para o bebé, e foi aquilo que eu pensei, foi aquilo que fui fazer. Não via mais solução nenhuma senão ir para a vida.").

Não deixa de ser pertinente notar como os filhos assumem um papel idêntico na fundamentação de narrativas aparentemente com significações contrárias, de início e de abandono de actividades desviantes. Um argumento moral está na base da decisão de manter uma criança longe do tráfico e um argumento económico (embora também moral) fundamenta o início da prostituição, sempre num discurso centrado nos filhos das reclusas e nunca nelas próprias.

Sem tomadas de decisão – percursos sem norte (2/11)

Algumas mulheres referem "nunca" ter tomado uma decisão ao longo do seu percurso de vida. Esta ausência de tomadas de decisão é associada a uma trajectória sem metas definidas à priori, num estilo de vida marcado pela impulsividade ("eu não pensava...fazia!").

A ideia de um percurso sem decisões tomadas não corresponde à construção social do que deve ser um percurso normativo, sobretudo em indivíduos de classe média ou alta. Nesse sentido, este percurso sem objectivos, guiado pela imprevisibilidade do dia-a-dia, possivelmente não surgiria nas narrativas de mulheres enquadradas numa classe mais elevada, cuja socialização ocorre no sentido de se traçarem percursos a seguir e metas a alcançar. Também o género poderá ser relevante, nos discursos tradicionais de masculinidade e feminilidade, é ao homem que se impõe assumir o papel de decisor, enquanto à mulher se exige um papel de maior passividade. Como vimos anteriormente, esta característica tem sido incluída no conceito dominante de feminilidade, sobretudo devido ao discurso psicanalítico. Assim sendo, a ausência de decisões poderia à partida traduzir o discurso da passividade feminina em vez de um estilo de vida marginal marcado pela impulsividade. Contudo, em diferentes momentos do guião (e.g., imagem da maternidade) e outros indicadores deste "percurso sem norte", mesmo as mulheres que aqui especificamente são capazes de referir uma t

Decisões idealizadas (3/11)

Agrupamos aqui narrativas sobre decisões muito específicas e cujo denominador comum é a ideia de que as mulheres gostariam de as ter tomado, construindo toda a narrativa como se efectivamente fossem autoras da decisão[80].

Uma mulher descreve o pedido de transferência para outro estabelecimento prisional como uma decisão que foi capaz de tomar após, na sua opinião, ter sido maltratada: "Decidi mesmo, antes da directora dizer que eu ia ser transferida, decidi eu dizer a ela que queria ser transferida para outra cadeia porque estava farta de lá estar". Começa por construir a narrativa como se tivesse tomado a decisão de pedir transferência, mas o seu discurso vai-se alterando, primeiro para a ideia de que fez "muita coisa mesmo para a directora se passar" consigo e para ela a "mandar embora". As suas palavras acabam por apontar no sentido de ter sido transferida contra a sua vontade, desde logo porque assume que fica surpreendida e revoltada com a transferência, realçando as implicações negativas da mudança, que lhe trouxe uma maior separação em relação à mãe e ao filho ("Por exemplo, lá [...] estava com a minha mãe, tinha dinheiro para tabaco, para os meus vícios, para tabaco, para cartão para ligar para a minha mãe, para saber como é que está o meu filho, falar com o meu filho ao telefone...").

Outra mulher elege como principal decisão tomada, a iniciativa de relatar à mãe os abusos sexuais de que era vítima por parte do padras-. No entanto acaba por referir que não chega a tomar a decisão ("eu cheguei a tomar a decisão porque a minha mãe descobriu sozinha, eu tinha tomado a decisão de contar à minha mãe, só que não a contar porque a minha mãe descobriu sozinha").

almente, uma jovem constrói uma narrativa sobre a decisão de m os pais ("quando os meus pais se separaram e eu não fui nenhum deles...foi uma decisão muito difícil. Gosto muito

se atenta permite-nos perceber que também sobre os consumos de isões narradas não são efectivamente tomadas (e.g., mudança de las os consumos de drogas "pesadas" e, em particular o seu aban-es que os tornam incomparáveis com o tipo de decisões aqui des-

dos meus pais, mas decidi ficar com a minha irmã"). No entanto, o seu discurso vai-se alterando, começando por revelar um clima familiar de violência ("A decisão foi mesmo difícil, mas era discussões a toda a hora"), e um contexto de um certo abandono após a separação dos pais ("Não notei assim tanto, porque não foi tão de repente como isso. Antes de se separarem, o meu pai começou a fazer obras numa casa, mesmo lá ao lado, e quando ficou pronto um quarto ele foi para lá, depois ficou pronto outro quarto e eu passei lá uns tempos com ele. Nesses tempos eu passava muito tempo sozinha porque o meu pai andava sempre a sair pr'aqui e pr'ali e eu fui-me habituando a estar sozinha"). Finalmente, o discurso parece indicar que a sua decisão é em grande medida forçada pelas circunstâncias familiares ("Entretanto a minha mãe ficou a viver com o meu irmão e as minhas irmãs saíram para as suas próprias casas, uma com marido e a outra sozinha. Foi com esta que eu fui viver quando ela comprou casa").

Decisões relacionadas com percurso escolar (2/11)

Escolhas relacionadas com o percurso escolar surgem no discurso de duas mulheres, ambas detidas por crimes contra as pessoas ("fui capaz de escolher seguir economia, mesmo não sendo aquilo que a minha mãe e as minhas irmãs mais gostariam para mim."; "Foi quando eu resolvi que ia tirar um curso e ter uma ambição na minha vida."). Estas tomadas de decisão afastam-se das relacionadas com o desvio, o que nos parece fazer sentido tratando-se de mulheres de um grupo que se caracteriza por um percurso normativo anterior ao crime que as conduz à reclusão.

e. Imagem da infância

A primeira imagem que surge quando as mulheres pensam nos tempos iniciais do seu percurso de vida resulta em discursos muito homogéneos, idênticos aos formulados em torno da família. Quase sempre as imagens descritas incluem estar com familiares (9/11), principalmente pais e irmãos, e os termos utilizados são positivos embora vagos, sem a especificação de situações concretas (e.g., "irmos para a praia todos contentes", "estarmos todos juntos", "brincar com eles"). Tal como na construção das narrativas de *high point*, estas imagens contrastam com as descrições de sofrimento e violência que emergem noutros momentos da entrevista (e.g., *low point*, personagens negativas).

f. Imagem da adolescência

O pedido de uma imagem integradora de toda a adolescência parecia à partida demasiado complexo devido ao facto de a idade da maior parte das mulheres entrevistadas não lhes permitir distanciar-se suficientemente desse período da sua vida. No entanto, as imagens propostas ilustram claramente as marcadas transições que ocorrem na adolescência, quer a nível físico, quer a nível social. Os discursos emergentes não serão provavelmente diferentes dos discursos construídos por qualquer outro grupo de mulheres na mesma faixa etária. Surgem, no entanto, referências específicas à escola enquanto contexto onde se iniciam comportamentos de pré-delinquência, e ao início de actividades criminosas.

Transições biológicas: Novo corpo (1/11)

Comecemos com uma imagem que ilustra bem as transições da adolescência, as mudanças físicas. Neste caso, mudanças específicas do sexo feminino, a primeira menstruação. Esta é a proposta de uma jovem que relata esse episódio com muito detalhe ("A adolescência..., talvez quando veio o meu primeiro período menstrual [...]. Lembro-me porque foi...foi engraçado porque eu 'táva ansiosa e depois [...] tinha dito à minha mãe: «*Ó mãe compra isto, compra pensos higiénicos e não sei quê, porque eu já tenho 12 anos e depois pode aparecer de repente e não sei quê*»...").

Transições psicossociais: Novas relações e novas personagens (5/11)

Autonomia em relação à família

A maior autonomia é também evidente, essencialmente em relação à família. Tal como na imagem da infância, a família assume um papel central, mas agora com significações distintas. O ganho de autonomia em relação à família, ou pelo menos a alguns familiares, é ilustrado com o iniciar de uma actividade laboral e do contributo para as finanças domésticas ("Ora bem, era eu já ter o meu trabalho, ter o meu ordenado, chegar a casa dar o dinheirinho à minha mãe...."), ou pelo deixar de consentir violência por parte do pai em relação à mãe ("saber que o meu pai podia já beber mas não bater na minha mãe porque eu já 'tava a ver"). Este ganho de autonomia vem possibilitar a quebra de rotinas desfavoráveis na infância, como as carências financeiras ou a violência doméstica.

Novas personagens: o grupo de pares

Paralelamente alarga-se o contexto das relações sociais, começando a surgir referências aos amigos. Os passeios com a família descritos na imagem da infância são agora substituídos pelos "passeios" com amigos, ou pelas saídas "com os amigos e com as primas".

Transições «ecológicas»: Novos contextos (6/11)

Também os contextos em que as *novas* relações se estabelecem são agora diferentes. A escola transforma-se e espaços referidos a propósito da infância, como por exemplo a praia, dão lugar a outro tipo de contextos, como o café, a discoteca ou o bar de alterne.

Escola

A escola é também um contexto associado à adolescência, ao contrário do que acontece em relação à infância. As imagens centradas na escola são construídas em dois sentidos opostos. Por um lado, emergem discursos centrados nas disciplinas preferidas ("da escola também me lembro das aulas de inglês, adorava inglês. A inglês eu nunca queria faltar, eu adorava inglês....e adoro, até hoje") ou nos professores com quem estabelecem relações positivas ("A professora gostava muito de mim e eu também adorava a professora [...], não me esqueço da cara dela"). Por outro lado, são descritos comportamentos como "faltar às aulas" ou fazer "birras para não ir para a escola" e surgem também imagens de conflitos com professores ("os professores a mandar vir comigo") ou com a mãe, associados ao desinteresse pela escola. O discurso do desinteresse e da rebeldia em relação à escola, bem como dos conflitos que daí derivam, prevalece claramente em relação ao discurso do interesse e empenho na escola. Algumas expressões referidas ilustram a narrativa dominante sobre a escola enquanto imagem da adolescência: "Na adolescência acho que é a escola. O que eu penso é numa rebeldia na escola, faltar às aulas, andar à porrada...e também nos namoricos que tinha na escola, é essa imagem que tenho".

Outros contextos: Discoteca, café e bar de alterne

As novas relações da adolescência estabelecem-se de forma privilegiada não apenas no espaço escolar, mas também noutros espaços públicos. Destacam-se as idas com os amigos "à discoteca" e "ao café" e, num caso particular, o bar de alterne. Neste caso, uma jovem constrói a imagem da sua adolescência com base na actividade que desenvolve num "bar de alterne". A este é atribuído um significado de grande relevância, enquanto contexto de uma das actividades que mais gosta de realizar ("É....[ri] .... é assim, se há coisa que eu gosto de fazer, é que sou muuuito curiosa, é conhecer pessoas novas.... poder estar a conhecer pessoas novas. O alterne ou restaurante, café ou não sei quê, são uma das coisas que eu adoro 'memo' fazer porque 'tou todos os dias a conviver com pessoas diferentes e com mentalidades diferentes. E é isso que eu gosto de fazer.").

g. Cena do crime

Pedimos às jovens reclusas que construíssem narrativamente um episódio significativo relacionado com o crime. Como veremos, esta é uma das cenas do guião cuja construção narrativa se reveste de maior dificuldade, tornando-se essencial analisar não apenas o conteúdo, mas também aspectos formais, como os critérios ou as dificuldades na escolha da cena.

A escolha da cena do crime

A reacção inicial a esta questão é de surpresa. Os discursos sociais em geral, e da justiça em particular, sobre o crime são altamente punitivos, principalmente quando estes são cometidos por mulheres. Nesse sentido, parece-nos provável que se torne difícil para estas mulheres contrariar esses discursos escolhendo e descrevendo cenas relacionadas com o crime que sejam significativas para si e seu percurso de vida. Ao fazê-lo assumem não só que cometeram crime(s) mas também que há histórias do crime que merecem ser contadas.

Dificuldades na escolha

As dificuldades na escolha deste episódio *(5/11)* residem na incapacidade das mulheres em recordar ou admitir que recordam ("não sei"; "não me lembro") ou em encontrar histórias do crime com significado ("são coisas tão insignificantes que não..."). Por outro lado, a escolha torna-se difícil porque fizeram "muitas, muitas coisas", "mais coisas, *mais diferentes*", considerando então que se contassem tudo na entrevista "não saíamos daqui tão cedo".

Critérios de selecção

Quando as mulheres são capazes de construir histórias significativas sobre o crime, são interessantes os critérios de selecção que utilizam. Contam-nos os "melhores roubos", os que têm "mais piada", ou então a história que consideram "mais pesada". Procuram descrever momentos com muita acção, como aquele em que uma reclusa "ia sendo apanhada", ou em que é confundida com um rapaz e alguém lhe diz *"apanhei-te seu cabrão"*. Contam cenas em que há perseguições ("o homem começa a correr atrás de mim e agarra-me pelo capucho do casaco [...] consegui fugir dele e quando ia a subir o passeio torci o pé e a sapatilha caiu"; "a gente vai passar pela GNR vemos os guardas vir atrás da gente no carro"). Estas perseguições atingem por vezes contornos de «filme de acção», principalmente quando acabam por ser detidas no final ("a gente tentou fugir com o carro, o meu companheiro já não teve mão para o carro, quase que nos espetamos contra uma

214 *Vidas raras de mulheres comuns*

moto e virámos o carro. Os guardas agarraram o meu marido, algemaram o meu marido, apontaram-lhe uma pistola à cabeça e algemaram-me a mim").

A estruturação das narrativas em torno de perseguições assenta em duas bases distintas – a quebra da *monotonia* da acção criminal e o despoletar de sentimentos mais fortes nas protagonistas do crime. A escolha de cenas marcadas pela acção das perseguições pode, na nossa opinião, resultar do esforço em corresponder ao que estas mulheres entendem ser as nossas expectativas, histórias fantásticas de crimes cometidos por mulheres, que à luz dos discursos sociais dominantes são improváveis. O facto de algumas reclusas terem sido previamente entrevistadas pela comunicação social, ou pelo menos abordadas nesse sentido, pode reforçar esta leitura que elas fazem das nossas próprias expectativas. Por outro lado, a escolha das cenas de acção pode ser um indicador de sensações de prazer proporcionadas pelo envolvimento no crime, como sugere Katz (1988/1996). Podemos estar perante dados semelhantes aos relatados por Batchelor (2005b), que encontrou nos discursos de jovens ofensoras uma significação da violência como algo que não só lhes permite sobreviver como também lhes proporciona prazer, sobretudo pelo sentimento de poder que lhe está associado.

O conteúdo da cena do crime

Na construção narrativa das cenas do crime alguns elementos emergem de forma destacada: sentimentos, justificações, consequências e figuras do crime.

Sentimentos (8/11)

Presente na maioria das cenas do crime está a descrição de sentimentos referentes à mulher que protagoniza a cena. Como veremos, os sentimentos descritos são diversificados, mas acontece por vezes a emergência de um mesmo sentimento em planos completamente distintos.

A ideia de o crime ser algo que "marca muito", a "coisa mais marcante, mais horrorosa..." que já aconteceu na vida destas mulheres, emerge apenas nas narrativas de reclusas a cumprir pena por crimes contra as pessoas. Trata-se de percursos de vida que, para as suas protagonistas, acabam por ser marcados por acontecimentos criminais que, para além de únicos, têm um carácter efectivamente violento.

Há uma referência particular ao sentimento de "vergonha", que não se refere ao crime em si mas ao risco de o cometer com algum nível de insucesso, nomeadamente a "vergonha de chegar a casa [...] só com uma sapatilha", após uma perseguição.

O "arrependimento" surge também na construção da cena do crime, mas com significados opostos. Por um lado, no sentido em que "no fundo há coisas de que" estas mulheres se arrependem; por outro lado, no sentido inverso, quando referem que "não" estão arrependidas.

O "medo" é outro sentimento comum nas histórias do crime. Por vezes emerge associado a danos na vítima, principalmente nos roubos ("eu senti medo quando olhei assim pelo espelho e vi a mulher a cair [...] fiquei assustada e comecei a gritar e chorar"). Como veremos adiante, esta ideia está também presente em narrativas construídas noutros momentos do guião, em particular na cena de moralidade, onde o julgamento moral que as reclusas fazem dos seus actos tende a basear--se no impacto nos outros, familiares e vítimas. O medo surge também num plano diferente, associado à noção que estas mulheres têm do risco de detenção inerente à actividade criminal. Referido por mulheres detidas por tráfico e também consumidoras de droga, este medo assume contornos algo paranóides, o que poderá estar relacionado com o consumo ("eu já sentia a polícia, eu já via que toda a gente 'tava a olhar p'ra mim, eu já sentia *tão m'a ver, 'tão m'a perseguir*, o medo!....de vir também pr'aqui presa").

Por outro lado, sobre a mesma ideia de risco de detenção associado à actividade criminal, uma reclusa descreve sentimentos positivos. Ao construir narrativamente a cena do crime, neste caso também tráfico de droga, esta mulher assume que "até dava um certo gozo, estar quase a ser apanhada mas não ser".

Finalmente, o "desespero" e a "revolta" são também sentimentos presentes nas cenas do crime, esta última associada à atribuição de culpa a um companheiro considerado responsável pelo envolvimento da mulher no crime e consequente detenção.

216   *Vidas raras de mulheres comuns*

Há uma ambivalência notória nos discursos sobre o crime. Por um lado, emergem sentimentos de medo e de arrependimento, e há mulheres que se descrevem como marcadas pelo acontecimento criminal. Por outro lado, emergem expressões de não arrependimento, de vergonha de não ter sucesso no crime e de "gozo" ou prazer associado ao crime e aos seus riscos. Se pensarmos nas mulheres que apresentam em simultâneo os dois discursos, podemos estar perante uma ambivalência que resulta do sentimento de prazer associado à actividade criminal em simultâneo com a consciencialização de que esse prazer contraria o discurso social dominante. Contrapondo as mulheres que apresentam um e outro discurso, esta contrastação pode constituir a fronteira entre as que se demarcam e as que se aproximam de uma identidade desviante. Pela importância que este aspecto assume face aos nossos objecto de estudo e questões de partida, voltaremos a ele na discussão final do estudo qualitativo.

Justificações (4/11)

As justificações para a ocorrência do crime constituem outro elemento presente na descrição destas cenas, apesar de apenas no discurso de quatro mulheres. Salientamos no entanto que ao longo do guião, na construção narrativa de outras cenas, surgem justificações para o crime praticamente na totalidade dos casos (e.g., cena de moralidade).

No caso concreto da cena do crime encontramos os três tipos de explicações que se replicam ao longo de todas as narrativas analisadas. Duas mulheres referem que após o crime é difícil compreender o que as motivou ("depois do que aconteceu é fácil pensar *mas porquê, porque é que eu fiz isso, se eu não tinha razões para tal?*"; "Então [...] aconteceu aquilo que aconteceu, eu nem sei bem porquê....nem eu própria sei porquê."), outra baseia-se em factores que lhe são exteriores, em particular na pressão exercida pelo companheiro ("deu-me a droga para a mão, *agora tens que...* depois ele ainda me foi dando coca... depois queria o dinheiro!"; "só pensava no que tinha que fazer para ele, mais nada"). Finalmente, uma outra mulher explica os seus actos criminais e outras actividades menos convencionais com base, pelo menos em parte, na sua "maneira de ser" ("não sei o que é que eu tinha dentro de mim....estas coisas que eu fazia mostram a minha revolta, a minha impulsividade, que eu não sei porque é que tenho e que me levaram a fazer essas asneiras todas").

Constatamos desta forma que não emergem discursos de atribuição interna de culpa relativamente à actividade criminal. Mesmo a mulher que utiliza um discurso psicológico, relacionando o crime com características "de dentro de si", fá-lo no sentido de justificar os crimes cometidos com base em factores que não é capaz de controlar. Para além disso procura marcar um distanciamento entre essas características e o modo como se apresenta actualmente.

Figuras (7/11)

Um outro elemento importante, na medida em que emerge no discurso da maior parte das mulheres da amostra, diz respeito a diferentes figuras que elas associam ao crime. Encontramos uma evidente significação de algumas figuras como *más* em contraposição com figuras *boas*.

As *figuras más* são descritas como responsáveis pelo crime. Essa responsabilidade pode ser directa, por exemplo o padrasto abusador sexual que é considerado responsável pelo seu próprio homicídio, ou então o companheiro violento que pede dinheiro levando a que a mulher trafique; ou indirecta, no caso de figuras que, segundo estas mulheres, levam aos seus consumos de droga e à consequente necessidade de roubar para manter o consumo.

As *figuras boas* são aquelas que "avisam", mas a quem "não deram ouvidos", são as pessoas que fazem julgamentos morais dos seus actos e que provavelmente estariam certas, uma vez que as mulheres agora estão na prisão. São os *amigos bons*, as *boas companhias* ("os meus amigos disseram logo *O que é que 'tás a fazer?* Tu não sabes o que é que estás a fazer? Não 'tás a pensar na tua vida?") e os familiares, que também avisam sobre os perigos do crime ou que também são vítimas de uma figura *má* ("ele é tão homem [...] e na hora que a polícia nos agarra ele manda culpar p'ra cima das pessoas que não têm nada a ver com isto [a sua família] ").

Também as *vítimas* emergem nestas histórias, quer numa perspectiva empática (por exemplo, uma mulher descreve que ao ver "a mulher [que roubou] a cair", ficou "assustada, a "gritar" e a "chorar"), quer numa atitude de intolerância relativamente à própria vítima que é responsabilizada pelo crime e consequente reclusão. Referindo-se ao homem que agrediu, uma mulher descreve que este "não ficou cego mas... quer dizer, ele ficou com o olho dele só que não vai conseguir ver mais [...]. Isso disse ele, não sei. Eu vi-o e p'ra mim não tinha nada [...] acho que ele devia de ficar até era pior".

Há ainda uma referência aos *clientes*, num caso de condenação por tráfico, que são designados por "os drogados", e representados como figuras perigosas que "vêm para roubar". Há uma estigmatização relativamente aos consumidores de droga apesar de a narradora da cena ser igualmente consumidora. Este discurso remete-nos para a questão da existência ou não de uma identidade criminal nas mulheres estudadas, sobre a qual será possível reflectir integrando todos os dados do estudo qualitativo, referentes não apenas à construção dos episódios mas também dos percursos de vida.

Consequências (6/11)

Finalmente, as consequências do envolvimento criminal constituem um outro elemento fundamental nas histórias do crime.

Desde logo há referências à pena de prisão e às consequências do seu cumprimento. A este é atribuído um significado quer positivo, associado à ideia de que há "males que vêm por bem" ("Eu cometi um crime, não é, mas por um lado também foi bom, porque se não fosse bom se calhar ainda continuava a ser aquela inocente, e hoje não sou"), quer negativo, como deixar de poder dar apoio ao companheiro também detido ("O homem viu-se sozinho, sozinho, sem ninguém a levar-lhe nada...").

Surgem ainda outras situações que para estas mulheres advêm do crime e às quais atribuem uma significação positiva: o final de abuso sexual prolongado ("O aspecto positivo que houve [...] foi eu saber que não vou ter a pessoa que sempre me magoou e sempre me fez mal"), o reforço de valores e a maior capacidade para reconhecer erros pessoais ("nos valores, que estão mais reforçados [...] agora sou uma pessoa igual, mas estou mais capaz de reconhecer os meus erros"), e mudanças comportamentais ("uma coisa que eu jurei é eu meter-me outra vez em confusões não me meto").

Consequências negativas referidas são o afastamento de amigos considerados *figuras boas* ("eles disseram *olha, tu não sabes o que queres da tua vida, nós tentamos-te ajudar, tu não queres* [...] eles afastaram-se de mim, foi mesmo afastar"), assim como a mediatização do caso com implicações negativas para o percurso futuro ("ver pessoas a escrever coisas da minha vida").

h. Cena da reclusão

A construção narrativa da cena da reclusão centra-se, para a maioria das mulheres, nas relações com os outros, nomeadamente na recontextualização das relações anteriores com familiares e amigos e nas novas relações estabelecidas na prisão. Destacam-se igualmente as referências a alterações emocionais e comportamentais, da própria ou de outras mulheres. Essas alterações são associadas quer à circunstância genérica da reclusão, quer a momentos específicos, como a entrada no estabelecimento prisional ou mudanças na situação da reclusa (e.g., aguardar decisão para liberdade condicional); é também referida a ideia, apesar de nem sempre explícita, de que, excluindo acontecimentos particulares (e.g., estar com os filhos), a prisão é muito rotineira, não ocorrendo nada que mereça ser contado. Referência ainda para a construção de determinados símbolos da prisão como potenciadores de sofrimento e de dificuldades acrescidas de adaptação – ser "algemada", estar "fechada na cela", ser constantemente vigiada, "*o conto*" ou a "bata".

Recontextualizar relações anteriores: familiares e amigos (7/11)

A reclusão emerge nestas narrativas como um novo contexto de vida, que se define através de alterações relacionais com familiares e amigos. A mudança na natureza destas relações constitui claramente o principal elemento da "cena da reclusão". As mulheres parecem ter re-significado as suas relações familiares em torno de sentimentos de preocupação e culpabilização. Desde logo, a circunstância da reclusão é directamente associada ao sofrimento dos familiares, sendo este sofrimento, por sua vez, fonte de culpabilização das reclusas ("Está tudo a sofrer por minha causa, eles dizem que não, mas eu sei que a culpa é minha"). São igualmente associados à reclusão o aparecimento de doenças em familiares, quer físicas quer psicológicas ("Depois os problemas que estão lá fora, o meu pai está doente e não sei quê.... é o sistema nervoso"; "O meu pai agora teve uma trombose, não está muito bem"), bem como o início de consumos de álcool e drogas em pais e irmãos ("Ele [pai] meteu-se no álcool desde que eu vim presa...ele já bebia os seus copitos, mas piorou muito desde que eu vim presa."). Todos estes problemas são atribuídos pelas mulheres ao facto de estarem detidas, o que nos revela uma vez mais alguma idealização do contexto familiar anterior, tal como acontece por exemplo na cena de *high point*. As descrições da família emergem na cena da reclusão como se antes de as mulheres serem detidas todo o seu contexto familiar – físico, psicológico, relacional ou financeiro – fosse totalmente isento de qualquer tipo de problemas. Nas suas narrativas transparece a ideia de que desde que estão ausentes os seus pais e irmãos ficaram doentes, começaram a consumir álcool ou drogas ou ficaram sem dinheiro. Exemplificamos com as palavras de uma mulher que numa só frase sintetiza toda esta ideia: "Eu carrego muitos pesos às costas por estar aqui...vejo a minha mãe doente, o meu pai com álcool, a minha irmã muito magra, com um nódulo no peito, que eu acho que é tudo relacionado com os nervos por eu estar aqui, depois a minha outra irmã com uma gravidez de risco...".

Parece-nos ainda interessante o facto de as mulheres centrarem as suas narrativas da prisão no exterior, em particular, nas condições de vida dos familiares e nos novos contornos da sua relação com eles.

Enquanto elemento nuclear nas narrativas da reclusão, a preocupação com o bem-estar da família assume por vezes uma conotação financeira, com as mulheres a referirem que a reclusão as impede de apoiar financeiramente a família. Esta dimensão parece surgir reforçada quando as reclusas têm filhos a viver com familiares ("Eu também gosto de ajudar a minha mãe e o meu filho. A minha mãe também trabalha, mas é preciso pagar a renda, a luz, água, essas coisas todas....ama, creche....precisa de pagar isso tudo."; "...também penso na despesa que têm, tratam-me de tudo, gastam dinheiro para vir às visitas...eu não posso fazê-los passar por isto outra vez").

Paradoxalmente, muitas destas mulheres não só não apoiavam financeiramente a família antes da detenção, como causavam problemas a esse nível, tal como depreendemos da análise da construção de outros episódios de vida. Por exemplo, na cena de moralidade uma mulher refere que roubava a mãe ("Quando a minha mãe não me dava eu *'ai é 'tá bem'*, prontos. Mas queixava-se e... às vezes se não era dinheiro roubava-lhe ouro, roubava-lhe peças mesmo caras, caríssimas... e prontos coisas assim.").

A preocupação e a culpabilização em relação aos filhos, não se limitam às questões financeiras, emergindo também numa vertente emocional ("A história que eu me lembro mais importante.....desde que vim para aqui, estou fora do meu filho, não estou a dar carinho ao meu filho, o meu filho está sozinho.").

Apesar de se tratar de um único caso, parece-nos interessante olhar com atenção para a narrativa da reclusão de uma mulher que se encontra detida com a mãe. Por um lado, a relação entre ambas parece não se ter alterado, na medida em que o seu discurso denota uma certa continuidade relacional ("eu 'tou habituada a viver com a minha mãe desde pequena, nunca me separei da minha mãe nem mesmo nesta etapa da minha vida nunca me separei da minha mãe..."). Por outro lado, o facto de a mãe estar detida é maior fonte de preocupação do que a sua própria reclusão ("...eu apanhei seis anos, até é pouco tempo, já 'tou aqui há 2 anos, daqui a 2 anos em princípio eu vou-me embora com os dois terços, né? Agora a minha mãe não, a minha mãe apanhou 17 anos e pelo menos só daqui a 5 anos p'rái ou 6, é que a minha mãe vai poder ir à rua de precária."), e há uma forte culpabilização, associada aos contornos do próprio crime ("Eu...eu sinto-me triste porque se calhar se a minha mãe não tivesse descoberto, a minha mãe não 'táva aqui com tanto tempo"). O facto de estar detida com a mãe molda claramente a vivência prisional desta mulher, que prefere abdicar de determinadas regalias para se manter junto da mãe ("Sim, várias vezes e depois também penso...por exemplo nós, a gente vai de precária mas a minha mãe não quer que eu fique aqui, a minha mãe quer que eu vá logo para o RAVI. Só que eu não sei... porque eu 'tou habituada a viver com a minha mãe").

Finalmente, as narrativas da cena da reclusão incluem uma reflexão sobre as mudanças relacionais com familiares e amigos, focando particularmente o apoio dado após a detenção. A ideia dominante é a

222 *Vidas raras de mulheres comuns*

de que há grandes "desilusões" com amigos do exterior que deixam de as apoiar a partir do momento em que estas mulheres entram no estabelecimento prisional. As reclusas vincam bem a diferença entre amigos e familiares, referindo de uma forma geral que a família dá apoio, apesar de inicialmente terem tido receio de que isso não acontecesse, enquanto os amigos não o fazem ("Quando uma pessoa está detida e pessoas que nos conhecem estão lá fora e, prontos, lá fora queriam saber de nós e eram nossas amigas. Não me estou a referir à minha mãe nem a ninguém da minha família. [...] Porque isso não são amigos, não é. Para mim amigos mesmo, para mim é a minha mãe e o meu filho.").

Há no entanto referência ao apoio dado por amigos ("logo percebi que tanto os amigos como a família estão comigo para o que der e vier"), ainda que por vezes não corresponda àqueles que no exterior eram próximos ("Às vezes aqueles amigos que a gente sabemos mesmo que são mesmo amigos, amigos, são aqueles os primeiros que nos viram as costas. Algumas das pessoas que não eram tão chegadas a mim como alguns amigos, são as primeiras pessoas a virem... foram as primeiras pessoas a virem cá ver-me.").

Estabelecer novas relações – figuras da reclusão (8/11)

Outro tema central nas histórias construídas sobre a reclusão consiste nas novas relações estabelecidas neste contexto de vida. As mulheres descrevem episódios protagonizados pelas figuras ou actores da reclusão, sejam guardas prisionais sejam outras reclusas.

Todas as histórias centradas na relação que estabelecem com as guardas prisionais são marcadamente positivas *(4/11)*, com referências ao suporte proporcionado por elas ("temos uma subchefe que é muito boa [...], preocupa-se muito connosco, tanto a subchefe como as guardas preocupam-se muito com a gente. Prontos, a maior coisa que a subchefe nos deseja é liberdade."; "A verdade é uma: a subchefe ajudou-me muito. Disse para eu ter calma, para não andar mais à porrada, para me portar bem, que me arranjava trabalho."). Não deixa de ser interessante notar que por vezes as mulheres descrevem um sentimento de injustiça face aos distúrbios que elas mesmas causam e que resultam em prejuízo para as guardas ("Ela não merece certas coisas que nós fazemos aqui dentro...").

No que se refere às narrativas sobre as novas relações estabelecidas com outras reclusas, a natureza dessas relações assume duas
direcções distintas. Emergem histórias sobre a amizade, o suporte, a
importância destas relações para uma melhor adaptação à prisão ("faz-
-me tanta falta a [...], eu chamo-lhe a minha irmãzinha preta"), mas
emergem também histórias marcadas pela traição ("E uma das pessoas
que eu pensava que era mesmo minha amiga, foi a que me traiu entre
aspas. Foi para lá dizer *e não sei quê e ela fez isto e ela fez aquilo
e ela é isto é aquilo*. E essas coisas marcaram-me muito."), ou pelo
julgamento que as reclusas fazem umas das outras ("nós não temos
direito a julgar ninguém, cada um fez aquilo que fez e está aqui a pagar.
Porque é assim, eu nunca fui ao pé de uma pessoa *olha o que é que
tu fizeste? Porque é que estás aqui?*").

Importa contudo referir que, em outros momentos da entrevista, as
mulheres descrevem diferentes contornos das relações que estabelecem
com reclusas e com guardas ou outros elementos do *staff* prisional.
Percebe-se que quando lhes é pedido que falem directamente do contexto prisional o seu discurso tende para uma conotação positiva, mais a
nível das relações com os actores do próprio contexto do que com os
actores do exterior, nomeadamente familiares e amigos. Porém, na
construção de narrativas sobre outros momentos ou contextos do percurso de vida, acabam por surgir subtilmente aspectos menos positivos
destas novas relações. A significação positiva parece emergir apenas
quando a reflexão sobre as novas relações estabelecidas na prisão se
cinge a esse mesmo contexto. Ou seja, as mulheres da amostra cons-
troem-nas como importantes para a adaptação e vivência diária no meio
prisional, mas sem as relacionar com o exterior.

Alterações emocionais e comportamentais (6/11)

Quase todas as mulheres entrevistadas, na construção narrativa da
cena da reclusão fazem referência a alterações emocionais e comportamentais, que associam ao contexto prisional e seus constrangimentos.
Estas alterações dizem respeito sobretudo a si próprias, mas algumas
expressões referem-se às reclusas genericamente.

224 *Vidas raras de mulheres comuns*

Encontramos nas narrativas da reclusão a descrição de sentimentos de "ódio", "raiva" e "revolta" ("Eu passei-me completamente."; "Eu fiquei com uma raiva tão grande."; "eu entrei muito revoltada com tudo") e de comportamentos de externalização desses sentimentos, como por exemplo ser "violenta", "agressiva" ou "andar à porrada" ("Eu andei à porrada aqui dentro..."; "qualquer coisinha que me diziam eu rebentava, que é mesmo assim."; "Tenho várias confusões com porrada..."). Uma reclusa descreve também comportamentos de auto-mutilação nos momentos de maior tensão ("antes de ter trabalho cortei-me").

Estas mulheres referem igualmente a ocorrência frequente de consequências desses comportamentos, como ser castigada ("Depois fui para o castigo e do castigo.....saí do castigo ao fim de dois dias...... continuei a andar à porrada na mesma."). Os discursos sobre a reclusão focam ainda a grande vulnerabilidade emocional das mulheres detidas ("Por muito que tenha aquelas fases, não é, que a gente está em baixo."; "E agora qualquer coisinha olhe 'tava a olhar p'rá grade 'tava quase.....choro, choro, choro."; "Fez-me logo pensar em como as pessoas estão aqui dentro. Há aqui muita gente que não aguenta e se pudesse, preferia morrer.").

Este cenário de alterações emocionais e comportamentais é directamente associado ao contexto prisional (e.g., "Tornei-me violenta *aqui dentro* [enfatiza], que eu não sou uma pessoa violenta.....*aqui dentro*"; "uma pessoa sai daqui revoltada com isto"). Especificamente, são apontados momentos e circunstâncias que, na perspectiva das jovens reclusas, geram maior tensão, estando na base da emergência ou agravamento das alterações descritas. Um exemplo é o início da reclusão ou a entrada no estabelecimento prisional ("agora nem tanto, mas no início andava sempre à porrada."; "eu entrei muito revoltada com tudo, e então qualquer coisinha que me diziam eu rebentava, que é mesmo assim."), ou a expectativa de mudanças processuais ("aquelas fases, não é, que a gente está em baixo. Eu por exemplo ando nessas fases, o que é normal, porque é a condicional...O Sr. Juiz nunca mais se decide a chamar-me..."). Quanto a circunstâncias específicas, é referida por exemplo a falta de ocupação laboral ("Disse para eu ter calma, para não andar mais à porrada, para me portar bem, que me arranjava trabalho."; "antes de ter trabalho cortei-me.").

Análise de narrativas 225

Pela importância que assume a tradição de psiquiatrização do comportamento criminal feminino, não podemos deixar de notar a referência ao recurso à medicação para atenuar esses sentimentos, para se tornarem mais calmas ("Depois fui falar com a subchefe e a subchefe mandou-me a um psiquiatra, mandou-me falar com a psiquiatra, mandou-me falar porque é que eu estava assim e não sei quê. E eles receitaram-me medicação...").

i. Cena de moralidade

Face ao pedido de construção narrativa de uma experiência de dilema moral, as mulheres apresentam algumas dificuldades, particularmente em referir todos os elementos pedidos para cada episódio. De qualquer modo, os dados emergentes permitem-nos analisar discursos relacionados com o posicionamento moral destas mulheres, em particular face à actividade desviante, tema fundamental tendo em consideração as questões de partida do nosso trabalho. Como veremos, é notório que os discursos da moralidade apresentados por estas mulheres se constroem fundamentalmente através dos outros e não de si próprias e seus valores morais.

Crime, droga e prostituição colidem com valores...dos outros (7/11)

A maioria das mulheres entrevistadas constrói histórias em que os comportamentos desviantes surgem como algo moralmente errado, que não deveria ter sido concretizado. No entanto, são poucas as que atribuem uma significação negativa ao crime, aos consumos de droga ou à prostituição com base nas suas próprias crenças e valores, independentemente dos outros ou da relação que estabelecem com os outros. Considerando os argumentos de Carol Gilligan (1982) sobre a socialização da mulher podemos entender estes discursos como uma especificidade inerente ao género das mulheres da amostra mais do que ao facto de transgredirem a lei.

Percebemos um sentido de quebra dos próprios valores no testemunho de apenas uma mulher, que refere: "Aquilo que me fez vir parar aqui é de facto o momento em que passei por cima de valores que defendo e considero fundamentais. Posso dizer que é 'o' grande e único momento em que isso aconteceu. [Agora] ainda defendo com mais força esses valores". Para as restantes mulheres, a ideia da colisão dos seus comportamentos desviantes com os valores morais surge essencialmente através do impacto nos outros, sobretudo em familiares ("no fundo só estou arrependida pelo sofrimento da minha família"), mas também nas vítimas do crime.

Através do impacto na família

Os discursos de arrependimento e de condenação moral do crime pelo impacto causado nos outros emerge de forma directa, quando familiares são vítimas dos actos criminais destas mulheres ("quando a minha mãe não me dava eu *'ai é 'tá bem'*, prontos [...] às vezes se não era dinheiro roubava-lhe ouro, roubava-lhe peças mesmo caras, caríssimas"), ou então emergem indirectamente, quando o envolvimento em actividades como por exemplo os consumos de droga levam a que "não se ligue" à mãe ou aos irmãos ou a que se lhes dê "desgostos". No discurso de uma das mulheres entrevistadas a ideia de não ser correcta com a família é reforçada pelas tradições culturais da sua etnia ("uma rapariga como eu, cigana [...] para a minha família era muito difícil eles compreenderem").

Através do impacto na vítima

Aqui estamos perante o discurso de que o crime é realmente mau quando há danos "visíveis" na vítima ("depende dos roubos [...], quando fiz um roubo que cheguei a aleijar uma senhora, aí pensei *'ai, estou muito arrependida do que fiz'*). Quando as mulheres não sentem ou vêm quaisquer danos, o discurso inverte-se ("digo-lhe que acho que não fiz nada tão grave como diz o juiz, não sinto nada que tenha matado gente").

Percebemos desta forma que os comportamentos desviantes (e.g., roubar, consumir ou prostituir-se) não são construídos como inadequados do ponto de vista moral por questões de identidade pessoal, mas pela relação que estas mulheres estabelecem com os outros. Importa ainda salientar que esta ideia está patente transversalmente ao longo

Análise de narrativas 227

das diversas narrativas que as jovens reclusas vão construindo, e não apenas no episódio de moralidade. Assim sendo, os discursos da moralidade apresentados por estas mulheres não parecem estar integrados, mas sim resultar da preocupação constante em corresponder às expectativas dos outros (incluindo os momentos de entrevista e a relação com a investigadora). A centração nos outros, patente nesta e noutras narrativas construídas pelas mulheres da amostra pode ser reflectida com base no argumento de Gilligan (1982) sobre a socialização de género, em particular sobre o modo como a identidade feminina, mais do que a masculina, se define através da relação com as outras pessoas.

Justificação para crime, droga e prostituição (7/11)

Como parte do discurso moral que as mulheres constroem sobre o crime e outras actividades consideradas marginais, emerge uma diversidade de justificações para a realização dessas actividades. Assim, roubos, prostituição ou tráfico são justificados por mudanças no agregado familiar ("era habituada a ter as coisas, de repente comecei a deixar de ter..."), por dificuldades financeiras ("precisava de pagar as contas da casa"; "não quer dizer que me arrependa de nada do que tenha feito porque no momento eu precisava"), por falta de alternativas ("eu não tinha mais hipótese nenhuma para poder ajudar o meu filho e ao mesmo tempo a mim"; "não sabia fazer mais nada"), por medo de um companheiro violento ("era o medo, eu tinha medo dele... eu tinha percebido o que é que me esperava se eu não fizesse aquilo que ele queria") ou por necessidade de consumo de drogas ("se não consumisse não precisava de roubar"; "era a necessidade, o vício era mais forte").

Mudanças na perspectivação moral face ao desvio (9/11)

Há um predomínio de discursos centrados na ideia de que na altura do crime ou da prostituição não passava pela cabeça destas mulheres o facto de essas actividades serem contra os seus valores morais, mas que agora, "olhando para trás", não o deviam ter feito. ("...agora por falar nessas coisas... Antes não sentia mas agora sinto, agora sinto [que não o devia ter feito]"; "Olhando agora, acho que nunca devia ter feito..."; "na altura acho que não, porque se tivesse mexido eu acho que não me tinha metido nisso, que é mesmo assim. Hoje posso dizer, se eu voltasse a fazer, que eu acho que não, seria muito difícil, já ia contra os meus princípios.").

A excepção reside nos consumos de drogas, em relação aos quais emergem discursos de culpabilização anterior à reclusão, muito relacionados (como vimos anteriormente) com o impacto na família ("Eu pensar que não devia consumir droga, pensei.... muitas vezes. E punha-me sozinha no meio do mato e chorava, chorava... Só me dava era para matar-me no tempo que andava na droga, a dar desgostos à minha mãe, aos meus irmãos").

Estes dados conduzem-nos uma vez mais para a possibilidade destes discursos terem por objectivo a auto-apresentação das mulheres da amostra de acordo com as expectativas sociais gerais e com o que julgam ser as expectativas específicas da investigadora. Não podemos também esquecer-nos que a circunstância da reclusão e a preocupação com as circunstâncias jurídico-penais podem também ser responsáveis pelo discurso da mudança na perspectivação moral dos actos desviantes.

Questões de sexualidade (2/11)

Finalmente, mesmo tratando-se de discursos pouco frequentes nas narrativas sobre a experiência de um dilema moral, parece-nos importante referir que as questões morais emergem também em torno da sexualidade das mulheres. Assumir uma relação homossexual ("houve outra situação que foi assumir uma relação homossexual [...]. Só pensava «isto não tem nada a ver comigo». Andei [...] a achar [...] que não devia, foi complicado") ou ser abusada sexualmente ("quando o meu padrasto [...] começou a abusar de mim sexualmente, eu perdi todo o respeito que tinha por mim própria") são experiências que emergem na cena de moralidade e cuja construção narrativa se reveste de alguma culpabilização. Esta ideia vai ao encontro da tradicional culpabilização da mulher, em particular da jovem mulher, pelo seu comportamento sexual, neste caso relativo a situações que são socialmente reprovadas, como a homossexualidade e o abuso sexual.

j. Desafio

Consiste no episódio que as mulheres consideram representar o maior desafio enfrentado ao longo do seu percurso de vida. A ida para a prisão e a permanência nessa instituição correspondem, nas narrativas da maioria das mulheres do estudo (7/11), ao maior desafio da sua vida ("o maior desafio da minha vida é estar presa").

Na construção destes episódios, as mulheres centram-se genericamente na dificuldade inerente à vida prisional ("Não é nada fácil estarmos aqui, termos que viver aqui"), concretizando por vezes as circunstâncias associadas a essa dificuldade. Estarem "fechadas mesmo sabendo que o mundo lá de fora está à [...] espera" ou "levar com ordens....e ter razão [...] mas não ma darem...", são exemplos dessas circunstâncias.
Central é igualmente o discurso sobre o esforço de adaptação que estar detida requer ("Estar detida requer um esforço de adaptação muito grande, para no final irmos outra vez lá para fora....."; "Eu tenho de ter bastante força.").

As referências a outros desafios são pontuais, e mais centradas no desvio em si mesmo do que na reclusão. São discursos relacionados com a sobrevivência na rua ("...se não 'tava no colégio 'tava na rua e quem é que ia olhar por mim na rua? Tive que me arranjar, tive que fazer essas coisas todas, arranjar um sítio p'ra tomar banho, não sei quê, essas coisas assim, em casa de uma amiga assim de vez em quando ou de uma ou outra..."), com o abandono dos consumos de droga, em particular o sofrimento associado à privação das drogas ("Para deixar a droga foi um bocado difícil.....custou-me muito..... Sofri muito com as dores, eu não conseguia estar deitada, só me dava espasmos....foi muito difícil.") e com a entrada no tráfico ("O meu maior desafio foi entrar no tráfico. Porque eu sabia que era arriscado, não é, mas como dava muito dinheiro...").

Na construção narrativa do maior desafio do seu percurso de vida, algumas mulheres, ainda que poucas, são capazes de dar interpretar positivamente esse desafio, como algo que lhes permite conhecer capacidades que desconheciam possuir ("Porque eu acho que é aqui que a gente....que a gente nos conhecemos a nós mesmas, capacidades que a gente tem..."; "Eu acho que nós aqui conseguimos conhecer muito mais de nós do que lá fora."; "Saí-me sempre bem, não é?"; "Sofri muito [...], foi muito difícil. Mas consegui!"). Outras mulheres referem apenas os aspectos negativos do desafio e como este lhes traz ou pode trazer consequências de extrema inadaptação, até à ideação suicida ("Por exemplo o estar presa é um desafio. Não sei é se eu passo por cima...."; "Estar aqui dentro, da maneira que isto é, sem cometer loucura nenhuma...só esperar pela liberdade...é tão difícil, mas tão difícil...às vezes dá vontade de morrer."; "eu dizia sempre à minha mãe *'eu não consigo, eu mato-me'* [...]. Com o desespero à cabeça de uma pessoa vem a ideia de fazer mal a si própria").

k. Figuras importantes

Relativamente às pessoas ou instituições que consideram ser a influência mais positiva de toda a sua trajectória de vida, na sua maioria as jovens mulheres referem os pais (6/11), sobretudo a mãe, e também irmãs (2/11). Em relação aos pais o discurso das mulheres entrevistadas assenta na ideia de que a eles devem a educação que têm ("Eles são tudo para mim, deram-me tudo o que tenho de positivo, tudo o que sou hoje devo-lhes a eles. E agradeço muito a educação que me deram, tudo o que têm feito por mim."). Especificamente em relação à figura da mãe o discurso centra-se no apoio sentido ("mãe é mãe, foi ela que me apoiou em tudo e que me apoia. Senão já não estava aqui..."; "Foi ela que sempre me deu todo o seu apoio."). Quanto à figura das irmãs, são referidas como um modelo a seguir ("era responsável. E era amiga."; "Tinha cabeça."; "Foram as minhas irmãs, por tudo o que aprendi com elas. Eu orgulho-me muito delas, têm uma personalidade muito forte. Eu gostava de ser como elas, forte independente..."). Estamos uma vez mais perante um discurso de idealização da família ou da relação com os pais e inclusivamente do percurso de vida das próprias mulheres. Quando elas referem que "devem tudo o que são" aos pais parecem excluir qualquer tipo de desvio às normas sociais e legais nesse percurso.

No que se refere à pessoa ou instituição a quem atribuem o significado de pior influência no seu percurso de vida, a figura mais referida pelas jovens da amostra é a pessoa que na sua opinião as conduziu ao consumo e ao crime, dois comportamentos que tendem a associar. A principal figura deste discurso é o companheiro (4/11) ("Ele foi pior em tudo....trouxe tudo de mau. Esta vida devo-lhe a ele."; "O meu companheiro também já não queria saber de mais nada, só queria era dinheiro, dinheiro, dinheiro, e droga, droga...."; "Foi ele [ex-companheiro], foi a pior coisa que me aconteceu, foi ter gostado dele, foi eu tê-lo conhecido...."; "Vender a droga, mais do que consumir [foi o pior que ele a levou a fazer]"). Surgem também referências a pares, igualmente responsabilizados pelos consumos e crimes das mulheres entrevistadas ("Foi uma colega minha, que me deu a experimentar a heroína. Eu sabia o que era, mas não sabia o que fazia [...] comecei a dar na heroína, e depois ela foi-se embora e eu comecei a gostar daquilo. E depois, para consumir tinha que roubar."; "Pior acho que foi uma amiga e o namorado dela. Só me estavam a puxar para a droga...").

Embora estes dois discursos se centrem no consumo de drogas "duras", que as mulheres não dissociam da actividade criminal, podemos estabelecer alguma ligação com o discurso de uma outra mulher, que refere como pior influência o seu padrasto. Nesta narrativa não há qualquer ligação ao consumo de drogas, mas o padrasto é considerado o responsável por ter cometido o crime e estar detida ("Foi o meu padrasto, sem dúvida! Primeiro porque eu acho que uma criança que cresce num meio violento, pode-se tornar uma pessoa violenta, em primeiro lugar isso [...] Nunca.... nunca estaria aqui se não fosse o padrasto").

No mesmo sentido, uma jovem refere a mãe enquanto pior influência no seu percurso de vida, na medida em que a responsabiliza pelo seu envolvimento no tráfico ("se não fosse por ela, eu não me teria metido na vida das drogas").

Também os discursos construídos sobre as instituições de acolhimento de menores se revestem de significações antagónicas. Uma mulher elege o colégio onde esteve institucionalizada como a influência mais positiva no seu percurso, centrando este discurso nos consumos de drogas ("acho que foi o colégio porque ajudou-me a sair da droga"), enquanto outra mulher atribui uma significação oposta a uma instituição semelhante ("A partir do colégio, o colégio estragou-me muito. [...] Aí comecei a conhecer mais pessoas, comecei a ir para sítios mais pesados, comecei a conhecer pessoas que faziam tráfico e essas coisas, coisa piores... e roubos, assaltos e...foi pior!").

5.2.2. *Discussão*

a. Elementos para a compreensão dos discursos construídos

Iniciamos a discussão sobre a primeira análise de dados qualitativos fazendo uma breve referência a dois elementos centrais para a compreensão dos discursos construídos pelas mulheres da amostra. Um elemento está mais relacionado com os conteúdos dos discursos (temas-chave) enquanto o outro diz respeito essencialmente à sua estrutura (incoerências). Um e outro constituem, na nossa opinião, uma base fundamental para analisarmos os discursos construídos reflectindo sobre os objectos fundamentais deste trabalho: percursos de vida, significações do crime e construção da identidade.

Temas-chave

Os principais temas emergentes nos discursos que as jovens mulheres constroem sobre os seus percursos de vida são as drogas, a prisão, as relações de género e a família. Embora sejam temas transversais aos discursos de todas as mulheres entrevistadas, encontramos uma certa tendência para que um tema se destaque em cada entrevista. Essa tendência é marcante, por exemplo em relação às drogas, sobretudo quando há história de consumos problemáticos, caso em que é clara a construção polarizada das diferentes narrativas em torno das drogas. Podemos referir como exemplo o discurso de Dália, que constrói os diferentes episódios com base nos seus consumos de droga (e.g., a melhor influência foi o colégio pelo apoio para terminar consumos; a pior influência foi quem a introduziu nos consumos). Mas as relações de género constituem igualmente um tema central, como ilustra o discurso de Helga, todo ele centrado na relação que a jovem estabelece

Análise de narrativas 233

com o companheiro (e.g., ele constitui a pior influência no seu percurso; o pior episódio é de violência protagonizada por ele; o ponto de viragem diz respeito à decisão de viver com ele).

Incoerências narrativas

As incoerências narrativas são outro aspecto sobre o qual nos parece importante fazer um breve apontamento neste início de discussão, para lhe dedicarmos atenção posterior em todos os tópicos considerados. A oscilação na construção narrativa de determinados objectos (e.g., cena da reclusão) faz sentido se considerarmos os argumentos construcionistas. Como salientam Potter e Wetherell, não se espera um elevado grau de coerência e estabilidade ao longo das narrativas construídas pelos indivíduos, mesmo ao longo de uma só entrevista (1987, cit. Burr, 1995). Para os autores, os discursos dos indivíduos não constituem uma expressão do seu "estado interno", mas sim um meio que utilizam para alcançar determinados objectivos, que vão variando ao longo de uma entrevista. Assim sendo, a variabilidade das narrativas deve ser vista "como a regra e não como a excepção" (idem, p.113).

Ao longo dos diferentes tópicos explorados nesta discussão, centramos em larga medida as nossas reflexões na procura de compreensão do objectivo que as mulheres pretendem alcançar através dos seus discursos. Estes são marcados por incoerências na construção narrativa de praticamente todos os episódios contemplados no guião de entrevista. Como teremos oportunidade de constatar, as temáticas específicas em que surgem as mais evidentes incoerências narrativas referem-se à família, ao crime e à reclusão. Assim sendo, é em torno desses temas que acabamos por centrar a nossa discussão sobre os dados do primeiro estudo qualitativo.

b. Idealização dos percursos de vida

Os discursos das jovens reclusas sobre as suas trajectórias de vida compreendem uma acentuada idealização. O passado destas mulheres é construído através dos seus discursos como um contexto positivo, caracterizado por experiências e memórias positivas. Esta idealização do passado é visível sobretudo na construção narrativa da cena de *high point* e da imagem da infância e adolescência, que contrasta com as descrições de violência e dificuldades socio-económicas que emergem nos discursos, por exemplo, da cena de *low point*.

A idealização centra-se essencialmente na família e nas figuras e relações do contexto familiar. Assim, encontramos discursos de reflexão sobre a importância que os pais e as relações que estabeleceram com eles tiveram para o seu futuro. Constata-se que as palavras utilizadas para descrever a família têm uma conotação positiva, mas as descrições dos episódios são vagas ou mesmo contraditórias, pois em simultâneo são descritas experiências por exemplo de vitimação no âmbito familiar.

Esta representação idealizada do passado e da família corresponde ao que tem sido encontrado em outros estudos sobre a mulher e o crime, em abordagens semelhantes à que aqui adoptamos. Também nesses estudos se tem encontrado uma visão algo romantizada da família (e.g., Batchelor, 2005a; Carlen, 1983). O discurso que as mulheres constroem sobre a família não parece corresponder às suas próprias experiências, marcadas por episódios de violência ou abandono, mas antes a um ideal de proximidade e harmonia familiar que em vez de reflectir as suas experiências contrasta com elas. Como refere Carlen (1983), estas mulheres apresentam um discurso revelador de uma noção de *família normal*, que contrasta com as suas próprias experiências.

À semelhança do que acontece em relação ao passado, também as expectativas destas mulheres para o futuro surgem idealizadas nos seus discursos. São apenas três as mulheres que antecipam dificuldades para a trajectória a percorrer no futuro, após o cumprimento da pena de prisão, associando essas dificuldades ao estigma da reclusão. As restantes constroem as suas narrativas em conformidade com os discursos dominantes de "vida normal", no sentido em que, segundo referem, esperam casar, ter filhos, estar com a família e viajar. Atendendo às trajectórias percorridas, questionamo-nos sobre o objectivo da utilização deste tipo de discurso. Será que as mulheres pretendem através dele corresponder ao discurso dominante do ideal de normalidade feminina? Ou estará esse discurso relacionado com a fantasia de que a sua vida possa, após o cumprimento da pena, tomar um "rumo normal"?

A análise dos dados do segundo estudo qualitativo permitir-nos-á reflectir sobre esta questão pelo que a remetemos para a discussão geral dos dados qualitativos.

c. Centração nos "outros"

Não é um dado novo a importância que "os outros" assumem nos discursos que construímos sobre o mundo. É através das relações que estabelecemos com os outros que nos definimos e redefinimos a nós e ao mundo que nos rodeia e por isso se espera que esses outros tenham um papel central nos discursos que construímos (Gergen, 1998a, cit. Machado, 2000). É o que acontece nas narrativas que aqui analisamos quando, por exemplo, incluem referências a figuras "boas" e "más" associadas ao crime, a actores do contexto prisional e às relações estabelecidas com eles ou quando as mulheres se referem às relações do contexto familiar e à re-significação das mesmas com a entrada para o estabelecimento prisional. Há, contudo, outras questões sobre as quais julgamos importante reflectir, sobretudo em relação ao papel que os outros assumem quando as mulheres da amostra dão significado ao crime no seu percurso de vida.

Em primeiro lugar referimos, uma vez mais, a idealização das relações estabelecidas com as figuras do contexto familiar. Os discursos construídos sobre as experiências vividas na família não parecem reflectir essas mesmas experiências, mas sim um ideal de *família normal*. Este dado tem sido referido em estudos semelhantes, onde é frequente encontrar uma visão idealizada da família (e.g., Batchelor, 2005a; Carlen, 1983).

Especificamente em relação ao crime, percebemos que os significados que lhe são associados passam sempre pela inclusão de outras figuras, seja para justificar a ocorrência do crime (e.g., para garantir bens / educação dos filhos; por imposição de companheiro), para descrever consequências do mesmo ou para mostrar arrependimento. Do mesmo modo, a suposta mudança para uma perspectiva moralista em relação ao crime, parece estar mais relacionada com a preocupação em transmitir arrependimento e mudança a outros, sejam familiares, agentes de controlo formal, ou a investigadora, do que com uma mudança em termos de valores das próprias mulheres.

Também os discursos sobre a reclusão são centrados nos outros, sendo notória a importância para estas mulheres do impacto da prisão ao nível relacional, em termos quer da redefinição das relações anteriores quer do estabelecer de novas relações com actores do contexto prisional.

Uma vez mais parece-nos importante compreender estes dados relembrando o argumento de Carol Gilligan (1982) sobre a socialização em função do género, com a construção da identidade feminina mais centrada nos outros do que a masculina.

d. Questões de auto-apresentação

A questão da auto-apresentação das mulheres entrevistadas é fundamental face às nossas questões de partida. Entre os aspectos que se revelam importantes nesta discussão destacamos, em primeiro lugar, os discursos de conformidade, seja aos papéis de género dominantes, seja às expectativas da investigadora.

Conformidade

A conformidade aos papéis de género socialmente construídos é um modo privilegiado de estas mulheres de apresentarem nos discursos construídos. Tal verifica-se transversalmente nos diversos episódios contemplados no guião de entrevista. Os exemplos mais evidentes dizem respeito aos papéis tradicionalmente atribuídos à mulher no âmbito familiar, tais como a importância imputada à maternidade na construção do episódio de *high point*. Como vimos na descrição dos dados, as mulheres tendem a utilizar expressões de grande contentamento em relação a este tipo de acontecimentos, sem que a descrição dos episódios corresponda sempre ao tom dessas expressões. Ou seja, na nossa opinião estes discursos parecem reflectir sobretudo a procura de corresponder aos papéis socialmente esperados que a mulher desempenhe, cujo exemplo nuclear é o papel maternal. E se este tipo de discurso tende a estar presente na construção de narrativas por parte das mulheres em geral, pela pressão social para a sua conformidade aos papéis domésticos, colocamos a hipótese de o contexto prisional e a condição jurídico-penal destas mulheres poderem contribuir ainda mais para este tipo de auto-apresentação, numa tentativa de se mostrarem em conformidade com os papéis de género.

Outro exemplo que nos parece importante a este nível refere-se à descrição do início das actividades criminais, como uma importante e inevitável decisão tomada ao longo do percurso de vida destas mulheres, mas seguida de uma imediata legitimação dessa decisão com base na imagem socialmente aceite de "boa mãe" (e.g., para sobrevivência dos filhos ou para garantir o seu bem-estar).

Também aqui os discursos sobre a maternidade são importantes. Estes discursos, que encontramos na construção narrativa de quase todos os episódios, parecem ter por objectivo a apresentação das mulheres como figuras em conformidade com as expectativas sociais de género. Do mesmo modo, os discursos sobre a "vida normal", que referem ter vivido antes e que esperam viver depois do cumprimento da pena prisão, parecem surgir com o mesmo objectivo.

Os discursos de arrependimento ou, como referimos anteriormente, da mudança para uma perspectiva actual moralista em relação ao crime parecem resultar também do objectivo destas mulheres em transmitir uma imagem de conformidade às normas sociais.

Tínhamos visto na descrição dos resultados que a significação do crime como inadequado do ponto de vista moral não parece emergir por questões de identidade pessoal, mas antes pela relação que as mulheres estabelecem com os outros. Este será mais um indicador de que estes discursos poderão fazer parte de uma estratégia de auto-apresentação destas mulheres.

Os discursos construídos pelas mulheres parecem também resultar do objectivo de corresponder às expectativas da investigadora, num duplo sentido. Um primeiro semelhante ao da conformidade aos discursos dominantes, seja através do arrependimento ou dos discursos centrados na família, em particular na maternidade. Não podemos aqui esquecer-nos que parte da recolha de dados foi realizada quando a entrevistadora estava grávida, o que poderá ter reforçado o esforço de corresponder aos ideais dominantes de feminilidade. O outro sentido é quase antagónico e diz respeito às narrativas particulares sobre o episódio do crime. Pois na sua construção verificámos a opção por critérios, por exemplo dos crimes "melhores" ou "com mais piada", como se desiludissem a investigadora se não o fizessem. Tal poderá resultar do carácter de excepção patente na representação dominante da criminalidade feminina, ideia reforçada em algumas destas mulheres pelo facto de terem sido entrevistadas pela comunicação social anteriormente.

Vitimação

Nos discursos analisados são recorrentes as referências a experiências de vitimação, seja durante a infância, no contexto familiar, seja posteriormente, por exemplo no âmbito de relações íntimas. Encontramos tradicionalmente uma correspondência entre este tipo de discurso e o argumento de que a mulher que comete crimes apresenta uma história de vitimação continuada (Chesney-Lind, 1997). Este argumento, através do qual algumas autoras feministas procuram proporcionar protecção e *empowerment* à mulher (Carlen, 1983), acaba por ser contestado por outras autoras (e.g., Snider, 2003), que o consideram semelhante aos discursos tradicionais, *patologizadores* da transgressão feminina e que excluem qualquer tipo de iniciativa por parte da mulher que transgride.

Interessa-nos particularmente reflectir sobre a eventual utilização deste discurso de vitimação pelas jovens mulheres como estratégia justificativa dos seus actos desviantes.

Este discurso da vitimação e a associação deste tipo de experiências à transgressão feminina não implica necessariamente, na nossa opinião, retirar poder à mulher. Por um lado, permitir que a mulher através da construção de discursos sobre o crime lhes dê significado é darlhe poder. Para além disso, pensamos estar no nosso estudo perante dois discursos distintos: o das mulheres que utilizam esse discurso para legitimar os seus actos transgressivos e daquelas que se referem à vitimação como uma circunstância de vida que associam ao crime (de forma mais ou menos directa), mas que não excluem racionalidade na sua opção pela via do crime. Temos por exemplo o caso de Alexandra, cúmplice do homicídio do padrasto que a violou várias vezes, e que refere que logo após o primeiro abuso pensou "…'agarro numa faca da cozinha e vou até à cama dele e dou uma facada e mato-o!' Pensei várias vezes no assunto, várias vezes no assunto […]. Eu posso não ter feito… feito mesmo o acto, mas acho que eu de uma certa altura, né, dos meus quinze anos até ser presa, foi dos meus…dos meus maiores desejos que eu já tive na vida foi ver o meu padrasto morto."

Parece-nos assim que o discurso da vitimação pode ser utilizado pelas mulheres sem que necessariamente se considere que a sua transgressão é passiva ou fruto da sua irracionalidade. Não é através deste argumento que se pode, na nossa opinião, negar a agência das mulheres quando cometem crimes.

e. Significações do crime e construção de identidades criminais

A reflexão sobre os significados associados ao crime pelas jovens da amostra passa inevitavelmente pela análise das evidentes incongruências narrativas nos discursos construídos sobre o fenómeno.

Esses discursos são ambivalentes na medida em que ao longo da construção narrativa dos diferentes episódios de vida, as mulheres oscilam entre discursos normativos e desviantes. Especificamente na construção da "cena do crime", encontramos narrativas em que emergem, por um lado expressões que negam qualquer importância ao crime (e.g., "não há nada importante a dizer sobre o crime") e descrições de sentimentos negativos a ele associados (e.g., horror, …) e, por outro lado, significações de episódios concretos de actividade criminal como "a melhor" ou a "mais engraçada" história desviante do seu percurso. A ambivalência é igualmente notória quando surge um discurso de medo em relação à actividade criminal ou quando as mulheres descrevem arrependimento e se mostram contra o desvio, mas emergem também expressões de não arrependimento, de vergonha de não ter sucesso no crime e de "gozo" ou prazer associado ao crime e seus riscos ou ainda uma significação do crime como uma estratégia adoptada racionalmente.

A oscilação entre discurso normativo e desviante estende-se para além da construção da cena do crime, surgindo também na construção de outras cenas, como por exemplo a de tomada de decisão. Algumas raparigas descrevem como a mais importante tomada de decisão do seu percurso o início de determinada actividade criminal, aderindo dessa forma a uma organização discursiva de certo modo desviante, mas justificam essa tomada de decisão com base em discursos normativos (e.g., necessário para cuidar dos filhos). Questionamo-nos sobre esta dupla utilização de discursos.

O esforço para justificar comportamentos socialmente reprovados, não é, na nossa opinião, surpreendente, principalmente tratando-se de comportamentos protagonizados por figuras femininas, partindo do pressuposto que elas têm integrado o discurso dominante de que é menos esperado que as mulheres cometam crimes.

Este tipo de discurso não nos parece traduzir a inevitabilidade da opção por um acto que condenam moralmente mas que constitui a única opção face a determinadas circunstâncias de vida (e.g., Almeda, 2003a; Carlen, 1987, 1988). Parece antes revelar que, para estas mulheres o facto de haver necessidades a colmatar legitima esses comportamentos, reforçando-se a ideia de que elas não colocam verdadeiras questões morais, pelo menos em termos de ideologia pessoal, face aos comportamentos criminais realizados.

Desta reflexão destacamos dois aspectos fundamentais. Em primeiro lugar, na construção do seu percurso de vida e, em particular, ao darem significado ao crime, as mulheres oscilam entre a utilização de discursos normativos e desviantes. Estes discursos parecem marcar a fronteira entre as mulheres que se demarcam e as que se aproximam de uma identidade desviante. As que se afastam são, na nossa opinião, as (poucas) mulheres cujas narrativas são mais coerentes a este nível, com menor oscilação entre discursos normativos e desviantes, com uma utilização mais sustentada de discursos normativos, que condenam os seus actos criminais, mostrando-se arrependidas e aceitando o cumprimento da pena de prisão. Por outro lado, as mulheres que nos parecem aproximar-se de uma identidade desviante são as que constroem narrativas mais pautadas pela oscilação entre os discursos normativo e desviante, e que parecem utilizar o primeiro como estratégia para justificar o crime. As ambivalências nos discursos sobre o crime conduzem-nos ao argumento de que existe uma lacuna de repertórios interpretativos positivos para o desvio feminino, parecendo que estas mulheres não conseguem elaborá-lo discursivamente ou não têm forma de o articular. Nesse sentido, mesmo quando a identidade desviante é assumida, esta parece ser algo patologizada pelas próprias mulheres, que têm alguma preocupação em mostrar conformidade aos discursos dominantes de feminilidade.

Em segundo lugar, as ambivalências em relação ao crime parecem traduzir a questão da racionalidade e do prazer que lhe pode estar associado. Embora as abordagens tradicionais (sociais e científicas) excluam essas dimensões da criminalidade feminina, alguns estudos mostram que o crime cometido pela mulher resulta com frequência de uma opção racional (e.g., Carlen, 1987, 1988) e mostram também que algumas mulheres retiram prazer da actividade criminal (e.g., Batchelor, 2005b). Os nossos dados apontam no sentido de ambas estarem presentes quando as jovens mulheres dão significado ao crime nas suas trajectórias de vida. Mais evidente nos discursos analisados é a decisão racional pela via do crime, sobretudo associada a questões financeiras, mas também associada ao gozo ou prazer retirado da actividade desviante.

Estes dados contrastam claramente com a construção social do desvio feminino e com o que tem sido referido na literatura sobre o fenómeno. Na nossa opinião, pode haver mais agência nas protagonistas do crime, apesar de os discursos científicos e sociais dominantes se oporem a esse argumento e de as próprias mulheres usarem o discurso da determinação externa para justificar as suas escolhas.

f. Significações da reclusão

Sobre os discursos da reclusão, destacamos desde logo a sua emergência transversal ao longo do guião de entrevista, revelando a importância dos contextos na construção discursiva de percursos de vida (Ferrarotti, 1988). Assiste-se a uma significação dos diferentes aspectos da vida das jovens mulheres através da «lente da reclusão»; as relações com os outros e a perspectivação das experiências passadas e futuras são re-significadas através dessa lente.

Outra questão fundamental prende-se com os significados positivos associados ao contexto prisional, por exemplo através da descrição de relações positivas com outras reclusas, ou da prisão como uma viragem positiva, essencialmente por interromper consumos ou relações de viti-

242 *Vidas raras de mulheres comuns*

mação. Sendo predominante o discurso da reclusão como transição positiva, surgem, contudo, expressões que mostram que não é pacífica a escolha deste discurso, como se não fosse legítimo dar uma significação positiva à prisão.

Enquanto a ambivalência nos discursos sobre o crime parece estar relacionada com a dificuldade das mulheres em assumirem agência ou prazer na actividade criminal, aqui colocam-se questões distintas. A ambivalência nos discursos sobre a reclusão parece relacionar-se com a dificuldade que as mulheres têm em assumir que a prisão possa não ser exclusivamente negativa, uma vez que esta é socialmente construída como *o* contexto de máxima punição.

Por outro lado, embora não possamos associar a construção de significados positivos sobre a prisão a identidades criminais, parece-nos plausível que o discurso contrário, construído por algumas mulheres, possa revelar uma demarcação em relação ao desvio. Falamos das poucas reclusas que constroem a prisão como uma mudança que não traz benefícios para o seu percurso de vida, mas sim prejuízo, na medida em que compromete os objectivos que definiram a nível educativo e profissional.

g. Diferentes percursos, diferentes discursos

Finalmente, se com base nos resultados do estudo quantitativo considerámos a possibilidade de diferenciação de pelo menos três tipos de percursos de vida entre as jovens reclusas, os dados analisados no primeiro estudo qualitativo sustentam a possibilidade de construção de discursos e significados distintos sobre o desvio por parte das diferentes mulheres da amostra. Parece diferenciar-se particularmente o discurso das mulheres do grupo do "crime – excepção", na medida em que, por exemplo, não se constata uma idealização do percurso de vida, passado ou futuro, sendo que estas mulheres descrevem experiências passadas de cariz positivo através de narrativas coerentes e antevêem um futuro difícil após a saída do contexto prisional. Neste grupo de reclusas é particularmente notório que o crime se reveste de um significado de excepção, afastando-se da construção de uma identidade criminal. Uma outra característica saliente nos discursos destas mulheres é o menor foco no desvio e maior centração em componentes de um percurso de vida "normativo", através, por exemplo, da inclusão da escola. De qualquer modo, o tipo de análise realizada não nos permite ir além do esboço deste argumento, que só poderemos sedimentar na discussão geral do estudo qualitativo.

5.3. A Construção Narrativa de Percursos de Vida

A análise da construção narrativa dos percursos de vida das jovens reclusas centra-se na primeira parte do guião de entrevista utilizado, que pressupõe a divisão do percurso em capítulos e a descrição do que de mais importante acontece em cada um deles. Organizamos esta análise em três momentos distintos: (1) A análise dos discursos grupo a grupo, centrada nos grandes temas emergentes nas narrativas construídas pelas mulheres da amostra, bem como na representação gráfica das propostas de divisão de trajectórias de vida em capítulos; (2) A contrastação dos discursos emergentes nos diferentes grupos; (3) A apresentação e discussão de um "caso negativo". Na contrastação dos discursos das mulheres dos diferentes grupos e na análise do "caso negativo", a discussão integrará os dados emergentes em ambos os estudos qualitativos.

Analisamos em seguida os discursos emergentes nos três grupos contrastantes. Relativamente a cada um deles, iniciamos com a análise dos grandes temas emergentes nas narrativas construídas pelas mulheres que o compõem. Esta análise é complementada com uma representação gráfica das propostas de divisão das trajectórias de vida em capítulos, pelas mulheres que as protagonizam.

5.3.1. *O grupo do "Crime – Estilo de vida"*

a. Discursos

Família

Neste grupo algumas questões relacionadas com a família assumem particular relevância, nomeadamente a estrutura do agregado e

244   *Vidas raras de mulheres comuns*

suas transições, os contactos de familiares com o sistema de justiça e a percepção de normalidade relativamente ao contexto familiar. Analisemos cada um desses tópicos.

Estrutura do agregado familiar – múltiplas transições

A estrutura do agregado familiar durante a infância caracteriza-se, nos percursos de todas as mulheres deste grupo, tal como elas os construem, por frequentes transições, a nível de quem o compõe e do local onde residem. Estas transições são moldadas por acontecimentos significativos, como a separação dos pais ou a morte do pai (3/4), acontecimentos que associam a mudanças negativas em termos financeiros e ao nível das dinâmicas relacionais ("eu 'tava habituada a ter tudo e depois naquela altura depois já não podia não é, já não podia ser não é. Então às vezes havia sempre assim algumas discussões com a minha mãe porque eu queria isto ou queria aquilo e ela não podia me dar e então aí começou a ficar um ambiente assim um bocadinho pesado."). Em termos de construção de percurso de vida, estes acontecimentos significativos são igualmente associados à mudança para o desvio ("eu só queria era fazer porcarias...Eu acho que era carinho e falta de um bocadinho de atenção e de me tentarem compreender um bocadinho também, porque foi difícil p'ra mim que o meu pai morresse [...] depois disso ficou tudo muito confuso, muito stressado, muito...muito apertados e isto e aquilo e prontos, acabei eu por ficar um bocado também prejudicada nisto tudo.").

Familiares com contactos com o sistema de justiça (3/4)

É também comum a quase todas estas mulheres a existência de familiares que contactaram com o sistema de justiça. Esses familiares são próximos, nomeadamente pais, irmãos ou tios, e os contactos consistem em detenções associadas a consumo e tráfico de droga ("O meu pai antes de morrer 'teve problemas. Foi preso uma vez e 'teve problemas com a justiça também. [...] só sei que o meu pai depois quando começou a injectar-se e essas coisas todas assim, hum...tinha sempre muitas...tinha sempre problemas com a polícia."; "....hoje já não estão presos [os tios], não consomem, porque consumiam na altura...").

Análise de narrativas 245

Este tipo de ocorrência pode enquadrar-se nos acontecimentos significativos que descrevemos anteriormente, no sentido de implicarem transições no agregado familiar e, segundo estas mulheres, no seu próprio trajecto de vida ("Tinham a casa deles, tinham...tinham uma casa de fados por baixo e tinham os seus carros e isso. E de repente ficaram sem nada, não é, quer dizer a minha mãe e depois isto tudo complicou-se, como é óbvio."). Neste caso em concreto, em que uma mulher descreve os problemas financeiros após a morte do pai, esses problemas são relacionados com o início da sua trajectória desviante. Contudo, as questões financeiras não constituem uma questão particularmente relevante nos discursos das mulheres deste grupo, quando constroem narrativamente o seu percurso de vida.

Percepção de "normalidade" do contexto familiar (3/4)

Na descrição dos diferentes aspectos do contexto familiar da infância, as mulheres definem o seu próprio conceito de família "normal", centrado genericamente na equivalência à vida dos outros e particularmente no tempo passado com a família e na escola ("A minha vida era...normal!"; "A minha vida era igual à das outras miúdas"; "Então, ia sempre à escola, não faltava, tinha bom comportamento...": É normal quando somos miúdos somos assim um bocado inquietinhos, não é, sempre a fazer brincadeiras, os professores a mandar-nos a sentar... Mas era tudo bom.").

Para além disso, estabelecem uma fronteira entre o momento em que enquadram o seu contexto familiar nesse conceito e o momento em que consideram que a sua família deixa de corresponder a essa percepção de "normalidade" ("A minha vida era igual à das outras miúdas... depois começou a ser diferente."). Estes discursos são assim reveladores de uma noção de ruptura entre um suposto contexto harmonioso na infância e um contexto disfuncional posterior, quando a sua vida deixa de ser "normal" e se iniciam os comportamentos desviantes. Esta noção de um primeiro contexto familiar "normal" parece-nos uma vez mais idealizada, na medida em que o conceito de "normalidade" apresentado não é sustentado através de narrativas coerentes.

Escola

As alusões negativas ao contexto escolar são transversais a todas as mulheres deste grupo, em particular o desinteresse e o abandono precoce, bem como os problemas disciplinares e a expulsão. Menos consensuais são os discursos de bom comportamento e de gosto pela escola, e a associação dos primeiros desvios ao contexto escolar.

"Afastamento" e problemas disciplinares (4/4)

Todas as mulheres descrevem o abandono escolar precoce. O seu discurso corresponde ao desinteresse ou, como elas próprias referem, ao afastamento em relação à escola, a partir de determinado momento ("...Porque aos 13 anos foi quando eu comecei a afastar-me mais da escola"). Algumas mulheres acabam por assumir que "nunca tiveram interesse" pelo contexto escolar ("Eu nunca gostei muito de escola"; "nunca quis andar na escola, nunca"; "Nunca fiz caso da escola").
O desinteresse é associado a problemas disciplinares e a faltar à escola ("Que eu me lembre, que eu me lembre assim...sei que era muitas vezes chamada ao gabinete da senhora directora, não sei porquê."; "...comecei a faltar à escola, a afastar-me da escola, chumbei três vezes e...pronto...e não me interessei mais da escola."), resultando estes no abandono ou mesmo na expulsão ("Comecei a faltar cada vez mais até que expulsaram-me da escola pelas faltas que eu tinha").

Comportamento "normal" – o gosto pela escola (2/4)

Os comportamentos "bons" ou "normais" e o gosto pela escola correspondem a mais um elemento do que as mulheres consideram ser uma "vida normal". Estes elementos surgem nas narrativas como uma etapa prévia ao desvio, pois a partir de determinado momento os percursos são marcados pelo desinteresse, pelos problemas disciplinares e pelo abandono ou expulsão da escola. Até certo ponto, e atendendo às incoerências discursivas, a referência ao bom comportamento e ao gosto pela escola parecem-nos traduzir uma idealização do seu próprio percurso escolar. No discurso de uma rapariga as incongruências são claras, pois refere que "gostava da escola! Os professores também gostavam de mim [...] era tudo bom", mas refere logo em seguida "que era muitas vezes chamada ao gabinete da senhora directora, não sei porquê [...] e a última vez 'memo' que eu prontos, era pequenininha mas já era rebeldezinha, não sei o que é que ela me disse e eu acho que levei a mal e também alevantei a voz não é?". A outra rapariga constrói narrativas mais coerentes sobre uma fase positiva no meio escolar, que precede o seu posterior desinteresse e afastamento ("ia sempre à escola, não faltava, tinha bom comportamento [...], gostava de andar na escola. [...] Sempre me dei bem com o Inglês, Português... menos com Matemática [...] aos 13 anos foi quando eu comecei a afastar-me mais da escola").

Contexto escolar e primeiros desvios (2/4)

A contextualização escolar dos primeiros comportamentos desviantes é clara no discurso de apenas uma mulher, que situa na escola "os primeiros cigarros, beber cerveja, fumar charros...droga". Uma outra mulher faz referência a comportamentos como as fugas frequentes do contexto escolar ("eu fugia da escola, para andar com as minhas amigas e não sei quê").

Grupo de Pares

Nos discursos sobre o grupo de pares são referidos dois contextos fundamentais de interacção, a escola e a vizinhança. As significações atribuídas pelas mulheres aos pares no seu percurso de vida centram-se nos comportamentos desviantes, em particular nos consumos de drogas, associando o grupo de pares aos seus primeiros desvios (4/4) ("Conheci pessoas, amigas. Amigas, não, quero dizer, colegas...da escola. E foram os primeiros cigarros, beber cerveja, fumar charros...droga"; "As drogas que a gente fumava era chamon, tabaco.... e beber") e também ao início do consumo de drogas "duras" ("E quando eu experimentei eu sabia o que era heroína, já tinha estudado e essas coisas todas, sabia o que era a heroína. Andavam muitos no grupo a experimentar"). O discurso predominante não é, porém, o do grupo de pares que conduz ou incita ao consumo de drogas "duras", mas do grupo onde há consumos e a quem elas mesmas acabam por pedir para consumir ("apesar de serem tão más companhias eu também tive muito......acho que foi muito da minha cabeça"; "ele ficava a fumar num sitio e eu ficava noutro sitio, mas depois comecei-me a aproximar e depois comecei a falar com ele que também queria e não sei quê, daqui e dali, e ele sempre a dizer que não, mas prontos, ao fim e ao cabo lá me deixou fumar e depois a partir dali comecei a fumar, a fumar, a fumar, a fumar, a fumar....").

Em relação aos consumos de drogas, nota-se no discurso destas mulheres uma interessante divisão entre os amigos ou colegas que constituem as "boas companhias", da "vida normal" antes do desvio, que apenas fumam drogas leves, e "as más companhias", associadas já aos consumos "mais pesados". Embora esta dicotomia esteja sempre presente, só é verbalizada explicitamente nas palavras de uma mulher: "antes eram miúdos mais....eram diferentes, eram companhias, prontos, que a gente podia considerar companhias boas. Estas eram um bocadinho mais.....evoluídas já! [...] Más companhias". O dualismo presente nos discursos sobre o grupo de pares emerge igualmente quando algumas destas mulheres fazem alusão ao percurso dos seus amigos ou colegas. Nesta alusão há uma polarização clara desses percursos, quando referem os amigos que "já morreram" ou já estiveram ou "estão detidos" e os que são "doutores" ou "guardas prisionais". Inevitavelmente, as jovens reclusas contrastam ou estabelecem uma analogia entre o seu próprio trajecto de vida e o dos pares ("Por exemplo, eu acho que no meio daquilo tudo quem se desviou fui eu, fui a única").

Institucionalizações (2/4)

São duas as mulheres deste grupo em cuja trajectória se inclui a permanência em instituições de acolhimento de menores. Inevitavelmente, a experiência de internamento emerge nos discursos destas mulheres, apesar de, como veremos adiante, não ser formalizada como um capítulo da sua trajectória de vida.

Os discursos sobre "o colégio" centram-se amplamente no desvio, em particular nos consumos de droga e nas fugas, embora as significações a esse nível sejam distintas. Uma reclusa refere que à entrada "já estava mesmo [...] completamente agarrada à droga", o que acaba por marcar toda a sua experiência de institucionalização. A sua representação do colégio é positiva em termos de trajectória e, na sua opinião, é pela dependência de heroína que foge repetidamente, na medida em que se não consumisse não fugiria, como acontece com as outras raparigas institucionalizadas ("A única que fugia para a rua era eu [...] por estar agarrada à droga"). O discurso da outra jovem reclusa opõe-se a este no sentido de atribuir ao colégio o seu desvio, incluindo fugas, consumos, roubos e maior agressividade ("...de repente vejo-me enfiada num colégio, foi difícil. Então comecei a fugir e...prontos, comecei a fugir e tentar fazer a minha vida fora do colégio e fora de casa também. [...] Apanhei pessoas que já eram 'memo' agressivas, [...] faziam asneiras atrás de asneiras [...], acabei por ficar igual"). Esta mulher refere mesmo que se não fosse o colégio não estaria na prisão, uma vez que se "tornou pior".

Emerge igualmente a inevitável comparação das experiências de permanência no colégio e na prisão. Consensualmente, a prisão é considerada "mais dura", embora uma rapariga sublinhe que essa é a sua perspectiva actual, pois naquele momento, com a idade que tinha "era como se fosse uma cadeia...".

A institucionalização representa ainda, para ambas, um momento de transição no relacionamento com a mãe. As duas referem que a mãe defende a sua permanência no colégio, sendo sua a iniciativa da institucionalização. No entanto, ambas constroem significados diferentes em relação à atitude da mãe, que para uma significa preocupação (*"filha, não sei quê....fugistes!"*) e para outra significa rejeição ("...a minha mãe mesmo chamava 'memo' a polícia para me levar outra vez para o colégio. Então aí eu ainda fiquei pior, porque 'tava me a sentir [...] dessa altura para cá fui uma pessoa que não tive carinho e afecto da família e então isso tudo magoou-me e andava com a cabeça muito confusa, então eu só queria era fazer porcarias...").

Comportamentos Desviantes

Primeiros desvios

Os discursos sobre os primeiros desvios centram-se sobretudo nos consumos de haxixe (3/4) e nas fugas (4/4), da escola, de casa ou do colégio ("...comecei a faltar à escola, a afastar-me da escola...e já fal-

250 *Vidas raras de mulheres comuns*

tas, fumar cigarros..."; "Então fumava charros, fumava e bebia...";
"...prontos, comecei a fugir e tentar fazer a minha vida fora do colégio
e fora de casa também."; "Estava semanas e semanas sem aparecer
em casa").

Como referimos anteriormente, apenas duas mulheres referem que
estes primeiros desvios têm como pano de fundo o contexto escolar,
consistindo no desinteresse pela escola, nas faltas às aulas, ou nos consumos com os colegas. Enquanto uma delas apenas faz referência às
fugas da escola, a outra parece atribuir um significado ao meio escolar
como o contexto de emergência dos primeiros desvios, que incluem,
para além das fugas, consumos de drogas e álcool. Na nossa opinião,
faz sentido que seja sobretudo esta reclusa a enquadrar com clareza os
desvios no contexto escolar, pois é a única cujo discurso sobre a escola
inclui empenho e interesse até determinado momento do seu percurso
de vida. As restantes mulheres, por seu lado, apresentam-se como distantes da escola, referindo que nunca se interessaram pela escola e que
os seus amigos provêm de outros contextos, como a vizinhança ou
"outros bairros".

Crime

Nas narrativas construídas pela totalidade das mulheres deste
grupo sobre o crime encontramos elementos recorrentes. Em primeiro
lugar, nos seus discursos sobre a actividade criminal, apenas pontualmente esta é descrita como uma actividade solitária, tendendo a ocorrer
com outros actores (4/4) (e.g., companheiro, colegas ou amigos, ou
ambos). Especificamente em relação aos companheiros verificamos que
estes surgem sempre ligados ao desvio, pelo menos aos consumos de
droga.

Outro elemento consensual é a heterogeneidade da actividade criminal, através da referência a diversos tipos de crime, salientando-se os
crimes contra a propriedade ("Montras..........muitos roubos"; "eu fiz
muitas, muitas coisas além das que eu já lhe contei, fiz muito mais
coisas, mais diferentes. Se eu lhe 'tivesse a contar não tínhamos
tempo...não saíamos daqui..."; "Roubos, tráfico, muita coisa assim") e a
vários processos-crime ("Já apanhei mais dois anos por roubo e tive
outro que levei pena suspensa"; "no processo estou eu e o meu companheiro [...], tenho um [processo] que era com outros elementos....").

Os discursos incluem ainda as motivações para o crime, de que se destaca a necessidade de adquirir drogas para consumo (2/4) ("Sim, roubava para consumir. De resto não tinha dificuldade."; "[Roubávamos] para tirar a ressaca..."). Outras mulheres associam o crime não apenas aos consumos de drogas "duras", mas também à aquisição de bens essenciais (2/4) ("Eu roubava para poder tirar a minha ressaca, para poder comprar comer para o bebé, o bebé precisa de alimento, para comprar roupa para ele, para comprar roupa para mim, para o meu companheiro, e essas coisas assim."; "Uma pessoa tinha fome não é? Outra era uma pessoa não podia andar toda rota, tínhamos que comprar as nossas coisas."). Estas mulheres transmitem a ideia de que mesmo sem consumos de drogas "duras" necessitariam de roubar para sobreviver. Utilizam expressões como "tinha que" ou "foi obrigatório pôr-me a roubar", indicando que, para elas, em determinados momentos do seu percurso se deparam com falta de oportunidades ou outros meios de subsistência para além do crime. Roubar emerge nos seus discursos como uma necessidade primária, uma vez que tinham que garantir a sua sobrevivência sem poder fazê-lo, na sua opinião, de outra forma. Contudo, implicitamente nos discursos de algumas destas mulheres percebemos que o crime parece estar associado a uma dimensão de prazer, que elas não assumem. Por exemplo, quando se entusiasmam a contar histórias sobre roubos, mas não referem explicitamente retirar prazer desses episódios; quando se mostram orgulhosas da actividade criminal ("começámos a fazer como já fossemos umas mulherzinhas a arranjar as nossas vidas [...] roubar aqui ou roubar ali, [...] roubar pessoas também"); ou quando, nas referências ao crime, deixam escapar expressões como "soube-me bem porque prontos, era a minha primeira vez, não é".

Quanto às reflexões sobre o crime, surge um discurso de arrependimento por metade das mulheres do grupo ("estou muito arrependida") a par de um discurso oposto pelas restantes ("eu digo 'memo «eu não 'tou arrependida»"). Tal como referimos anteriormente, esta será uma questão fundamental na discussão geral dos dados, na medida em que permite reflectir sobre algumas das questões de partida deste trabalho, como por exemplo qual o significado do crime, para estas mulheres, no seu percurso de vida.

Consumos de Drogas

Os consumos de drogas destacam-se na construção narrativa dos percursos de vida das mulheres do grupo que designámos por "crime – estilo de vida". Torna-se por isso pertinente analisar os discursos sobre os consumos autonomamente em relação aos discursos genéricos sobre comportamentos desviantes.

Contextos de consumo

Apenas uma mulher enquadra os seus consumos de drogas no contexto escolar, especificando que os primeiros consumos, de drogas leves, ocorrem com colegas da escola (tal como referimos na análise dos discursos sobre os primeiros comportamentos desviantes). As restantes mulheres descrevem a "vida da noite" e o "ambiente de rua" como contextos facilitadores de consumo (3/4) ("é o ambiente da rua, é um bocado puxado não é... e tem drogas e essas coisas e daqui e dali... uma pessoa [...] que 'teja na rua entra sempre nessas....por mais, pode demorar um, dois, três anos, quatro, cinco anos ou mais, mas há-de haver, se continuar sempre na rua há-de haver um dia em que vai...tocar naquilo.").

É comum nas narrativas destas mulheres a descrição do consumo com outras pessoas, destacando-se a figura do companheiro, embora não seja a única. A experiência de consumos especificamente de drogas "duras" é atribuída ao contacto com pares consumidores (3/4), apesar de, como referimos anteriormente (cf. "grupo de pares"), as mulheres não construírem essa experiência em termos de pressão ou coacção por parte desses pares.

As sensações associadas aos consumos são essencialmente positivas (3/4), através de discursos sobre o prazer inerente aos efeitos da droga. As jovens reclusas utilizam expressões como "é uma forma da gente tirar os nossos nervos", "não nos sentirmos sozinhos" ou "esquecer tudo". Uma mulher, contudo, a par do discurso do prazer associado aos consumos ("gostava do efeito da droga"), descreve sensações menos positivas, como o medo "de experimentar", de "ser descoberta" ou, numa fase que caracteriza como de falta de controlo sobre os consumos, de "morrer".

Evolução dos consumos

Nos discursos sobre os consumos de droga está subjacente a ideia de escalada (4/4), quer no tipo de drogas consumidas ("Comecei a fumar cigarros e depois comecei a fumar charros....até que experimentei.......heroína."; "Prontos, comecei a fumar uns charros e essas coisas assim. [...] E depois dos charros experimentei o resto [...] Consumia a heroína e a cocaína."), quer no modo de consumo ("Experimentei, fumei [...] E pronto, experimentei, no dia seguinte tornei a experimentar, mas já não foi fumado, foi injectada"). Todas as mulheres deste grupo descrevem o abandono do consumo de drogas "duras", embora duas assumam continuar a consumir haxixe.

A "vida da droga"

Na construção de discursos sobre o seu percurso de vida, quase todas as mulheres descrevem uma etapa que revestem de significações negativas e que, utilizando uma expressão que as próprias sugerem, se pode designar por "vida da droga". As significações negativas associadas a essa etapa prendem-se com um estilo de vida, na opinião das mulheres excessivamente centrado nas drogas, com implicações em todos os quadrantes da sua vida (3/4). A construção narrativa da "vida da droga" assenta em expressões como "ser toxicodependente", ter uma "vida mais pesada", ter "necessidade" de roubar para consumir, ser "difícil", "sofrer".

Um dos elementos que marca a fronteira onde inicia a "vida da droga" é, para estas mulheres, o tipo de drogas consumidas, "leves" ou "duras" ("...comecei a ter aqueles pensamentos que também ia morrer e essas coisas todas, porque já andava nas drogas mais pesadas. [...] Porque é diferente as drogas leves das drogas pesadas. Eu já sei como é, sei bem o que sofri...").

Parece haver nestes discursos um exercício de reflexão, em que as mulheres condenam a etapa em que consumiam drogas duras, que na sua opinião se caracteriza por uma vida própria onde nada interessa para além da droga. Associam esta "vida mais pesada" às piores circunstâncias da sua trajectória de vida, como por exemplo estar presa ou ter ficado sem a guarda do filho.

Percepção de controlo sobre os consumos

O grupo divide-se em termos de percepção de controlo sobre os consumos de droga. Enquanto duas mulheres descrevem o momento do seu percurso em que não conseguem parar os consumos e são totalmente dominadas, assim como as suas acções, pela dependência em relação às drogas ("... mesmo que eu quisesse parar não era capaz."; "... já estava mesmo agarrada à droga, completamente agarrada à droga"), as outras duas referem que "nunca foram agarradas" sendo capazes de deixar os consumos de drogas "duras" sem grande esforço ("... começámos a fumar menos vezes, menos vezes, ...quando demos por nós já não 'távamos a fumar drogas pesadas."; "Acho que não cheguei a sentir aquela fase de....prontos que eles ressacam e têm que ir fazer isto à força...").

A percepção de falta de controlo sobre os consumos de drogas "duras" parece estar relacionada com uma significação ainda mais negativa da "vida da droga". Das mulheres com um discurso oposto, que referem nunca perder o controlo, uma não constrói a "vida da droga" como algo negativo e a outra fá-lo, mas sem a mesma ênfase das outras duas.

Relação droga – crime

Tal como analisámos na categoria "crime", a maioria das mulheres deste grupo (3/4) associa directamente os roubos ao consumo de drogas, ainda que possam referir em simultâneo motivações económicas para aquisição de outros produtos (e.g., "alimento para o bebé"). Apenas para uma mulher, os roubos servem essencialmente a sua sobrevivência económica, como se os consumos fossem um complemento lógico pela abundância de meios económicos, resultante do crime. Este argumento faz claramente parte do seu discurso de manutenção de controlo sobre os consumos de heroína.

Relações de género e consumos

A todas as mulheres é comum o consumo de drogas duras pelo companheiro. No entanto, o modo como a relação se organiza em torno dos consumos diferencia-se. Uma mulher explica que quando conheceu o companheiro já consumia, outra associa o primeiro consumo ao companheiro, e as restantes sugerem (mas sem clareza) a ideia de que os consumos de drogas duras surgem apenas com os companheiros.

Não há contudo qualquer discurso de coacção por parte dos companheiros no sentido de iniciarem ou agravarem o uso de drogas. Uma reclusa descreve alguma pressão do companheiro, mas no sentido de ela deixar de consumir heroína, sendo essa pressão, nas suas palavras, associada ao facto de estar grávida.

A maternidade é, aliás, outro elemento relacionado pelas mulheres com os seus consumos, através de discursos ambivalentes. Uma refere que, ao saber que está grávida, por um lado tem receio de abortar devido aos consumos mas, por outro lado pondera realizar um aborto. A outra mulher refere que ambos filho e dependência são fortes motivações para o seu envolvimento no crime. Contudo, o seu discurso é culpabilizador apenas dos consumos de drogas, pelo facto de estar na prisão. Embora refira que "tinha que roubar para tratar do filho", refere em paralelo que "se não fosse a droga não estaria aqui". Parece estar subjacente a atribuição do crime aos consumos de droga, embora esta mulher procure utilizar o discurso normativo (dos deveres maternos) para justificar o crime.

Desvio e relacionamento com os pais

Antes de mais, parece-nos relevante referir que três das quatro mulheres incluídas neste grupo não têm a figura do pai presente no agregado familiar, desde muito cedo. Ou seja, falarmos de desvio e relacionamento com os pais é, na maioria das situações, sinónimo de desvio e relacionamento com a mãe.

Um primeiro aspecto descrito por estas mulheres prende-se com a atitude dos pais face aos comportamentos desviantes que elas apresentam. Tal como referem de forma consensual, a principal atitude é de "mandar vir", "ralhar" ou "refilar", numa postura de confrontação. Em dois casos, os pais optam por pedir a institucionalização das filhas, segundo elas por "não saberem mais o que fazer".

Da sua parte, descrevem um claro "desinteresse pelos pais", apresentado através de expressões como "não me interessava pela minha mãe", "não ligava nada ao que a minha mãe dizia" ou "estava semanas e semanas sem aparecer em casa". Este desinteresse pelos pais emerge nos discursos das mulheres associado ao estilo de vida que elas definem como "vida da droga" e que, como analisámos anteriormente, se caracteriza pelo desinteresse por tudo o que não esteja relacionado com os consumos ("...já não parava em casa, só queria saber da droga, não queria saber de mais nada, nem me interessava pela minha mãe").

Em paralelo com este desinteresse, as mulheres deste grupo revelam o desconhecimento dos pais acerca de alguns dos seus comportamentos desviantes, pelo menos em alguns momentos do seu percurso. Nas narrativas que constroem, está presente a ideia de ser sua a preocupação para que não haja da parte dos pais esse conhecimento. Isto leva-nos a questionar se o desinteresse pela família será apenas aparente, na medida em que tentam esconder dos pais comportamentos como as faltas à escola ("A minha mãe ao princípio não sabia que eu estava a faltar"), os consumos de droga ("a minha mãe nunca soube disto das drogas, nada disto...") ou a prostituição ("sem a minha mãe saber nem a minha família é que ía para a vida "). Por outro lado, questionámo-nos se a procura de manter os pais sem conhecimento sobre o seu desvio não traduzirá antes uma preocupação consigo mesmas.

Vida de rua

A "vida" ou "ambiente de rua" é referido por três mulheres (3/4) como fortemente associada ao desvio, em particular aos consumos de droga, mas também aos roubos e à prostituição. Neste discurso não há uma relação de causa e efeito unívoca entre rua e desvio, ou seja para estas mulheres não é um que causa o outro, mas sim ambos fazem parte do mesmo cenário. O seu argumento é o de que droga e "vida de rua" se facilitam mutuamente, no sentido de o consumo de drogas surgir inevitavelmente quando se frequenta "este ambiente" e de se viver mais na rua quando há consumo de drogas "duras".

No discurso da "vida de rua" inclui-se a referência a "viver fora de casa", em casas abandonadas ou "hoje na casa deste, amanhã na casa daquele", e também, num caso, a permanência na rua, na prática de prostituição, como estratégia de sobrevivência.

Prisão

Apesar de o momento correspondente à reclusão constituir um capítulo incluído por todas as mulheres da amostra na construção narrativa do seu percurso de vida, não é nesta parte da entrevista que se destacam os discursos sobre a prisão, em particular sobre o significado que a prisão assume nesse percurso. Desse modo, só na discussão geral dos dados qualitativos, onde se inclui a análise da "cena da reclusão", poderemos reflectir sobre essa significação.

Nos discursos constitutivos dos capítulos de vida, há duas questões que se salientam sobre a prisão. Em primeiro lugar, a descrição por todas estas mulheres das diversas dificuldades inerentes ao contexto prisional, nomeadamente a privação de liberdade e do contacto regular com familiares ("Não é fácil uma pessoa estar aqui dentro e...não temos liberdade nenhuma..."; "Só vemos um bocadinho do sol, uma horazinha e depois vamos p'a dentro e já não vemos mais"; "Quero estar ao pé do meu filho e não posso"; "Estar longe de quem, pronto, a gente gosta.....".). Emergem igualmente os problemas disciplinares, que as mulheres associam às dificuldades inerentes à vida prisional, com referências sobre a facilidade com que podem ser castigadas nesse contexto (2/4) ("E depois era logo manco, aqui também estou de castigo, mas é só três dias. Se fosse em [...], a esta hora estava no manco oito dias...").

A outra questão emergente prende-se com o contexto prisional e a família, e está, em certa medida, relacionada com o que referimos anteriormente. Assim, estar longe de quem se gosta é uma das dificuldades apontadas por estas mulheres, incidindo particularmente na figura dos filhos. Tal como referem, estar longe dos filhos causa sofrimento ("Quero estar ao pé do meu filho e não posso"), e ter os filhos no estabelecimento prisional, por um lado ajuda ao processo de adaptação à prisão, mas por outro causa sofrimento por se constranger a liberdade da própria criança ("eu sinto que a minha filha não é igual aos da rua, não é, é um bocadinho diferente, apesar de ela de vez em quando vai à rua com a minha família").

Maternidade

As questões de maternidade emergem com algum destaque nas narrativas construídas por estas mulheres, sendo o único grupo em que quase todas são mães (3/4). Há três questões fundamentais em torno das quais a maternidade se reveste de significado no percurso de vida destas mulheres: maternidade e comportamentos desviantes, maternidade e relacionamento com familiares e maternidade e "mudanças interiores".

Em termos de comportamento desviante, os consumos de droga são re-significados a partir do momento em que surge uma gravidez ou o nascimento de um filho. Como as mulheres referem, a imersão na "vida da droga" e o correspondente "desinteresse" por tudo para além dos consumos, dá lugar a ambivalências com as quais têm de lidar. Por exemplo, o receio de que os consumos conduzam a um aborto ao mesmo tempo que ponderam a hipótese da interrupção voluntária da gravidez; ou, por um lado, achar que não vão ser capazes de assumir a tarefa da maternidade, mas por outro pensar que os filhos podem "ajudar a sair da droga".

Uma mulher associa a perda da guarda do filho aos consumos de droga, culpabilizando-se por isso ("Depois como era toxicodependente, a assistente social tirou-me o meu menino......até eu fazer a cura."). Esta mulher acrescenta, num argumento aparentemente paradoxal, que "para ir ver o menino" era obrigada a roubar, perpetuando (ou agravando) a conotação desviante do seu comportamento. Neste caso, ambos filho e dependência são apontados como as suas grandes motivações para o envolvimento no crime, embora o discurso culpabilizador se centre nos consumos. Tal seria de esperar face ao discurso dominante do ideal de feminilidade.

Encontramos também discursos constitutivos da recontextualização das relações familiares associada à maternidade. Os discursos emergentes são, porém, antagónicos, pois se os filhos são vistos por uma mulher como o motor da sua reaproximação com a família, nos discursos de outra conduzem à sua rejeição por parte dos familiares.

Finalmente, surge ainda a ideia de amadurecimento ou mudança interior após o nascimento dos filhos, ainda que estas mulheres não a apresentem de forma sustentada ("tenho uma filha, *não é*, já sou mais madura"). Notamos por exemplo que na delimitação de capítulos este é um acontecimento que tendem a sobrevalorizar, mas não são capazes ao longo das suas narrativas de explicar ou desenvolver este argumento. Mais uma vez, podemos estar perante um indício de que estas mulheres tentam corresponder aos discursos dominantes de boa mãe e boa mulher.

Questões de Género

São centrais nos discursos analisados as referências às relações estabelecidas com o companheiro. O tipo de relações estabelecidas constitui um elemento de importante análise, na medida em que parece ser uma especificidade das mulheres deste grupo. Ainda em relação às questões de género importa igualmente analisar alguns apontamentos de discriminação de género.

Relação com o companheiro

A maior parte dos discursos sobre o companheiro organizam-se em torno de comportamentos desviantes, salientando-se os consumos de drogas "duras". São frequentes, e comuns ao discurso de todas as mulheres do grupo, as referências ao facto de serem ambos consumidores ou de consumirem juntos ("o pai do meu filho também consumia."; "E depois conhecemo-nos e gastámos os dois o dinheiro todo na droga."; "Estamos os dois detidos, éramos os dois toxicodependentes..."; "ele saiu agarrado e eu agarrada estava...").

Para além dos consumos, é igualmente descrita actividade criminal realizada em conjunto com o companheiro ("a gente depois foi roubar..... malas, coisas assim p'rá gente ter dinheiro"; "...no processo estou eu e o meu companheiro..."), bem como actividade ilícita do companheiro, à margem da conjunta (e.g., tráfico, outras detenções).

Em apenas um caso, mas que nos parece importante referir, embora fossem ambos consumidores e chegassem a consumir juntos, a relação exerce alguma pressão no sentido do "não desvio" da mulher. A pressão para terminar consumos está relacionada com o facto de estar grávida, e a pressão para não roubar prende-se, na perspectiva desta mulher, com o facto de o companheiro ter meios económicos que o permitem.

260 *Vidas raras de mulheres comuns*

Finalmente, a relação com o companheiro é associada ao afastamento em relação à família (3/4). Se o relacionamento com os pais se altera face aos comportamentos desviantes, como foi já referido, a relação com o companheiro significa ruptura com a família. Nos discursos de quase todas as mulheres deste grupo, é descrito um afastamento efectivo, através da utilização da expressão "fuga", em relação à família, para ficarem com o companheiro ("...a gente fugimos para França, os dois."; "Eu fugi de casa, eu e ele, fomos para Leiria os dois viver, estivemos lá..."). A única mulher que não apresenta este discurso de fuga em relação à família para se juntar com o companheiro, estava desde a sua institucionalização afastada da família.

Parece-nos importante notar que não há uma construção das relações com o companheiro como sendo violentas, ou pautadas pela manipulação ou subjugação. Antes, o modo como as mulheres descrevem estas relações indicia uma espécie de companheirismo (por exemplo, no desvio ou contra a família). Percebemos porém, nas entrelinhas destes discursos, que estas mulheres deixam "tudo" para fugir com eles[81], assumem a obrigação de os ir visitar à prisão ou se envolvem na prostituição "também para sustentar o vício dele". Ou seja, não deixa de estar presente a diferenciação de papéis de género de acordo com a cultura patriarcal dominante. Retomaremos esta discussão na contrastação dos discursos das mulheres dos diferentes grupos, na medida em que estas relações e os significados que assumem no percurso de vida das jovens reclusas nos parecem ter contornos diferentes nos grupos contrastantes.

Discriminação de género

Há duas referências distintas a discriminações sofridas pelas reclusas devido à sua condição de mulher. Mesmo tratando-se de situações isoladas em percursos únicos, torna-se fundamental referi-las uma vez que surgem nos discursos das jovens mulheres como essenciais na

---

[81] Se bem que, relativamente a esta questão não podemos esquecer-nos dos consumos de drogas "duras" e do papel que estes podem ter na associação ao companheiro, contra a família.

emergência do desvio no seu percurso de vida. A primeira descreve o maior controlo exercido pela mãe sobre ela comparativamente com o controlo exercido sobre o seu irmão. Esta forma de discriminação é associada a uma relação cada vez mais conflituosa com a mãe em paralelo com a imersão no desvio. A outra situação consiste na rejeição da jovem mulher pela sua família, devido a uma gravidez que não é aceite. Na construção narrativa do seu percurso de vida, esta rejeição precipita a fuga do contexto familiar, agrava o consumo de drogas e contribui para a actividade criminal como estratégia de sobrevivência.

Retomaremos posteriormente esta discussão, uma vez que as questões de género e seu significado na construção narrativa dos percursos de vida das jovens reclusas, são fundamentais face ao tema e enquadramento deste trabalho.

Argumento para o Futuro

Presente nas narrativas das jovens reclusas está uma clara idealização do seu futuro *(3/4)*, prevalecendo um discurso de optimismo. Estas mulheres antecipam futuros acontecimentos fundamentalmente positivos e reforçam a ideia de que vão "ser capazes" de alcançar um futuro bom ("O meu futuro? Hmmmm....bastante bom"). Como parte desta idealização, nenhuma das mulheres antecipa dificuldades após o cumprimento da pena. Uma delas sugere o que julga ser a melhor forma de encarar o futuro após a prisão: "tentar pensar «*aquilo já passou, já passou, agora 'tou bem, agora 'tou contente»*".

A perspectivação de uma vida futura positiva passa essencialmente por questões familiares e económicas. O futuro é construído em termos de estar com os filhos, estar próximo da família alargada, ter emprego e dinheiro para as necessidades da família ("Eu acho que o que pode acontecer é eu sair daqui, arranjar um trabalho decente, poder estar com os meus filhos, poder estar com a minha mãe."; "Quero arranjar um emprego, fixo, tratar do meu filho, andar com o pai dele").

Especificamente no que respeita as relações com o companheiro, estas mulheres perspectivam a possibilidade de as retomar. Apesar de, como referimos anteriormente, estas relações não emergirem nas narrativas das mulheres como sendo pautadas por qualquer tipo de violência ou subjugação, elas antecipam a possibilidade da sua manutenção com algumas reservas. Fazem-no através de um discurso em que procuram mostrar uma posição de poder ("Eu gosto muito dele, amo-o muito, mas em primeiro lugar estão os meus filhos e depois está ele."; "É como aquele ditado que se diz «amores há muitos». Como ele aparecem muitos e filhos não."; "Depois a gente conversa, não é? Depende do andamento, depende das companhias que ele quiser, depende disto tudo.").

Isto estará eventualmente relacionado com um outro aspecto saliente nos argumentos destas mulheres para o futuro, e que diz respeito a não quererem "repetir o mesmo" (2/4). Referem-se à actividade criminal e aos consumos de droga ("...portar-me bem, não querer mais saber das drogas"; "Eu, uma coisa que eu jurei é eu meter-me outra vez em confusões não me meto"). Como principal motivação surge sempre a figura dos filhos, seja por não os quererem criar "num ambiente pesado" ("Agora tenho uma filha e ela não tem nada a ver com os meus problemas e nem tem que ser criada num ambiente pesado por minha culpa, por isso eu vou tentar fazer tudo por tudo p'ra ser tudo muito mais diferente"), ou por quererem corresponder às suas necessidades básicas ("dar conta dos meus filhos, dar dinheiro prós meus filhotes, que eu não tenho dado porque estou aqui detida....").

b. Representação gráfica das trajectórias de vida ("Crime – Estilo de vida")

Apresentamos em seguida a representação gráfica das trajectórias de vida das mulheres do grupo do "crime – estilo de vida", tal como elas os constroem discursivamente. Para cada mulher elaborámos uma figura onde estão delimitados os capítulos de vida que ela propõe para a representação da trajectória percorrida até à reclusão. Com base nos discursos analisados, para cada capítulo são referidos o nome proposto e as idades que o delimitam, bem como os principais marcadores etários que o caracterizam[82]. Incluímos ainda (destacadas a negro na

---

[82] Algumas mulheres não atribuem qualquer nome a um ou a vários capítulos (referindo serem incapazes de o fazer). A estes capítulos fazemos corresponder apenas um número em função da ordem em que são situados pelas mulheres nos seus percursos de vida.

figura II) etapas que não são formalizadas pelas mulheres como capítulos da sua vida, mas que os dados nos mostram poderem constituir etapas delimitadas por experiências de vida e significados específicos. Determinados acontecimentos, que não dizem respeito a nenhum capítulo em particular, são referidos de forma isolada (permanecendo no exterior dos capítulos), devido à importância que assumem nos discursos construídos por cada mulher[83].

---

[83] Por exemplo, nos discursos de Ema, a morte do pai assume um papel nuclear enquanto acontecimento que, na sua perspectiva, marca a trajectória que percorreu até à reclusão. Este é referido diversas vezes ao longo da entrevista, mas não é considerado na delimitação e caracterização de um capítulo em concreto.

264   *Vidas raras de mulheres comuns*

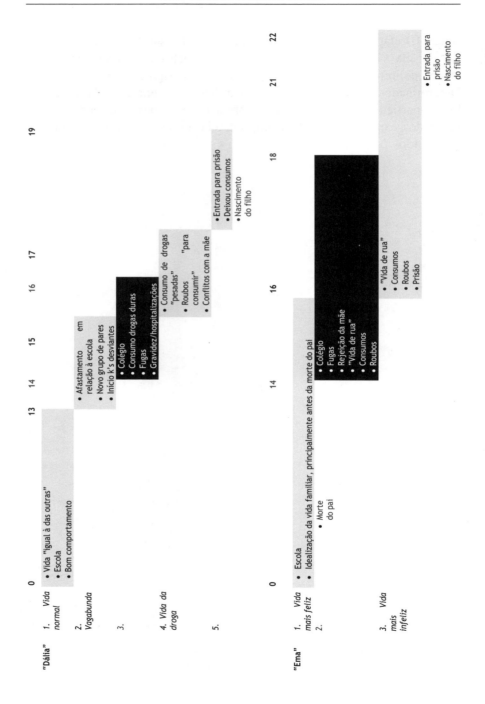

Análise de narrativas

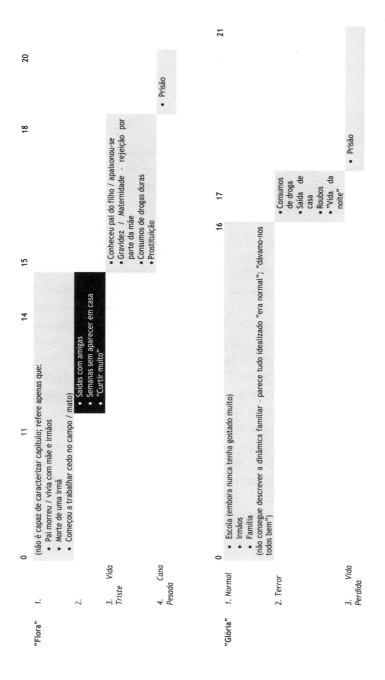

Figura II – Representação gráfica dos percursos de vida (Grupo "Crime – Estilo de vida")

c. Discursos do "Crime – Estilo de vida": Síntese

Destacamos agora os principais elementos da construção discursiva dos percursos de vida das mulheres do grupo do "crime – estilo de vida".

Das transições familiares ao desvio

De entre os aspectos relacionados com a família emergentes nos discursos do "crime – estilo de vida", destacam-se as inúmeras transições que parecem caracterizar os contextos familiares das jovens deste grupo. Referimo-nos a acontecimentos de vida como a separação dos pais, a reclusão ou mesmo a morte de figuras significativas (e.g., pai), que parecem ser mais regra do que excepção nos percursos de vida destas mulheres. Se olharmos para as significações que elas atribuem às múltiplas transições do agregado familiar, percebemos que as associam a mudanças para maior instabilidade, financeira e relacional, no âmbito familiar. Por sua vez, estas mudanças são também associadas ao início da *componente desviante* dos seus percursos, através quer de argumentos financeiros (e.g., morte do pai conduz a dificuldades financeiras e estas precipitam actividade criminal), quer de argumentos emocionais e relacionais (e.g., morte do pai conduz a instabilidade emocional da mãe, que se torna menos vigilante; dificuldades inerentes à ausência do pai pioram dinâmicas relacionais entre mãe e filha).

Perante a constatação de que estas mulheres provêm de contextos familiares caracterizados por transições e instabilidade questionámo-nos se tal se trata de uma especificidade deste grupo de mulheres, ou de uma característica associada à pertença a classes sociais desfavorecidas. Embora nos pareça pertinente adiar esta questão para a discussão final, considerando nomeadamente a contrastação dos discursos dos diferentes grupos, pensamos, após a descrição da análise dos dados relativos a este grupo, que tal poderá em certa medida constituir uma especificidade sua. O *estilo de vida* marcado pelo desvio, com diversas ocorrências no sistema de justiça que começam, em alguns casos, com institucionalizações, leva-nos a argumentar que as múltiplas transições familiares que estas mulheres associam aos seus primeiros comportamentos desviantes e às institucionalizações, podem ser específicas deste grupo. No entanto, também as questões de classe poderão estar subjacentes, uma vez que algumas das transições descritas parecem estar relacionadas com dificuldades financeiras. Por exemplo, uma mulher associa a mudança para uma nova cidade às dificuldades financeiras do agregado e à tentativa de conseguirem no novo local melhores condições de vida. Esta mudança acaba, segundo descreve, por precipitar os seus comportamentos desviantes. Parece, deste modo, fazer sentido considerar as especificidades deste grupo de mulheres sem, no entanto, excluir as questões de classe social.

Olhando especificamente para uma das formas de transição no agregado familiar, o envolvimento de familiares no crime e consequente contacto com o sistema de justiça penal, embora nem sempre as jovens reclusas assumam essas ocorrências como relevantes no seu percurso de vida, associam a detenção de figuras significativas (e.g., pai) ao seu próprio envolvimento no crime. Sugerem também uma associação semelhante entre o seu desvio e a morte do pai, parecendo em ambos os discursos estar subjacente a ideia de que a ausência da figura paterna, independentemente da sua causa, as conduz ao desvio. Neste aspecto, e sobretudo se excluirmos as questões financeiras, parece-nos que as próprias mulheres utilizam o discurso social dominante para a explicação da sua actividade criminal, através do argumento de que sem uma figura de autoridade masculina, que as controle, o seu percurso passa a incluir transgressões.

Idealização do passado – a construção discursiva da "vida normal"

Apesar da associação que fazem entre o contexto familiar da infância e pré-adolescência e os comportamentos desviantes posteriores, assiste-se a um discurso sobre a família que revela alguma idealização. Estas mulheres apresentam um conceito de "vida normal" que, na sua perspectiva, inclui uma família "normal", caracterizada por relações de suporte, que inclui também interesse e dedicação em relação à escola e, finalmente, os amigos "bons", afastados do crime e dos consumos de droga "duras". Através dos seus discursos as mulheres deste grupo procuram enquadrar as suas experiências familiares nesse conceito, o que fazem de modo vago, pouco sustentado e incoerente. Mesmo em relação à escola, sobre a qual revelam sobretudo indisciplina, desinteresse e abandono, apresentam ligeiros apontamentos positivos, também vagos e pouco sustentados (com excepção de uma mulher), procurando mostrar que a sua vida já foi "normal", "igual à das outras raparigas".

Institucionalizações no percurso de vida – uma experiência, dois significados

Outra questão pertinente nos discursos deste grupo diz respeito às institucionalizações passadas, embora estas só se verifiquem em metade das mulheres do grupo. Nos discursos de ambas a permanência em instituições de acolhimento de menores assume um papel de relevo, sendo associada a acontecimentos e mudanças significativas nos seus percursos de vida (e.g., início ou final de consumos de drogas; contactos com pares desviantes). No entanto, a entrada para a instituição de menores é associada a momentos e a significados diferentes em relação ao percurso desviante de cada uma, nomeadamente em termos de consumos de drogas. Enquanto uma mulher assume consumos problemáticos à entrada da instituição, referindo que esses consumos marcam a sua permanência no local, a outra descreve consumos problemáticos à saída, atribuindo-os à vivência na instituição. Contudo, torna-se interessante perceber que, apesar das diferenças no modo como estas mulheres dão significado à institucionalização no seu percurso de vida, surgem nas suas narrativas sobre esse período experiências muito semelhantes (e.g., contacto com pares desviantes, fugas constantes). Esta constatação reforça, no nossa opinião, a importância de considerarmos ambas as componentes, experiências e significados, da transgressão feminina quando procuramos compreender o fenómeno, tal como sugere Comack (1999). Olharmos apenas para uma ou outra dimensão conduziria a uma leitura redutora, de unidade ou diversidade, da institucionalização destas mulheres.

Atendendo à relevância que a institucionalização assume nos discursos sobre o desvio, parece-nos ainda relevante notar a sua exclusão formal como uma etapa, quando a estas mulheres é pedido que dividam o seu percurso de vida em capítulos (cf. Figura II).

Análise de narrativas 269

Organização discursiva em torno das drogas

Os consumos de drogas assumem, nos discursos das mulheres deste grupo, um papel fundamental. É em torno dos consumos que, na sua globalidade, se organizam as narrativas construídas, tratando-se de um tema recorrente nas diferentes categorias da estrutura discursiva identificada. As drogas emergem, por exemplo, nos discursos sobre a família, sobre as institucionalizações, sobre o grupo de pares ou sobre as relações íntimas.

Também as significações do crime são organizadas em torno dos consumos, sendo a actividade criminal associada pelas mulheres aos seus consumos de drogas "duras". No entanto, a associação estabelecida entre os roubos e os consumos de drogas, nem sempre implica uma relação causal entre ambos e, quando tal se verifica, são referidas outras motivações económicas para o crime relacionadas com a aquisição de produtos como, por exemplo, comida, fraldas ou *dodots*. A análise das significações do crime emergentes nos discursos deste grupo permite compreender melhor o tipo de relação que é estabelecida entre os consumos de droga e a actividade criminal.

Significações do crime: Entre a "Vida da droga" e a "Vida da rua"

Embora à partida os conceitos emergentes de "vida da droga" e "vida da rua" pareçam idênticos, podemos identificar elementos, relacionados com as drogas, com o crime ou com a relação entre ambos, que os diferenciam. No que concerne aos dois conceitos o grupo divide-se, com as mulheres a apresentarem discursos mais constitutivos de um ou de outro conceito. Esta divisão não deve, contudo, ser entendida como se as mulheres não fizessem, ao longo das suas narrativas, referências a ambos os conceitos. Olhemos para cada um deles em particular.

Para além da actividade criminal, a "vida da rua" caracteriza-se pelos consumos de drogas, pelas saídas nocturnas, pela permanência no contexto de rua, pelo deambular, pelas noites em poiso incerto. Este discurso é notório sobretudo em duas mulheres, que descrevem consumos não problemáticos de drogas "duras". Na sua perspectiva, o crime não surge "por causa" da droga, antes consideram que ambos fazem parte do mesmo contexto, de um estilo de vida que associam à permanência na rua. O seu discurso corresponde assim à inevitabilidade de que ambos, crime e consumos, aconteçam quando se permanece na rua. Para estas mulheres, apesar de referirem explicita e racionalmente motivações económicas para o crime, parece estar implícita uma sensação de prazer associada ao desvio bem como um sentido de controlo das suas vidas inerente ao que consideram ser a "vida da rua" (e.g., orgulho por conseguir sobreviver na rua).

Por seu lado, as outras mulheres apresentam sobretudo um discurso constitutivo do que consideram ser a "vida da droga", organizada em torno de consumos problemáticos de drogas "duras". Este discurso delimita a fronteira entre o que as mulheres definem como "vida normal" o que definem como "vida da droga". Esta última centra-se essencialmente nos consumos de droga, traduzindo-se num desinteresse em relação a tudo o resto, incluindo a família, com a qual estabelecem uma ruptura. Também nestes discursos surgem referências à permanência na rua, mas mais centrada na aquisição e no consumo de drogas (e.g., prostituição de rua para poder consumir) e à qual associam apenas sentimentos negativos, excluindo as dimensões de prazer e, sobretudo, de controlo, emergentes no conceito de "vida da rua".

A contrastação dos conceitos de "vida da droga" e "vida da rua" leva-nos a considerar que as mulheres do "crime – estilo de vida" podem dividir-se em dois grupos distintos em termos dos significados que associam ao crime e ao desvio. As reclusas que se referem à "vida da rua" apresentam significações do comportamento desviante que nos parece mais congruente com o *estilo de vida criminal* subjacente à designação adoptada para o grupo.

Importa referir, contudo, que nenhuma das mulheres do grupo se apresenta como *desviante*, independentemente de descreverem ou não um estilo de vida desviante do qual possam retirar sensações de prazer e de controlo. Globalmente, o discurso que apresentam é o da condenação moral e do arrependimento em relação ao crime. No entanto, atendendo às incoerências narrativas e também ao prazer e controlo implícitos em alguns discursos, esta apresentação não nos parece inteiramente credível.

Análise de narrativas 271

"Se eu lhe tivesse a contar não saíamos daqui"
– A intensidade do estilo de vida criminal

No que respeita aos discursos sobre a experiência criminal, esta é genericamente caracterizada como sendo uma actividade de grupo, intensa e heterogénea. São descritos diversos tipos de crimes, que conduzem a variados processos jurídico-penais ao longo do percurso de vida destas mulheres. Os crimes contra a propriedade predominam no repertório de comportamentos desviantes destas mulheres, que referem realizar "vários tipos de roubos", mas são também descritos outros tipos de delitos, nomeadamente contra as pessoas. A heterogeneidade e a intensidade das experiências criminais deste grupo podem ser ilustradas pela expressão utilizada por uma das mulheres que o compõem, que após descrever inúmeros crimes, processos penais e cumprimentos de penas, referiu "se eu lhe 'tivesse a contar não saíamos daqui".

O crime é associado, por um lado, à "vida da droga" através do discurso da necessidade de roubar para consumir. Por outro lado, a actividade criminal é associada à "vida da rua" quando as mulheres relacionam ambos crime e consumos com a permanência no contexto da rua. É neste último caso que, como referimos anteriormente, à intensidade da actividade criminal parecem estar implícitas sensações de prazer e de controlo. Na nossa opinião, poderão também estar implícitas identidades desviantes que as mulheres não querem ou não conseguem articular discursivamente.

Papel maternal e estilo de vida criminal – discursos ambivalentes

Outro tema que se destaca nos discursos do "grupo – estilo de vida" diz respeito ao papel maternal, em relação ao qual são notórias grandes ambivalências. Estas constatam-se sobretudo em relação ao comportamento desviante, na medida em que os filhos, por um lado são apontados como motivação para o crime, por outro lado surgem como motivação para o final da actividade criminal. Emergem igualmente como figuras preponderantes em relação às quais procuram mostrar-se moralmente contra o crime, mas é também através de argumentos sobre os filhos que legitimam os crimes que cometem. A maternidade parece emergir nos discursos destas mulheres como um tema que, correspondendo ideal de feminilidade, utilizam quando procuram corresponder aos discursos dominantes e ao que julgam ser as expectativas sociais da investigadora. Por outro lado, é plausível que a assimilação desse ideal de feminilidade / maternidade constranja e molde as suas próprias vivências de ser mãe.

Nos consumos e no crime – «Até que a reclusão nos separe!»

Também as relações íntimas constituem um tópico relevante nos discursos das mulheres deste grupo, embora não tão nuclear como os consumos de droga.

Julgamos interessante a caracterização destas relações nas narrativas construídas, no sentido em que parecem pautar-se por um certo «companheirismo», através da partilha em relação quer ao crime quer aos consumos, com o companheiro (a principal mensagem tem a ver com a ideia de estarem "juntos no desvio e nos consumos"). Estas relações não são construídas, nem parecem pautar-se (atendendo à coerência narrativa), por formas de manipulação ou violência. Contudo, quando descrevem o presente e perspectivam o futuro, estas mulheres apresentam reservas quanto a reatar as relações anteriores. Segundo dizem, depende de o companheiro querer "também" uma vida diferente após o cumprimento da pena. Parece-nos que, embora as relações descritas correspondam ao tal "companheirismo", não são idealizadas nem representadas como maravilhosas ou harmoniosas, por um lado porque implicam invariavelmente a ruptura com a família e também porque as mulheres as parecem associar à "vida da droga", centrada no crime e nos consumos. Parece-nos que as mulheres acreditam que, se não voltarem a essa relação, ou se os companheiros "mudarem", estarão reunidas as condições para que a sua vida futura seja "normal".

Perspectivação do futuro – «O idealismo optimista»

Finalmente, e relacionado com o que acabámos de referir sobre as relações íntimas, a idealização presente nos discursos das mulheres deste grupo estende-se ao argumento que apresentam para o seu futuro. Esse argumento é, sobretudo, de um optimismo aparentemente incongruente com o percurso de vida até à reclusão. A antecipação do futuro pós-prisional inclui acontecimentos fundamentalmente positivos, sem margem para que possam voltar à actividade criminal ou aos consumos de droga. Não faz parte deste discurso a antecipação de dificuldades após o cumprimento da pena. Para além disso, está presente a ideia de que vão retomar a tal "vida normal", "igual à das outras", como se essa correspondesse à que tinham antes da "vida da droga" ou "da rua".

As mulheres apresentam um discurso de não querer voltar ao estilo de vida anterior à reclusão, o que nos leva a colocar duas questões. Por um lado, esse discurso parece traduzir um pensamento algo "mágico", como se bastasse querer ter uma vida diferente para que ela fosse efectivamente diferente, sem qualquer obstáculo. Por outro lado, face às incoerências narrativas em relação à condenação moral do desvio e ao arrependimento, este discurso não nos parece muito credível, mas sobretudo uma tentativa de corresponder aos discursos dominantes e às nossas próprias expectativas.

A representação gráfica dos percursos de vida permite-nos ainda acrescentar dois elementos a esta síntese. Antes de mais, reforça a ideia do discurso que compreende uma forte idealização do passado destas mulheres. Por exemplo, constatamos que elas delimitam capítulos a que atribuem nomes com conotação positiva (e.g., "vida feliz") mas, na representação gráfica do seu percurso percebemos que incluem nesses capítulos elementos cuja significação é negativa; e verificámos também que acontecimentos isolados que ocorrem na etapa a que correspondem esses capítulos, não são positivos.

Através da representação gráfica percebemos ainda que há determinadas etapas que são descritas com todos os ingredientes para que pudessem constituir um capítulo, mas estas mulheres não o fazem. Tal é evidente, por exemplo, em relação aos períodos de institucionalização, que não surgem formalmente como capítulos de vida. Não podemos esquecer-nos que este aspecto se pode dever à (in)capacidade destas jovens se distanciarem relativamente ao seu percurso de vida e em articularem esse percurso discursivamente. Efectivamente, na sua maioria a construção de capítulos pelas mulheres vai pouco além de momentos genéricos que fazem corresponder à vida "antes do crime", "durante o crime" e "reclusão". Esta delimitação reforça o que dissemos anteriormente sobre a relevância dos contextos na construção de narrativas de vida: estas são inevitavelmente reconstruídas a partir da posição presente (reclusão) e lidas a partir dessa lente. É também relevante o facto de ser precisamente o seu estatuto de reclusas que determinou a própria entrevista e o interesse da investigadora.

5.3.2. O grupo do "Crime – Negócio"

a. Discursos

Família

Determinadas questões familiares destacam-se na construção narrativa dos percursos de vida destas mulheres. Em particular, os seus discursos sobre a família focam as carências económicas e a ocorrência de violência doméstica no agregado familiar, bem como as ocorrências jurídicas e / ou penais de alguns familiares. Globalmente, a reflexão que as reclusas fazem sobre o seu contexto familiar durante a infância é a de uma "vida de sofrimento" (3/4), baseada essencialmente no factor económico e na violência.

Carências económicas do agregado (4/4)

É uma característica marcante nos discursos sobre os capítulos precoces do percurso de vida. Duas mulheres descrevem um contexto familiar de extrema pobreza, com prática de mendicidade ao longo da infância ("E pedir... pedimos, andávamos no lixo.... montes de coisas...."; "Antes a gente pedia e a minha mãe andava nos caixotes do lixo ao papelão, a recolher papelão e vendia.") e marcado pela necessidade de abandonar a escola e trabalhar desde cedo para apoiar os pais ("eu sou a mais velha, então tive que sair da escola para ajudar a minha mãe com os outros irmãos."; "até aos 14 anos a minha vida era ajudar a minha mãe. [...] Eu também fazia limpezas para ajudar a minha mãe."). Referem ainda diversas ajudas que permitem a sobrevivência da família ("Elas mesmo na escola diziam *vá lá anda cá que eu peço à minha mãe* [...] às vezes eu tinha roupas que elas me davam...").

As narrativas das outras duas mulheres distinguem-se destas pois, apesar de serem referidas dificuldades económicas, estas correspondem a momentos particulares e não a uma característica permanente do contexto familiar ao longo da infância ("houve uma altura que o meu pai deixou de trabalhar e caiu tudo em cima da minha mãe, foi mesmo complicado").

Violência doméstica (4/4)

Os discursos revelam dois casos de violência conjugal, em que a figura do pai surge como o elemento violento ("O meu pai era alcoólico [...] chegava a casa, dava porrada à minha mãe [...] até pronto.... aos meus catorze anos"; "Nessa altura os meus pais discutiam bastante e não era muito agradável assistir. Depois o meu pai sempre saiu muito à noite. Lembro-me que o meu pai na altura queria forçar a minha mãe a dormir com ele, e ela já não queria....são lembranças que não se esquecem"). A violência doméstica emergente nos discursos das outras reclusas refere-se a episódios de maus-tratos de que as próprias são vítimas ("E foi aí que eu me tornei um bocadinho mais revoltada e bati-lhe o pé e comecei a levar no corpo, não é verdade? O meu pai lá me dava no corpo *e não vais estudar*, e pôs-me fora de casa").

Contactos de familiares no sistema de justiça (3/4)

Apenas nas narrativas de duas reclusas deste grupo há referência ao envolvimento de parentes próximos (neste caso, dos pais) em actividades conducentes à detenção ("entretanto o meu pai foi preso"; "A minha mãe traficava [...] foi presa"). Estas ocorrências são associadas ao início da actividade criminal no seu percurso de vida ("a minha mãe foi presa, faleceu e eu fiquei no tráfico").

Outra mulher descreve os consumos e a detenção de um familiar menos próximo, atribuindo à falta de proximidade a inexistência de qualquer significado desta detenção no seu percurso.

276 *Vidas raras de mulheres comuns*

Finalmente, uma reclusa deste grupo descreve a inexistência de qualquer tipo de contacto de familiares no sistema de justiça. Na sua perspectiva, é a ausência deste tipo de ocorrências na sua família que a leva, numa fase anterior ao seu desvio, a optar pela ruptura na relação com o namorado *desviante* ("foi por isso que acabei o namoro com ele, porque na minha família não havia nada disso não estava habituada"). A ausência de antecedentes criminais em familiares é também utilizada por esta mulher quando apresenta um discurso de auto-culpabilização pelos seus crimes.

Escola

A vivência escolar é marcada pelas carências económicas que caracterizam o contexto familiar. Nos discursos das mulheres deste grupo, em particular naquelas que descrevem maiores dificuldades económicas da família (2/4), evidencia-se a falta de condições durante a infância para que possam dedicar-se à escola com interesse e sucesso. São sobretudo as carências económicas, e a necessidade de trabalhar para apoiar a família, que associam à falta de investimento nos estudos ("Gostava da escola, só que era assim, eu também fazia limpezas para ajudar a minha mãe") ou mesmo ao abandono escolar ("A escola, deixei a escola muito cedo, porque o meu pai era alcoólico, não podia trabalhar, era só a minha mãe...."; "estava disposta a continuar os estudos, foi quando o meu pai já não me deixou estudar mais").

O abandono escolar precoce é relatado por todas as mulheres e, para além das questões económicas já referidas, é também relacionado com o "desinteresse" pela escola e com a falta de "paciência" e de "vontade de estudar". Complementarmente ao desinteresse, emergem nos discursos das jovens reclusas os primeiros desvios (3/4), uns mais estritamente relacionados com o contexto escolar ("no 5° já mostrava algum desinteresse, porque lembro-me que já comecei a faltar de vez em quando..."; "...comecei a faltar à escola [...] chegou a um ponto que eu já sabia que ia chumbar por faltas e desisti, já não adiantava mesmo"); outros já um pouco para além da escola, na medida em que são associados ao início da "viragem" ou da passagem para a etapa do seu percurso caracterizada pelo desvio ("a partir daí desinteressei-me

completamente pela escola, só fiz asneiras, agredia toda a gente [...].
E as pessoas que andavam lá também estavam revoltadas...juntou-se a
fome à vontade de comer."; "...foi num grupo de escola, não sei se
tinha 13, se tinha 12, já não me lembro. Estávamos todos, começámos.... a fumar").

Grupo de Pares

A interacção com o grupo de pares emerge no discurso de todas
estas mulheres enquadrado por referências a comportamentos desviantes. Especificamente, os pares são associados ao início e à continuidade
dos consumos de droga (4/4) ("Estávamos todos, começámos.... a
fumar", "...de vez em quando resolvíamos todos, íamos fumar"; "Entretanto voltei a consumir porque tinha uma outra colega que consumia..."), à iniciação no tráfico (2/4) ("começámos juntas a traficar.
Mudou-se p'ra minha casa quando a minha mãe foi presa") e à prostituição em bar de alterne (1/4) ("...ela acabou por me dizer a verdade,
que trabalhava na noite. E começámos a trabalhar as duas juntas na
noite.").

Alguns discursos incluem um contraponto ao argumento anterior,
no sentido de o grupo de pares exercer por vezes pressão no sentido do
não envolvimento das mulheres no desvio ou no não agravamento dos
seus comportamentos desviantes (2/4). Este discurso contrapõe pares e
companheiro como pólos opostos de um contínuo ("...na branca todos
os dias comecei a desaparecer, e eles diziam *«se continuas, ele apa-
rece aqui no bairro... a gente vamos dar nele, estás-te a destruir»*.
No fundo eles viram que eu estava a fazer dinheiro era para ele e
estava-me a destruir a mim. *«Deixa ele» e não sei quê...»*").

Consumos de Drogas

Enquadramento dos consumos

Dentro do grupo das mulheres do "crime – negócio", todas descrevem consumos de drogas no seu percurso de vida. Os discursos
analisados revelam, contudo, dois enquadramentos de consumo totalmente distintos.

Duas reclusas descrevem apenas o consumo de drogas leves, sempre associado a um contexto de grupo ("foi sempre...em grupo.", "já fumei charros, p'raí dois ou três, mas nunca fumei sozinha sequer"). Uma descreve-se mesmo como "não apreciadora de drogas" ("não, nunca fui de consumos, [...] sou muito curiosa, sempre fui, mas droga não, nunca me deu para isso").

As restantes duas mulheres descrevem o uso de drogas "duras" e constroem o seu percurso de vida através de um discurso centrado nesses consumos. Enquanto as primeiras não dão um significado relevante às drogas, em termos de consumo, na sua trajectória até à prisão, estas mulheres constroem as suas narrativas em torno das drogas, que relacionam com a actividade criminal e com as suas relações de género e familiares.

Referimo-nos nos próximos tópicos aos discursos particulares das duas mulheres que se descrevem como consumidoras de "drogas duras".

Consumos e relações de género

Estas duas reclusas responsabilizam os companheiros pelos seus consumos de drogas "duras" ("eu entretanto com esse tal fulaninho comecei a andar na droga."; "ao princípio ele dava-me, e dar e dar e dar mesmo para eu me agarrar."; "Não porque eu só...é assim, eu acho que pelos 18 comecei a dar mais uns bafos, mas foi mais quando fui pr'á beira dele."). Uma delas descreve, no entanto, um outro companheiro (posterior) que a pressiona no sentido de deixar os consumos, mas acaba por ceder e é ele que começa também a traficar para a ajudar.

O discurso de ambas é de uma clara heterodeterminação relativamente aos consumos de droga, embora uma delas, referindo-se ao tratamento, utilize um discurso diferente: "...quando a gente quer uma coisa consegue desde que tenha força de vontade [...] não existe o impossível, porque tudo é possível desde que a gente queira". Esta mudança de discurso parece intencional, fazendo na nossa opinião sentido que atribua a causas exteriores ou interiores os seus comportamentos, de acordo com a reprovação ou aprovação social dos mesmos.

Relação droga – crime (2/4)

Nos discursos das duas mulheres deste grupo que se apresentam como consumidoras de drogas "duras", esse consumo é directamente associado ao tráfico de droga ("às tantas o que conseguia já só dava pr'ó consumo, foi quando eu comecei a traficar cavalo"; "Eu já consumia, já estava a viver com...com o meu ex, eu gastava o meu, já gastava o dele. E foi quando eu decidi...começar a traficar."). O argumento que apresentam é o de que se não fosse pela necessidade de consumo, o dinheiro proveniente de outras actividades desenvolvidas por elas ou pelos seus companheiros seria suficiente para a sobrevivência económica de ambos ("que ele ganhasse razoável, que dava pr'á casa e não sei quê, mas não dava pr'ó meu vício").

Consumos e relação com os pais (2/4)

Os discursos das duas reclusas tocam-se, mas acabam por traduzir significações opostas na associação que elas estabelecem entre consumos e relação com os pais. Uma mulher culpabiliza-se pelo sofrimento dos pais face ao seu consumo e "consequente" envolvimento no tráfico ("A minha mãe dizia «*deixa-te dessa vida, estás-te a destruir, estás-te a destruir*»"). Esta culpabilização é agravada porque, segundo refere, os pais acabam por ser envolvidos no processo jurídico ao ser encontrada heroína em sua casa.

No discurso da outra mulher, é a atitude dos pais em institucionalizá-la que a coloca num contexto favorável ao início dos seus consumos de drogas "duras". Embora não seja claro, depreende-se das suas palavras a atribuição de culpa aos pais por este tipo de consumos ("foi na altura em que eu comecei a primeira vez na droga, na altura em que os meus pais me puseram fora de casa... Depois entretanto mandaram a polícia atrás de mim, meteram-me num colégio interno e eu comecei a fugir. Foi quando eu me meti na droga.").

Comportamentos Desviantes

Primeiros desvios (4/4)

Inevitavelmente, na construção narrativa de percursos de vida, parte do discurso das jovens reclusas foca os seus primeiros comportamentos desviantes. Em particular, descrevem o "consumo de haxixe", e as faltas ou comportamentos inadequados na escola ("chegou a um ponto que eu já sabia que ia chumbar por faltas e desisti, já não adiantava mesmo"; "desde os treze mais ou menos que eu só fazia asneiras na escola, era expulsa, etc").

Percebe-se igualmente uma contextualização desses primeiros desvios em torno do grupo de pares ("estávamos todos, começámos.... a fumar"; "comecei a dar-me com amizades diferentes, com comportamentos um bocado 'fora'... Sei lá, consumiam branca e charros e andavam por aí... na rua... faziam asneiras... tipo tráfico").

Finalmente, outro aspecto emergente nos discursos destas mulheres é a não antecipação ("nem me passava pela cabeça") ou mesmo uma postura de não opção pelo desvio ("eu sempre disse [...] «eu vou fazer coisas que não têm a ver com droga, vou estar a não sei quê, mas nunca a vender droga, nem a roubar nem nada»").

Crime

Como referimos anteriormente, o consumo de drogas (2/4) emerge no discurso das mulheres que se apresentam como consumidoras de drogas "duras", como a principal motivação para o tráfico. Contudo, em relação a estas mulheres e ao significado que dão aos consumos e ao tráfico no seu percurso de vida, essa não constitui a única motivação para a actividade criminal que desenvolvem.

Nos discursos de todas as mulheres do grupo a "necessidade de pagar as contas da casa" emerge também como motivação para o tráfico ("Por muito que chegasse ao fim do mês, a gente tinha dinheiro pr'á renda e não sei quê, mas era já mesmo tudo muito à rasca"; "precisava de pagar as contas da casa. E não sabia fazer mais nada"). No discurso particular de uma reclusa, mais do que associado especificamente às contas a pagar, o tráfico surge associado genericamente à vontade de ter poder de compra ("Eles tinham tudo e eu também queria. Eu sempre fui de querer tudo... sempre, não posso ver uma coisa numa loja que quero logo tudo, roupa, tudo. Eu queria liberdade, queria poder comprar tudo").

Seja em relação aos consumos de heroína e cocaína, ou à necessidade de pagar as contas da casa, os discursos sobre as motivações para o crime resumem-se, neste grupo, invariavelmente aos argumentos económicos. De qualquer modo, enquanto as mulheres que referem consumos problemáticos de "drogas duras" se apresentam como "traficantes por necessidade", o discurso das outras mulheres revela mais uma opção racional pelo tráfico, como meio para garantir não apenas a sua sobrevivência mas também uma vida melhor (este discurso sobre o tráfico é designado por uma mulher consumidora como o "tráfico por ganância", do qual ela própria se exclui). Este poderá constituir um dos elementos diferenciadores de dois discursos (e percursos) entre as mulheres deste grupo, de modo a que a designação "crime – negócio" corresponda sobretudo aos discursos das mulheres que não relacionam o tráfico com os consumos de droga.

Ainda a propósito das motivações para o tráfico de droga, as relações de género constituem aspectos fulcrais no discurso das duas mulheres que se apresentam como consumidoras de drogas "duras". Em primeiro lugar, ambas responsabilizam o companheiro pelo seu envolvimento no consumo e tráfico de droga ("seis meses com ele foi quando eu trafiquei. Não o tinha feito se não me tivesse juntado com ele, porque eu nunca trafiquei e nunca precisei de traficar"). Para além disso, para uma delas a sua iniciação no tráfico resulta da atitude do companheiro, que ao não permitir que continue a "trabalhar na noite", lhe retira a possibilidade de "sustentar o vício", conduzindo ambos à decisão de traficar.

Os discursos das mulheres deste grupo sobre o seu envolvimento no crime são genericamente de heterodeterminação. São apresentados argumentos como o medo relacionado com a manipulação por parte do companheiro ("por medo, eu acho que foi mais o medo [...] quando ele me começou a bater, precisava de dinheiro, precisava de dinheiro, acho que foi o medo, não foi a droga, foi o medo..."), a dependência de drogas "duras" ("eu já consumia, já estava a viver com...com o meu ex, eu gastava o meu, já gastava o dele"), factores intrínsecos que não

282 *Vidas raras de mulheres comuns*

são capazes de controlar ("Eu não sei como é que comecei a traficar...é a minha revolta...não sei, nem a minha família sabe de onde veio, não tem explicação") ou necessidades económicas ("precisava de pagar as contas da casa").

Parece-nos contudo que este é um discurso em que a preocupação com a auto-apresentação é também dominante, na medida em que há elementos nas narrativas capazes de sustentar a tese da autodeterminação no envolvimento destas mulheres no tráfico, sobretudo no que diz respeito às *não consumidoras*, que em determinado momento se referem ao tráfico como resultante de uma opção racional. Por exemplo, a mulher que justifica o tráfico com uma "revolta interior", refere em alguns momentos da entrevista que queria poder comprar tudo ou que trafica por "vaidade".

Em termos de reflexão sobre a actividade criminal, os discursos são uma vez mais contraditórios. Por um lado, emerge o discurso do arrependimento ou do "não devia ter feito o que fiz". Mas por outro lado é-nos apresentado o argumento da prisão como um castigo em demasia para tão pouco de errado ("estou a pagar demais [...] se o fiz foi por medo"; "Eu não devia estar aqui, eu sei que estou a pagar qualquer coisa, mas quatro anos é tempo demais [...] Eu não fazia nada com maldade, e também só compra droga quem quer, não é?"), ou de não arrependimento face ao crime ("não quer dizer que me arrependa de nada do que tenha feito porque no momento eu precisava").

Face à sua importância para a compreensão das significações do crime nos percursos de vida das mulheres da amostra, a questão da auto ou heterodeterminação no envolvimento no crime será considerada posteriormente, quando discutirmos de forma integrada todos dados qualitativos.

Actividades (lícitas ou ilícitas) para além do tráfico

A dedicação a actividades, lícitas ou não, que possibilitem a obtenção de meios económicos, é um tema que se destaca nos discursos deste grupo[84]. Todas as mulheres que o constituem, em determinado

---

[84] O nome proposto para o grupo ("crime-negócio") não é, aliás, alheio a este discurso.

momento do seu percurso, dedicam-se a uma actividade laboral, segundo referem, por motivações económicas ("comprava as minhas roupas e não sei quê, dava à minha mãe"; "já não havia necessidade de andar aos caixotes do lixo, de andar a recolher papelão, nada disso porque a gente já ganhava alguma coisinha"; "eu matava-me a trabalhar para que no fim do mês tivesse um ordenado que pagasse um dinheirinho para comprar as minhas roupas"). As duas mulheres consumidoras de drogas "duras" acrescentam às motivações económicas as necessidades de consumo ("estava eu agarrada, comecei a trabalhar à noite, para ter dinheiro, não é? Hum...p'ra ter mais algum, não é, pr'às minhas coisas, dava pr'ó meu vício...").

Estas actividades tendem a ocorrer antes e durante o período em que traficam (3/4). Apenas uma mulher substitui, antes da ida para o estabelecimento prisional, o tráfico de droga por uma actividade laboral lícita, justificando esta substituição com o nascimento da filha ("quando nasceu a minha filha deixei o tráfico").

Prisão

Significação da prisão no percurso de vida

Quase todas as mulheres deste grupo constroem a prisão como uma etapa do seu percurso de vida que o marca negativamente, seja porque "aprendem a ser pior", porque a reclusão as leva a "perder a guarda da filha" ou porque as torna "mais revoltadas". Nas narrativas de todas estas mulheres emergem expressões reveladoras de sentimentos negativos directamente associados à vida na prisão, como por exemplo "revolta", "sofrimento" ou "experiência horrível".

Uma destas jovens reclusas utiliza a expressão "lição de vida" referindo-se à experiência da reclusão e ao facto de esta a fazer dar mais valor a determinadas coisas ("isto aqui é uma lição de vida, havia coisas a que eu não dava valor nenhum e agora quem me dera poder ter... sei lá, um simples iogurte, tê-lo aqui era mesmo bom"). Contudo, globalmente o seu discurso sobre a prisão e sobre as implicações da mesma no seu percurso de vida reveste-se de significações negativas. Não podemos por esse motivo comparar os seus argumentos com os da única mulher deste grupo que atribui à experiência prisional uma signifi-

284   *Vidas raras de mulheres comuns*

cação positiva, quando constrói narrativamente o seu percurso de vida ("Falando de mim pessoalmente, para mim foi bom ter vindo para aqui, porque foi uma forma de eu crescer, foi uma forma de eu ver as coisas diferentes, não ter tanto medo de enfrentar os problemas e.....por eu me curar foi muito bom para mim").

Experiência prisional e consumos de droga

Relativamente às mulheres que se apresentam como consumidoras de drogas "duras", também os seus discursos sobre a prisão são centrados nos consumos. Neste caso, apresentam discursos antagónicos: uma descreve o primeiro consumo de heroína no contexto prisional, apresentando esta experiência como um dos seus argumentos de significação negativa da prisão em termos de trajectória de vida ("Eu aqui, foi quando eu comecei a dar aqui na droga, 'memo' na heroina"). A outra mulher atribui à prisão o significado de contexto que lhe possibilita deixar os consumos de droga ("para mim foi bom ter vindo para aqui.....por eu me curar foi muito bom para mim"). A perspectiva de cada uma delas em termos do que a prisão representa no seu percurso de vida, pelo menos no que respeita os consumos de droga, é claramente oposta.

Questões de Género

Relações íntimas

Parece-nos importante começar por diferenciar dois contextos de relacionamento íntimo estabelecidos pelas mulheres deste grupo: as relações de namoro e as uniões de facto. Metade do grupo descreve relações de namoro (2/4) sem entrar, como acontece nas mulheres que descrevem relações de união de facto, em grande detalhe na caracterização das mesmas. Isto provavelmente resulta da ausência de detalhes significativos para a construção do seu percurso de vida, pelo menos em termos de vivência diária. Não deixam contudo de referir aspectos pertinentes, como por exemplo o facto de terminarem uma relação por haver comportamentos desviantes por parte do namorado ("nessa altura nem me passava pela cabeça traficar e muito menos vir presa"), ou a referência ao abandono pelo namorado quando este toma conhecimento da sua gravidez.

Por seu lado, as uniões de facto (2/4) assumem um papel de destaque na construção narrativa dos percursos de vida das mulheres que as vivenciam. Estas relações são descritas como "a reviravolta" ou o que marca a "mudança da água para o vinho" em termos de percurso de vida. Um dos principais argumentos desta reviravolta é o conflito e a ruptura com os pais ("A minha mãe tentou que eu saísse de perto dele, [mas ele] foi-me buscar novamente, fui outra vez para a companhia dele").

Estas relações são especificamente associadas ao desvio, em particular aos consumos de drogas "duras", na medida em que descrevem os companheiros como aqueles que as "meteram na droga" ("Eu agarrei-me mais com o meu companheiro"; "Eu entretanto com esse tal fulaninho comecei a andar na droga"), e também ao próprio tráfico, quando estas mulheres referem que traficam *com* os companheiros ("E foi quando eu decidi... quando eu decidi, decidimos os dois!... começar a traficar.") e *para* eles ("Comecei a dar, ele queria dinheiro e eu tinha que ter o produto Só que depois eu queria parar e ele não queria porque para além de ser agarrado à droga, era agarrado ao dinheiro.").

Finalmente, o discurso destas mulheres evidencia que se tratam de relações marcadas pela violência e manipulação por parte do companheiro ("ele batia-me"; "Se falas levas no corpo"). Esta violência e manipulação constituem argumentos apresentados pelas reclusas no sentido de justificarem o seu consumo de drogas "duras" e o seu comportamento criminal.

Gravidez, abandono e rejeição (2/4)

Trata-se de uma questão pertinente em termos de descriminação de género e que surge no discurso de duas mulheres como marco fundamental do seu percurso de vida. Uma delas sai de casa por receio que a mãe a rejeite por estar grávida, correspondendo essa saída ao início de uma relação violenta e manipuladora que, na sua perspectiva a conduz à dependência e ao tráfico de droga. A outra mulher, por seu lado, refere que o namorado a abandona quando tem conhecimento acerca da sua gravidez ("Era uma relação estável... até eu engravidar [...], quando eu engravidei ele foi embora"). Acrescenta ainda que se sente revoltada na medida em que, agora que está detida, perde para ele a guarda da filha. Embora centrados em circunstâncias de vida distintas, ambos os discursos traduzem a associação de formas de descriminação de género ao desvio.

Reflexões gerais sobre o percurso de vida

As reflexões que estas mulheres elaboram sobre o seu percurso de vida diferenciam-se em duas ideias fundamentais, que têm por base a significação dos consumos de droga nesses percursos. Encontramos, por um lado, uma mensagem que pode traduzir-se pela expressão "não tocar nas drogas" e, por outro lado, uma mensagem que se resume na ideia de "arranjar dinheiro de forma legal". A primeira é apresentada pelas mulheres consumidoras de drogas "duras", quer numa referência ao seu próprio percurso ("agora nunca mais vou tocar nas drogas"), quer como conselho geral que se permitem dar aos outros ("Se puderem evitar, não toquem na heroína porque podem não parar").

A segunda surge no discurso das outras mulheres deste grupo. Embora sublinhem que não estão arrependidas, uma vez que o tráfico representa a escolha feita em determinado momento perante as opções disponíveis, estas mulheres referem que hoje arranjariam "outras formas de arranjar dinheiro", pois não querem "voltar a fazer coisas ilegais".

Argumento para o Futuro

Ideal de não retorno ao tráfico (4/4)

Todas estas mulheres dizem não querer voltar ao tráfico de droga na sua vida futura, após o cumprimento da pena de prisão. No entanto, esse discurso parece constituir mais um ideal do que uma convicção, como depreendemos de algumas expressões utilizadas. Por vezes demonstram receio de não conseguir evitar o tráfico de droga ou então utilizam expressões que mostram que, na sua opinião, o futuro não está sob o seu controlo ("peço a Deus que me ajude"; "Não quero voltar mais ao tráfico, não quero, *mas* agora é assim, para pôr a minha vida como eu tinha antes de ir para a companhia dele vou ter que passar muito, penar muito"; "Não posso cuspir para o ar porque ele pode cair em cima de mim outra vez"; "Eu não quero sair daqui e voltar a fazer asneiras, mas às vezes penso que vou sair ainda mais revoltada").

Antecipação de dificuldades (3/4)

Quase todas as mulheres do grupo, através das narrativas que constroem, antecipam um futuro difícil após a saída do estabelecimento prisional. As dificuldades apontadas baseiam-se no estigma geralmente associado à reclusão e que pode restringir ainda mais as suas opções do que acontecia anteriormente. Esta preocupação é materializada no seu discurso através de expressões como "cadastro", "sair queimada" ou "discriminação" ("a gente sai daqui com cadastro, não é de um momento para o outro que a gente tem tudo na mão.", "acho que vou sair daqui queimada, vou andar sempre naquela «*Olha, esta já esteve presa»*, olham para mim e dizem «*Olha, ela já teve presa»*"; "Será que vai haver discriminação? Como é que vão olhar para mim? Será que me vou revoltar quando me olharem de lado?"). Outras mulheres antecipam dificuldades relacionadas com as questões económicas, que já anteriormente são por elas apontadas como relacionadas com o seu envolvimento no tráfico ("preocupo-me, porque por aquilo que eu ouço a vida está cada vez mais difícil"). Uma jovem reclusa expressa a sua preocupação relativamente a uma questão específica e à qual atribui um significado crucial no seu percurso de vida, a guarda da filha ("Depois de sair daqui qual é o juiz que me vai dar a tutela da menina? Nenhum.").

Apenas uma mulher do grupo perspectiva um futuro optimista após a reclusão, baseado na diversidade de escolhas, associada às diversas fontes de suporte que assegura ter ("Tenho muito por onde escolher, felizmente. Tenho muito por onde recorrer, tenho muitas pessoas que me podem ajudar").

Condimentos para o futuro desejado: família,
trabalho e vida no estrangeiro (3/4)

A apresentação do que estas mulheres parecem desejar para a sua vida após a prisão inclui diferentes elementos, que passamos a analisar.

As questões familiares assumem a centralidade destes discursos. Especificamente, as jovens reclusas enunciam como prioridades futuras "poder ajudar mais a família" e pedir protecção aos familiares mais próximos ("a minha família, pessoas mais próximas, que me podem proteger um bocadinho mais, porque eu não sou... ainda preciso de muita protecção, ainda sou uma criancinha"). A única que já é mãe refere que estar junto da filha é o seu "principal objectivo" ("Espero bem que eu consiga ir buscar a minha filha [...] quando sair daqui").

Também viver num país estrangeiro parece fazer parte dos seus planos, mas associado a motivações diferentes. Constituindo quase sempre um contexto onde se encontram familiares ou amigos, os países estrangeiros são apresentados como locais onde poderá ser mais fácil não retomar os consumos de droga ("Londres ou pr'á Holanda, que é p'ra onde amigos meus que agora sei que 'tão bem.... tiveram também nas drogas, deixaram as drogas, 'tiveram num centro") ou não rever o ex-companheiro ("E assim o mau carácter não me vai ver, não vou ter mais medo dele, ele não me vai ver nunca mais."). No discurso de algumas jovens percebemos também que acreditam tratar-se de um contexto onde poderão "fazer uns dinheirinhos lá fora", pelo maior número de oportunidades de trabalho. Ter uma ocupação laboral, independentemente do contexto, constitui precisamente o outro elemento dos argumentos para o futuro ("ter o trabalhinho que estou à espera de ter, conseguir juntar um dinheirinho"; "Quando sair daqui vou trabalhar, vou ver se ajudo a minha irmã, porque eu quando sair vou outra vez viver com ela").

b. Representação gráfica das trajectórias de vida ("Crime – Negócio")

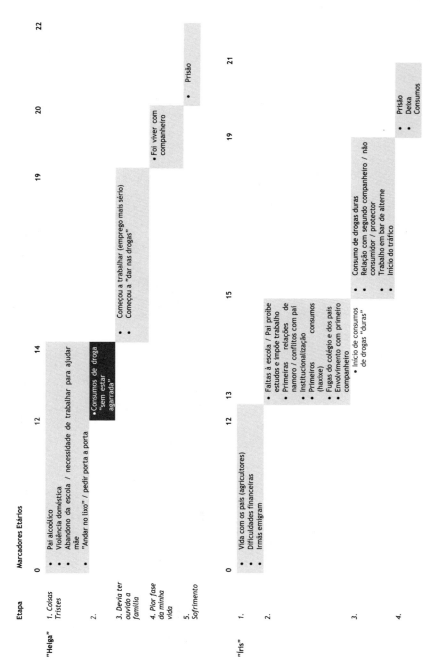

Figura III – Representação gráfica dos percursos de vida (Grupo "Crime - Negócio")

290 · *Vidas raras de mulheres comuns*

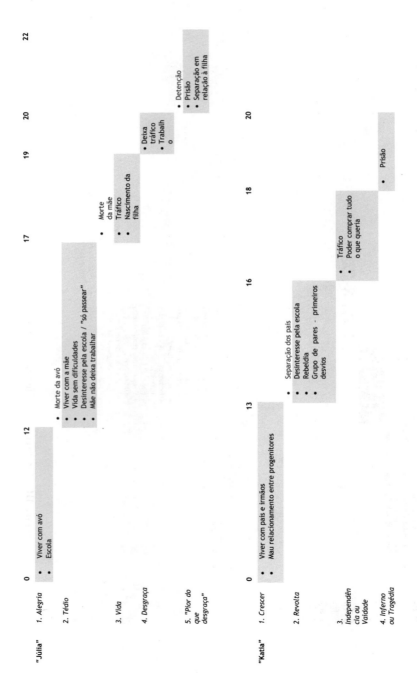

Figura III – Representação gráfica dos percursos de vida (Grupo "Crime - Negócio")

Análise de narrativas

c. Discursos do "Crime – Negócio": Síntese

Ingredientes para percursos difíceis: pobreza, violência e crime

Os discursos das mulheres deste grupo sobre a contextualização familiar dos seus percursos de vida focalizam-se em três vectores fundamentais. Em primeiro lugar, as carências económicas, que em dois casos correspondem mesmo a situações de extrema pobreza. Em segundo lugar, a violência, através de descrições sobre a ocorrência sistemática de violência doméstica, de que se descrevem como vítimas directas ou indirectas. Finalmente, o envolvimento de familiares em actividades criminais e seu contacto com o sistema de justiça penal.

Todos estes ingredientes emergem nos discursos das mulheres como desfavoráveis ao seu percurso. Por exemplo, porque as conduzem à impossibilidade de investir nos estudos e à necessidade de trabalhar precocemente, simultaneamente ou em detrimento dos estudos, o que se verifica sobretudo nos discursos das mulheres cujo discurso sobre a família revela um contexto de extrema pobreza. Estas circunstâncias são representadas pelas mulheres como um início problemático em termos de percurso, com restrições nas opções disponíveis.

Também a violência e o envolvimento de familiares no crime, surgem como ocorrências que estas mulheres consideram marcar o seu percurso, sendo de forma mais ou menos directa associadas ao seu posterior envolvimento no tráfico de droga.

Estes parecem constituir sobretudo argumentos que as mulheres deste grupo utilizam para legitimar a sua actividade criminal. Por vezes recorrem a eles para argumentar sobre a sua heterodeterminação em relação ao tráfico, mas depois referem outras circunstâncias para sustentar esse argumento (e.g., consumos de droga, relações íntimas) ou passam para um discurso de autodeterminação.

Um grupo, dois discursos (I): A centralidade das drogas

Relativamente aos consumos de droga, deparamo-nos com dois discursos distintos. Embora todas se descrevam como consumidoras de drogas, metade do grupo refere apenas consumos de drogas "leves", em contexto de grupo, e que, na sua opinião, não têm um significado relevante nas trajectórias percorridas. Nem especificamente os consumos, nem genericamente as drogas, constituem um tópico nuclear nas narrativas construídas por estas mulheres.

O discurso das restantes mulheres do grupo é praticamente oposto, na medida em que estas se centram amplamente nos consumos de drogas "duras". Estes consumos revestem-se de significações negativas na construção de percursos de vida, sendo associados às relações violentas que estabelecem com os companheiros, ao tráfico e à prisão.

A centralidade das drogas constitui, na nossa opinião, o principal elemento subjacente ao que nos parecem ser dois discursos distintos no que à partida, considerando os critérios de amostragem com base nos resultados do estudo quantitativo, se configurou como sendo um único grupo. Mas outros elementos contribuem de forma preponderante para esta duplicidade de discursos: as experiências e os significados de relações íntimas violentas e as significações do crime.

Um grupo, dois discursos (II): Relações íntimas violentas («Até que a reclusão me salve»)

Diferenciam-se, no âmbito deste grupo, dois contextos de relacionamentos íntimos. Nas mulheres cujos discursos excluem qualquer relevância das drogas, são também excluídas relações íntimas como importante elemento dos seus percursos de vida.

Por seu lado, as mulheres que se assumem como consumidoras de drogas "duras", apresentam discursos que, para além das drogas, se organizam também em torno de relações íntimas violentas que associam ao desvio. É aos companheiros violentos que atribuem os seus consumos problemáticos de drogas e o seu envolvimento no tráfico. Representando uma "reviravolta" na sua vida, através da ruptura com a família e do início do que conceptualizam como sendo uma "vida da droga", estas relações violentas acabam por surgir como principal argumento da heterodeterminação do seu envolvimento no tráfico. Através desse argumento, associam o companheiro directa e indirectamente ao tráfico, respectivamente por exigir dinheiro e por induzir consumos.

Os significados construídos sobre estas relações são de tal modo negativos que através delas estas mulheres constroem discursos positivos sobre a "difícil vida na prisão": afinal é a circunstância da reclusão que as «salva» das relações anteriores, abrindo caminho para um futuro melhor (Este argumento é mais explícito no discurso de uma destas mulheres, pois a outra refere-se de forma mais directa ao final dos consumos de droga como um aspecto positivo do cumprimento da pena de prisão).

Um grupo, dois discursos (III): Significações do «crime – negócio»

Em termos de significações do crime, objecto nuclear no nosso estudo, os discursos emergentes neste grupo parecem também dividir-se em dois. Esta divisão organiza-se em torno de dois elementos fundamentais, as questões económicas e a auto ou heterodeterminação relativamente à actividade criminal, sendo os consumos de drogas um factor chave na articulação destes elementos.

Necessidades vs. Motivações económicas

Um elemento fundamental na estrutura discursiva identificada neste grupo prende-se com a grande centração nas questões económicas. Estas revelam-se centrais na construção de significados associados ao crime, mas são igualmente importantes na descrição do contexto familiar da infância e pré-adolescência ou na antecipação do futuro. As questões económicas emergem ainda em narrativas aparentemente menos relevantes face ao nosso objecto de análise, como acontece, por exemplo, quando as mulheres descrevem a dedicação a actividades lícitas em determinados momentos das suas trajectórias de vida associadas a fortes motivações económicas.

Em relação às significações do crime, as questões económicas constituem um dos eixos em torno do qual identificamos dois discursos (e também dois percursos) distintos.

As duas mulheres que se apresentam como consumidoras de drogas "duras" apontam esse consumo como a grande motivação para o tráfico. Mais do que uma *motivação*, o consumo de drogas traduz-se, na sua perspectiva, na *necessidade* de traficar para ter meios para adquirir e consumir heroína ou cocaína. Em paralelo são também referidas por estas mulheres as despesas com a casa como mais um factor subjacente à necessidade de traficar.

Por seu lado, as outras mulheres do grupo apresentam um discurso sobre o crime onde as questões económicas subjacentes ao tráfico de droga são mais evidentes. Ou seja, este discurso corresponde ao tráfico como meio de pagar as despesas básicas do seu dia-a-dia, mas vai além disso e emerge também a como a actividade que permite a estas mulheres terem um nível de vida superior, ou como uma delas refere, através do tráfico "tinha liberdade [...], podia comprar tudo".

Autodeterminação vs. Heterodeterminação

Revela-se igualmente importante o discurso da heterodeterminação ou da falta de agência por parte destas mulheres no seu envolvimento na actividade criminal. Como referimos na descrição das categorias relacionadas com o crime, este discurso é apresentado por todas as mulheres do grupo, embora com base em argumentos diferentes, tais como o medo do parceiro violento, a dependência em relação às drogas, a pressão por *figuras do crime* ou características psicológicas que não controlam.

Parece-nos contudo que este é o discurso que as mulheres escolhem para se apresentar, pois ao longo das narrativas que vão construindo, surgem elementos que parecem sustentar a tese da autodeterminação no seu envolvimento no tráfico. Este argumento resulta da constatação acerca das incoerências nas narrativas construídas, onde emergem elementos capazes de sustentar a tese da auto-determinação no seu envolvimento no tráfico de droga. O discurso de heterodeterminação pode resultar do esforço destas mulheres no sentido da conformidade aos discursos tradicionais sobre a transgressão feminina (e.g., a mulher que comete crimes porque receia o companheiro violento; a mulher que comete crimes porque tem problemas psicológicos).

Embora estes argumentos sejam repetidos diversas vezes ao longo das entrevistas, em determinados momentos parece escapar a ideia da tomada de decisão racional pela via do crime. Tal evidencia-se sobretudo no que diz respeito às *não consumidoras*, que em determinado momento se referem ao tráfico como resultado de uma opção racional no seu percurso de vida.

Parece-nos assim poder afirmar que, pelo menos em relação a estas mulheres em particular, existe racionalidade e autodeterminação no seu envolvimento no tráfico de droga, embora optem por utilizar um discurso de heterodeterminação quando atribuem significações ao crime.

Um grupo, dois discursos: síntese

Os elementos organizadores das duas estruturas discursivas identificadas neste grupo são, como vimos, diversos. Em termos de significações, residem fundamentalmente no modo como as relações íntimas, as drogas e as questões económicas são associadas ao envolvimento destas mulheres no crime. Mas também em termos de experiências podemos encontrar algumas características diferenciadoras dos dois «subgrupos», desde a contextualização familiar passada, aos consumos de drogas, passando por questões de género.

Assim, julgamos estar perante um subgrupo de mulheres cujo discurso é centrado nos consumos de drogas "duras", apontados como principal motivação para o crime a par de outras motivações económicas. Estas mulheres descrevem relações íntimas no âmbito das quais são vítimas de violência, associando os companheiros violentos a ambos crime e consumos de droga. Em termos de reflexão geral sobre o percurso de vida apresentam como mensagem central um "não às drogas", uma vez que atribuem aos consumos as significações menos positivistas dos seus percursos de vida.

O outro subgrupo apresenta um discurso mais centrado nas questões económicas, aparecendo com maior evidência a racionalidade subjacente à sua opção pela via do crime (embora os argumentos explícitos sejam de heterodeterminação para justificar o seu envolvimento no tráfico de droga). Os consumos de drogas são referidos sem associação com o crime, descritos como não problemáticos e de significação irrelevante na construção das trajectórias de vida. Nesta organização discursiva as relações íntimas referidas não são apresentadas como violentas e não assumem tanta relevância. Para estas mulheres o tráfico de droga surge como a actividade que têm oportunidade de desenvolver em determinado momento do seu percurso e que lhes proporciona o que entendem necessitar nesse momento, maior poder de compra ou garantias financeiras para assegurar a sua vivência diária. Em termos de reflexão sobre o percurso de vida, estas mulheres apresentam uma mensagem que se pode resumir a um "não à ilegalidade", embora, como referimos a propósito do discurso geral do grupo, esta pareça fazer parte de uma estratégia de auto-apresentação.

Argumentos para o futuro: «Optimismo moderado»

No que concerne aos argumentos apresentados para o futuro, estes são marcados por alguma antecipação de dificuldades, sobretudo em relação ao retorno ao tráfico, que consideram um ideal difícil de atingir. Uma vez mais, este argumento é sustentado na ideia que estas mulheres transmitem de que não depende delas o seu envolvimento no crime, mas sim de factores que lhes são extrínsecos, pelo que não podem assegurar que não vão voltar a traficar. Este ideal de não retorno ao tráfico parece, sobretudo nas narrativas das mulheres "não consumidoras", corresponder mais aos ideais do discurso social dominante do que ao seu próprio discurso. Nas outras mulheres este ideal de não voltar ao crime está associado ao ideal de não voltar aos consumos e à "vida da droga" que se reveste de significações negativas, como o pior momento do seu percurso de vida.

Para além da ideia da exclusão do crime, estas mulheres apresentam um discurso sobre o seu futuro organizado em torno de um ideal de família, que, ao não corresponder às experiências familiares prévias à reclusão, nos parece resultar do esforço de se apresentarem em conformidade com os discursos dominantes de género.

5.3.3. O grupo do "Crime – Excepção"

a. Discursos

Família

Os discursos de caracterização do contexto familiar durante a infância centram-se, neste grupo, em dinâmicas relacionais essencialmente positivas ("sempre nos demos muito bem, entre os irmãos todos e com os pais também."; Dávamo-nos bem, extremamente bem"), através da descrição de episódios de suporte entre membros da família ou através da referência a figuras positivas ("o meu avô era aquela figura, era o homem da casa, prontos, era...era um amor de pessoa").

As significações positivas associadas ao contexto familiar não parecem, contudo, idealizadas. Para além da sua sustentação em narrativas coerentes sobre figuras e em episódios concretos, assiste-se à contraposição dos aspectos familiares positivos com situações mais problemáticas, que são descritas pelas mulheres do grupo de forma clara e reflectida. Por exemplo, uma mulher em particular descreve momentos de relacionamento problemático entre a mãe e o padrasto, mantendo-se contudo a mãe como uma importante figura de suporte para a criança, e outra mulher descreve conflitos com a mãe devido à sua relação de namoro. Estas situações, marcantes do ponto de vista do percurso destas mulheres até ao crime, referem-se já a uma fase de pré-adolescência, sendo que em relação à infância as relações familiares são invariavelmente descritas através de significados positivos. A contraposição de aspectos mais e menos positivos do contexto familiar (que não consideramos incoerências narrativas por nos parecerem resultar de reflexões das mulheres, e que não se verificam nos discursos dos grupos anteriores) constitui, em nossa opinião, um indicador da não idealização do contexto familiar na infância nos discursos construídos por estas mulheres.

Um outro aspecto emergente nos seus discursos é a ausência de problemas de familiares com a justiça. Esta parece-nos constituir também uma questão relevante na medida em que constitui um elemento de diferenciação do percurso destas mulheres, comparativamente com os grupos já analisados.

Escola

Às experiências relacionadas com a escola são também associados significados positivos ("Adorava, adorava. Até porque eu era muito boa aluna"; "Não só pelo ambiente, pelos meus colegas mas também pela escola, eu gostava muito da escola, era muito boa aluna"). O discurso destas mulheres revela não só experiências passadas positivas na escola, como também a interrupção dos estudos apenas devido à reclusão ("Deixei só mesmo quando vim presa. Nunca deixei de andar na escola"); revela também a perspectiva de continuarem a estudar após a saída do estabelecimento prisional ("Desde logo continuar os estudos, tirar um curso."). Estudar parece constituir, na perspectiva destas reclusas, um dos aspectos primordiais na construção das suas trajectórias de vida ("Eu desde pequena que tinha muita vontade de estudar... e ainda tenho"; "Eu sempre achei e continuo a achar que «*o saber não ocupa espaço*»").

Actividade Laboral

As questões relacionadas com a dedicação a actividades laborais foram ganhando relevância à medida que a análise dos dados foi avançando, sobretudo porque se foi evidenciando a contrastação dos significados destas actividades nos percursos de vida das mulheres dos diferentes grupos. Especificamente em relação às mulheres deste grupo, duas descrevem actividade laboral anterior à vinda para o estabelecimento prisional. Segundo referem, não se trata de uma ocupação principal, em substituição da frequência escolar, mas antes de uma opção para ocupar as férias escolares, permanecendo os estudos sempre como a sua prioridade ("Trabalhei, trabalhei. Mas [...] só nas férias."; "Só nas férias, na loja de uma amiga minha [...] Eu ia lá fazer as férias.").

Manter uma ocupação durante as férias emerge nos discursos destas mulheres como a principal motivação para a realização dos trabalhos descritos ("Eu também queria estar entretida nas férias, não é? Graças a Deus a mim não me falta nada"). No entanto, a questão económica é também considerada ("Era uma forma de estar ocupada e de ganhar algum dinheiro, mas em primeiro lugar era porque gostava de lá estar").

Grupo de Pares

São descritas relações com pares que exibem comportamentos desviantes ("amigos que tenho desde pequena que... mais velhos do que eu, que eu lembro-me, na altura em que eu era pequena de eles andarem a roubar motas e carros e essas coisas assim"; "a maior parte é só fumar uns charrinhos de vez em quando e prontos"; "Como havia amigas minhas que fumavam droga... fumavam *chamon*, charros"). Contudo, apesar da associação dos pares a comportamentos delinquentes, as actividades que referem realizar com eles são de lazer, dentro dos padrões considerados normativos ("Fazíamos várias coisas, por exemplo lá no bairro havia um grupo de dança africana, de batuques. E íamos actuar em vários sítios, cantávamos, íamos dançar, às vezes fazíamos peditórios"; "Organizávamos festas, teatros, com a ajuda de outros mais velhos."; "Eu gostava de fazer ginástica, sei lá, gostava de música, de jogos...lembro-me de jogar à macaca, às escondidas...muita coisa e sempre com muitos amigos.").

À descrição das actividades normativas desenvolvidas com os seus pares estas mulheres acrescentam que nunca chegam a envolver-se em comportamentos marginais ("mas eu sempre disse «*nunca quero essas coisas*»). Percebemos nos seus discursos que estabelecem uma fronteira entre elas e os seus *amigos desviantes*, demarcando-se de qualquer tipo de identidade criminal ("nós podemos estar no meio *deles* e não fazermos as mesmas coisas").

Comportamentos Desviantes

Os discursos das mulheres deste grupo revelam que, para além do crime que as conduz à prisão, não há no seu percurso de vida prática de outros comportamentos desviantes ("Não, quer dizer, eu nunca tive."; Não, nunca, nada disso. Nem os meus amigos nunca foram desse género."; "Não, drogas nunca consumi, não fumo, não bebo."). Apenas uma delas revela a experiência de consumo de drogas leves, atribuindo--lhe um significado de comportamento *normal* para a idade ("não vou negar, prontos, é *normal* que uma... eu por exemplo quando eu tinha os meus 15 anos pr'ái fumei o meu primeiro cigarro, e depois passado um tempo experimentei um charro"). Acrescenta ainda que "não é uma coisa que a tivesse captado" porque tem "um pavor enorme à droga".

Percebemos neste e noutro testemunho um discurso de demarcação clara relativamente ao desvio, admitindo momentos de proximidade mas sem qualquer envolvimento ("é uma coisa que eu se Deus quiser nunca hei-de tocar, na droga, porque habituei-me a conviver desde pequena, às vezes ao sair da escola e passar por becos e não sei quê, habituei-me a viver com seringas e essas coisas assim e a ver pessoas a injectarem-se. [...] Aquilo era um bairro de delinquentes, só que...por vezes nós podemos estar no meio deles e não fazermos as mesmas coisas"; "Como havia amigas minhas que fumavam droga...fumavam *«chamon»*, charros, mas eu sempre disse *«nunca quero essas coisas»*").

O crime surge assim como um acto desviante isolado, a tal excepção que confere o nome a este grupo, num percurso de vida regido pela adesão às normas. As próprias protagonistas do acto criminal, embora no seu discurso apontem objectivamente acontecimentos que o precipitam, como o abuso sexual por parte do padrasto ou o isolamento imposto pela mãe, parecem não conseguir encontrar uma explicação, pelo menos que considerem satisfatória, para a sua ocorrência ("As condições que tinha.... era boa aluna, tinha muitos amigos, tinha apoio familiar, enfim, a minha vida corria bem. Por isso, depois do que aconteceu é fácil pensar "mas porquê, porque é que eu fiz isso, se eu não tinha razões para tal?").

Por se tratar de um acto contrastante com o rumo das suas trajectórias, emerge nos discursos destas mulheres uma inquietação associada a passar a ter "algo a apontar", ou ao receio de que os outros formulem uma "ideia errada" sobre si. Para além disso, há uma clara preocupação quanto à possibilidade de o crime e a prisão comprometerem o rumo que definiram para a sua vida.

Prisão

Percurso prisional exemplar

Tal como o descrevem, o percurso prisional destas mulheres decorre sem que enfrentem grandes problemas ("A nível do meu percurso prisional, tem corrido tudo bem, sem qualquer problema."; "Sou uma pessoa que nunca teve nenhum problema aqui dentro."). Todas referem que, embora a prisão não seja um contexto fácil para estabelecer relações de amizade, têm conseguido fazê-lo. É consensual nas suas narrativas a alusão a relações estabelecidas com outras figuras da reclusão, como guardas ou outras reclusas, que se revestem de significações positivas ("toda a gente se apegou muito a mim e gostava muito de mim"; "mesmo aqui, onde é muito difícil fazer amizades, porque estamos aqui fechadas e é fácil haver problemas [...] já aprendi muito com pessoas que conheci aqui, já fiz grandes amizades..."). Uma das mulheres deste grupo, de forma coerente com a centração do seu discurso no isolamento em relação aos outros desde a infância, refere isolar-se também um pouco no estabelecimento prisional, mas ainda assim "tem uma ou duas pessoas com quem se dá melhor".

Segundo referem, estas mulheres procuram "fazer o seu melhor" enquanto estão detidas. Todas reconhecem inúmeras dificuldades inerentes à vida prisional, como o afastamento em relação à família ("O pior é estar longe da família, isso está em primeiro lugar, sinto muita falta de estar com a família") ou as regras difíceis de aceitar ("começa desde logo nas leis, não só nas leis internas, as regras desta instituição, como também nas leis mais abrangentes"), e reconhecem a existência de "momentos em que estão mais em baixo". Contudo, a sua atitude parece ser a de combate a essas dificuldades, procurando os benefícios possíveis tendo em conta as especificidades do contexto em que estão inseridas ("estou a tentar aproveitar o facto de estar aqui da melhor forma"; "com o tempo fui aprendendo a lidar com isto, com o facto de estar aqui presa"). As estratégias que referem utilizar nesse sentido passam por "fazer o seu melhor", "não se deixar levar pelos problemas" e procurar tomar a iniciativa de desenvolver actividades "para fugir à monotonia" ("eu tenho idealizado e concretizado muitos projectos aqui dentro [...] dizem que aqui não se faz nada, mas eu acho que se pode fazer muita coisa. É preciso é ter ideias, ter vontade e pedir autorização às autoridades competentes").

Apoio de familiares e amigos

Tratando-se o crime e a reclusão de circunstâncias excepcionais nos seus percursos de vida, bem como em todo o seu contexto familiar, estas mulheres fazem referência ao receio inicial de não serem apoiadas por parte da família ("Agora também não penso tanto, foi mais logo a seguir, na tal fase dos medos, das incertezas, no julgamento e aqui no início."; "Agora já não tenho medo que deixem de me apoiar.").

302   *Vidas raras de mulheres comuns*

Os seus discursos revelam igualmente que esse receio tende a ser ultrapassado e que familiares e amigos são desde sempre muito apoian-tes ("a minha mãe ia a todas as visitas e me deu sempre todo o apoio. E eu tinha muito apoio, da família, dos amigos"; "hoje temos todos a mesma idade e continuamos a nos dar perfeitamente, todos vêm cá ver-me...").

Significação da prisão no percurso de vida

Em termos de percurso de vida todas atribuem uma significação negativa à passagem pela prisão. Uma mulher utiliza a expressão "paragem na vida" para descrever este período, baseando-se na ideia de que é forçada a interromper os planos que definiu para o seu per-curso de vida. Como referimos anteriormente, e aqui essa ideia é refor-çada, um elemento essencial dos planos traçados por estas mulheres para a sua vida são os estudos. Assim, a interrupção destes emerge consensualmente nas narrativas das três mulheres como o principal argumento para fundamentar o significado negativo da reclusão na sua vida ("fiquei triste quando vim presa principalmente por causa da escola porque eu gostava muito da escola"; "aqui não era nada fácil continuar os estudos, no ano em que estava, por isso acabei por adiar"; "quando estava a começar a minha vida, entre aspas, aconteceu isto tudo, agora prontos... Deixar tudo lá fora...o meu curso").

Apesar de atribuírem à reclusão um significado negativo por inter-romper o seu percurso de vida, estas mulheres não vêm a pena de prisão como inadequada atendendo ao carácter excepcional do crime. Antes, consideram que de certo modo se justifica atendendo ao sucedido.

Questões de Género

As três histórias de vida destas mulheres têm contornos distintos, ainda que todas sejam marcadas por questões de género fundamentais. Essas questões, relacionadas com constrangimentos inerentes à sua con-dição de mulher, sobressaem nas narrativas que constroem sobre as suas trajectórias de vida.

Uma mulher é vítima de abuso sexual continuado por parte de um padrasto violento ("A partir daí até aos meus 16 anos, ele abusou sempre de mim"), que é igualmente violento para a sua mãe por não querer que ela seja independente ("a minha mãe queria trabalhar só que as discussões começaram a surgir por causa disso. [...] O meu padrasto era mais daquele estilo de homens que gosta de mandar... Muito autoritário!"). Este padrão de violência emerge no seu discurso como um marco fundamental na sua trajectória de vida, na medida em que não só resulta em gravidez e aborto, como acaba por estar na origem do crime violento que a conduz à prisão ("no dia em que a minha mãe descobriu, foi quando a minha mãe fez...matou o meu padrasto").

Outra mulher está detida pelo infanticídio de uma criança fruto de uma gravidez não desejada. Esta é uma questão fundamental que marca o seu percurso de vida ("claro que penso, eu acho que se pensa sempre. É uma coisa que marca muito"). No entanto, apresenta-se como alguém que tem muita dificuldade em falar sobre o crime, decidindo não lhe dar destaque nas narrativas que constrói. A dificuldade em integrar o crime reside, na sua perspectiva, no facto de não o conseguir explicar tendo em conta o seu contexto de vida ("Acho que não marca a toda a gente da mesma forma, mas a mim marcou-me muito, em parte pelo conjunto de factores que eu vivi antes. As condições que tinha.... era boa aluna, tinha muitos amigos, tinha apoio familiar, enfim, a minha vida corria bem. Por isso, depois do que aconteceu é fácil pensar *mas porquê, porque é que eu fiz isso, se eu não tinha razões para tal?*").

Finalmente, a terceira mulher deste grupo constrói o seu percurso com base no controlo rígido a que é submetida desde sempre pela sua mãe e familiares próximos. Trata-se de um controlo que se inicia na infância, com a restrição das suas amizades ("Sempre fui muito...tive uma educação...a minha mãe tinha medo que me acontecesse alguma coisa. Eu era muito presa, entre aspas") e que continua na adolescência, com a oposição da mãe à sua relação de namoro ("A minha mãe não queria que eu namorasse com ele! Dizia que ele não era rapaz para mim."). Na perspectiva desta jovem reclusa, o isolamento imposto pelo rígido controlo familiar molda a sua forma de relacionamento com os outros, e acaba por constituir o argumento mais plausível para explicar o crime que comete e que resulta na morte do namorado (" Eu não convivi com outras pessoas e se não fosse assim não estava aqui. Porque eu tinha conhecido outras pessoas, não me tinha prendido tanto e tinha tido outro tipo de vida.").

Reflexões sobre o percurso de vida

Ao nível da reflexão que estas mulheres fazem sobre o seu percurso de vida até ao momento actual, não emergem aspectos comuns, mas sim três mensagens distintas que reflectem as especificidades de cada história. Percebemos desta forma que, independentemente das muitas intersecções dos três percursos analisados, a construção narrativa que as protagonistas fazem desse percurso reflecte inevitavelmente as suas idiossincrasias.

Uma mensagem proposta resume-se à máxima "Devemos confiar nos outros". Esta corresponde à reflexão elaborada pela mulher cujo percurso é, na sua perspectiva, marcado pelo isolamento imposto pela mãe. Tal como ao longo de toda a narrativa que constrói, também a reflexão final que elabora sobre o seu percurso é centrada no modo como se relaciona com os outros.

Outra mulher escolhe para mensagem da sua vida a expressão "É mau crescer rápido demais". Também esta mensagem reflecte as experiências a que dá um significado primordial na construção da sua trajectória de vida. Trata-se dos abusos sexuais prolongados e que resultam no crime que a faz "interromper" essa trajectória".

Finalmente, a última mensagem surge através da expressão "Podemos sempre levantar-nos". Este discurso de optimismo reflecte a atitude empreendedora que domina todo o discurso desta mulher. Ao falar das diversas áreas da sua vida, e nos contextos em que se vão desenvolvendo ao longo do tempo, incluindo a prisão, o seu discurso denota sempre a crença nas suas próprias capacidades. A mensagem que propõe pretende transmitir que acredita que vai recuperar deste episódio de "paragem na sua vida".

Argumento para o futuro

O principal argumento apresentado por todas as mulheres para o seu futuro após a prisão consiste na continuação dos estudos. Como referimos anteriormente, a frequência escolar surge no discurso destas mulheres como um dos aspectos mais importantes dos planos que traçam para a sua vida. Nesse sentido, após a interrupção forçada pela reclusão, pretendem retomar os estudos assim que se encontrarem em liberdade ("quero continuar a estudar"; "continuar os estudos, tirar um curso"; "acabar o meu curso"). Ter emprego ou ser independente financeiramente surge como outro objectivo para o futuro. Esse objectivo destina-se a cumprir essencialmente após a conclusão dos estudos, mas uma mulher pondera iniciar actividade laboral em simultâneo ("tenho de arranjar um trabalho possível para trabalhar e estudar"). Finalmente, constituir família, ter filhos, faz também parte dos seus planos futuros ("...quando tiver a minha vida organizada quero arranjar...quero arranjar um marido, ter a minha família, né, os meus filhos, quero ter dois filhos"; "Depois de terminar o meu curso, gostava de ter a minha casinha, criar um lar, ter filhos...").

Este cenário, de um futuro aparentemente idealizado, não é perspectivado sem uma contraposição mais realista, tal como constatámos nos seus discursos sobre o passado. Em relação ao futuro, o discurso destas mulheres é de algum optimismo, mas tendo em consideração dificuldades que podem surgir após o cumprimento de uma pena de prisão. Essas dificuldades estão relacionadas com o estigma inerente à reclusão ("é uma *mancha negra* que eu nunca mais vou conseguir limpar na minha vida") e às consequências que esse estigma pode acarretar em termos de oportunidades futuras ("vou ter sempre algo para me lembrar ou quando for procurar um trabalho eu vou ter sempre alguém que me vai fazer lembrar que estive presa ou que não me vão dar trabalho por causa do meu registo criminal ou assim").

Esta representação do futuro, onde é ponderado o que as mulheres antecipam de negativo e o que esperam vir a acontecer de positivo nas suas trajectórias de vida, designámos de «realismo optimista».

b. Representação gráfica das trajectórias de vida ("Crime – Excepção")

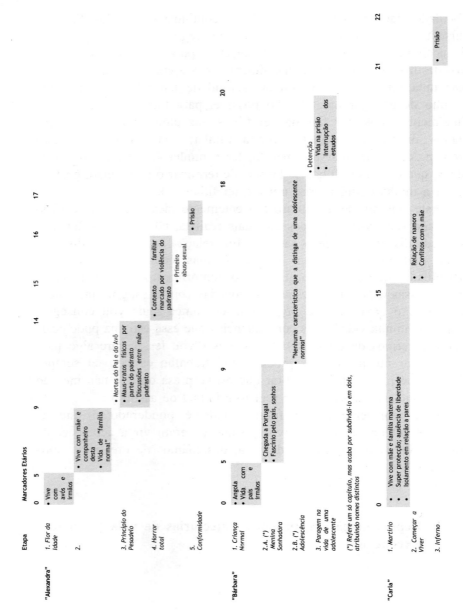

Figura IV – Representação gráfica dos percursos de vida (Grupo "Crime - Excepção")

Análise de narrativas

c. Discursos do "Crime – Excepção": Síntese

Na estrutura discursiva identificada neste grupo, encontramos sempre presente um elemento fundamental: o carácter de excepção conferido ao crime pelas mulheres que o protagonizam. É a constatação de que todas as componentes dos discursos construídos por estas mulheres (e.g., referências à família; planos traçados para o percurso de vida) são reveladores dessa significação do crime, que nos conduz à designação "crime – excepção" quando nos referimos a este grupo. O carácter excepcional do crime é, assim, uma característica comum que se destaca nos percursos e discursos destas mulheres, ainda que estejam também presentes idiossincrasias que nos relembram a singularidade de cada percurso de vida.

Ingredientes para trajectórias positivas

Enquadramento familiar

Os discursos sobre o contexto familiar na infância centram-se em dinâmicas relacionais a que as mulheres deste grupo atribuem significações essencialmente positivas. Estas são, contudo, apresentadas em paralelo com aspectos menos positivos em relação às figuras e aos contextos do âmbito familiar. A simultaneidade de significações positivas e negativas associadas ao enquadramento familiar dos percursos de vida destas mulheres parece resultar de um exercício de reflexão por parte delas, o que nos leva a argumentar, ao contrário do que sucede nos outros grupos, sobre a não idealização do contexto familiar.

Os significados menos positivos associados à família são mais evidentes no discurso particular de uma mulher ("Carla"), embora globalmente as suas narrativas revelem a tal excepcionalidade do crime. A representação gráfica da construção dos percursos de vida pelas mulheres deste grupo permite-nos perceber as especificidades do discurso de Carla sobre a contextualização familiar da sua infância. Esta mulher atribui o crime ao rigoroso controlo de que foi alvo por parte da família e constrói as narrativas em torno desta questão. Assim, também ao descrever a infância, centra-se no controlo exercido pelos familiares sobre si e nas implicações negativas desse controlo que, se por um lado

308 *Vidas raras de mulheres comuns*

condena, também associa, por outro lado, à preocupação da família consigo.

Escola

Os significados positivos relativos à infância estendem-se ao contexto escolar. Estas mulheres atribuem à escola um papel fundamental nas trajectórias percorridas, referindo-se aos estudos como o grande objectivo traçado para a sua vida. A importância atribuída à escola é tal que a pena de prisão é construída por estas mulheres como uma interrupção ou paragem nos seus percursos de vida essencialmente pela interrupção que ocorre ao nível dos estudos.

Também a alusão a experiências laborais anteriores ao crime e à reclusão vem reforçar a relevância das questões escolares na construção dos seus trajectos de vida. A motivação para essas actividades parece ser, mais do que as questões económicas, a ocupação dos tempos livres em período não lectivo. Deparamo-nos com um discurso centrado na importância deste tipo de experiências, desde que não substituam, interfiram ou prejudiquem o grande objectivo de vida destas mulheres, a obtenção de sucesso escolar e consequente sucesso profissional.

Demarcação em relação ao desvio – Indicadores de normatividade

A exclusão de qualquer forma de identificação com o desvio emerge através dos discursos construídos sobre o grupo de pares. Exceptuando o discurso de "Carla", que se apresenta como isolada, os pares são descritos como os grandes companheiros com quem se dedicam a actividades de lazer que podemos designar de hiper-normativas. Globalmente, entre as actividades que referem realizar com os seus pares não encontramos alusão a experiências desviantes (com excepção para uma experiência de consumo de haxixe), que seriam até esperadas atendendo à idade destas mulheres. Como referimos na descrição dos dados, elas não excluem o contacto com pares que classificam como "delinquentes". Mas demarcam-se desse rótulo e excluem do seu repertório comportamental qualquer forma de desvio.

Outro aspecto que se torna pertinente salientar, e que poderá também ser encarado como um indicador de normatividade destas mulheres, prende-se com a escassez de narrativas sobre o crime ou outras formas de desvio, comparativamente com as identificadas nos discursos das mulheres dos outros grupos. Efectivamente, quase não encontramos discursos sobre comportamentos desviantes ou sobre o crime, reforçando-se o argumento de que o comportamento desviante ou criminal representa, para estas mulheres, uma excepção no seu percurso de vida.

Significações da reclusão – trazer a normatividade para a prisão

A permanência em contexto prisional é construída por estas mulheres como uma "paragem" nas suas trajectórias de vida. Constatamos que, por um lado, atribuem uma significação negativa à prisão em termos da trajectória de vida anterior, na medida em que o seu grande objectivo, a realização escolar e profissional, é comprometido. Por outro lado, especificamente em relação ao tempo passado no contexto prisional, o discurso destas mulheres assume contornos que em muitos aspectos se assemelham ao discurso construído sobre a sua vida anterior à reclusão, como se transportassem alguma normatividade para a vida na prisão.

Nesse sentido, também o percurso prisional é descrito como um percurso "sem problemas", tal como o que lhe antecedeu. Estas mulheres incluem no seu discurso os ingredientes que consideram fundamentais para a melhor adaptação possível ao contexto, ou seja, embora assumam as dificuldades inerentes à vida prisional, apresentam o conjunto de estratégias que utilizam para se adaptar à circunstância da reclusão. Descrevem ainda os aspectos positivos das relações que estabelecem com figuras significativas do meio prisional e a realização de actividades construtivas para ocupar o tempo. Exemplos dessas actividades são, por exemplo, a organização de peças de teatro ou de clubes de leitura. Estamos deste modo perante uma construção da reclusão como uma interrupção que estas mulheres procuram que seja normativa num percurso de vida caracterizado pela hiper-normatividade.

Ainda em relação à prisão, percebemos que os discursos das mulheres deste grupo não são reveladores de sentimentos de injustiça, que poderiam emergir face ao carácter excepcional dos crimes cometidos. Antes, consideram que os seus actos, embora contrastantes com a globalidade das trajectórias que percorreram, justificam o cumprimento da pena de prisão.

Argumentos para o futuro: «Realismo optimista»

Ao nível dos argumentos que constroem para o futuro, encontramos um discurso que podemos designar de "realismo optimista". Genericamente estas mulheres acreditam que após o cumprimento da pena de prisão vão conseguir ser bem sucedidas numa trajectória de vida que não será, no entanto, igual à percorrida anteriormente. O carácter de excepção do crime na vida destas mulheres pode ainda ser relacionado com os receios que elas descrevem acerca das implicações desta ocorrência no seu percurso futuro. A expressão de uma delas sintetiza este argumento: o crime é uma "mancha negra" que não vai desaparecer e que vai trazer obstáculos para a sua vida futura. Estas mulheres parecem deste modo estar receosas face ao estigma inerente ao cumprimento de penas de prisão, a tal "mancha negra" que, no seu entender não as impedirá de prosseguir os seus objectivos, mas dificultará o seu percurso nesse sentido.

Circunstâncias genderizadas associadas ao crime

Finalmente, deparamo-nos com a centralidade das questões de género no percurso de vida de cada uma destas mulheres, com implicações ao nível do crime. O modo como estas mulheres se apresentam através dos seus discursos remete-nos para a ideia de uma hiper-feminilidade de acordo com os discursos sociais dominantes. Paradoxalmente é a sua condição feminina que marca a ocorrência do crime. Quando constroem os significados associados ao crime, percebemos que estes são marcados de forma clara pelos discursos e normas de género. Tal como cada uma destas mulheres constrói discursivamente o crime, ele é associado a relações violentas em que ocupam posições de inferioridade (violação continuada por parte do padrasto), ao controlo social rigoroso por parte da família devido "aos perigos a que uma

Análise de narrativas 311

rapariga está sujeita" ou à ausência de meios para lidar com uma gravidez indesejada e não aceite pelos outros.

Este constitui um dos aspectos centrais na diferenciação dos discursos dos diferentes grupos, como veremos em seguida.

5.3.4. *Contrastação de discursos e discussão geral da análise qualitativa*

Após a identificação das organizações discursivas de cada um dos três grupos considerados, partimos agora para a contrastação das mesmas.

Os discursos serão contrastados em função de duas componentes distintas das narrativas analisadas. Por um lado, as "experiências" de vida das jovens reclusas, onde consideramos os elementos que contextualizam os percursos de vida das mulheres de cada grupo, organizados em grandes áreas de vida, tais como a família, a escola, o grupo de pares, o trabalho, as institucionalizações, as relações íntimas e os comportamentos desviantes (cf. Quadro XII). Esta contrastação baseia-se nos discursos mais descritivos e menos reflexivos por parte das mulheres da amostra em relação às suas experiências de vida.

Por outro lado, serão contrastados os "significados" emergentes nos discursos de cada grupo, ou seja, a componente mais reflexiva dos discursos analisados. Esta contrastação centra-se nos seguintes elementos: organização discursiva (temas-chave e incoerências narrativas), representações do passado e do *período desviante*, antecipação do futuro, significações do crime e da reclusão, questões de género e reflexões de vida (cf. Quadro XIII).

A contrastação dos discursos dos três grupos permite-nos, como veremos, consolidar o argumento de que é possível identificar quatro e não três organizações discursivas nas narrativas das jovens reclusas da amostra.

Quadro XII
Contrastação dos discursos dos diferentes grupos – "experiências"

	CRIME – ESTILO DE VIDA	CRIME – NEGÓCIO a)	CRIME – NEGÓCIO b)	CRIME – EXCEPÇÃO
Família	Múltiplas transições	Transições		Transições
	Dificuldades económicas associadas às transições familiares	Pobreza extrema	Momentos de dificuldade económica	Sem grandes carências / sem relevo
	Alguma violência	Violência doméstica grave	Alguma violência	Sem violência
	Familiares consumidores Familiares detidos	Familiares consumidores Familiares detidos	Com / sem familiares detidos	Sem ocorrências jurídicas em familiares
Escola	Desinteresse / Indisciplina / Abandono / Expulsão	Trabalho em simultâneo / Abandono precoce	Desinteresse / Indisciplina / Abandono	Interesse Investimento Grande objectivo
Trabalho	Sem experiências laborais	Trabalho por necessidades económicas	Trabalho por necessidades / motivações económicas	Trabalho nas férias escolares
Grupo de Pares	Primeiros desvios Consumos	Desvio Consumos	Desvio Consumos	Iniciativas de lazer / hiper-normativas
Institucionalizações	(2/4) Consumos Fugas Ruptura com família	(1/2) Consumos Fugas Ruptura com família	Sem permanência em instituições	Sem permanência em instituições
Crime	Diversidade de crimes / de roubos Em grupo Processos-crime	Tráfico de droga		Crimes contra pessoas / Carácter excepcional
Consumos de drogas	Drogas "duras"	Drogas "duras"	Drogas "leves"	Sem consumos / experiência de consumo de haxixe
Relações íntimas	União de facto, com filhos; Consumos e crime	União de facto, sem filhos; Violência, manipulação	Relações de namoro	Relações de namoro

Análise de narrativas

Quadro XIII
Contrastação dos discursos dos diferentes grupos – "significados"

	CRIME – ESTILO DE VIDA		CRIME – NEGÓCIO		CRIME – EXCEPÇÃO
	a)	b)	a)	b)	
Organização discursiva	Em torno do crime	Em torno das drogas	Em torno das drogas / das relações violentas	Em torno de questões financeiras	Em torno de estudos / actividades normativas
Representações do passado	Idealização "Vida Normal"		Idealização	Reflectida negativa	Reflectida positiva
Representações do *Período desviante*	"Vida de Rua"	"Vida da Droga"	"Vida da Droga"	Crime como negócio / vida "normativa"	Crime é excepcional
Representações do futuro	«Idealismo optimista» Sem antecipação de dificuldades		«Optimismo moderado» Não voltar ao tráfico como ideal e não como certeza. Antecipam algumas dificuldades		«Realismo optimista» Concluir estudos Constituir família Antecipam dificuldades
Significações do crime	"Vida de Rua" – roubos **e** consumos / Prazer / motivações económicas	"Vida da droga" – roubos **para** consumos / Outras motivações económicas	"Vida da droga" - tráfico **para** consumo "Necessidades" económicas	Tráfico para "pagar contas" / ter poder de compra Motivações económicas	Excepção
Perspectivação moral do crime	Condenação aparente	Condenação aparente; Legitimação pelo papel maternal e por dependências	Condenação aparente; Legitimação por dependências	Condenação aparente; Legitimação por factores económicos	Condenação
Auto vs. Heterodetermina ção na acção criminal	Heterodetermi- nação, embora: Prazer associado ao desvio	Heterodeter minação (Consumos)	Heterodetermina ção (Consumos; relações violentas)	Heterodetermi nação, embora: Opção racional pelo tráfico	Incapacidade para estabelecer determinação
Relações íntimas	Companheirismo «Até que a reclusão nos separe»		Violência, manipulação «Salvas pela reclusão»	Dados inconclusivos	Dados inconclusivos
Significação da Reclusão	Injustiça / Vivência negativa / Sem implicações negativas na trajectória de vida		Injustiça	Injustiça	Justiça / Vivência positiva / Implicações negativas ("Mancha negra")
Controlo social de género associado ao desvio	Familiar (controlo mais rígido em função do género)		Familiar (menos relevante) / através da violência masculina	Familiar (menos relevante)	Familiar e através da violência masculina
Reflexões / Mensagens	Não repetir (roubos e consumos)		"Não tocar nas drogas"	"Não voltar a fazer coisas ilegais"	Relacionadas com contornos dos crimes

314   *Vidas raras de mulheres comuns*

Partindo dos quadros apresentados, analisamos agora os principais argumentos diferenciadores dos três discursos analisados, integrando aspectos experienciais com significações. São considerados nesta análise os dados emergentes da construção narrativa de capítulos e de episódios de vida, ou seja, integramos agora os dados de ambos os estudos qualitativos desenvolvidos.

a. Contextos de vida e indicadores de normatividade e desvio

Contexto familiar: "Ingredientes para percursos desviantes"

Ao longo das narrativas construídas pelas mulheres da amostra, vão sendo identificadas por elas circunstâncias que, de acordo com os significados que lhes são atribuídos, podemos designar de "ingredientes para percursos desviantes". Nos discursos das mulheres do grupo do "crime – negócio", em particular as que se apresentam como consumidoras, emergem de forma clara circunstâncias do contexto familiar na infância, nomeadamente a pobreza extrema e a violência doméstica severa, que elas relacionam com o desvio. Estas experiências são associadas à interrupção dos estudos e às dificuldades de relacionamento com familiares, traduzindo-se assim no início do seu percurso em direcção ao desvio (e.g., abandono escolar, fugas de casa). Este discurso assemelha-se ao argumento tradicional de que condições como a pobreza e a violência marcam as trajectórias das mulheres transgressoras no sentido da inevitabilidade do desvio.

Nos discursos das outras mulheres deste grupo, e nas do "crime – estilo de vida", são também identificadas circunstâncias familiares que elas representam como estando associadas ao início do seu percurso desviante. Trata-se sobretudo de consumos de drogas, crimes e detenções de familiares próximos, que têm sido apontados como frequentes nas abordagens aos percursos de vida de raparigas delinquentes (e.g., Giordano et al., 2002; Daly, 1994), e aos quais estas mulheres dão um significado de marcador negativo dos seus percursos, abrindo caminho para o início dos seus comportamentos desviantes.

Nos discursos das mulheres que parecem ter um estilo de vida criminal, também as múltiplas transições que ocorrem no seu agregado familiar são associadas ao início do seu envolvimento no crime e no desvio. Embora as transições familiares (e.g., separações, mortes, detenções) se verifiquem em todos os grupos analisados, nos discursos das mulheres deste grupo surgem ligeiramente mais relacionadas com actividades criminais por parte de familiares e com ocorrências jurídico-penais. Sendo noutros estudos também associadas à criminalidade juvenil feminina (e.g., Bathelor, 2005a), as transições familiares emergem como elemento preponderante na diferenciação de estruturas discursivas sobretudo ao nível dos significados construídos pelas mulheres sobre elas e do modo como estas são associadas ao seu próprio desvio, pelo que voltaremos a esta questão quando nos centrarmos mais na construção de significações sobre o desvio.

Estes discursos são, contudo, acompanhados de descrições muito positivas, embora vagas e pouco sustentadas, sobre a família, como constatámos na análise da construção narrativa do episódio de *high point* e na imagem da infância. Tal leva-nos a considerar que o modo como estas mulheres representam o seu contexto familiar é algo idealizado. Estas jovens reclusas apresentam assim um conceito de família coerente com os discursos sociais dominantes, mas que contrastam com as suas próprias experiências de vida (Carlen, 1983).

O mesmo não se verifica em relação às mulheres cujo crime é excepcional nos seus percursos de vida. Estas identificam circunstâncias familiares menos positivas, mas contrapõem-nas com os aspectos mais favoráveis do contexto familiar. Encontrámos contudo referências a ocorrências graves, directamente relacionadas com o crime (e.g., abuso sexual que resulta no crime). Não se trata aqui, no entanto, do conceito de "ingrediente para percursos desviantes", desde logo porque estas mulheres não constroem os seus percursos como desviantes, mas sim como percursos normativos onde o crime surge pontual e excepcionalmente.

Relação com a escola: entre a norma e o desvio

No que concerne à relação com a escola, as jovens reclusas constroem três narrativas distintas. Por um lado, encontramos as que se descrevem como desde sempre desinteressadas e indisciplinadas no meio escolar. Estas mulheres referem o abandono precoce dos estudos como uma inevitabilidade face ao seu desinteresse e desinvestimento em relação à escola; ou então referem a sua expulsão do meio escolar relacionada com as questões de indisciplina. Este discurso é construído sobretudo pelas mulheres do "estilo de vida criminal" ou pelas mulheres do "crime – negócio" que excluem consumos problemáticos de drogas.

A segunda narrativa centra-se no abandono escolar precoce relacionado com dificuldades financeiras. Emerge nos discursos das mulheres que descrevem um contexto familiar marcado pela pobreza extrema e por violência doméstica grave associada ao alcoolismo da figura paterna. É em relação a estas mulheres que, com o abandono escolar, parece começar a ser-lhes vedado o acesso ao que Giordano e colaboradores (2002) designam de "marcadores de respeitabilidade".

Finalmente, encontramos uma outra narrativa, em que a escola e os estudos surgem como o grande objectivo da vida das jovens mulheres. As questões relacionadas com a escola são, neste caso, o elemento central de toda a organização discursiva identificada. A centralidade das questões escolares é evidenciada pela sua emergência na construção narrativa de inúmeros episódios", como por exemplo a tomada de decisão, a imagem da infância ou a cena da reclusão, bem como do argumento para o futuro, pelas mulheres do "crime – excepção".

As três narrativas identificadas sobre a relação destas mulheres com o meio escolar podem ser relacionadas com as suas referências ao desenvolvimento de actividades laborais antes da detenção. Assim, numa ordem que podemos considerar da menor para a maior correspondência às normas, a primeira narrativa coincide com o discurso do "nunca trabalhei", parecendo que estas mulheres preferiram sempre optar pela actividade criminal. A segunda narrativa emerge em paralelo com referências a actividades laborais, por necessidades económicas, e, finalmente, a terceira narrativa corresponde à descrição de actividades "para ganhar algum dinheiro", mas sobretudo para "ocupar o tempo livre" nas férias escolares sem "prejudicar os estudos".

Grupo de pares: Desviantes como eles ou com eles no lazer

Sobre o grupo de pares, assiste-se à construção de duas narrativas distintas, que se opõem em função de os pares serem ou não associados ao desvio. Por um lado, temos o discurso do grupo de pares com quem as mulheres iniciam os comportamentos desviantes, no meio escolar ou na vizinhança, que as introduzem nos consumos de droga, com quem fogem de casa ou dos "colégios" ou com quem cometem crimes. Esta associação dos pares ao desvio é mais frequente na abordagem à delinquência juvenil masculina (Muncie, 1999), não sendo associada à transgressão feminina com excepção das abordagens ao envolvimento das raparigas em *gangs* (e.g., Miller, 2001). Tal deve-se à tradicionalidade prevalecente na construção de discursos sobre a desviância feminina, que é ainda muito representada como um fenómeno individual, resultante de factores bio-psicológicos da mulher.

Por outro lado, encontramos o discurso oposto, quando as mulheres associam os seus pares, colegas de escola ou vizinhos, a actividades de lazer em conformidade com as normas. As actividades que estas mulheres referem realizar no grupo de pares não só se afastam do desvio como podem mesmo ser consideradas hiper-normativas (e.g., organizar peças de teatro, angariar dinheiro para fazer espectáculos). Esta narrativa, construída pelas mulheres cujo crime constitui uma excepção no seu percurso, não exclui a referência a pares que elas rotulam de desviantes, mas com os quais realizam apenas actividades normativas.

Companheiros e desvio: Coacção vs. Parceria

Destacam-se como elemento central na construção de narrativas sobre os percursos de vida as relações íntimas estabelecidas pelas mulheres do "crime – negócio", consumidoras de drogas "duras". Estas mulheres, não só descrevem as suas relações como violentas e responsáveis pelo seu envolvimento no consumo e tráfico de drogas, como lhes dão um papel de destaque como elemento organizador dos seus discursos. Como constatámos no primeiro estudo qualitativo, os companheiros violentos e que, segundo estas reclusas, as introduzem nos consumos de drogas levando-as a traficar, são referidos ao longo de toda a entrevista, surgindo por exemplo na construção da cena de *low point*, de tomada de decisão, da pior influência, na cena do crime, entre outras. Este discurso corresponde ao que tem sido encontrado noutras abordagens à transgressão feminina através de uma lente de género (e.g., Almeda, 2003a). É, contudo, mais frequente em estudos sobre a mulher transgressora adulta, pois em amostras de jovens transgressoras, os discursos encontrados assemelham-se mais aos que referimos em seguida (e.g., Batchelor, 2005a).

De facto, outras mulheres referem também os seus companheiros, mas num discurso que nos parece ser de parceria no desvio. É com eles que consomem drogas, cometem crimes e "andam na rua", estabelecendo relações que descrevem como sendo de alguma harmonia. Este corresponde ao discurso das mulheres do "estilo de vida criminal", do qual os seus companheiros parecem fazer parte, mas numa dinâmica relacional que, ao contrário das narrativas anteriores, não se pauta por desigualdades de poder.

Finalmente, nas narrativas construídas pelas restantes mulheres não é conferido qualquer destaque às suas relações íntimas.

b. Diversidade de experiências criminais

Identificamos, através dos discursos analisados, experiências criminais distintas. Por um lado, as mulheres do "crime – estilo de vida" referem um envolvimento intenso no crime, descrevendo actividades heterogéneas (diversos tipos de crime, diversos tipos de roubo), que acontecem sobretudo mas nem sempre em grupo. Face a um percurso desviante considerável, principalmente se tivermos em conta a sua idade, estas mulheres referem ter já estado em instituições de menores e terem vários processos – crime anteriores. Todas as jovens deste grupo se assumem como consumidoras de drogas "duras" embora nem todas descrevam esses consumos como problemáticos. Percebe-se neste grupo a existência de sentimentos de prazer associados à intensa e heterogénea actividade desviante, essencialmente nas que não descrevem consumos problemáticos de drogas. Embora esses sentimentos não surjam explicitamente nos discursos destas mulheres, são notórios, por exemplo, quando elas constroem a cena do crime. A dimensão de prazer asso-

Análise de narrativas 319

ciado ao crime, já descrita noutras abordagens à delinquência feminina (e.g., Batchelor, 2005b), será no entanto analisada em maior profundidade quando discutirmos as significações do crime.

As mulheres do "crime – negócio" descrevem a sua actividade criminal centrada apenas no tráfico de droga. Entre estas, as consumidoras de drogas "duras" relacionam o tráfico com os seus consumos, enquanto as não consumidoras descrevem o tráfico como uma actividade que desenvolvem para ter mais poder de compra[85]. Nos discursos destas mulheres parece estar implícita uma certa racionalidade na opção pela actividade criminal, que é neste grupo descrita como menos heterogénea do que no grupo anterior. Encontramos, contudo, um elemento semelhante nos discursos das mulheres de ambos os grupos e que diz respeito à sua autodeterminação no envolvimento no crime. Este elemento, que parece estar implícito nos discursos analisados, será também discutido quando considerarmos a elaboração de significados sobre o crime.

Em relação às mulheres cujo crime tem um carácter excepcional no seu percurso de vida, por razões óbvias não se coloca a questão da heterogeneidade da sua experiência criminal.

A ideia da diversidade de experiências criminais femininas e de trajectórias associadas a um estilo de vida desviante contraria os argumentos tradicionais sobre a transgressão da mulher. Esta tem sido tradicionalmente associada a uma criminalidade passiva, tal como a *natureza feminina* (Baskin & Sommers, 1998, cit. Katz, 2000) e excepcional, não justificando a abordagem a percursos desviantes da mulher (Giordano et al., 2002), bem como a tipos específicos de desvio, como por exemplo a prostituição ou os roubos em lojas (Chesney-Lind, 1997). Assim, podemos considerar que estes dados, tal como os emergentes em outros estudos sobre criminalidade feminina e construção do género (e.g., Carlen, 1987; Batchelor, 2005a, 2005b), constituem um desafio aos argumentos mais tradicionais, contribuindo para a desconstrução dos estereótipos dominantes sobre a mulher e sua transgressão.

---

[85] Para estas mulheres, parece ser secundário o tipo de crime que lhes possa proporcionar um melhor nível de vida, na medida em que deixam escapar a procura de "oportunidades de negócio" no contexto prisional, como a venda de *lingerie*.

c. Experiências de normatividade e desvio: Identificação de quatro percursos de vida

A discussão dos dados qualitativos permite-nos, até ao momento, identificar discursos reveladores de percursos de vida e experiências de transgressão distintas entre as mulheres da amostra. Globalmente, as experiências contrastantes permitem-nos identificar dois grandes grupos em termos de normatividade e desvio: as mulheres do "crime – excepção" e as outras mulheres. Um olhar mais atento sobre alguns indicadores permite-nos, contudo, perceber que as experiências de vida destas mulheres podem conduzir à sua divisão em quatro grupos, associados a experiências normativas, a experiências desviantes e a um estilo de vida desviante.

A designação "estilo de vida desviante" aplica-se ao grupo de mulheres com uma experiência criminal heterogénea, marcada por ocorrências desviantes e criminais diversas e com respostas jurídicas e penais à sua transgressão. Estamos perante percursos desviantes que, atendendo à idade destas mulheres, podem ser considerados de relevo. Os seus discursos sobre o passado revelam alguma idealização familiar, contexto que descrevem como sendo marcado pelo desvio e pelos problemas na justiça de familiares próximos. Estas mulheres revelam comportamentos de transgressão em parceria com os seus companheiros, com quem "andam na rua", "consomem" e cometem crimes, sobretudo contra a propriedade.

Com experiências desviantes menos intensas e heterogéneas (que se afastam do que considerámos ser um estilo de vida desviante) identificamos dois grupos de mulheres. No primeiro grupo, a experiência desviante restringe-se ao tráfico de droga, actividade que atribuem a motivações económicas. À semelhança das mulheres anteriores, os seus discursos revelam idealização familiar e desinteresse precoce pelo meio escolar. O outro conjunto de mulheres associa o crime – também tráfico – especificamente aos consumos de drogas "duras" e às relações íntimas no âmbito das quais se descrevem como vítimas de violência. O seu contexto familiar caracteriza-se por pobreza extrema e violência doméstica grave, circunstâncias que associam ao início do seu percurso desviante.

Finalmente, diferencia-se um quarto discurso, construído por mulheres cuja experiência criminal é pontual num percurso de vida que se pode considerar normativo e totalmente em consonância com os papéis femininos tradicionais. Ao descreverem o seu contexto de infância estas mulheres ponderam elementos que apresentam como mais e menos favoráveis, resultando destes um balanço que consideram positivo. O seu grande objectivo de vida centra-se na conclusão de estudos de nível superior, pelo que o crime constitui para estas mulheres, acima de tudo, um obstáculo à prossecução desse objectivo.

d. Construção de significados sobre o crime e o desvio

Alargamos a nossa discussão para a integração dos dados mais reflexivos emergentes dos discursos das mulheres da amostra, nomeadamente as significações construídas sobre as suas experiências desviantes. Através da integração destes dados poderemos complexificar e sedimentar os discursos (e percursos) identificados.

Temas – chave na organização dos discursos sobre o crime

Identificamos três temas distintos, em torno dos quais as mulheres da amostra organizam os discursos construídos sobre o crime e sobre os seus percursos de vida.

Algumas mulheres centram nas drogas a construção narrativa dos seus percursos de vida e a explicação que propõem para a ocorrência do crime nesses percursos. Nestes casos, às drogas é reservado um papel de destaque ao longo de toda a entrevista, seja na construção narrativa de cenas específicas, tais como o ponto de viragem e a tomada de decisão (e.g., deixar ou iniciar consumos), a cena da reclusão (e.g., consumos no contexto prisional) ou personagens significativos (e.g., pessoa que introduz nos consumos); seja na construção narrativa dos capítulos de vida, onde a própria delimitação dos capítulos é elaborada em função do início, das interrupções, do retomar ou do final dos consumos de drogas. Estas mulheres, independentemente do tipo de crime pelo qual estão detidas, apresentam-se como consumidoras de drogas "duras" e referem períodos de descontrolo sobre esses consumos. Quando lhes é pedido que refiram uma mensagem sobre a sua vida, esta centra-se também nos consumos, sobretudo na ideia de "não tocar mais nas drogas".

A outra estrutura discursiva identificada é que se organiza em torno dos comportamentos desviantes e das motivações a ele associadas. Verifica-se que algumas mulheres centram os seus discursos no desvio, descrevendo os actos criminais ou outras formas de desvio (e.g., vida na rua; fugas) e as sensações que dele resultam (e.g, orgulho). Estas mulheres são sobretudo as do grupo do "crime – estilo de vida" que, embora se assumam como consumidoras de drogas "duras", referem a manutenção de controlo sobre esses consumos. As drogas não constituem um tema central nas narrativas construídas por estas mulheres, ao contrário do que acontece nas mulheres referidas anteriormente. Identificamos ainda um outro grupo, de mulheres detidas por tráfico não associado (por elas) a consumos de droga, e cujos discursos se centram também no crime, mas essencialmente nas motivações (financeiras) para o seu envolvimento no crime. Ambas as estruturas discursivas são organizadas em torno do desvio, mas enquanto a primeira parece mais associada ao prazer inerente à actividade criminal e outros desvios, a segunda parece traduzir alguma racionalidade por trás da opção pela via do crime. As mensagens de vida propostas por estas mulheres centram-se também no desvio e no crime, resumindo-se a "não voltar ao crime".

Finalmente, identificamos um último grupo de mulheres, cujo crime tem um carácter excepcional nos seus percursos de vida. Estas jovens reclusas organizam as suas narrativas em torno de actividades normativas ou mesmo, como referimos anteriormente, hiper-normativas.

Argumentos "tradicionais" sobre o crime

A utilização pelas mulheres da amostra de argumentos que correspondem às abordagens tradicionais e aos discursos sociais dominantes sobre a transgressão feminina, para explicar a sua actividade desviante, é uma dimensão em torno da qual podemos identificar discursos distintos.

As mulheres do grupo do "crime – estilo de vida", ao caracterizarem o seu contexto familiar como instável devido a acontecimentos significativos, estabelecem uma associação entre esta característica e o início do seu percurso desviante, marcado por consumos de drogas "duras" e por uma intensa e heterogénea actividade criminal. Estes constituem os argumentos explicitamente utilizados no discurso das

Análise de narrativas 323

mulheres deste grupo para justificar o seu desvio. Tal verifica-se sobretudo entre as mulheres do grupo que não se apresentam como consumidoras "problemáticas" de drogas e que associam o seu percurso desviante mais à "vida da rua" do que à "vida da droga". A associação entre as transições familiares e o desvio centra-se sobretudo em factores de ordem sociológica, como por exemplo, quando referem que a morte do pai conduz a dificuldades financeiras, que por sua vez proporcionam a sua institucionalização, que marca o início de um percurso desviante.

Por outro lado, em relação às mulheres do "crime – negócio", verificamos também uma divisão em termos da utilização deste discurso, sendo o consumo de drogas, uma vez mais, um factor preponderante. Constatamos assim que, também neste grupo, o argumento que associa as transições familiares ao desvio é utilizado sobretudo pelas mulheres não consumidoras. O modo como articulam esta associação reside essencialmente em factores de ordem psicológica, como por exemplo a "revolta" associada à separação dos pais. Nas outras mulheres deste grupo, embora as experiências de transição familiar sejam bastante referidas, os consumos de drogas e as relações violentas sobrepõem-se a elas enquanto argumento explicativo da actividade criminal. Como referimos já, estas mulheres associam também ao desvio as condições de pobreza extrema da sua família, mas indirectamente (e.g., pobreza conduz a abandono escolar e a trabalho precoce, que facilitam "vida droga" e desvio).

Relativamente ao grupo do "crime – excepção", este argumento não faz parte da sua organização discursiva sobre o crime. Como referimos, a reflexão que estas mulheres fazem sobre o contexto familiar da sua infância, integrando aspectos positivos e negativos, resulta num balanço positivo sobre esse mesmo contexto, sem que se estabeleça qualquer associação com o crime.

Parece-nos então que o argumento "das transições familiares ao desvio", que consiste na procura de explicação do desvio com base na instabilidade vivida no âmbito familiar durante a infância, faz parte da estrutura discursiva sobretudo das mulheres do "crime – estilo de vida", mas também do subgrupo de mulheres detidas por tráfico de droga sem associação a consumos. Percebemos deste modo que estas mulheres constroem discursos sobre a sua transgressão semelhantes aos discursos tradicionais que relacionam o desvio (juvenil) feminino, mais do que o masculino, a variáveis de contextos microssociais, em particular variáveis familiares (e.g., Datesman & Scarpitti, 1975, cit. Shoemaker, 2000). No entanto, enquanto as mulheres do "crime – negócio" sugerem argumentos mais centrados em variáveis psicológicas para justificar a associação que estabelecem entre instabilidade familiar e desvio, como propõe Konopka (1966, cit. Heidensohn, 1985), as mulheres do crime – estilo de vida baseiam-se em variáveis sociológicas, nomeadamente no controlo exercido sobre elas.

No discurso destas últimas, o início do percurso desviante é relacionado em particular com a ausência da figura paterna, aproximando-se das teorias que sugerem que nos modelos familiares não patriarcais, onde não existe ou não se evidencia uma figura de autoridade masculina, as raparigas são mais desviantes, aproximando-se dos "níveis de delinquência" masculinos (e.g., Hagan, Gillis & Simpson, 1979, cit. Rock, 1997).

Verifica-se também neste grupo a utilização do discurso do papel maternal ou da *boa mãe* numa tentativa de legitimação dos seus actos desviantes. Tal não parece corresponder a uma condenação moral de crimes que cometem alegadamente para garantir a sobrevivência dos filhos, uma vez que estas mulheres deixam escapar, nas suas narrativas, indicadores de não arrependimento. Antes, este discurso parece traduzir a utilização de um argumento normativo para legitimar actos desviantes que sabem ser condenados moralmente pela sociedade.

A reflexão sobre a utilização de argumentos tradicionais e de discursos normativos para legitimar os actos desviantes, leva-nos a colocar a hipótese de esta organização discursiva constituir um elemento diferenciador dos posicionamentos das mulheres face ao desvio. Se olharmos para os discursos das mulheres do grupo do "crime – excepção", evidencia-se a sua conformidade às normas sociais e aos papéis de género, sobretudo através do modo consistente como constroem narrativas sobre a sua trajectória até à ocorrência do crime em total conformidade com as normas sociais de feminilidade. Por exemplo, a referência à escola e aos estudos como o grande objectivo da sua vida, a descrição de actividades *hiper-normativas* realizadas no grupo de pares ou a construção narrativa do episódio de tomada de decisão também com base nos estudos. Por outro lado, nos discursos das outras mulheres encontramos percursos desviantes e indicadores de identidades desviantes, embora estes não sejam verbalizados de forma explícita. Parece-nos que, em relação a estas últimas, os argumentos tradicionais que utilizam na construção de significados sobre o crime não serão um indicador da sua conformidade aos discursos dominantes, constituindo antes uma estratégia de auto-apresentação em conformidade com esses discursos.

Significações do período desviante: Descontrolo da "vida da droga" vs. Controlo da "vida da rua" e do negócio criminal

Relativamente às significações construídas sobre o período desviante anterior à reclusão, distinguimos três discursos.

Em primeiro lugar, identificamos o discurso da "vida da droga", construído por mulheres (de ambos os grupos do "crime – estilo de vida" e do "crime – negócio") cujas narrativas, como vimos anteriormente, se centram nos consumos problemáticos de drogas" "duras". Estas narrativas correspondem à descrição de períodos desviantes marcados pelo descontrolo em relação não apenas aos consumos de droga, mas em todas as áreas de vida. São referidas em particular as relações familiares que, na perspectiva destas jovens, são também marcadas negativamente pela obsessão pelos consumos. Trata-se de um discurso de vitimação, notório quando as mulheres argumentam, por exemplo, sobre a inadequação do cumprimento da pena de prisão por se considerarem "doentes" e não "criminosas". É recorrente, nestas narrativas, a utilização de expressões como "não era eu, era a droga". No que se refere em particular às mulheres do grupo do "crime – negócio" que se apresentam como vítimas, a desresponsabilização face ao crime estende-se às relações íntimas nas quais se descrevem como coagidas aos consumos e ao crime ("era o medo dele"). Estamos aqui perante um discurso, consonante com as abordagens tradicionais à transgressão feminina, por um lado *patologizador* (e.g., Goodwin, 2003) e, por outro lado, de vitimação (e.g., Harlow, 1999, cit. Katz, 2000) em relação ao fenómeno. Estes discursos excluem qualquer agência no envolvimento das mulheres no crime (Carlen, 2002b) e contrastam com a organização discursiva que passamos a analisar.

326 *Vidas raras de mulheres comuns*

Outras mulheres apresentam um discurso sobre o período desviante que podemos designar, utilizando a expressão de uma mulher, de "vida da rua". Esta caracteriza-se pela permanência na rua, num estilo de vida marginal marcado pelos consumos, por dormir "na casa deste ou daquele", pelas saídas nocturnas, pelas idas a *raves*, parecendo estar implícito um discurso de prazer associado ao crime. Os consumos descritos no âmbito da "vida da rua" incidem em drogas "leves" e "duras", mas as mulheres referem nunca perder o controlo sobre eles. *Controlo* parece ser a palavra-chave nestes discursos, na medida em que estas mulheres descrevem outras sensações de controlo sobre a sua vida (e.g., ser capaz de sobreviver na rua), não sentidas quando se regiam pelas normas. As sensações de controlo associadas à transgressão da mulher têm emergido em argumentos recentes sobre a transgressão feminina, centrados na maior agência das mulheres quando cometem crimes (e.g., Batchelor, 2005a, 2005b).

Podemos relacionar este discurso com o de outras mulheres que, embora não façam referência à rua ou à permanência na rua, apresentam igualmente esta ideia do controlo sobre a sua actividade criminal. São mulheres detidas por tráfico de droga, que apresentam como uma actividade pela qual optaram racionalmente como meio para garantir um nível de vida melhor. Assim, mais do que a dicotomia "vida da droga" / "vida da rua" salientamos a dicotomia "vitimação / agência" como elementos fundamentais nos discursos das mulheres sobre a sua transgressão. A dimensão de controlo, agência ou empreendedorismo poderá constituir um indicador de posicionamentos de identificação das mulheres com o desvio. O que parece estar subjacente é algo semelhante ao que Katz (1988/1996) propõe sobre as emoções proporcionadas pelo envolvimento no crime e que Batchelor (2005b) aplicou à transgressão feminina. Tal como a autora sugere, também aqui parecem estar presentes, por um lado, prazer e, por outro lado, racionalidade, associados a transgressões femininas que se configuram como "formas controladas de perder o controlo" (Batchelor, 2005a, p.4)

Finalmente, nas narrativas das mulheres do "crime – excepção" não identificamos um período desviante, uma vez que as suas trajectórias parecem pautar-se consistentemente pela conformidade às normas. Encontramos mesmo um discurso de *exclusão do desvio*, uma vez que, ao longo da construção das narrativas de vida (episódios ou capítulos), estas mulheres se demarcam de uma identificação com o desvio. Essa demarcação é notória, por exemplo, quando se referem a pares desviantes utilizando expressões como "podemos viver no meio deles e não ser como eles". A ideia aqui presente é antagónica ao argumento que tem sido proposto de que as jovens transgressoras utilizam a violência como uma estratégia de sobrevivência, que é comum no seu contexto de origem (e.g., Batchelor, 2005a). Por outro lado, na construção narrativa da cena da reclusão, este grupo de mulheres é o que menos apresenta um discurso delimitador de fronteiras entre "eu" e "elas" (as outras reclusas). A ideia do "não pertencer aqui" emerge muito mais nos discursos das mulheres dos outros grupos. Na nossa opinião o facto de estas mulheres não utilizarem este discurso pode também ser um indicador da sua identidade normativa, no sentido em que a reclusão lhes parece "justa" face à sua condenação moral do crime.

Autodeterminação vs. heterodeterminação no envolvimento criminal

Os indicadores de auto ou heterodeterminação no envolvimento das mulheres no crime permite-nos identificar três discursos contrastantes. Relativamente às mulheres cujo crime tem carácter excepcional nos seus percursos de vida, nas suas (raras) narrativas sobre o crime percebemos sobretudo alguma incapacidade delas próprias compreenderem a ocorrência do crime.

Nas restantes mulheres, os argumentos apresentados sobre o envolvimento no crime são de heterodeterminação (e.g., foram as drogas, o medo do companheiro violento, a revolta interior, a ida para uma instituição). Voltamos aqui à ideia de que algumas mulheres se apresentam como vítimas ("da droga" ou dos companheiros violentos), sendo através desses argumentos que se consideram desresponsabilizadas pela acção criminal.

Por outro lado, em relação às mulheres que associámos a uma maior agência no seu envolvimento no crime, e cuja actividade criminal surge associada a prazer ou a racionalidade e como uma forma de obterem controlo sobre as suas vidas, os seus discursos de heterodeterminação parecem mais superficiais e mais inconsistentes. Sustentamos este argumento nas incoerências presentes nas suas narrativas sobre o crime, pois, se por um lado o discurso escolhido é o de não terem outras opções para além do crime, assistimos por outro lado ao empenho com que descrevem "as melhores cenas do crime" e ao discurso do não arrependimento.

Perspectivação moral do crime

Encontramos diferentes posicionamentos morais em relação ao crime, embora à partida todas as mulheres apresentem um discurso de condenação moral do mesmo. O argumento predominante é o da mudança na perspectivação moral face ao crime, ou seja, do "olhando agora, acho que nunca devia ter feito...".

As mulheres do "crime – excepção", de modo coerente com toda a sua organização discursiva, apresentam-se em conformidade com as normas, condenando moralmente o crime. Nesse sentido, quando se referem ao cumprimento da pena de prisão, consideram-na justificada pelo sucedido. Por exemplo, uma mulher referiu sentir que o juiz até a "ajudou" porque "a pena poderia ter sido maior".

Quanto às restantes reclusas, parece-nos que a condenação moral do crime resulta sobretudo de uma estratégia de auto-apresentação. Notámos incoerências nas suas narrativas sobre a perspectivação moral do crime, pois apesar da condenação aparente, acabam por legitimar a sua acção criminal utilizando discursos normativos, por exemplo sobre o papel maternal (e.g., "tinha que roubar para comprar *dodots*"), discursos de vitimação (centrados nos consumos de droga e nas relações violentas) ou discursos sobre as dificuldades financeiras.

Não podemos esquecer-nos que estas mulheres estão a cumprir pena de prisão pelo que, por um lado, atendendo a que o contacto com a investigadora não se prolongou o suficiente para que se pudesse aceder a um outro patamar de comunicação ou, como refere Cunha, se "dissipassem as suspeitas de espionagem" (1994, p.11), estas mulheres poderão ter optado por um discurso normativo com receio de que pudessem ser prejudicadas. Por outro lado, os discursos da conformidade podem resultar da vontade destas mulheres se afirmarem como não desviantes, razão pela qual procuram também demarcar-se das outras reclusas (idem).

e. Controlo social de género e crime

No que respeita à associação de questões de género ao crime e ao desvio nos percursos de vida das mulheres da amostra, constatamos que é sobretudo nas mulheres do "crime – excepção" que essa associação está presente de forma relevante. Os seus crimes são associados à violação continuada por parte do padrasto, ao controlo social rigoroso por parte da família ou à ausência de meios para lidar com uma gravidez indesejada e não aceite pelos outros.

Nas narrativas das restantes mulheres surgem apontamentos de discriminação em função do seu estatuto feminino, nomeadamente um controlo diferenciado por parte da família (e.g., controlo mais rígido sobre elas do que sobre irmãos do sexo masculino), e o controlo através da violência masculina no âmbito de relações íntimas. Contudo, estas formas de controlo de género não surgem associadas ao crime e ao desvio de forma tão relevante como nas mulheres condenadas por crimes pontuais nas suas trajectórias de vida.

A identificação pelas mulheres, de constrangimentos de género nos seus percursos em direcção à transgressão, que tem sido referida em abordagens feministas ao desvio feminino (e.g., Almeda, 2003a; Burman, Brown, & Batchelor, 2003), não tem paralelo nos nossos resultados. Esta constatação pode estar relacionada, em nosso entender, com a idade das mulheres da amostra, que poderão não ser capazes de se distanciar e de articular os seus discursos como as mulheres adultas. Mesmo as mulheres dos percursos normativos, cujas ocorrências criminais estão associadas ao género, não constroem discursivamente esta associação, ou seja, ela está presente na natureza das experiências em si mesmas e não tanto no significado que as mulheres lhes atribuem. Torna-se interessante constatar que os percursos de vida destas mulheres se pautam pelas normas sociais da feminilidade, acabando, paradoxalmente, por ser essa adesão aos papéis de género convencionais que conduz à emergência do crime nas suas vidas.

f. Representações do passado e do futuro: Do idealismo ao realismo optimista

As representações do passado, a antecipação do futuro, e o modo como é dado significado ao presente (na prisão) em termos de percurso de vida, constituem também, em nosso entender, importantes indicadores sobre o posicionamento das jovens reclusas face ao desvio.

Por um lado, identificamos em algumas mulheres, nomeadamente as que temos vindo a associar a um estilo de vida criminal, o que nos parece ser uma idealização de ambos passado e futuro. Em relação ao passado, o seu discurso de "normalidade familiar" contrasta com as experiências vividas nesse contexto. Para além disso, estas mulheres atribuem o início do seu percurso desviante a circunstâncias familiares que consideram adversas (e.g., ausência da figura paterna). Sobre o momento presente, que corresponde à reclusão, estas mulheres alternam entre a construção de significados negativos (e.g., separação em relação aos filhos; instabilidade emocional) e de desinteresse face a um contexto onde consideram não acontecer nada "de importante". Se olharmos para as expressões que propõem para designar a etapa da reclusão ("vida perdida", "cana pesada", "vida mais infeliz"), percebemos que a sua conotação é sobretudo negativa (cf. Figura II). No entanto, elas não parecem antecipar qualquer implicação menos positiva desta etapa no seu percurso de vida futuro. O discurso sobre o futuro é construído, uma vez mais, de forma idealizada, através da descrição do mesmo ideal de "normalidade familiar" que não parece corresponder às suas experiências anteriores. A antecipação de acontecimentos de vida normativos (e.g., família, filhos, trabalho), sem lugar para o desvio, conduz-nos à designação de "idealismo optimista". Considerando as incoerências narrativas na construção de significados sobre o crime, e relembrando que estas mulheres são aquelas a cujo desvio nos parece estar associada uma dimensão de prazer, parece-nos que este discurso da "vida normal" corresponde sobretudo a uma estratégia de auto-apresentação em conformidade com as normas sociais. Esta estratégia poderá estar relacionada com o estatuto da investigadora, que é vista como não desviante, exterior à instituição prisional e que, como referimos, se encontrava grávida durante a recolha de dados. Por outro lado, o discurso da conformidade pode também corresponder ao desejo destas mulheres de não virem a sentir o estigma associado à reclusão (Cunha, 1994).

Em relação a outras mulheres da amostra, que temos associado à "vida da droga", também se assiste à idealização do passado e do futuro, embora de forma mais moderada, o que faz sentido quando percebemos que são estas mulheres que se baseiam na sua vitimação quando constroem discursos sobre o crime. Neste caso, os discursos idealizados parecem reflectir mais o seu desejo de *voltar* a uma "vida normal" que, no entanto, nunca tiveram. À idealização mais moderada do futuro, cuja antecipação inclui agora algumas dificuldades inerentes ao estigma prisional, atribuímos a designação de "optimismo moderado".

Finalmente, as restantes mulheres, cujos percursos de vida são construídos coerentemente como normativos, não representam nem o seu passado nem o seu futuro de forma idealizada. Em relação ao passado, como já referimos, são descritos aspectos do seu contexto de infância e pré-adolescência que elas consideram mais e menos favoráveis, e o seu discurso parece resultar de um exercício de reflexão que raramente constatámos entre as outras mulheres. Esta aparente maior capacidade reflexiva pode estar relacionada com competências superiores de articulação discursiva, resultantes da diferenciação educativa destas mulheres em relação às dos outros grupos. Sobre o momento da reclusão, e o seu significado em termos de percurso de vida, são estas mulheres as que mais o representam como uma paragem do seu percurso de vida. Este significado da reclusão faz sentido se considerarmos que constitui um obstáculo ao grande objectivo da vida destas mulheres, completar estudos a nível superior. Em relação ao futuro, elas apresentam-se também optimistas, mas ao optimismo sobrepõe-se um realismo, na medida em que se mostram receosas das implicações no futuro do estigma associado à reclusão. Uma delas propõe uma expressão que resume o significado da reclusão no percurso de vida destas mulheres: "mancha negra".

g. Síntese da contrastação de discursos: Quatro posicionamentos de identificação com o desvio

A contrastação dos discursos das mulheres da amostra ao nível quer das experiências quer dos significados sobre os seus percursos de

Vidas raras de mulheres comuns

vida permite-nos identificar quatro posicionamentos distintos em relação ao desvio.

Identidade desviante: "Estilo de vida criminal"

Destacamos em primeiro lugar o conjunto de mulheres que, embora não se assumam através das suas narrativas claramente como desviantes, constroem discursos sobre as suas trajectórias de vida e, particularmente sobre o desvio, de um modo que nos leva a associá-las à construção de identidades desviantes.

São mulheres já com um percurso significativo em termos de desvio e de regulação pelas instâncias de controlo formal, com história de institucionalização e de processos–crime. A sua actividade criminal anterior à reclusão é intensa e heterogénea, com preponderância para os crimes contra a propriedade. Apresentam-se como consumidoras de drogas "duras", embora refiram nunca ter perdido o controlo sobre os consumos. A esses e outros comportamentos desviantes e ao crime estas mulheres associam uma dimensão de controlo, ilustrada em expressões como ter "orgulho" por sobreviver na rua ou "ser capaz de deixar de consumir". O desvio parece surgir como uma forma de estas mulheres obterem controlo sobre os seus percursos de vida (Batchelor, 2005b, p.4). Encontrámos também implicitamente nos seus discursos uma dimensão de prazer, de excitação, associada ao crime e que nos remete para as sensações positivas retiradas da acção criminal, propostas nos argumentos de Jack Katz (1988/1996) e encontradas por Batchelor (2005a, 2005b) nos seus estudos sobre jovens transgressoras. A dimensão de prazer revela-se através do discurso da "vida da rua", caracterizada por um estilo de vida marginal, pela associação a pares desviantes, com quem consomem drogas e com quem permanecem e sobrevivem na rua, pelas dormidas em sítio incerto, e pelas saídas nocturnas. Segundo estas mulheres referem, o crime e os consumos acontecem naturalmente quando "se vive muito na rua", tal como elas.

As mesmas mulheres apresentam-se, contudo, como heterodeterminadas na acção criminal, procurando justificar o crime com base em ocorrências da sua infância. Mas este discurso é incoerente ao longo das narrativas que constroem sobre o crime, pois se por um lado procuram justificar a sua acção criminal com base em factores que não dependem do seu controlo, e se mostram arrependidas quando lhes é perguntado directamente o que pensam sobre o crime, por outro lado deixam escapar elementos discursivos de não arrependimento e de prazer associado à actividade criminal. Quanto à representação das diferentes etapas dos seus percursos de vida, estas mulheres parecem idealizar ambos passado e futuro, descrevendo contextos de "vida normal" que não correspondem às suas experiências precoces. Também em relação ao futuro antecipam o regresso à "vida normal", que exclui o desvio, e não fazem referência a eventuais dificuldades face ao estigma da reclusão. Assim, embora diferentes elementos das narrativas analisadas nos conduzam ao argumento de que estas mulheres se identificam com o desvio, elas parecem não ser capazes ou não querer articular discursivamente uma identidade desviante. Insistem antes em apresentar-se em conformidade com as normas e com os discursos dominantes de feminilidade, através de uma mensagem de "não voltar ao desvio", mas sim ter uma "família" e "cuidar dos filhos".

Identidade de transição (I): Meios desviantes para identidades normativas

Incluímos nesta designação um conjunto de mulheres que apresentam algumas semelhanças com as anteriores no modo como constroem significados e se posicionam em relação ao crime, nomeadamente a dimensão de controlo e o discurso aparente da heterodeterminação. Também aqui este parece apenas fazer parte de uma estratégia de auto-apresentação na medida em que contrasta, por exemplo, com referências à escolha racional pela via do crime e à ideia de que tornariam a fazer a mesma opção, não se mostrando arrependidas. Em termos de experiência criminal, dedicam-se ao tráfico de droga, sem qualquer associação a consumos. Ao contrário das mulheres anteriores, o seu envolvimento no crime não se pauta por um estilo de vida criminal, mas sim por um estilo que se aproxima dos padrões normativos. Acresce contudo que o tráfico de droga é a actividade escolhida por elas para ganharem dinheiro, não só para pagar as suas contas, mas também para ter uma vida melhor, que, segundo referem, seria difícil alcançar desenvolvendo outras actividades que lhes estão disponíveis. Reflecte-se nestes percursos a mudança de cenário operada em Portugal, nomeadamente em relação ao tráfico de droga, que tem vindo a proporcionar novas oportunidades desviantes às mulheres (Cunha, 2002).

Identidade de transição (II): Da vitimação ao desvio

O terceiro discurso corresponde às mulheres que se apresentam como vítimas, "da droga" ou dos companheiros violentos. O denominador comum aos seus discursos são os consumos de drogas "duras", elemento em torno do qual organizam todas as suas narrativas, na construção quer de episódios quer de capítulos do percurso de vida. A "vida da droga", que associam ao seu período desviante, é descrita como uma etapa de descontrolo, em que não tinham interesse por nada para além dos consumos. Assumem-se como vítimas da dependência das drogas, numa visão que podemos considerar *patologizadora* da sua transgressão, tal como em abordagens tradicionais ao desvio feminino (e.g., Goodwin, 2003). Estes discursos, que excluem uma dimensão activa das mulheres no seu envolvimento no crime (Carlen, 2002b), parecem ser utilizados como estratégia justificativa dos actos desviantes cometidos.

O discurso de vitimação de algumas inclui também a referência aos seus companheiros, que caracterizam como violentos, e que responsabilizam pelos seus consumos e envolvimento no tráfico de droga ou nos roubos. Também na descrição do contexto familiar da infância são frequentes as alusões a diversas formas de vitimação (e.g., violência doméstica severa), embora noutros momentos se refiram à família como um contexto "normal", onde as pessoas se relacionam adequadamente. Quanto ao futuro, estas mulheres antecipam o desejo de uma "vida sem droga" e sem as "velhas relações"; e uma vez que dão sentido ao crime em associação com esses elementos, antecipam também uma vida futura sem crime. De forma coerente com o discurso da vitimação sobre o desvio passado, estas mulheres mantêm sobre o futuro o argumento da heterodeterminação, antecipando motivos para o desvio que escapam ao seu controlo (e.g., serem "encontradas pelo companheiro"). Também de forma coerente com o discurso da mulher vítima, os significados que constroem sobre a prisão traduzem essencialmente um sentimento de injustiça relacionado com a atribuição de "culpa" à "droga".

Identidade normativa

Finalmente, identificamos o último posicionamento em relação ao desvio e que diz respeito às mulheres que se demarcam de qualquer identidade desviante. Os seus percursos de vida são essencialmente normativos, sem qualquer ocorrência desviante até ao momento em que o crime ocorre. Estas mulheres centram os seus percursos em actividades normativas, reiterando que os estudos são a sua prioridade, o objectivo traçado para as suas trajectórias de vida. A reclusão é construída como uma paragem na sua vida, em larga medida por constituir um obstáculo à prossecução desse objectivo. No entanto, face ao discurso de condenação moral do crime, a pena de prisão é justificada para estas mulheres pelo acto criminal cometido. Na antecipação do futuro são cautelosas, apresentando um discurso que designámos de "realismo optimista", na medida em que consideram que o futuro será positivo mas não ignoram as dificuldades inerentes ao estigma da pena de prisão.

Estas mulheres, à medida que vão construindo discursivamente os seus percursos de vida demarcam-se de qualquer aproximação ao desvio. Por exemplo, quando se referem a pares desviantes, explicitam que é possível "estar no meio *deles*" sem ser como *eles*. Também se constata que a hiper-normatividade patente nos seus percursos até ao crime é transportada para o contexto prisional, onde tomam a iniciativa de desenvolver o mesmo tipo de actividades que desenvolviam no exterior (e.g., organizar "clubes de leitura", encenar peças de teatro).

Neste grupo de mulheres, detidas por crimes violentos contra as pessoas, os crimes estão claramente associados a questões de género, tais como a violação continuada por parte do padrasto, o controlo rigoroso por parte da família associado à suposta vulnerabilidade feminina ou a falta de meios para lidar com uma gravidez indesejada. Este é o único grupo em que género e crime se associam de forma relevante, pelo que não deixa de ser pertinente notar que, por um lado estas mulheres apresentam percursos normativos, caracterizados pela sua adesão às normas de género, como não se verifica nas outras mulheres da amostra. Paradoxalmente, são as normas de género que estão na base da inclusão do desvio nestes percursos, reforçando a importância da conceptualização do género como dimensão fundamental nas abordagens à transgressão feminina (Gelsthorpe, 1997; Carlen, 1983). Se faz

336 Vidas raras de mulheres comuns

sentido utilizar a expressão *criminalidade feminina*, então ela deverá aplicar-se apenas a este grupo de mulheres e seus crimes, uma vez que em relação às outras, os posicionamentos face ao desvio não parecem ser exclusivos do género feminino.

5.3.5. *Experiências comuns, existências únicas: A análise de um "caso negativo"*

Identificámos e recolhemos dados junto de uma mulher que não preenchia os critérios estabelecidos para a inclusão nos grupos contrastantes do estudo qualitativo. Discutimos agora os discursos construídos por esta mulher sobre o crime e o desvio na sua trajectória de vida, através da sua contrastação com os diferentes posicionamentos em relação ao crime identificados anteriormente.

Lisa* tem dezanove anos no momento da entrevista e está a cumprir uma pena de oito anos e nove meses por roubo e homicídio. As histórias que constrói sobre a sua vida permitem-nos perceber uma relação com o desvio que não se enquadra em nenhum dos discursos identificados. Aproxima-se, contudo, e algo paradoxalmente, dos dois posicionamentos extremos (e antagónicos) face ao desvio: o estilo de vida criminal e a não identificação com o desvio. Através dos seus discursos, percebemos que essa articulação é possível na trajectória de vida de Lisa porque ela oscila entre experiências e significados contrastantes, que associa a uma "vida dupla": por um lado, a diurna e visível ("vida real") e, por outro lado, a nocturna e invisível.

A vida *diurna* e visível corresponde à dimensão normativa do seu percurso de vida. Lisa descreve uma contextualização familiar e escolar da infância semelhante ao discurso das mulheres do "crime – excepção", na medida em que as experiências e significados associados ao contexto familiar da infância são essencialmente positivas, embora sejam também reflectidos e integrados aspectos menos positivos desse contexto. Essa reflexão sobre a família emerge através da utilização do termo "família normal" onde o relacionamento entre pais e irmãos é "normal", mas com a concretização de um conceito de *normalidade*

---

* Nome fictício

que se afasta do ideal de família *sem qualquer tipo de problema* (e.g., discussões *normais* no contexto familiar, algumas carências económicas). Também os discursos sobre a escola, assim como a referência a uma incursão pelo trabalho, são semelhantes aos construídos pelas mulheres dos percursos normativos. Os estudos emergem como parte essencial dos planos de vida de Lisa, que consegue não os interromper com a reclusão.

Neste percurso, pautado pela adesão às normas, assiste-se a um período de institucionalização, aos 11 anos de idade, embora com contornos distintos da constatada nos percursos das mulheres do estilo de vida criminal. As motivações são aqui de ordem económica e também, segundo a sua perspectiva, porque os pais estavam em situação de quase ruptura e queriam afastá-la "para não a perturbar". Sem qualquer relação com desvios prévios, a institucionalização acaba por proporcionar o contacto com o que Lisa designa por "...como é que hei-de explicar...outras vidas...aquilo que a gente vê na televisão e que não vê cá na vida real", ou seja, consumos de droga, ressacas, etc... e outro tipo de comportamentos desviantes, associados ao consumo, como por exemplo os roubos. Não é ainda nesta fase que se iniciam os seus comportamentos desviantes. Particularmente em relação aos consumos de droga, segundo refere, nunca o fez, nem no colégio nem depois, uma vez que "era um bocado estúpido porque, eu não gosto de depender de certa coisa, e aquilo p'ra mim é uma dependência. [...] Estou a depender de alguma coisa, o meu corpo necessita de para tal e...não faz parte do meu carácter estar a depender de alguma coisa". Este discurso exclui a aproximação desta mulher ao posicionamento face ao desvio que identificámos como sendo de vitimação e, em certa medida, é semelhante ao discurso da não identificação com o desvio.

É através da construção de discursos sobre o grupo de pares que se começam a diferenciar dois estilos de vida distintos, que se concretizam em contextos espaciais (e.g., escola vs. rua) e temporais (e.g., dia vs. noite; semana vs. fim-de-semana) diferentes. Se até determinado momento do seu percurso de vida, apresenta um discurso idêntico ao registo da hiper-normatividade na realização de actividades no grupo de pares, a partir desse momento assiste-se a uma duplicação de registos, um de pendor desviante e outro normativo. Começa pela identificação de dois grupos de pares distintos, com quem interage de modo e em contextos espacio-temporais distintos ("se fosse preciso tipo ia com o pessoal da escola a uma discoteca ou um bar ou uma coisa assim, só que depois quando eles iam p'ra casa ia ter com o grupo"). Os dois grupos de pares identificados são, por um lado, os "renegados do bairro", que descreve como sendo o "mesmo tipo de gente que havia lá no colégio", que já roubava e consumia "há muito tempo". É com este grupo que inicia e mantém a sua actividade criminal. Por outro lado, mantém um "grupo da escola", com quem realiza actividades de lazer ou desporto para além do contexto escolar e que não têm conhecimento sobre a sua actividade criminal.

Em relação ao crime, o discurso desta jovem reflecte o que podemos considerar uma dupla vivência, reveladora do que parece ser uma *dupla identidade*, desviante e normativa. À semana, durante o dia, dedica-se sobretudo aos estudos que, tal como para as mulheres do "crime – excepção", são nucleares, e às actividades normativas com o grupo da escola e com a família (e.g., estudar, estar com sobrinhos, jogar futebol); à noite e ao fim de semana dedica-se, com os "renegados do bairro", inicialmente a pequenos furtos e posteriormente a roubos de grande envergadura, sempre em grupo, acabando por ser detida por homicídio no seguimento de um assalto.

Na construção de significados sobre o crime, Lisa aproxima-se de uma identidade desviante quando refere que roubava "por desporto". "É aquela adrenalina de poder ser apanhada [....], o perigo dá-me gozo". Através deste discurso, em que assume a dimensão de prazer associada ao crime, Lisa aproxima-se das mulheres em que identificámos um estilo de vida criminal e das jovens violentas que Batchelor (2005b) associa ao "crime por prazer", à luz da tese de Katz sobre as seduções do crime (1988/1996). Apesar de assumir o prazer que retira da actividade criminal e que a faz manter uma exigente *vida dupla*, em termos identitários Lisa parece não se assumir como desviante, na medida em que o lado da sua vida dedicado ao desvio é sempre visto por ela como *o outro lado*, oposto à sua "vida real". Contudo, quando lhe pedimos que faça uma reflexão geral sobre o seu percurso de vida diz que se tornou "no que não queria ser", parecendo assumir-se como desviante, o que condena através de um discurso racional e normativo.

Na construção de discursos sobre a prisão, insiste na agressividade do contexto ("...eu aqui já vi tudo, eu já vi...já vi pessoas a morrerem à minha frente, já acordei com uma pessoa morta na minha camarata...já vi pessoas a levarem porrada de guardas...já vi pessoas a beberem água p'ra matar a fome...") e na revolta que lhe causa "o sistema" ("...falam tanto do combate à droga, mas quem põe a droga lá dentro muitas vezes é o próprio serviço de vigilância, em troca de dinheiro."). Por tudo isto diz que se tornou uma pessoa "ainda mais fria" ("já sou fria de natureza mesmo...mesmo em miúda a minha mãe sempre me disse que eu era uma criança muito fria. Agora ainda mais fria sou."). O seu discurso quanto ao futuro é semelhante ao das mulheres do "crime – excepção", no sentido em que gostaria de continuar os estudos e receia alguns obstáculos porque já não tem "a ficha limpa".

Ao analisarmos os discursos de Lisa percebemos que, apesar da oscilação entre experiências e significações normativas e desviantes, as suas narrativas são construídas de forma coerente. Não nos parece haver um discurso aparente, de conformidade às normas, e um discurso latente, de identificação com o desvio. A oscilação entre um e outro parece, antes, reflectir uma espécie de dupla relação com o desvio, através de uma dimensão racional que encara o desvio como "o outro lado" ou, como ela refere, "a vida dos outros", e uma dimensão emocional que a conduz ao desvio sobretudo porque é para si uma experiência gratificante.

A análise deste caso permite-nos compreender, antes de mais, que os padrões discursivos emergentes a partir dos dados não devem ser entendidos como universais, passíveis de integrar qualquer experiência feminina desviante (Taylor & Bogdan, 1984, cit. Machado, 2000). Permite-nos também afirmar que a transgressão feminina se afasta muito das concepções mais tradicionais, sociais e científicas, sobre ela, e que faz todo o sentido a recusa de estereotipias de género nas abordagens ao fenómeno. Para além do grupo de mulheres cuja experiência criminal está directamente relacionada com as normas de género (as do "crime – excepção), julgamos poder afirmar que numa larga maioria dos casos a criminalidade (juvenil) feminina não parece afastar-se das experiências de desvio masculino (Batchelor, 2005b). Esta constatação conduz à ideia de que a própria designação «criminalidade feminina» deve ser usada com precaução (e.g., Smart, 1976, cit. Heidensohn, 2985), para não se reforçar o argumento tradicional de que existe uma criminalidade específica das mulheres.

DISCUSSÃO FINAL E CONCLUSÕES

Começamos a discussão final, integradora de aspectos teóricos e metodológicos fundamentais neste trabalho, pela apresentação de reflexões sobre as vantagens e limitações das metodologias utilizadas.

1. Reflexões metodológicas

Complementaridade de diferentes métodos de recolha e análise de dados

Para a concretização dos estudos empíricos revelou-se essencial a utilização de diferentes métodos de recolha e análise de dados. Através do recurso aos métodos quantitativos foi possível caracterizar as jovens reclusas a nível socio-demográfico e jurídico-penal, e foi igualmente possível seleccionar a amostra do estudo qualitativo, a partir da identificação de três tendências de agregação das reclusas em função dos crimes cometidos, do percurso na justiça, dos consumos de drogas e da criminalidade em familiares. Seria contudo insuficiente, atendendo aos nossos objectivos, ficarmos pela identificação de três grupos com base nas dimensões referidas. Só através da utilização de metodologias qualitativas se tornou possível identificar estruturas discursivas que traduzem diferentes significações do crime no percurso de vida das jovens reclusas. Reiteramos assim o argumento de que não existem métodos mais correctos do que outros, mas sim métodos que se adequam mais aos objectivos definidos em cada momento da investigação (Machado, 2000).

A utilização dos dois tipos de métodos funciona também como uma estratégia de validação dos resultados de ambos, na medida em que os

342 *Vidas raras de mulheres comuns*

dados de natureza distinta proporcionam olhares complementares sobre o fenómeno da transgressão feminina. Os dados qualitativos são congruentes com as características genéricas dos percursos de vida e diversidade de experiências das jovens reclusas sugeridas pelos resultados quantitativos. Contudo, a abordagem centrada na construção de discursos femininos sobre o crime permitiu a emergência de novos dados, que não só complementam os resultados quantitativos sobre a transgressão feminina como permitem olhar para o fenómeno através de uma lente que possibilita ir além da caracterização para um nível de compreensão de significados e processos desviantes. Saliente-se que dos três grupos contrastantes com que partimos para o estudo qualitativo, chegámos à identificação de quatro grupos de mulheres de acordo com os seus posicionamentos face ao desvio.

Importância da variabilidade da amostra no estudo qualitativo

Salientamos a relevância da constituição dos diferentes grupos no processo de amostragem, pois foi a contrastação dos discursos de cada grupo que permitiu identificar as estruturas discursivas correspondentes a diversas significações do crime nos percursos de vida das mulheres da amostra. Igualmente importante foi a análise do caso que considerámos negativo pelos critérios de amostragem teórica adoptados. Não sendo nosso objectivo generalizar os resultados da abordagem empírica, confirmamos a partir da análise deste caso que, embora se possam identificar linhas comuns nos discursos sobre o desvio, os percursos de cada uma das mulheres que o protagonizam são únicos e há sempre lugar a excepções nos padrões comuns identificados (Taylor & Bogdan, 1984, cit. Machado, 2000).

Incoerências narrativas

Uma outra questão metodológica sobre a qual nos parece fundamental reflectir diz respeito à oscilação na construção narrativa dos percursos de vida das mulheres transgressoras. Como salientam Potter e Wetherell, não se espera um elevado grau de coerência e estabilidade ao longo das narrativas construídas pelos indivíduos (1987, cit. Burr,

1995). As incoerências narrativas não só são esperadas à luz dos argumentos construcionistas, como são relevantes para a construção de teoria a partir dos dados (Strauss & Corbin, 1994). Ao longo da análise dos dados qualitativos, a constatação sobre a variabilidade de narrativas, que deve ser vista "como a regra e não como a excepção" (Potter & Wetherell, 1987, cit. Burr, 1995, p.113), levou-nos a questionar o objectivo das mulheres quando constroem argumentos incongruentes (e.g., discursos de arrependimento e não arrependimento; de auto e heterodeterminação). Foi através deste questionamento que, em larga medida, se possibilitou a identificação de diferentes organizações discursivas, neste caso sobre a transgressão feminina.

Algumas limitações metodológicas

Finalmente, voltamos à reflexão sobre o que nos parecem ser duas limitações metodológicas da componente empírica do trabalho desenvolvido. Em primeiro lugar, o guião de entrevista utilizado pareceu-nos desde o início poder ser limitativo da qualidade dos dados analisados, sobretudo se atendermos à idade e ao nível educativo das mulheres entrevistadas. Contudo, após a análise dos dados, pensamos que apesar de algumas dificuldades demonstradas pelas mulheres (e.g., na delimitação dos percursos de vida em capítulos e na escolha de designações para cada um deles) elas foram capazes de corresponder ao desafio que lhes foi proposto. Contrariando alguns receios iniciais, o formato do guião acabou por possibilitar a construção de narrativas que permitiram identificar diferentes percursos de vida e significações do crime das jovens reclusas.

Uma outra limitação reside na não permanência da investigadora no contexto prisional. Embora a recolha de dados tenha decorrido da melhor forma, com apoio por parte do *staff* prisional, poderia ter sido importante a permanência da investigadora no local por mais tempo, não apenas pelo tipo de comunicação que seria possível estabelecer entre ela e as reclusas, mas também porque permitiria recolher outro tipo de dados, a partir de novas fontes. Não podemos, no entanto, esquecer que este não é um trabalho sobre a prisão (nem sobre mulheres na prisão), mas sim um trabalho sobre percursos de vida de mulheres que estão na prisão.

2. Reflexões teóricas

As reflexões teóricas serão organizadas em torno das questões de partida formuladas para o estudo qualitativo. Procuraremos responder às questões com base nos argumentos teóricos emergentes dos dados.

Quais as significações do crime e das circunstâncias relacionadas com este na construção narrativa das trajectórias de vida das jovens reclusas?

Através da análise da construção narrativa dos percursos de vida das jovens reclusas identificámos quatro discursos distintos constitutivos de quatro significações diferentes associadas ao crime e ao desvio. Em primeiro lugar, identificámos o discurso das mulheres que têm percursos desviantes heterogéneos, incluindo diferentes tipos de crimes, consumos de drogas "duras" e diversos contactos com as instâncias de controlo formal (e.g., instituições de menores, polícia, tribunais). Para estas mulheres o crime, assim como os usos de drogas, fazem parte de um estilo de vida marcado pela permanência na rua ("vida da rua"), do qual parecem retiram prazer (Katz, 1988/1996) e um sentido de controlo sobre as suas vidas (Batchelor, 2005b). O segundo discurso corresponde à significação do crime como uma actividade pela qual as mulheres optam racionalmente para "ganhar a vida". Ao «crime – negócio» é associada uma dimensão de controlo, tal como no discurso anterior, por possibilitar não apenas "pagar as contas" mas ter uma vida melhor, "poder comprar coisas". Estas mulheres estão detidas sobretudo por tráfico de droga, «mercado» que parece estar a proporcionar novas oportunidades à mulher (Cunha, 2002). Contudo, o tipo de crime parece-nos secundário neste discurso, pois encontrámos entre as mulheres que o constroem a procura de outras "oportunidades de negócio", tais como a venda de diversos produtos no contexto prisional. O terceiro discurso corresponde a uma apresentação das mulheres transgressoras como vítimas, seja "da droga" seja dos seus companheiros violentos. Estas mulheres associam o crime ao que designam por "vida da droga", caracterizada por consumos "descontrolados" de drogas «duras», que constituem o elemento central em torno do qual se organizam as narrativas de episódios ou capítulos de vida. O discurso da mulher *vítima das drogas*, numa perspectiva *patologizadora* da transgressão feminina (e.g., Goodwin, 2003), complementa-se com o discurso da mulher vítima do companheiro violento, que é responsabilizado pelo seu envolvimento no tráfico e nos consumos de drogas. O discurso da vitimação, que é criticado por patologizar e individualizar a transgressão feminina, desviando o foco das dimensões sociais do fenómeno (e.g., Snider, 2003), parece ser utilizado por estas mulheres como uma estratégia para justificar os seus actos criminais. Finalmente, identificámos o discurso sobre o «crime – excepção», que surge em percursos de vida pautados pela conformidade às normas e aos papéis de género tradicionais. Este discurso é construído por mulheres que se demarcam de qualquer aproximação ao desvio e cujas trajectórias não incluem ocorrências desviantes até ao momento do crime. Para além das quatro significações do crime identificadas, a análise do "caso negativo" mostra-nos a integração de significações extremas: o crime associado ao estilo de vida criminal e o crime excepcional num percurso normativo. A análise deste caso permite-nos concluir sobre a impossibilidade de reduzirmos a transgressão feminina a qualquer tipologia, pois apesar das regularidades identificadas nos discursos das diferentes mulheres, cada um dos seus percursos é idiossincrático.

O crime é associado a consumos de drogas? De que forma?

Percebemos com base nos resultados do estudo quantitativo que as drogas são um elemento de destaque na transgressão feminina, seja pelos consumos seja pelo tipo de crimes cometidos. Esta centralidade das drogas tem sido documentada no que se refere ao panorama quer nacional (e.g., Cunha, 2002) quer internacional (e.g., Moledo, 2002; Chesney-Lind, 1997) da criminalidade das mulheres. A análise dos dados qualitativos permitiu-nos, porém, aprofundar as questões da relação entre droga e crime. Através da construção de significados divergentes, ancorados na dicotomia "vida da droga" / "vida da rua", percebemos duas formas distintas de associação entre os consumos de drogas e a actividade criminal das mulheres da amostra. Por um lado, a "vida da droga" traduz a representação social dominante do «crime para aquisição de droga» (Manita, Carvalho & Agra, 1996), seja tráfico de droga sejam crimes contra a propriedade. Por outro lado, a "vida da rua" traduz a ideia de que crime e consumos são dois comportamentos inerentes a um estilo de vida desviante que se caracteriza pela permanência no contexto de rua junto a pares desviantes. Nesta concepção de desvio, que é implicitamente associada pelas mulheres à gratificação emocional / sensorial proporcionada pelo crime (Katz, 1988/1996), as mulheres descrevem consumos controlados de drogas "duras", não construindo o crime como um meio para adquirir drogas. Embora os dados quantitativos nos mostrem que é significativo o número de jovens detidas por crimes que têm a droga como pano de fundo, em particular o tráfico, mostram-nos também que o número de jovens reclusas consumidoras é bastante inferior ao verificado na população reclusa masculina (Provedor de Justiça, 1999). Paralelamente, os dados qualitativos contrariam as representações sociais dominantes da associação droga – crime, revelando que, pelo menos na transgressão feminina, esta escapa à inevitabilidade de que o crime é cometido para garantir o consumo. Este dado permite-nos rejeitar mais um argumento tradicional da criminalidade feminina, o da sua associação ao estereótipo da mulher perturbada ou, neste caso, dependente (e.g., Goldstein, et al., 2003; Goodwin, 2003).

O crime é associado a experiências prévias de vitimação? De que forma?

Genericamente, percebemos que, tal como tem sido referido na literatura, é elevada a prevalência de vitimação nas trajectórias das jovens transgressoras (e.g., Chesney-lind, 1997; Carlen, 1987, 1988). Entre as mulheres que apresentam história de vitimação, esta é associada ao crime através de dois discursos distintos. Por um lado, temos as mulheres que se apresentam como vítimas e como não responsáveis pelo crime devido a esse estatuto. Nas suas narrativas, não são tanto as experiências de violência no seio familiar (embora existentes) que surgem associadas ao crime, ao contrário do que sugerem algumas abordagens (e.g., Giordano et al., 2002), mas sobretudo a vitimação resultante de actos violentos por parte dos companheiros. Por outro lado, encontramos a vitimação directamente relacionada com o crime, como por exemplo o homicídio do abusador sexual. Neste caso, o discurso é distinto do anterior na medida em que o crime é associado à violência sofrida, mas a mulher responsabiliza-se pelo acto criminal (ao ponto de considerar merecida a pena de prisão).

O crime e a reclusão são construídos como uma interrupção ou como uma forma de continuidade nas trajectórias de vida das jovens transgressoras?

Ao nível da significação do crime como interrupção ou continuidade nas trajectórias das jovens reclusas distinguimos dois discursos. Por um lado, o das mulheres cujos percursos se caracterizam pela conformidade às normas, surgindo o crime excepcionalmente. Na construção narrativa dos percursos destas mulheres o crime emerge como uma interrupção ou "paragem" no sentido em que a partir do momento em que o crime ocorre e se inicia a reacção formal a ele, se assiste à paragem das trajectórias de vida tal como estas mulheres as viviam e se inicia uma espécie de *time-out*, ou de *vivência fora dos percursos*. Na antecipação do seu futuro, estas mulheres prevêem uma vida com os mesmos objectivos da anterior, mas com mais obstáculos, associados às consequências do acto criminal e da reclusão. Nesse sentido, o crime é construído como uma interrupção que não introduz mudanças nos princípios pelos quais regem os seus percursos, mas que torna estes mais difíceis. Em relação às outras mulheres, as *etapas desviantes* dos seus percursos são delimitadas como momentos de interrupção. Ao anteciparem um futuro idealizado, contrastam a *vida criminal* com as experiências futuras, procurando apresentar o crime como algo que contrasta com os seus percursos de vida anteriores, supostamente normativos. Os comportamentos desviantes e contactos com a justiça em familiares próximos poderão contribuir para a representação do crime mais numa perspectiva de continuidade, pois quando tal não se verifica, a noção de ruptura na construção de significados sobre o crime é mais evidente. As ambivalências presentes a este nível podem indicar que o discurso do crime como interrupção é sobretudo um instrumento relacional de auto-apresentação. O mesmo se verifica especificamente no que respeita à reclusão. Esta parece constituir uma paragem sobretudo nos percursos de vida das mulheres do crime – excepção, pois é através da reclusão que elas interrompem o grande objectivo da sua vida, os estudos. As mesmas mulheres reconhecem ainda que retomar posteriormente a prossecução desse objectivo será difícil devido aos obstáculos inerentes ao estigma da reclusão. Por seu lado, os discursos das outras mulheres são ambivalentes. A prisão é construída como uma continuidade quando percebemos que descrevem o passado do mesmo modo

348   *Vidas raras de mulheres comuns*

como antecipam o futuro, de forma idealizada. Contudo, nos seus discursos a reclusão emerge também como principal ponto de viragem da sua vida, pelo que à partida esta parece constituir uma interrupção nas trajectórias de vida anteriores e uma mudança para trajectórias futuras diferentes. Assim, ao discurso da "prisão-paragem", construído pelas mulheres cujas trajectórias são essencialmente normativas, parece contrapor-se o discurso da "prisão-viragem", construído pelas mulheres com trajectórias mais marcadas pelo desvio, referindo-se sobretudo a uma viragem em relação ao "período desviante" das suas vidas. Ao contrário das primeiras, estas mulheres não parecem antecipar obstáculos na vida pós-reclusão.

Quais as significações do controlo das mulheres pelo sistema de justiça, na construção narrativa das suas trajectórias de vida?

Os percursos das jovens mulheres da amostra são bastante diversificados em termos de regulação formal do seu comportamento. As mulheres do estilo de vida criminal apresentam um percurso significativo em termos de ocorrências no sistema de justiça, que começa em instituições de menores e passa por vários contactos com a polícia e os tribunais na sequência de processos – crime conducentes ou não a condenações; por seu lado, as mulheres dos percursos normativos apresentam uma só ocorrência criminal de que resulta o cumprimento da sua primeira pena de prisão. Ao contacto precoce com o sistema de justiça, através da permanência em instituições de menores, são atribuídas significações divergentes. Por um lado, a institucionalização é associada ao início do percurso desviante através do contacto com pares desviantes, que exibem comportamentos como consumos de drogas, fugas ou pequenos furtos. Este discurso vai ao encontro das críticas à institucionalização das jovens mulheres, nomeadamente por autoras feministas, que consideram este tipo de medida (assim como outras medidas privativas de liberdade) uma resposta desajustada ao desvio feminino por conceptualizá-lo como um fenómeno individual, sem qualquer dimensão social (e.g., Carlen, 1987). Nesta perspectiva, a institucionalização reforça os estereótipos da transgressão feminina e contribui para perpetuar as condições inerentes ao desvio da mulher (e.g., Carlen et al., 1985; Carlen, 1987). Contudo, os dados revelam também o discurso oposto quando as jovens mulheres da amostra constroem significados

Discussão final e conclusões

positivos sobre a permanência em instituições de menores, nomeadamente a existência de condições para o final dos consumos de droga. Relativamente à circunstância da reclusão, assiste-se também à construção de discursos ambivalentes. Por um lado, algumas mulheres referem-se à ida para a prisão como um ponto de viragem positivo no seu percurso de vida (e.g., terminam consumos de droga; terminam relações violentas). Por outro lado, nas narrativas sobre a reclusão notam-se algumas ambivalências, pois embora predomine o discurso da viragem positiva, são também associados significados negativos à vida prisional (e.g., iniciar consumos de droga; interromper estudos). Uma vez mais, as mulheres do "crime – excepção" ponderam aspectos mais e menos positivos da reclusão, argumentando que esta é difícil mas não "tão má como pensavam" e que, em termos da sua trajectória, compromete a continuidade dos estudos e, consequentemente, os objectivos que traçaram para a sua vida. Quanto às restantes mulheres percebemos que constroem significados positivos sobre o contexto prisional, mas utilizam expressões que nos conduzem à ideia de que a escolha deste discurso não é pacífica ("não posso dizer que 'tou mal [...] e não posso dizer que gosto, n'é"). A ambivalência destes discursos parece traduzir a recusa das mulheres em aceitar que alguns aspectos da reclusão possam não ser negativos, como se não fosse legítimo dar uma significação positiva à prisão. As mulheres que se apresentam como vítimas, parecem ser ainda mais resistentes a associar a prisão a significações positivas, alargando o seu discurso de vitimação ao contexto prisional ("eu não merecia isto; "isto é demais"). Finalmente, destacamos a referência frequente a sanções disciplinares nos discursos construídos pelas mulheres sobre a prisão. Ao descreverem a aplicação recorrente de castigos e de medicação às reclusas na sequência de alterações emocionais e comportamentais, reforçam a ideia da maior relevância das questões disciplinares nas prisões femininas comparativamente com o que sucede nas masculinas, tal como tem vindo a ser descrito na literatura (Pollock, 1998). As autoras feministas têm associado o maior conflito no contexto da reclusão feminina às exigências dos agentes de controlo, influenciados pelos estereótipos sobre transgressão e feminilidade (e.g., Carlen, 1983; Carlen et al., 1985; Heidensohn, 1985). Pensamos que a elevada medicação das reclusas poderá estar relacionada com o modo estereotipado com que tradicionalmente se olha para a mulher transgressora (e.g., mais vulnerável à patologia), e que pode conduzir a que os sinais de tensão (por exemplo pelo afastamento em relação aos filhos) possam ser lidos como sintoma da "histeria" normalmente associada à *natureza feminina* (Almeda, 2003a). As mulheres parecem, no entanto, considerar a medicação como uma dimensão do apoio que lhes é oferecido pelas guardas, o que poderá justificar a construção de significados positivos sobre a prisão com base, em larga medida, nas relações com as guardas prisionais.

Como é que estas mulheres se apresentam? O seu discurso sobre o crime é normativo ou os discursos normativos são utilizados como estratégia de auto-apresentação?

Uma vez mais distinguimos as mulheres cujos percursos de vida são normativos até ao momento em que, excepcionalmente, cometem o crime. As narrativas construídas de forma coerente por estas mulheres sobre a emergência do crime e da reclusão nas suas trajectórias de vida revelam uma conformidade às normas e aos papéis de género que nos parece interiorizada. Nos discursos das restantes mulheres julgamos estar implícita uma estratégia de auto-apresentação, que passa pela dicotomia auto / heterodeterminação relativamente ao crime, pela representação idealizada do passado e do futuro e pelo discurso moral sobre o crime. Genericamente, estas jovens reclusas apresentam um discurso de heterodeterminação do seu comportamento criminal, com base em argumentos como os usos problemáticos de drogas, o medo do companheiro violento ou o contacto com pares desviantes. As que se apresentam como vítimas atribuem o crime às circunstâncias da sua vitimação, nas quais baseiam o seu sentido de desresponsabilização. Quanto às outras mulheres, cuja actividade criminal surge associada ao prazer ou à racionalidade e que procuram obter controlo sobre as suas vidas através do crime e do desvio (Batchelor, 2005b), os dados sugerem que os seus discursos de heterodeterminação têm essencialmente uma função instrumental. Desde logo, pelo modo ambivalente como constroem narrativas sobre o crime, que surge simultaneamente como uma opção condenável mas que se configura a única disponível, e como um comportamento que lhes proporciona algum "gozo" e de que não se arrependem. Quanto à perspectivação moral do crime, percebemos que as histórias construídas têm um carácter moralista muito claro. O percurso desviante é narrado pelas mulheres como *errado* e "mau", mas os seus discursos permitem-nos perceber que, em boa parte, a condenação moral dos

Discussão final e conclusões 351

actos desviantes resulta de uma estratégia de auto-apresentação. Os elementos que sustentam este argumento são o discurso do não arrependimento ("digo que estou arrependida [...] mas eu não 'tou"), do sentimento de injustiça face à pena de prisão e da desvalorização da actividade criminal ("tão-me a castigar demasiado pr'ó crime que eu cometi [...] sei que trafiquei, mas não beneficiei do tráfico"). Um outro elemento que na nossa opinião poderá indicar que a perspectiva moralista em relação ao crime resulta do modo de apresentação destas mulheres, é a organização do seu posicionamento moral em função dos outros (e.g., não deviam cometer crimes pelo impacto na família; ou pelo impacto na vítima). Não podemos, contudo, esquecer que a emergência das questões morais em relação aos outros é associada ao género feminino, segundo Carol Gilligan (1982) como resultado da socialização específica das mulheres. Finalmente, em termos de perspectivação de passado e futuro, identificamos nas mulheres que temos vindo a associar a um estilo de vida criminal, uma representação idealizada de ambos. O passado é construído como "normal", "igual ao das outras", mas este discurso de "normalidade familiar" parece contrastar com as experiências vividas anteriormente. Também o futuro é perspectivado de forma idealizada, focado em actividades normativas relacionadas com a família, os filhos ou o trabalho, sem antecipação de dificuldades após o cumprimento da pena de prisão. O futuro surge assim como um regresso a um ideal de "vida normal" que estas mulheres nunca tiveram. Atendendo às incoerências narrativas na construção de significados sobre o crime e à dimensão de prazer que lhe é associada, também o discurso da "vida normal" poderá corresponder sobretudo a uma estratégia de auto-apresentação destas mulheres em conformidade com as normas sociais. O mesmo se pode referir sobre os discursos construídos pelas mulheres que se posicionam como vítimas, embora o seu nível de idealização seja mais moderado e os objectivos da auto-apresentação em conformidade com as normas sociais nos pareçam diferentes. Por um lado, a apresentação das jovens reclusas em conformidade com os discursos normativos poderá ter por objectivo a correspondência ao que julgam ser as expectativas da investigadora (mulher, grávida, um pouco mais velha e com estatuto exterior à instituição). Sem nos esquecermos, contudo, que em determinados momentos da entrevista as mulheres procuram corresponder ao que julgam ser uma expectativa diferente da investigadora: a de ouvir histórias sensacionalistas sobre o crime femi-

352 *Vidas raras de mulheres comuns*

nino. Esta representação das expectativas da investigadora pode resultar da interiorização do estereótipo da excepcionalidade da transgressão feminina, que é reforçada através da solicitação de entrevistas a estas mulheres por parte dos meios de comunicação social. Por outro lado ainda, esta apresentação poderá estar relacionada com as "suspeitas de espionagem" (Cunha, 1994, p.11), e com os *benefícios* que na perspectiva das reclusas poderiam retirar se a investigadora transmitisse os seus discursos normativos aos agentes de controlo (e.g., saídas precárias). No entanto, alguns indicadores sugerem que as "suspeitas de espionagem" terão desaparecido ou diminuído ao longo do contacto entre a investigadora e as reclusas, concretamente as confidências destas, por exemplo sobre o seu não arrependimento em relação ao crime ("olhe eu digo-lhe 'memo, eu aqui assim às assistentes e isso eu digo que estou arrependida porque é um meio de eu me ir arranjar p'ra me ir embora daqui, mas eu não 'tou!'"). Finalmente, não podemos excluir a hipótese de estas mulheres pretenderem, através do discurso dominante, corresponder ao ideal de *normalidade feminina*. Ou então, a utilização deste tipo de discurso (nomeadamente a idealização do passado e futuro) pode reflectir o desejo ou fantasia das mulheres de que a sua vida possa, após o cumprimento da pena, tomar um *rumo normal*. Talvez esteja presente a ideia de que a prisão é um mau contexto através do qual terão acesso à tal "vida normal". Esta argumentação fará mais sentido nas mulheres que se apresentam como vítimas do que nas que se identificam de forma mais clara com o desvio através de um estilo de vida desviante ou da opção racional pelo negócio do crime.

As mulheres identificam constrangimentos de género na construção narrativa dos seus percursos de vida? Associam esses constrangimentos ao seu comportamento desviante?

Tal como tem sido evidenciado em abordagens feministas à transgressão feminina (e.g., Almeda, 2003a; Carlen, 1987, 1988), alguns constrangimentos de género são identificados pelas jovens reclusas. Nomeadamente, o controlo social diferenciado em função da sua condição de mulher (e.g., "a minha mãe preocupava-se mais comigo do que com o meu irmão") é associado a dificuldades de relacionamento no âmbito familiar, à decisão da sua institucionalização e aos primeiros comportamentos desviantes. São também referidas outras formas de discriminação de género que as mulheres associam indirectamente ao

Discussão final e conclusões 353

seu desvio. Em particular, a rejeição por parte da família face a uma gravidez que não é aceite (e.g., "depois tive o meu menino [...] e a minha mãe não me aceitou em condições...nem o meu irmão, nem nada. Como eles não me aceitaram, continuei a viver com o meu marido, e fomos embora"). Na perspectiva destas mulheres, a rejeição pela família leva-as a viver (ou a continuar a viver) com companheiros que associam ao início ou à manutenção do seu comportamento desviante. Estas narrativas emergem sobretudo nos «discursos de vitimação», construídos pelas mulheres que se apresentam como *vítimas da droga* e de companheiros violentos. Uma outra questão relacionada com o género, emergente nos discursos analisados, prende-se com a re-significação das relações íntimas, resultante da reclusão. Percebemos nos discursos das mulheres da amostra que, com a reclusão, se assiste a uma ruptura nas relações anteriores devido, na maior parte dos casos, ao facto de também os seus companheiros se encontrarem detidos. Noutros casos os companheiros não parecem estar disponíveis para manter a relação a partir do momento em que mulheres dão entrada no estabelecimento prisional. Nos discursos das mulheres, contudo, tal é descrito como uma decisão sua, como se através desse argumento adquirissem algum poder na relação. A ruptura das relações anteriores, sobretudo por desinteresse do companheiro, remete-nos para o estudo de Comfort (2002), que nos mostra que quando são os companheiros a cumprir penas de prisão as mulheres continuam a investir nessas relações. As palavras de uma jovem mulher da nossa amostra, que descreve a sua preocupação com o companheiro, também detido, são convergentes com esse argumento ("eu é que 'tava a ir às visitas, a levar-lhe as coisas e prontos...de repente também vim aqui parar. O homem viu-se sozinho, sozinho, sem ninguém a levar-lhe nada..."). Finalmente, as questões de género associadas ao crime de forma mais relevante emergem nos discursos das mulheres do "crime – excepção". Percebemos através da construção narrativa dos seus percursos de vida que os crimes que cometem estão directamente relacionados com circunstâncias *genderizadas*, tais como o homicídio do padrasto após violação continuada ou o infanticídio. De forma aparentemente paradoxal, são as mulheres mais conformadas aos papéis de género tradicionais que cometem crimes associados directamente ao seu estatuto de mulher. O desvio parece assim, por um lado, resultar do controlo social mais rigoroso pela sua condição feminina. É o que acontece por exemplo nos crimes violentos cometidos pelas mulheres cujos percursos de vida anteriores são normativos (e.g., infanticídio após não assumir gravidez nem realizar aborto, homicídio do padrasto violador em cumplicidade com a mãe quando esta descobre violações). Por outro lado, o desvio das jovens mulheres surge como forma de elas escaparem a esse controlo, como se verifica, em particular, nas jovens do "estilo de vida criminal". O exercício de controlo social sobre estas raparigas (particularmente pela família) tende a ser mais rigoroso para as "proteger" dos *perigos inerentes à* sua *vulnerabilidade feminina*, mas acaba por conduzi-las a formas de delinquência que paradoxalmente se aproximam das normalmente associadas ao género masculino.

Em que medida as significações do crime construídas pelas jovens transgressoras as diferenciam da mulher (transgressora) adulta?

Determinados marcadores identificados nos discursos sobre o crime construídos pelas mulheres da amostra parecem ser específicos da sua idade. Diversos temas, tais como o relacionamento com os pais, a escola ou o grupo de pares, são recorrentes nas narrativas analisadas e constituem, na nossa opinião, uma especificidade atendendo à idade das mulheres da amostra. Estes temas são, aliás, considerados sobretudo em estudos sobre delinquência juvenil feminina (e.g., Alder, 1997; Emler & Reicher, 1995). Também ao nível dos constrangimentos de género, constatámos que aqueles que são identificados e associados ao desvio pelas jovens reclusas divergem dos que têm surgido nos discursos de mulheres transgressoras adultas. Como vimos no ponto anterior, os constrangimentos *genderizados* que as reclusas associam ao seu desvio têm sobretudo que ver com o controlo que a família exerce sobre elas enquanto jovens mulheres *com uma reputação a defender* (Lees, 1994). Em estudos com mulheres adultas, os constrangimentos de género identificados estão mais relacionados com questões laborais ou então familiares, mas do ponto de vista da mulher "prestadora de cuidados" e não tanto da mulher "cuidada" (e.g., Almeda, 2003a; Carlen, 1988). Isto apesar de encontrarmos no nosso estudo a identificação de circunstâncias dos percursos de vida das mulheres da amostra que as remetem precocemente para o papel de prestadoras de cuidados (e.g., não poder continuar estudos para tomar conta dos irmãos). Não obstante estes elementos analíticos, encontramos apenas uma associação directa entre idade e crime, quando uma mulher refere que cometeu o crime por não ter outras opções disponíveis devido à sua idade ("agora já tenho mais idade, já conseguia arranjar outras formas de arranjar dinheiro"). Finalmente, no que respeita ao percurso desviante das mulheres do "estilo de vida criminal", as analogias que estabelecemos entre esses percursos e os que tradicionalmente são associados ao desvio masculino parecem fazer sentido sobretudo em relação à criminalidade juvenil.

Para concluir, começamos por destacar que os resultados obtidos a partir de ambos os dados quantitativos e qualitativos permitem reforçar o nosso questionamento sobre as abordagens tradicionais à criminalidade feminina. A diversidade de percursos de vida e de experiências desviantes das mulheres da amostra contrariam a ideia da especificidade dos «crimes femininos», que constitui uma das principais críticas aos argumentos tradicionais, sociais e científicos, sobre a transgressão feminina (Heidensohn, 1985). A heterogeneidade das significações e dos posicionamentos das mulheres face ao desvio, nomeadamente a dimensão de prazer que por vezes lhe parece estar subjacente, contrariam também os olhares tradicionais sobre a mulher e o crime. Por seu lado, a dimensão de racionalidade associada aos crimes cometidos por algumas mulheres contraria o argumento da sua *patologização ou loucura*.

Destacamos também a ideia de que o «mercado do crime» parece estar a abrir oportunidades para a mulher. Tal como Manuela Ivone Cunha (2002) sugere a propósito do tráfico de droga, também em relação a outro tipo de crimes (e.g., roubos) os resultados obtidos indicam uma mudança de cenário no sentido da crescente inclusão da mulher. É notória, por exemplo, a maior participação das mulheres em formações desviantes semelhantes às dos *gangs*, podendo assistir-se a mudanças a esse nível. Contudo, os papéis de género estabelecidos no âmbito dos grupos desviantes mistos parecem reflectir a estrutura social e o discurso patriarcais. Através das narrativas do crime construídas pelas mulheres da amostra, depreende-se uma espécie de protecção em relação a elas por parte dos seus pares masculinos, que resistem a "deixá-las" envolver-se directamente nos roubos ou nos consumos de droga. Este fenómeno é aparentemente contrário à vitimação das mulheres nos *gangs* sugerida por Miller (2001). Contudo, ambas as circunstâncias reflectem as assimetrias de poder que resultam da estrutura patriarcal.

Em alguns dos posicionamentos face ao desvio identificados, a criminalidade das jovens mulheres parece aproximar-se da que tradicionalmente tem sido associada ao rapaz, seja genericamente pela diversidade de experiências criminais, seja especificamente pelo estilo de vida criminal identificado em algumas mulheres. Contudo, não se assiste a alterações ao nível das concepções dominantes de feminilidade elaboradas pelas próprias (e.g., centralidade do papel materno, da vida familiar). As mulheres que cometem crimes continuam a ser consideradas duplamente transgressoras, o que se reflecte nos discursos que as próprias constroem sobre o crime nos seus percursos de vida.

No final do trabalho teórico e empírico desenvolvido reafirmamos a necessidade de olhar para a transgressão feminina através de uma lente de género. É nas jovens mulheres mais conformadas aos papéis de género tradicionais que ocorrem crimes irremediavelmente relacionados com a sua condição de mulher, o que nos leva a concluir que a conformidade aos papéis femininos falha por algum motivo. Por outro lado, o rigoroso controlo social das raparigas, concretizado de forma mais visível no contexto familiar, conduz também a formas de desvio que tradicionalmente se associam ao rapaz. O discurso da feminilidade e a exigência social para que a mulher seja feminina, parecem conduzi-la a "desvios de género" femininos e a desvios "tipicamente masculinos", em função do seu grau de conformidade ao controlo social.

É nesse sentido que, de entre as nossas propostas de reconstrução dos discursos sobre transgressão e feminilidade destacamos, para concluir, a inadequação do termo "típico" quando nos referimos ao crime, ou simplesmente aos percursos protagonizados seja por mulheres seja por homens. Se à luz dos discursos dominantes, os percursos que analisámos traduzem vidas raras, não podemos deixar de notar que estamos perante vidas raras, mas de mulheres que, afinal, em muito da forma como se representam a si e ao mundo, são comuns.

BIBLIOGRAFIA

ADAMS, K., & WARE, N. (1994). Sexismo y lenguage: Las implicaciones lingüísticas de ser mujer. In E. Larrauri (Ed.), *Mujeres, Derecho Penal y Criminología* (pp. 43-61). Madrid: Siglo Veintiuno de España Editores.

ADLER, F. (1975). *Sisters in Crime. The rise of the New Female Criminal.* New York: McGraw-Hill Book Company.

AGRA, C. (1998). *Entre droga e crime: Espaços, actores, trajectórias.* Lisboa: Editorial Notícias.

AGRA, C. (2000). *Elementos para uma epistemologia da criminologia.* Estudos em comemoração dos cinco anos (1995-2000) da Faculdade de Direito da Universidade do Porto. Coimbra: Coimbra Editora.

AGRA, C., & MATOS, A.P. (1997). Trajectórias desviantes. In C. Agra (Ed.), *Droga – crime: Estudos interdisciplinares.* Lisboa: Gabinete de Planeamento e Coordenação do Combate à Droga.

ALDER, C. (1997, Junho). *Young women and juvenile justice: Objectives, framework and strategies.* Paper apresentado no Juvenile Crime and Juvenile Justice: Toward 2000 and beyond, Adelaide, Australia.

ALMEDA, E. (2003a). *Mujeres Encarceladas.* Barcelona: Editorial Ariel.

ALMEDA, E. (2003b). *Corregir y castigar. El ayer y hoy de las cárceles de mujeres.* Barcelona: Edicions Bellaterra.

ALMEIDA, L., & FREIRE, T. (2003). *Metodologia de investigação em psicologia e educação.* Braga: Psiquilíbrios.

AMÂNCIO, L. (1994). *Masculino e feminino: A construção social da diferença.* Porto: Edições Afrontamento.

ARTIAGA, J., & ROMANI, O. (1985). *Dejar la heroína.* Madrid: Cruz Roja Española.

ATKINSON, P., & HAMMERSLEY, M. (1994). Ethnography and participant observation. In N. Denzin & Y. Lincoln (Eds.), *Handbook of Qualitative Research* (pp. 248-261). Thousand Oaks: Sage Publications.

BADINTER, E. (1980). *O amor incerto. História do amor maternal (do séc. XVII ao séc. XX).* Lisboa: Relógio d'Água Editores.

BARCINSKY, M. (2005). The identity construction process of a woman involved in drug trafficking: a systemic approach. *International Journal of Ideographic Science, Article 3*. [Consultado em 1 de Fevereiro de 2006, em http://www.valsiner.com/articles/barcinski.htm].

BARRETT, M., & ROBERTS, H. (1978). Doctors and their patients. The social control of women in general practice. In C. Smart & B. Smart (Eds.), *Women, Sexuality and Social Control* (pp. 41-52). London: Routledge & Kegan Paul.

BARTKY, S. (1994). Foucault, feminismo y la modernización del poder patriarcal. In E. Larrauri (Ed.), *Mujeres, derecho penal y criminología* (pp. 63-92). Madrid: Siglo Veintiuno de España Editores.

BASTOS, S. (1997). *O Estado Novo e os seus vadios. Contribuição para o estudo das identidades marginais e da sua repressão*. Lisboa: Publicações Dom Quixote.

BATCHELOR, S. (2005a). 'Prove Me the Bam!' Victimisation and agency in the lives of young women who commit violent offences'. *Probation Journal, 52*(4).

BATCHELOR, S. (2005b, Julho). *'Fer the Buzz o' It?'. The excitement and emotionality of young women's violence*. Paper apresentado na Conferência Anual da British Society of Criminology, Leeds, Reino Unido.

BECKER, H. (1963). *Outsiders: Studies in the sociology of deviance*. New York: The Free Press of Glencoe.

BECKER, H. (Ed.). (1964). *The other side*. New York: The Free Press of Glencoe.

BELEZA, M.T. (1990). *Mulheres, direito, crime ou a perplexidade de Cassandra*. Lisboa: Faculdade de Direito de Lisboa.

BERNS, N. (2001). Degendering the problem and gendering the blame. Political discourse on women and violence. *Gender and Society, 15*(2), 262-281.

BOSWORTH, M. (2000). Confining femininity: A history of gender, power and imprisonment. *Theoretical Criminology, 4*(3), 265-284.

BRITTON, D. (2000). Feminism in criminology: Engendering the outlaw. *Annals of the American Academy of Political and Social Science, 571*, 57-76.

BROWN, J. (1998). Aspects of discriminatory treatment of **women police officers** serving in forces in England and Wales. *The British Journal of Criminology, 38*, 265-282.

BROWN, S. (1998). *Understanding youth and crime. Listening to youth?*. Buckingham: Open University Press.

BURMAN, M., BATCHELOR, S. & BROWN, J. (2001). Researching girls and violence: Facing the dilemmas of fieldwork. *The British Journal of Criminology, 41*(3), 443-459.

BURMAN, M., BROWN, J. & BATCHELOR, S. (2003). "Taking it to heart." The meanings of violence in girls' lives. In E. Stanko (Ed.), *The meaning of violence* (pp. 72-89). London: Routledge.

BURR, V. (1995). *An introduction to social constructivism*. London: Sage Publications.

CAIN, M. (1990/1996). Towards transgression: New directions in feminist criminology. In J. Muncie, E. McLaughlin & M. Langlan (Eds.), *Criminological perspectives. A reader* (pp. 466-474). London: Sage Publications.

CARDOSO, J. (2004). Processo criminal e mulher: Uma perspectiva comparada. In A. Toscano & S. Godsland (Orgs.), *Mulheres más. Percepção e representações da mulher transgressora no mundo luso-hispânico* (pp. 393-407). Porto: Edições Fernando Pessoa.

CARDOSO, M. S. (2004). *Mulheres toxicodependentes. O género na desviância.* Dissertação de mestrado não publicada, Faculdade de Psicologia da Universidade do Porto.

CARLEN, P. (1983). *Women's Imprisonment. A study in social control.* London: Routledge & Kegan Paul.

CARLEN, P. (1987). Out of care, into custody: Dimensions and deconstructions of the state's regulation of twenty-two young working-class women. In P. Carlen & A. Worrall (Eds.), *Gender, crime and justice* (pp. 126-160). Buckingham: Open University Press.

CARLEN, P. (1988). *Women, crime and poverty.* Milton Keynes: Open University Press.

CARLEN, P. (1992/1996). Criminal women and criminal justice: the limits to, and potential of, feminist and left realist perspectives. In J. Muncie, E. McLaughlin & M. Langlan (Eds.), *Criminological perspectives. A reader* (pp. 475-483). London: Sage Publications.

CARLEN, P. (1994). Why study women's imprisonment? Or anyone else's? An indefinite article. In R. King & M. Maguire (Eds.), *Prisons in context* (pp. 131-139). Oxford: Oxford University Press.

CARLEN, P. (1998). *Sledgehammer. Women's imprisonment at the Millenium.* London: Macmillan Press.

CARLEN, P. (2002a). Carceral clawback. The case of women's imprisonment in Canada. *Punishment and Society, 4*(1), 115-121.

CARLEN, P. (2002b). Introduction: Women and punishment. In P. Carlen (Ed.), *Women and punishment: The struggle for justice* (pp. 3-20). Devon: Willan Publishing.

CARLEN, P., & WORRALL, A. (1987). Introduction: Gender, crime and justice. In P. Carlen and A. Worrall (Eds.), *Gender, crime and justice* (pp. 1-14). Buckingham: Open University Press.

CARLEN, P., HICKS, J., O'DWYER, J., CHRISTINA, D. & TCHAIKOVSKY, C. (1985). *Criminal women. Autobiographical accounts.* Cambridge: Polity Press.

CARLL, E. (2003). New portrayal of violence and women. *The American Behavioural Scientist, 46*(12), 1601-1610.

CARMO, I., & FRÁGUAS, F. (2003). *Puta de Prisão.* Lisboa: Publicações Dom Quixote.

CHAN, W., & RIGAKOS, G. (2002). Risk, crime and gender. *British Journal of Criminology, 42,* 743-761.

CHESNEY-LIND, M. (1997). *The female offender.* Girls, women and crime. Thousand Oaks: Sage Publications.

COHEN, S. (1972/1980). *Folk devils and moral panics. The creation of Mods and Rockers.* Oxford: Basil Blackwell.

360 *Vidas raras de mulheres comuns*

COLES, B. (1995). *Youth and social policy: Youth citizenship and young careers*. London: Routledge.

COLLIER, R. (1998). *Masculinities, crime and criminology*. London: Sage Publications.

COMACK, E. (1999). Producing feminist knowledge: Lessons from women in trouble. *Theoretical Criminology, 3*(3), 287-306.

Comissão para a Igualdade e os Direitos da Mulher (2001). *Portugal situação das mulheres 2001*. Lisboa: CIDM.

COMFORT, M. L. (2002). "Papa's House": The prison as domestic and social satellite. Ethnography, 3(4), 467-499.

CONRAD, P., & SCHNEIDER, J. (1992). *Deviance and medicalization: From badness to sickness*. Philadelphia: Temple University Press.

CONWAY, A. (2005). Girls, aggression, and emotion regulation. *American Journal of Orthopsychiatry, 75*(2), 334-339.

CORREIA, N. (2003). *Breve história da mulher e outros escritos*. Lisboa: Parceria A. M. Pereira.

CUNHA, M. I. (1994). *Malhas que a reclusão tece: Questões de identidade numa prisão feminina*. Lisboa: Gabinete de Estudos Jurídico-Sociais do Centro de Estudos Judiciários.

CUNHA, M. I. (2002). *Entre o bairro e a prisão: Tráfico e trajectos*. Lisboa: Fim de Século.

CURRIE, E. (1991/1996). Social crime prevention strategies in a market society. In J. Muncie, E. McLaughlin & M. Langlan (Eds.), *Criminological perspectives. A reader* (pp. 343-354). London: Sage Publications.

DAHL, T., & SNARE, A. (1978). The coercion of privacy. In C. Smart & B. Smart (Eds.), *Women, sexuality and social control*. London: Routledge & Kegan Paul.

DALY, K. (1994). *Gender, crime and punishment*. New Haven: Yale University Press.

DAVIES, P. (2000). Doing interviews with female offenders. In V. Jupp, P. Davies & P. Francis (Eds.), *Doing criminological research* (pp. 82-96). London: Sage Publications.

DAVIS, N., & FAITH, K. (1994). Las mujeres y el Estado: modelos de control social en transformación. In E. Larrauri (Ed.), *Mujeres, derecho penal y criminología* (pp. 109-139). Madrid: Siglo Veintiuno de España Editores.

DE HAAN, W. (1991/1996). Abolitionism and crime control. In J. Muncie, E. McLaughlin & M. Langlan (Eds.), *Criminological perspectives. A reader* (pp. 355-366). London: Sage Publications.

DENTON, B. (2001). *Dealing. Women in the drug economy*. Sydney: UNSW Press.

DENTON, B., & O'MALLEY, P. (1999). Gender, trust and business. Women drug dealers in the illicit economy. *British Journal of Criminology, 39*(4), 513-530.

DEVLON, A. (1998). In sickness and in health. In A. Devlon (Ed.), *Invisible women. What's wrong with women's prisons?* Winchester: Waterside Press.

Bibliografia

DOBASH, R, & DOBASH, R. (Eds.). (1998). *Rethinking violence against women*. Thousand Oaks: Sage Publications.

DUARTE-FONSECA, A. (2000). Condutas desviantes de raparigas nos anos 90 chegadas ao conhecimento dos tribunais. Coimbra: Coimbra Editora.

EMLER, N. & REICHER, S. (1995). *Adolescence and delinquency*. Oxford: Blackwell Publishers.

FERRAROTTI, F. (1983). *Histoire et histories de vie: La méthode biographique dans les sciences sociales*. Paris: Librairie des Méridiens.

FERREIRA, C.O. (2004). Entre a transgressão e a afirmação da Lei do Pai: Algumas protagonistas do cinema português nos anos 90. In A. Toscano & S. Godsland (Orgs.), *Mulheres más. Percepção e representações da mulher transgressora no mundo luso-hispânico* (pp. 105-120). Porto: Edições Fernando Pessoa.

FIGUEIREDO DIAS, J., & COSTA ANDRADE, M. (1984/1997). *Criminologia. O homem delinquente e a sociedade criminógena*. Coimbra: Coimbra Editora.

FONTANA, A., & FREY, J. (1994). Interviewing: The art of science. In N. Denzin & Y. Lincoln (Eds.), *Handbook of qualitative research* (pp. 361-376). Thousand Oaks: Sage Publications.

FOUCAULT, M. (1971/1997). *A ordem do discurso. Aula inaugural no Collège de France, pronunciada em 2 de Dezembro de 1970*. Lisboa: Relógio D'Água Editores.

FOUCAULT, M. (1975/1997). *Vigiar e punir. A história da violência nas prisões*. Petrópolis: Editora Vozes.

FOUCAULT, M. (1976/1994). *História da sexualidade I. A vontade de saber*. Lisboa: Relógio d'Água Editores.

FREUD, S. (1925/1989). Algumas consequências psíquicas da diferença anatómica entre os sexos. In *Textos essenciais de psicanálise: Vol. 2. A teoria da sexualidade* (pp. 145-155). Mem Martins: Publicações Europa – América.

FREUD, S. (1933/1989). Feminilidade. In *Textos essenciais de psicanálise: Vol. 2. A teoria da sexualidade* (pp. 156-177). Mem Martins: Publicações Europa – América.

GARDNER, C. (1995). *Passing by: Gender and public harassment*. Berkeley: University of California Press.

GELSTHORPE, L. (1997). Feminism and criminology. In M. Maguire, R. Morgan & R. Reiner (Eds.), *The Oxford handbook of criminology* (pp. 511-534). Oxford: Clarendon Press.

GELSTHORPE, L., & MORRIS, A. (2002). Women's imprisonment in England and Wales: A penal paradox. *Criminal Justice, 2*(3), 277-301.

GENDERS, E., & PLAYER, E. (1987). Women in Prison: The treatment, the control and the experience. In P. Carlen & A. Worrall (Eds.), *Gender, crime and justice* (pp. 161--175). Buckingham: Open University Press.

GIDDENS, A. (1996). *As consequências da modernidade*. Oeiras: Celta Editora.

GILBERT, P. (2002). Discourses of female violence and societal gender stereotypes. *Violence Against Women, 8*(11), 1271-1300.

362 *Vidas raras de mulheres comuns*

GILLIGAN, C. (1982). *Teoria psicológica e desenvolvimento da mulher*. Lisboa: Fundação Calouste Gulbenkian.

GIORDANO, P., CERNKOVICH, S., & RUDOLPH, J. (2002). Gender, crime and desistance: Toward a theory of cognitive transformation. *American Journal of Sociology, 107*(4), 990-1064.

GOLDSTEIN, N., ARNOLD, D., WEIL, J., MESIARIK, C., PEUSCHOLD, D., GRISSO, T., & OSMAN, D. (2003). Comorbid symptom patterns in female juvenile offenders. *International Journal of Law and Psychiatry, 26*(5), 565-582.

GONÇALVES, R.A. (1993). *A adaptação à prisão. Um processo vivido e observado*. Lisboa: Direcção Geral dos Serviços Prisionais.

GONDLES, J., JR. (2001). Female offender: The major issues. *Corrections Today, 63*(1), 6.

GOODEY, J. (1997). Boys don't cry. Masculinities, fear of crime and fearlessness. *British Journal of Criminology, 37*(3), 401-418.

GOODWIN, M. (2003). Locating women in law and psychiatry. *International Journal of Law and Psychiatry, 26*(5), 447-451.

GREEN, P. (1998). *Drugs, trafficking and criminal policy. The scapegoat strategy*. Winchester: Waterside Press.

GUBA, E., & LINCOLN, Y. (1994). Competing paradigms in qualitative research. In N. Denzin & Y. Lincoln (Eds.), *Handbook of qualitative research* (pp. 105-117). Thousand Oaks: Sage Publications.

HANNAH-MOFFAT, K. (1999). Moral agent or actuarial subject: Risk and Canadian women's imprisonment. *Theoretical Criminology, 3*(1), 71-94.

HARDING, S. (1986). From feminist empiricism to feminist standpoint epistemologies. In L. Cahoone (Ed.), *From modernism to postmodernism: An anthology* (pp. 617-637). Cambridge: Blackwell Publishers.

HEIDENSOHN, F. (1985). *Women and crime*. London: Macmillan Press.

HEIDENSOHN, F. (1987). Women and crime: Questions for criminology. In P. Carlen and A. Worrall (Eds.), *Gender, crime and justice* (pp. 16-27). Buckingham: Open University Press.

HEIDENSOHN, F. (1995). Feminist perspectives and their impact on criminology and criminal justice in Britain. In N. Rafter & F. Heidensohn (Eds.), *International feminist perspectives in criminology. Engendering a discipline* (pp. 63-85). Buckingham: Open University Press.

HEIDENSOHN, F. (1997). Gender and crime. In M. Maguire, R. Morgan & R. Reiner (Eds.), *The Oxford handbook of criminology* (pp. 761-796). Oxford: Clarendon Press.

HENNING, K., JONES, A., & HOLDFORD, R. (2003). Treatment needs of women arrested for domestic violence. A comparison with male offenders. *Journal of Interpersonal Violence, 18*(8), 839-856.

HIRD, M., & GERMON, J. (2001). The moral and medical regulation of sex, sexualities and gender. In K. Backett-Milburn & L. McKie (Eds.), *Constructing gendered bodies* (pp. 162-178). London: Palgrave.

Bibliografia 363

HOBBS, D. (1997). Criminal collaboration: Youth gangs, subcultures, professional criminals, and organized crime. In M. Maguire, R. Morgan & R. Reiner (Eds.), *The Oxford handbook of criminology* (pp. 801-840). Oxford: Clarendon Press.

HOLDAWAY, S., & PARKER, S. (1998). Policing women police. Uniform patrol, promotion and representation in the CID. *The British Journal of Criminology, 38*, 40-60.

HORN, R., & HOLLIN, C. (1997). Police beliefs about women who offend. *Legal and Criminological Psychology, 2*, 193-204.

HUDSON, B. (2002). Gender issues in penal policy and penal theory. In P. Carlen (Ed.), *Women and punishment: The struggle for justice* (pp. 21-46). Devon: Willan Publishing.

JACKSON, S. (2005). 'Dear girlfriend...': Constructions of sexual health problems and sexual identities in letters to a teenage magazine. *Sexualities, 8*(3), 282-305.

JANESICK, V. (1994). The dance of qualitative research design: Methaphor, methodolatry, and meaning. In N. Denzin & Y. Lincoln (Eds.), *Handbook of qualitative research* (pp. 209-219). Thousand Oaks: Sage Publications.

JEFFERSON, T. (1997). Masculinities and crime. In M. Maguire, R. Morgan & R. Reiner (Eds.), *The Oxford handbook of criminology* (pp. 535-557). Oxford: Clarendon Press.

KATZ, J. (1988/1996). Seductions and repulsions of crime. In J. Muncie, E. McLaughlin & M. Langlan (Eds.), *Criminological perspectives. A reader* (pp. 145-159). London: Sage Publications.

KATZ, R. (2000). Explaining girls' and women's crime and desistance in the context of their victimization experiences. *Violence Against Women, 6*(6), 633-660.

KELLY, L., & RADFORD, J. (1998). Sexual violence against women and girls. An approach to an international overview. In R. Dobash & R. Dobash (Eds.), *Rethinking violence against women* (pp. 53-76). Thousand Oaks: Sage Publications.

KLEIN, D. (1973/1996). The etiology of female crime. In J. Muncie, E. McLaughlin & M. Langlan (Eds.), *Criminological perspectives. A reader* (pp. 160-186). London: Sage Publications.

KLEIN, D. (1995). Crime through gender's prism: Feminist criminology in the United States. In N. Rafter & F. Heidensohn (Eds.), *International feminist perspectives in criminology. Engendering a discipline* (pp. 216-240). Buckingham: Open University Press.

LAIDLER, K, & HUNT, G. (2001). Accomplishing femininity among the girls in the gang. *British Journal of Criminology, 41*, 656-678.

LARRAURI, E. (Ed.). (1994). *Mujeres, derecho penal y criminología*. Madrid: Siglo Veintiuno de España Editores.

LEES, S. (1994). Aprender a amar. Reputación sexual, moral y control social de las jóvenes. In E. Larrauri (Ed.), *Mujeres, derecho penal y criminología* (pp. 17-41). Madrid: Siglo Veintiuno de España Editores.

LIBERATO, M. I. (2000). Da tolerância da prostituição à exclusão social da prostituta (1841-1926). In M. J. Vaz, E. Relvas, & N. Pinheiro (Orgs.), *Exclusão na história.*

364 *Vidas raras de mulheres comuns*

Actas do Congresso Internacional sobre Exclusão Social (pp. 53-68). Oeiras: Celta Editora.

LOMBROSO, C., & FERRERO, G. (1895/1996). The criminal type in women and its atavistic origin. In J. Muncie, E. McLaughlin & M. Langlan (Eds.), *Criminological perspectives. A reader* (pp. 29-33). London: Sage Publications.

MACDONALD, E. (1998). *Matem as mulheres primeiro.* Lisboa: Fenda Edições.

MACHADO, C. (2000). *Discursos do medo, imagens do outro. Estudo sobre a insegurança urbana na cidade do Porto.* Dissertação de doutoramento, Instituto de Educação e Psicologia da Universidade do Minho, Braga.

MACHADO, C. (2004). *Crime e insegurança. Discursos do medo, imagens do outro.* Lisboa: Editorial Notícias.

MACK, K., & LEIBER, M. (2005). Race, gender, single-mother households, and delinquency. A further test of power-control theory. *Youth and Society, 37*(2), 115-144.

MAHER, L. (1997). *Sexed work. Gender, race and resistance in a Brooklyn drug market.* New York: Oxford University Press.

MALLOCH, M. (1999). Drug use, prison, and the social construction of femininity. *Women's Studies International Forum, 22*(3), 349-358.

MALLOCH, M. (2000). *Women, drugs and custody.* Winchester: Waterside Press.

MANITA, C., CARVALHO, J. & AGRA, C. (1996). Determinações e Significações da Relação Droga-Crime. In C. Agra (Ed.), *Droga – crime: Estudos interdisciplinares.* Lisboa: Gabinete de Planeamento e Coordenação do Combate à Droga.

MARTINS, J. (2004). *Prostituição: Percursos (com) sentidos.* Dissertação de mestrado não publicada, Universidade Lusófona de Humanidades e Tecnologia, Lisboa.

MCADAMS, D. (2000). *The Person. An integrated introduction to personality psychology* (3rd ed.). Fort Worth: Harcourt College Publishers.

MCADAMS, D. & BOWMAN, P. (2001). Narrating life's turning points: Redemption and contamination. In D. McAdams, R. Josselsson, & A. Lieblich (Eds.), *Turns in the road. Narrative studies of lives in transition* (pp. 3-34). Washington D.C.: American Psychological Association.

MCADAMS, D., DE ST. AUBIN, E., & LOGAN, R. (1993). Generativity among young, midlife and older adults. *Psychology and Aging, 8*(2), 221-230.

MCADAMS, D., JOSSELSSON, R., & LIEBLICH , A. (Eds.). (2001). *Turns in the road. Narrative studies of lives in transition.* Washington D.C.: American Psychological Association.

MCADAMS, D., REYNOLDS, J., LEWIS, M., PATTEN, A., & BOWMAN, P. (2001). When bad things turn good and good things turn bad: Sequences of redemption and contamination in life narrative and their relation to psychosocial adaptation in midlife adults and students. *Personality and Social Psychological Bulletin, 27*(4), 474-485.

MCALINDEN, A. (2006). Managing risk: From regulation to the reintegration of sexual offenders. *Criminology and Criminal Justice, 6*(2), 197-218.

McDermott, M.J. (2002). On moral enterprises, pragmatism and feminist criminology. *Crime and Delinquency, 48*(2), 283-299.

Messerschmidt, J. (1995). From patriarchy to gender: feminist theory, criminology and the challenge of diversity. In N. Rafter & F. Heidensohn (Eds.), *International feminist perspectives in criminology. Engendering a discipline* (pp. 167-188). Buckingham: Open University Press.

Miller, J. (2000, Dezembro). *Feminism and the study of girls' delinquency.* Documento não publicado.

Miller, J. (2001). *One of the guys. Girls, gangs and gender.* New York: Oxford University Press.

Moledo, M. M. (2002). La delincuencia femenina. *Psicothema, 14*(Supl.), 174-180.

Morse, J. (1994). Designing funded qualitative research. In N. Denzin & Y. Lincoln (Eds.), *Handbook of qualitative research* (pp. 220-235). Thousand Oaks: Sage Publications.

Moses, M. (2001). Building knowledge on female offenders. *Corrections Today, 63*(1), 120.

Motz, A. (2001). *The psychology of female violence. Crimes against the body.* Hove: Brunner-Routledge.

Muncie, J. & Sapsford, R. (1999). Issues in the study of 'the family'. In J. Muncie, M. Wetherell, M. Langan, R. Dallos & A. Cochrane (Eds.), *Understanding the family* (pp. 7-37). London: Sage Publications.

Muncie, J. & Wetherell, M. (1999). Family policy and political discourse. In J. Muncie, M. Wetherell, M. Langan, R. Dallos & A. Cochrane (Eds.), *Understanding the family* (pp. 39-80). London: Sage Publications.

Muncie, J. (1999). *Youth crime.* Thousand Oaks: Sage Publications.

Newburn, T. & Stanko, E. (Eds.). (1994). *Just boys doing business: Men, masculinities and crime.* London: Routledge.

Newburn, T. (1997). Youth, crime, and justice. In M. Maguire, R. Morgan & R. Reiner (Eds.), *The Oxford handbook of criminology* (pp. 613-660). Oxford: Clarendon Press.

Nunes, O. (1996). *O povo cigano.* Lisboa: Grafilarte.

Oliveira, A. (2002). *Da prostituição ao trabalho sexual: actrizes, práticas e contextos.* Dissertação de mestrado, Faculdade de Psicologia da Universidade do Porto.

Perista, H. (2000). Exclusões: Mulheres pobres em Lisboa. In M. J. Vaz, E. Relvas, & N. Pinheiro (Orgs.), *Actas do Congresso Internacional sobre Exclusão Social. Exclusão na história* (pp. 29-37). Oeiras: Celta Editora.

Phoenix, J. (2000). Prostitute identities. Men, money and violence. *British Journal of Criminology, 40,* 37-55.

Phoenix, J. (2001). Paradoxical stories of prostitution. In K. Backett-Milburn & L. McKie (Eds.), *Constructing gendered bodies* (pp. 56-79). London: Palgrave.

Phoenix, J. (2002). In the name of protection: Youth prostitution policy reforms in England and Wales. *Critical Social Policy, 22*(2), 353-375.

POLLAK, O. (1950). *The criminality of women*. Philadelphia: University of Pennsylvania Press.

POLLOCK, J. (1998). *Counseling women in prison*. Thousand Oaks: Sage Publications.

RADOSH, P. (2002). Reflections on women's crime and mothers in prison: A peacemaking approach. *Crime and Delinquency, 48*(2), 300-315.

RAFTER, N. & HEIDENSOHN, F. (Eds.). (1995). *International feminist perspectives in criminology. Engendering a discipline*. Buckingham: Open University Press.

REINER, R. (1997). Media made criminality: The representation of crime in the mass media. In M. Maguire, R. Morgan & R. Reiner (Eds.), *The Oxford handbook of criminology* (pp. 189-231). Oxford: Clarendon Press.

RENNIE, D., PHILLIPS, J. & QUARTARO, G. (1988). Grounded Theory: A promising approach to conceptualization in psychology?. *Canadian Psychology, 29*(2), 139-150.

RIESSMAN, C. (Ed.). (1994). *Qualitative studies in social work research*. Thousand Oaks: Sage Publications.

RIGER, S. (1992). Epistemological debates, feminist voices. Science, social values and the study of women. *American Psychologist, 47*(6), 730-740.

ROBINSON, R. (1994). Private pain and public behaviors: Sexual abuse and delinquent girls. In C. Riessman (Ed.), *Qualitative studies in social work research* (pp. 73-94). Thousand Oaks: Sage Publications.

ROCK, P. (1997). Sociological theories of crime. In M. Maguire, R. Morgan & R. Reiner (Eds.), *The Oxford handbook of criminology* (pp. 233-264). Oxford: Clarendon Press.

SCHOEMAKER, D. (2000). *Theories of Delinquency* (4th ed.). New York: Oxford University Press.

SEGAL, L. (1999). A feminist looks at the family. In J. Muncie, M. Wetherell, M. Langan, R. Dallos & A. Cochrane (Eds.), *Understanding the family* (pp. 295--316). London: Sage Publications.

SHEFF, E. (2005). Polyamorous women, sexual subjectivity and power. *Journal of Contemporary Ethnography, 34*(3), 251-283.

SMART, C. (1989/1996). The power of law. In J. Muncie, E. McLaughlin & M. Langlan (Eds.), *Criminological perspectives. A reader* (pp. 423-431). London: Sage Publications.

SMART, C. (1990/1996). Feminist approaches to criminology or postmodern woman meets atavistic man. In J. Muncie, E. McLaughlin & M. Langlan ((Eds.), *Criminological perspectives. A reader* (pp. 453-465). London: Sage Publications.

SMART, C. (1994). La mujer del discurso jurídico. In E. Larrauri (Ed.), *Mujeres, derecho penal y criminología* (pp. 167-189). Madrid: Siglo Veintiuno de España Editores.

SMART, C., & SMART, B. (1978a). Accounting for rape. Reality and myth in press reporting. In C. Smart & B. Smart (Eds.), *Women, sexuality and social control* (pp. 89-103). London: Routledge & Kegan Paul.

SMART, C., & SMART, B. (1978b). Women and social control. An introduction. In C. Smart & B. Smart (Eds.), *Women, sexuality and social control* (pp. 1-7). London: Routledge & Kegan Paul.

SMITH, L. (1994). Biographical Method. In N. Denzin & Y. Lincoln (Eds.), *Handbook of qualitative research* (pp. 286-305). Thousand Oaks: Sage Publications.

SNIDER, L. (2003). Constituting the punishable woman. Atavistic man incarcerates postmodern woman. *British Journal of Criminology, 43,* 354-378.

SOMMERS, I., & BASKIN, D. (1997). Situational or generalized violence in drug dealing networks. *Journal of Drug Issues, 27*(4), 833-851.

STRAUSS, A., & CORBIN, J. (1994). Grounded theory methodology: An overview. In N. Denzin & Y. Lincoln (Eds.), *Handbook of qualitative research* (pp. 273-285). Thousand Oaks: Sage Publications.

SWAN, S., & SNOW, D. (2002). A typology of women's use of violence in intimate relationships. *Violence Against Women, 8*(3), 286-319.

TAYLOR, I. (1997). The political economy of crime. In M. Maguire, R. Morgan & R. Reiner (Eds.), *The Oxford handbook of criminology* (pp. 265-303). Oxford: Clarendon Press.

TAYLOR, I., WALTON, P., & YOUNG, J. (1997). The New Criminology. In M. Maguire, R. Morgan & R. Reiner (Eds.), *The Oxford handbook of criminology* (pp. 232--244). Oxford: Clarendon Press.

TISDALL, E. (2003). The rising tide of female violence?. In E. Stanko (Ed.), *The meaning of violence* (pp. 137-153). London: Routledge.

TOLAN, P., & GORMAN-SMITH, D. (1999). Development of serious and violent offending careers. In R. Loeber & D. Farrington (Eds.), *Serious and violent juvenile offenders* (pp. 65-85). Thousand Oaks: Sage Publications.

VAZ, M. J. (1998). *Crime e sociedade. Portugal na segunda metade do século XIX.* Oeiras: Celta Editora.

VON HIRSCH, A. (2001). Proportionate sentences for juveniles. How different than for adults?. *Punishment and Society, 3*(2), 221-236.

WETHERELL, M. (1999a). Social structure, ideology and family dynamics: The case of parenting. In J. Muncie, M. Wetherell, M. Langan, R. Dallos & A. Cochrane (Eds.), *Understanding the family* (pp. 213-256). London: Sage Publications.

WETHERELL, M. (1999b). The psychoanalytic approach to family life. In J. Muncie, M. Wetherell, M. Langan, R. Dallos & A. Cochrane (Eds.), *Understanding the family* (pp. 257-294). London: Sage Publications.

WIDOM, C. (1984). Sex Roles, criminality and psychopathology. In C. Widom (Ed.), *Sex roles and psychopathology* (pp. 183-217). New York: Plenum Press.

WILCZYNSKI, A. (1997). Mad or Bad? Child-killers, gender and the courts. *British Journal of Criminology, 37*(3), 419-436.

WINNICOTT, D. (1984). *Privação e Delinquência.* São Paulo: Martins Fontes.

WORCESTER, N. (2002). Women's use of force. *Violence Against Women, 8*(11), 1390-1415.

YOUNG, J. (1997). Left realist criminology: Radical in its analysis, realist in its policy. In M. Maguire, R. Morgan & R. Reiner (Eds.), *The Oxford handbook of criminology* (pp. 473-498). Oxford: Clarendon Press.